GERHARD BERGMANN

... und es gibt doch ein Jenseits

Auf den Spuren des Übersinnlichen

2. Auflage

SCHRIFTENMISSIONS-VERLAG
GLADBECK/WESTFALEN

2. Auflage
31.–40. Tausend 1974
© Schriftenmissions-Verlag, 439 Gladbeck
Druck: Bongers, Lünen
ISBN 3 7958 0196 6

„Die Frage des Überlebens der Person bleibt nun einmal das Hauptproblem aller Wissenschaft, mögen auch unsere offiziellen Philosophen und Psychologen fast alle einen weiten Bogen um sie machen und tun, als ob sie sie überhaupt nicht sehen."

Hans Driesch
Biologe und Psychologe

„Hinter der Welt, in der wir leben, fern im Hintergrund liegt eine zweite Welt . . ."

Sören Kierkegaard
Dänischer Theologe
und Philosoph

Vorwort zur zweiten Auflage

Von ganzem Herzen freue ich mich, daß mit diesem Buch vielen Menschen eine Glaubenshilfe gegeben werden konnte. Dies wurde mir in Gesprächen und Briefen bezeugt.

Die Absicht dieses Buches war und ist eine missionarisch-evangelistische: Menschen in die Nachfolge Jesu Christi zu rufen. Gleichzeitig möchte es Glaubenden helfen, Gespräche mit fragenden oder nichtglaubenden Menschen führen zu können, die in Diesseitigkeit und Innerweltlichkeit steckenbleiben. Das ist ja heute die weitverbreitete Gefahr. Deshalb gab ich bewußt dem Buch den provozierenden Titel: „... und es gibt doch ein Jenseits". Mit Freuden stelle ich fest, daß heute die Worte „Jenseits" und „jenseitig" wieder viel mehr als in vergangenen Jahren positiv gebraucht werden. Wenn dieses Buch einen bescheidenen Beitrag dazu leisten durfte, bin ich dankbar.

Eine weitere Absicht dieses Buches war und ist folgende: Es möchte sich ganz in den Linien der Heiligen Schrift bewegen. Die Bibel weiß um die Realität der jenseitigen Welt. Sie bezeugt uns auch den Einbruch der jenseitigen in die diesseitige Wirklichkeit. Sie weiß nicht nur um gute, sondern auch um böse, um dämonische Mächte. Jesus hat darum nicht nur gepredigt und Kranke geheilt, sondern auch von dämonischen Bindungen befreit.

Unter dem Einfluß der modernistischen Theologie gibt es sehr viele Menschen, die die Einwirkung des Jenseitigen ins Diesseitige, wie auch die Befreiung der Menschen von dämonischen Mächten durch Jesus rundweg als „Humbug" abtun und die deshalb eine entsprechende Bibelkritik betreiben. Meine Absicht bestand nun darin, diese Humbug-Theorie als unhaltbar zu entblößen und die vielen Menschen zum Vertrauen gegenüber der Heiligen Schrift und Jesus Christus aufzumuntern. Um dazu eine Hilfestellung zu geben, bin ich aus nachgehender Liebe zum diesseitsgefangenen Menschen den langen Weg durch das Gebiet des Parapsychologischen gegangen, also durch das Gebiet des Übersinnlichen, von dem uns die Heilige Schrift berichtet.

Obwohl es zu erwarten war, schmerzt es mich doch, daß es Stimmen von Gläubigen gegeben hat, die meine missionarisch-evangelistische Absicht anscheinend nicht erkannt haben. Oder sage ich gerechter: Die den Weg zu meiner Absicht nicht nach-vollziehen konnten.

So sagte mir z. B. jemand im Gespräch wörtlich, der öffent-lich gegen mein Buch geschrieben hatte: „Parapsychologie ist Satanswerk." Es ist nicht hochmütig, wenn ich feststelle: so etwas kann nur jemand sagen, der sich nicht oder nicht gründ-lich mit Parapsychologie beschäftigt hat. Denn dieser obige Satz ist genau so falsch, wie wenn ich sagen würde: Theologie ist Satanswerk. Naturwissenschaft ist Satanswerk. Auch hier gilt die Regel: Der Mißbrauch hebt den rechten Gebrauch nicht auf. Ich kann nicht deshalb Theologie grundsätzlich ab-lehnen, oder sie gar als Satanswerk bezeichnen, nur weil es Irr-lehrer gibt, die eine „Theologie nach dem Tode Gottes" ver-treten. Ich kann nicht deshalb die Naturwissenschaft ablehnen, weil es Naturwissenschaftler gab, die irrtümlich behaupteten, es gäbe nur die sichtbare Wirklichkeit und es gelte nur das Gesetz von Ursache und Wirkung. Um so dankbarer sind wir solchen Naturwissenschaftlern, die die Unhaltbarkeit dieser Wirklichkeitsverkürzung nachgewiesen und als Christen vie-len Menschen eine Hilfe zum Glauben gegeben haben.

Genau so verhält es sich mit dem Gebiet der Parapsychologie.

Zwar: weil dieses Gebiet verhältnismäßig neu ist, ist es zu verstehen, daß es gläubige Menschen gibt, die die Parapsycho-logie ablehnen. Aber damit tun sie fragenden Menschen kei-nen Dienst, weil sie ja nicht auf ihre Fragen eingehen. Es kommt darauf an, dieses Gebiet aufzuarbeiten – und zwar von der Heiligen Schrift und einer biblischen Theologie her. Dann muß man sich aber zunächst einmal mit diesem Sachbereich beschäftigen. Darum bemühe ich mich auf den folgenden Sei-ten.

An dieser Stelle möchte ich zwei Lehrern ganz aufrichtig dan-ken, die mir entscheidend in diesem Sachgebiet geholfen ha-ben. Es sind dies die beiden Theologie-Professoren Karl *Heim* und Adolf *Köberle*. Ich glaube, bescheiden für mich in An-spruch nehmen zu können, mich in ihren Bahnen zu bewe-gen. Dankbar bin ich, daß mir Professor Köberle dies eigens in einem Brief bestätigt hat.

Dennoch bin ich auch den gläubigen Mitchristen für ihre Kritik aufrichtig dankbar. Ihre Kritik hat mich nämlich zu dem Ent-

5

schluß veranlaßt, eine weiterführende Schrift zu verfassen, sobald es mir die Zeit erlaubt. In ihr möchte ich die entstandenen Fragen und Meinungen aufgreifen, die ich in meinem Buch „Was kommt auf uns zu?" allerdings bereits anklingen ließ.

Es scheint mir aber auch angezeigt, selbst Fragen zu stellen, deren Antworten wesentlich zur Klärung führen können. Z. B. die zwei Fragen: Besteht ein Unterschied zwischen Okkultismus und Spiritismus?

Wenn ja: welcher? Diesen zwei Fragen bin ich bei den kritischen Anmerkungen zu meinem Buch, für die ich nochmals aufrichtig danke, nie begegnet. Ob der Mangel an Differenzierung aber nicht zu Fehlurteilen verleitet?

Noch etwas: Heute scheint der rationalistischen Dürre und Wirklichkeitsverkürzung eine Flutwelle des Okkulten zu folgen. In dieser Tatsache lauern ebenfalls ernste Gefahren für den Glauben, wenn sie auch von einer anderen Seite herkommen. Darum sind wir auch im Blick auf diese neue Situation als Gemeinde Jesu Christi aufgerufen, das Wächteramt wahrzunehmen und so dem Menschen vom Worte Gottes her Hilfe anzubieten.

Martin *Luther* braucht das Bild vom Reiter, der mal nach der linken, mal nach der rechten Seite vom Pferde fällt. Beide Gefahren müssen wir sehen. Dieses Buch bemüht sich vorwiegend, daß wir nicht zur linken Seite vom Pferd fallen, d. h. also, daß wir in den Irrtum fallen, es gäbe gar kein Jenseits und keine Einwirkung der unsichtbaren in die sichtbare Wirklichkeit. Es gäbe nur den rein innerweltlichen, natürlichen Ablauf der Dinge.

Aus dem Vorwort der ersten Auflage möchte ich einige Sätze übernehmen:

„In *formaler* Hinsicht setzt dies Buch keinen bestimmten Bildungsgrad voraus, sondern nur eins: geistiges Interesse. Fremdwörter möchte ich tunlichst vermeiden, weil es für sie meist gute deutsche Ausdrücke gibt, und der Gebrauch von Fremdwörtern wahrhaftig nichts mit Gelehrsamkeit zu tun hat. Fachausdrücke konnte ich allerdings nicht umgehen, soweit sie um der Sache willen erforderlich sind. Aber sie werden eingeführt und von der Wurzel her erklärt. Außerdem wiederhole ich im fortlaufenden Text öfter ihre Übersetzung.

Schließlich ist am Ende des Buches noch ein Fremdwörterverzeichnis angefügt.

In bezug auf den Stil bemühe ich mich auch dieses Mal um kurze Sätze und eine glasklare Ausdrucksweise.

In *inhaltlicher* Beziehung setzt das Buch im Blick auf den zu behandelnden Stoff keine Spezialkenntnis voraus. E s b a u t v o n u n t e n a u f.

... Weil der heutige Mensch vorwiegend ein Tatsachenmensch ist, habe ich mich immer wieder um Tatsachen bemüht. Tatsachen überzeugen. Durch die Verwendung gründlich untersuchter Tatsachen möchte ich hoffen, daß sie uns helfen, den Horizont zu weiten, so daß wir dem englischen Dichter William *Shakespeare* (1564–1616) recht geben müssen:

,Es gibt mehr Dinge im Himmel und auf Erden,
als eure Schulweisheit sich träumen läßt'."

5884 Halver i. Westf., im Januar 1974

Gerhard Bergmann

Die Lage: Einengung des Horizonts

Die geistige Lage unserer Zeit ist durch eine gefährliche Wirklichkeitsverkürzung gekennzeichnet. Unter Wirklichkeitsverkürzung verstehen wir eine Abblendung des Horizontes zu der anderen, jenseitigen Welt. Dieser Grad der Abblendung ist im einzelnen unterschiedlich. Mit Wirklichkeitsverkürzung meinen wir im wesentlichen die Beschränkung auf die uns umgebende Welt in ihrer Dreidimensionalität: Länge, Breite, Höhe. Wir meinen mit der Wirklichkeitsverkürzung den verengten Blick auf unsere sichtbare Raum-Zeit-Welt, die mehr oder weniger verabsolutiert wird. Diese Wirklichkeitsverkürzung offenbart eine Geisteshaltung, die von der des Wortes Gottes völlig abweicht. Der Völkerapostel Paulus gibt der biblischen Auffassung Ausdruck, wenn er schreibt: „Wir, die wir nicht sehen auf das Sichtbare, sondern auf das Unsichtbare, denn was sichtbar ist, das ist zeitlich; was aber unsichtbar ist, das ist ewig" (2. Kor. 4, 18).

Im Blick auf diejenigen Menschen, die einer Wirklichtkeitsverkürzung erlegen sind, müssen wir im wesentlichen *vier Gruppen unterscheiden:*

1. Es gibt nicht wenige Menschen, die zwar die Existenz Gottes anerkennen, aber eine unsichtbare Wirklichkeit, ein Jenseits leugnen. Nach ihrer Meinung gibt es z. B. keinen Satan, keine Engel, keine Dämonen. Dabei handele es sich lediglich um mythologische Gebilde, also um Vorstellungen, die sich die Menschen gemacht hätten. Innerhalb dieser Gruppe sagt man: „Für uns gibt es nur noch eine Wirklichkeit, die uns umgibt und in der wir leben..."[1] Jenseits und „ewiges Leben" werden ebenfalls geleugnet. (Wir werden noch ausführlich darauf eingehen.) Es versteht sich von selbst, daß man hier mit Berichten über Besessenheit und Befreiung von okkulten Behaftungen nichts anfangen kann. So sagte der Theologie-Professor Rudolf *Bultmann* im Blick auf die okkult-spiritistischen Erlebnisse des bekannten Pfarrers Johann Christoph *Blumhardt,* die er mit seinem Gemeindeglied Gottliebin Dittus hatte: „Die Blumhardtschen Geschichten sind mir ein Greuel."[2] Das glauben wir ihm zwar gern, aber entscheidend ist ja, was sich ereignet hat. Wir werden es noch untersuchen.

Selbst für diejenigen, die sich in der geistigen Situation unserer Tage auch nur ein wenig umgesehen haben, wird erkennbar, daß viele Vertreter der sogenannten „modernen" Theologie in dieser ersten Gruppe angesiedelt sind.

Moderne Theologen, die sich in diesem obigen Sinne verstehen, möchten wir als Wirklichkeits*verkürzer* bezeichnen. Wir verwenden dieses Wort keineswegs in einem polemischen und abschätzigen Sinn, sondern wir gebrauchen es, weil es nach unserer Überzeugung mit einem einzigen Wort wie in einem Brennglas treffend ihren Standort kennzeichnet. I n d e r h e u t i g e n g e i s t i g e n A u s e i n a n d e r s e t z u n g g e h t e s n ä m l i c h z e n t r a l u m d a s V e r s t ä n d n i s v o n W i r k - l i c h k e i t.

2. Die zweite Gruppe der Wirklichkeitsverkürzer bilden diejenigen, die zwar den Namen G o t t noch beibehalten, aber bei denen Gott keine E x i s t e n z, keine sogenannte Aseität, d. h. kein An-sich-sein besitzt. Anders ausgedrückt: Gott ist keine Person, sondern lediglich ein Name, eine Chiffre. Gott i s t n i c h t, Gott e r e i g n e t sich – z. B. in Akten der Mitmenschlichkeit. Hier vertritt man die Meinung: *Liebe* ist Gott. Aber nicht umgekehrt: Gott ist Liebe. Hier sagt man: Gott ist der Mitmensch, der mir begegnet.

Theologischerseits gehören hierher Namen wie Herbert *Braun,* Gert *Otto* und Frau Dorothee *Sölle* mit ihrer „Theologie nach dem Tode Gottes".

Diese zweite Gruppe ist mit der ersten Gruppe selbstverständlich dadurch verbunden, daß auch sie die religionsphilosophische Einstellung vertritt: „Für uns gibt es nur noch *eine* Wirklichkeit, die uns umgibt und in der wir leben."

Die Theologin Sölle geht soweit, daß sie ein *Weiterleben nach dem Tode offen leugnet.* In der Fernsehsendung „Report" vom 27. Oktober 1967 nannte sie vier Hauptpunkte des heutigen „Streites": „Das Jenseits, die Bibel, der Sohn Gottes und die Kirche." In unserem Zusammenhang interessiert uns das Jenseits. Vor sicherlich Millionen von Fernsehzuschauern sagte sie laut Tonband und Stenogramm u. a. wörtlich:

> „Wir interessieren uns nicht für ein Weiterleben nach dem Tode. Ich persönlich gehöre zu den vielen Men-

schen heute, die nicht an ein Weiterleben nach dem Tode glauben ..."

Theologieprofessor Manfred *Mezger* schreibt: „Wozu die alte Jenseits-Trost-Melodie zum hundertsten Male anstimmen."[2a])

3. Mit der dritten Gruppe wollen wir alle diejenigen umfassen, die – *aus welchen Gründen auch immer* – das „obere Stockwerk" des Weltgebäudes leugnen. Dies kann radikale Formen annehmen, wie z. B. im dialektischen Materialismus, dieser offiziellen, staatlich verordneten Weltanschauung des Kommunismus in Rußland. D i e s e r M a t e r i a l i s m u s i s t g l e i c h z e i t i g u n g e s c h m i n k t e r A t h e i s m u s. Hier gibt man sich gar nicht erst die Mühe, wenigstens noch die Vokabel Gott beizubehalten. Hier leugnet man rundheraus die Existenz Gottes in jeder Weise und formuliert das mit den bekannten Worten: „Es gibt keinen Gott." Der Himmel wird mit den Worten verspottet: „Den Himmel überlassen wir den Frommen und den Spatzen."

Das Leben nach dem Tode wird mit den Worten geleugnet: „Was tot ist, das ist tot." So erklärte es der ehemalige sowjetische Ministerpräsident Chruschtschow. Ein bekanntes Wort dieser atheistisch-materialistischen Weltanschauung lautet:

> „Mach dir das Leben schön,
> kein Jenseits gibt's,
> kein Wiedersehn."

4. *Aber auch alle diejenigen dürfen wir nicht übersehen, die sich diese schroffen Formulierungen nicht aneignen können und möchten, die aber trotzdem ihre Bedenken und Nöte mit jener anderen übernatürlichen Wirklichkeit haben oder ihre Existenz gar leugnen.* Dabei kann es sein, daß diese betreffenden Menschen lediglich einem gewissen Empfinden oder einer durch Lebenserfahrung gewonnenen Überzeugung Ausdruck geben. Es kann aber auch sein, daß Menschen von der Beschäftigung mit philosophischen Systemen herkommen. Nennen wir ganz kurz einmal drei: da ist z. B. der *Naturalismus*. Hier wird die Natur als das einzige, als das allein Seiende, also das Allumfassende angesehen. Oder es gibt Menschen, die vom *Empirismus* geprägt wurden, einer philosophischen Richtung, die nur die „Empirie" = griechisch „das Erfahrbare", die Erfahrung gelten lassen. Alle Erkenntnis leite sich nur von der *Sinnes*-Erfahrung ab. Verwandt damit ist der

Positivismus, dem ebenfalls viele Menschen zustimmen. Das Stammwort positiv leitet sich vom Lateinischen ab. Der Begriff Positivismus besagt, daß nur Tatsachen im Sinne von wahrnehmbaren Sachverhalten anerkannt werden und daß sich Wissenschaft nur auf die Feststellung von wahrnehmbaren Tatsachen zu beschränken hat. Philosophisch abstraktes Fragen und Denken sei praktisch nutzlos.

Wie dem auch immer sei, das Ergebnis steht fest: Wir haben in unseren Tagen sehr viele Menschen unter uns, für die es nur e i n e Wirklichkeit gibt.

Dabei brauchen diese Menschen keineswegs aus der Kirche ausgetreten zu sein, sondern sie können sich genauso innerhalb der Kirche befinden. Der Schriftsteller Günther *Grass* sagte z. B. auf dem Evangelischen Kirchentag in Stuttgart 1969:

> „Ich bin getaufter katholischer Heide . . .
> Ich glaube nicht an Gott."

Wir tun diesen Menschen sicherlich nicht Unrecht, wenn für die allermeisten von ihnen gilt: d i e s e u n s e r e w e r t e n Z e i t g e n o s s e n b e f i n d e n s i c h i m G e f ä n g n i s d e r b l o ß e n I n n e r w e l t l i c h k e i t.

Ihr Leugnen oder auch nur ihr Bezweifeln einer unsichtbaren und jenseitigen Wirklichkeit müssen wir sehr ernst nehmen. Nur das aufgeschlossene gegenseitige Hinhören ist dem so entscheidend wichtigen Gegenstand angemessen.

Um die Position des Gesprächspartners zu verstehen, ist es zunächst einmal wichtig, die Frage zu stellen: *Wie kam es eigentlich zu dieser Wirklichkeitsverkürzung?*

Die 1. Ursache: Einbruch der Aufklärung

Wenn wir eine Hauptursache für die geistige Lage unserer Zeit nennen wollen, so ist dies die sogenannte Aufklärung.

Die Aufklärung ist eine geistige Bewegung, die im 17. und besonders im 18. Jahrhundert ihre Gedanken artikulierte. Einer, der zu ihr gehörte, aber später über sie hinauswuchs und eine andere geistige Strömung, den Idealismus, stark befruchtete, war der nachhaltig wirkende ostpreußische Philosoph Immanuel *Kant* (1724–1804). Er schrieb den epochalen Aufsatz: „Was ist Aufklärung?" Er definierte sie mit den Worten:

„Aufklärung ist der Ausgang des Menschen aus seiner selbstverschuldeten Unmündigkeit. Unmündigkeit ist das Unvermögen, sich seines Verstandes ohne Leitung eines anderen zu bedienen."

Entsprechend lautet der „Wahlspruch der Aufklärung": „Sapere aude! Wage zu denken! Habe den Mut, dich deines eigenen Verstandes zu bedienen." Nun ist das zwar eine sehr gute Sache. Aber das Verhängnis der Aufklärung bestand darin, die *Vernunft zur Erstinstanz* zu erklären und entsprechend die Offenbarung Gottes in seinem Wort von ihrem Thron zu stürzen. Somit verband sich mit der Aufklärung zweierlei: Rationalismus und Autonomie. D. h.: im Wort Rationalismus steckt das lateinische Wort ratio = Vernunft. *Der Rationalismus erhob die Vernunft zur Höchstinstanz auch in Fragen des* G l a u b e n s. Nun bilden Glaube und Vernunft an sich durchaus keine Gegensätze. Aber im Rationalismus wurde ein Gegensatz zwischen beiden konstruiert, der sich im Laufe der Zeit vertiefte.

Dieser Gegensatz wird durch das zweite Wort erkennbar: Autonomie. Die erste griechische Worthälfte auto heißt selbst, die zweite ebenfalls griechische Worthälfte nomos heißt Gesetz. Autonomie meint also, daß der Mensch ein Selbstgesetzgeber auch in religiöser und ethischer Beziehung sei. Kants Schrift „Die Religion innerhalb der Grenzen der bloßen Vernunft" (1793) ist schon im Titel ein Programm und entfaltet diese Autonomie.

In diesen beiden Begriffen der Aufklärung – Rationalismus und Autonomie – liegt das ganze abendländische Verhängnis beschlossen.

Zwar verband sich mit dem Siegeszug der Aufklärung auch Gutes. Die Vorstellungen von Menschenwürde, Demokratie, Freiheit, Gleichheit aller Bürger vor dem Gesetz wurden durch den Geist der Aufklärung wesentlich mitformuliert. Aber andrerseits verband sich mit ihr etwas, was gar nicht hätte sein müssen, wenn die Aufklärung um das *rechte Verhältnis von Glaube und Wissen, von Offenbarung und Vernunft* gewußt hätte. Aber durch die Inthronisierung der Ratio = Vernunft und der Autonomie kam es im Laufe der Zeit bis zur Kriegserklärung gegen jede echte Metaphysik = Lehre von dem, was über die Natur hinausgeht. Es kam zur Bestreitung der Existenz des Jenseits. Dies führte zur Verfallenheit an die Dingwelt, zum rosaroten Fortschrittsoptimismus, zur Wissenschaftsgläubigkeit.

Im Blick auf unsere Tage kann man wiederholt lesen, daß wir uns heute in einer „zweiten Aufklärung" befänden. Das stimmt. Es stimmt, daß die Aufklärung den christlichen Glauben in voller Wucht erreicht hat. Die zweite Aufklärung radikalisiert die erste. In der Radikalisierung durch die zweite Aufklärung liegt die Ursache, daß wir nun schon innerhalb der *Kirche* mitten im theologischen Atheismus stehen. Nicht von ungefähr gibt es unter uns die bereits erwähnte „Theologie nach dem Tode Gottes". Die Untergrabung der Autorität und Personalität Gottes ist der Nährboden für die anarchistischen Erscheinungen unserer Tage.

Und das Jenseits?

Heinz Zahrnt schreibt:

> „Kein Wort über eine jenseitige Welt, nicht nur kein ausgemaltes Bild von ihr, auch nicht einmal die Behauptung ihrer Existenz . . ." [3]

Übrig bleibt bei solch einer Sicht nur ein rationales Weltbild. *Der christliche Glaube liegt im gläsernen Sarg abstrakter Begrifflichkeit.* Die „eine Wirklichkeit", die Diesseitigkeit starrt uns wie eine marmorkalte Sphinx an. Die Seele des Menschen muß frieren. Allein in Hamburg erklärten in *einem* Jahr, 1970, über 13 000 Menschen ihren Austritt aus der evangelischen Kirche.

Fangen wir allmählich an zu begreifen, welch eine geistige und religiöse Verarmung uns mit der Aufklärung und erst recht mit der zweiten beschert ist?

Die 2. Ursache: Der Glaube an die Machbarkeit

Menschen, für die es nur *eine* Wirklichkeit gibt, sind Menschen mit einem *verkürzten* Blick. Als eine Ursache für diese verhängnisvolle Verkürzung nannten

14

wir den Einbruch der Aufklärung, die eine Gesamtumschichtung im geistig-religiösen Bereich einleitete. Allerdings müssen wir einschränkend zugeben: die Verkürzung der Wirklichkeit auf die bloße Raum-Zeit-Welt ist eine *uralte* Versuchung, der schon immer Menschen erlegen sind. Dennoch hat in unseren Tagen in Verbindung mit der Aufklärung noch ein weiterer Faktor entscheidend dazu beigetragen, daß der Satz: „Für uns gibt es nur noch *eine* Wirklichkeit... Kein Wort über eine jenseitige Welt" zu einem Glaubensbekenntnis von Millionen Menschen geworden ist. Dieser Faktor besteht in dem triumphalen Siegeslauf der Technik. Es hieße nun Eulen nach Athen tragen, wollten wir im einzelnen aufzählen, was alles an großen Errungenschaften geleistet, an Erfindungen und Entdeckungen gemacht wurde. Wo man früher geheimnisvolle Kräfte annahm, wo man Göttern opferte, um gute Ernten zu erzielen, da wird heute mit nüchterner Bodenerforschung, mit Stickstoff und Kali, mit chemischen Formeln und Verbindungen gearbeitet. Dadurch entstand unter der Hand allmählich ein neuer Glaube: der Glaube an die Machbarkeit der meisten Dinge. Dieser Glaube nimmt immer mehr zu. Was heute noch nicht möglich ist, wird morgen eine Selbstverständlichkeit sein. Angesichts dieses Siegeslaufs der Technik ist es nicht verwunderlich, daß der Raum für übernatürliche, jenseitige Kräfte, für Engel und Dämonen immer kleiner wird. Rudolf *Bultmann* schreibt unter dem Eindruck der von Sieg zu Sieg schreitenden Technik den bekannten Satz:

> „Man kann nicht elektrisches Licht und Radioapparate benutzen, in Krankheitsfällen moderne medizinische und klinische Mittel in Anspruch nehmen und gleichzeitig an die Geister- und Wunderwelt des Neuen Testamentes glauben." [4]

Ja, der anglikanische „Bischof" Robinson, der vor einigen Jahren schier in aller Leute Munde war, glaubt sogar, daß die Linien selbst bis zur Frage um die Existenz Gottes ausgezogen werden müßten. Er schreibt den kühnen – wenn auch sehr primitiven – Satz, den wir nicht vergessen sollten:

> „Die Entdeckung der Lichtgeschwindigkeit und die Einsteinsche Relativitätstheorie haben der Existenz Gottes als ein für sich seiendes Wesen den Boden entzogen." [5]

15

Die Folgen

Aber dieser Triumph des Menschengeistes in Technik und Wissenschaft ist ja nur die eine Seite der Medaille. Die Kehrseite sieht ganz anders aus. Nämlich so:

Die Aufklärung hat mit Recht die Humanität gepriesen. Aber die grausamsten Kriege mit Strömen von Blut wurden geführt – trotz des Siegeslaufes der Aufklärung. Über Sünde und Erlösung durch den Opfertod Christi hat man überlegen gelächelt. Aber der Riesenschatten von Sünde und Schuld wird immer länger. Im Geist der Aufklärung wird von Fortschritt geschwärmt. Aber das Schwert weltweiter Zerstörung droht über unseren Häuptern, und die gurgelnden Wasser der Angst standen noch nie so hoch wie in unserer Generation. Zwar verdrängt der neue Glaube an die Wissenschaft zunehmend den alten Glauben an den lebendigen Gott. Aber gleichzeitig greift krebsartig das Unbehagen immer mehr um sich. Die Menschen empfinden: das Große ist auch gleichzeitig das Kalte und Unheimliche. Dieser immense Kälteeinbruch ins Seelische und Menschliche treibt darum viele Menschen in größte Zukunftssorge, die uns ausnahmslos allen bleiern in den Gliedern steckt, ja nicht wenige befinden sich bereits in der schwarzen Nacht des Nihilismus.

Trotz der funktionierenden Maschinen und Computer, trotz Rationalisierung und Technisierung unseres Jahrhunderts mit seiner wohligen Bequemlichkeit in tiefen Sesseln vor Bildschirmen mit angebauter Hausbar haben wir doch einen bitteren Geschmack auf der Zunge, den wir nicht loswerden. Wir reden von sexueller Revolution und praktizieren sie weithin, wir genießen unseren hohen Lebensstandard, wir fahren mit Foto und Filmkamera an den sonnigen Strand südlicher Länder, wir sind „aufgeklärt" auch in Glaubensdingen, ja gerade darin, – und doch kann das alles nichts daran ändern, daß Oswald *Spengler* sein unbequemes Buch geschrieben hat: „Untergang des Abendlandes."

Der Philosoph Karl *Jaspers* schrieb von der „Herrschaft des Apparates", der ungezählte Menschen zu bloßen „Nummern" degradiert und ihnen die Rolle eines winzigen Rädchens im riesigen Getriebe zuweist. Ja, dieses Jahrhundert ist entzaubert und entseelt. Was *Goethe* noch als „das höchste Glück der Erdenkinder" pries, nämlich die Selbstverwirklichung der „Persönlichkeit", ist dem Massendasein gewichen, das unter der weltweiten Dunstglocke der Angst vor dem Ungewissen dahindämmert.

Angesichts des Tatbestandes der Wirklichkeitsverkürzung auf das bloße Diesseits müssen wir es allerorts erleben, daß es viele Jugendliche gibt, die durch Haschisch und LSD in den Rausch flüchten. Sie wollen das Gefängnis der Innerweltlichkeit sprengen. Andere narkotisieren sich durch hemmungslosen Sex.

Wer will bestreiten, wenn wir feststellen müssen:

> Es fehlen uns die entscheidenden Inhalte.
> Frühere Generationen waren bei weniger Technik und weniger Wohlstand dennoch innerlich reicher als wir.

Die Frage drängt sich auf: *Was können und sollen wir tun?*

Eine Bedingung: Erweiterung des Welt- und Menschenbildes

Wir müssen an jener Stelle den Hebel ansetzen, an der wir in die Verklemmung geraten sind. Genau dort! Die Verkürzung der zweifachen Wirklichkeit, nämlich der sichtbaren und unsichtbaren, der diesseitigen und jenseitigen auf die bloß „*eine* Wirklichkeit, die uns umgibt", diese Verkürzung ist uns wahrhaftig nicht gut bekommen. Dies führte und führt nachweislich zu einer Verkümmerung und Verarmung, an der das Menschengeschlecht nicht froh wird. Darum müssen wir mit der Isolierung, die Welt und Mensch nur auf sich selbst stellt, ein Ende machen. Im Gegensatz zu dieser Verengung durch weltanschauliche Scheuklappen brauchen wir eine Erweiterung sowohl des rationalen, kalten Weltbildes als auch des Menschenbildes mit seiner engen Diesseitigkeit.

Aber wie ist das möglich?

Die lapidare und im Augenblick noch ungeschützte Antwort lautet: durch e c h t e Aufklärung.

Falsche und richtige Aufklärung

Wir müssen mit der revolutionären Erkenntnis ernst machen: es gibt eine falsche und eine richtige Aufklärung. Die falsche Aufklärung schleppen wir als einen Ballast nun schon zwei Jahrhunderte mit uns herum. Dabei soll uns der Rückblick keineswegs blind gegenüber dem Positiven machen, das wir ihr verdanken. Darum betonen wir nochmals: wir sind dankbar für ihre Forderung nach Gleichheit aller Bürger vor dem Gesetz, überhaupt die Gleichheit in der Würde alles dessen, was Menschenantlitz trägt. Wir begrüßen den Einsatz für die Freiheit des Individuums, für humanitäre Ideale. Aber wenn die Aufklärung jede echte Metaphysik bekämpfte, wenn sie zur Wissenschaftsgläubigkeit verführte, uns einen Fortschrittsoptimismus predigte und den Menschen naiv verharmloste, indem sie den Bösen, die Sünde, die Unheimlichkeit im Menschen und in der Gesellschaft überspielte, dann begegnet uns hier die *falsche* Aufklärung, deren geistiger Gesamteinfluß im Abendland sich wahrhaftig als sehr fragwürdig erwiesen hat. Denn wir müssen nun einmal erkennen, daß es *falsche* Aufklärung war, wenn sie uns zur Überschätzung der menschlichen Vernunft verführte, indem sie uns einredete, unsere Vernunft zum Maßstab aller Dinge zu erheben, statt Gott in der Offenbarung seines untrüglichen Wortes. Es war schlechte und verhängnisvolle Aufklärung, den Erfahrungs- und Erkenntnisbereich des Menschen so unbegründet hochzuspielen, wo doch beide im Grunde genommen so winzig sind, wenn wir bedenken, daß wir Menschen Eintagsfliegen gleichen. *Diese falsche Aufklärung riß uns aus der Bahn um die Sonne, trieb uns aus dem Vaterhaus Gottes, zerschnitt die Nabelschnur zur Ewigkeit, bescherte uns den kümmerlichen Rest der „einen Wirklichkeit, die uns umgibt und in der wir leben ... Kein Wort über eine jenseitige Welt."* Die falsche Aufklärung redete uns dies als einen großen Erfolg ein, indem sie triumphierte: „Ich befreie uns ja. Endlich allein ..." (Sartre).

Aber inzwischen merken es immer mehr Menschen, daß unsere Befreiung ja in Wirklichkeit Versklavung hinter den Gefängnisgittern öder Innerweltlichkeit ist. Die religiöse Sonnenfinsternis unserer Tage hat uns nicht nur Gott geraubt, sondern auch den Mitmenschen.

Gerade darum beschwören wir immer und immer wieder die schier strapazierte Mitmenschlichkeit, weil wir alle empfinden, wie sie in Wirklichkeit weithin unter uns ausgebürgert ist und frierend durch die Straßen der Welt irrt.

Wir sind dieser falschen Aufklärung müde. Sie hat uns nicht weiter gebracht. Und sie wird uns vollends ins Verderben führen, wenn wir ihrem Sirenengesang auch künftig unser Ohr leihen.

Darum sind schriftgebundene Christen bekümmert, wenn zur ersten Aufklärung nun noch in radikalerer Weise die erwähnte „zweite Aufklärung" hinzukommt. Denn das bedeutet verstärkte Fortsetzung der *Verharmlosung* des Menschen, weil man Sünde und Verlorenheit des Menschen leugnet. Es bedeutet verstärkte Fortsetzung des so öden Rationalismus, Fortsetzung der naiven Vernunftüberschätzung, erneute Absage an die *zweifache* Wirklichkeit, der sichtbaren und unsichtbaren, der diesseitigen und jenseitigen und erneuter Rückfall auf die bloß „*eine* Wirklichkeit, die uns umgibt und in der wir leben ... Kein Wort über eine jenseitige Welt."

Wahrhaftig, wir brauchen ein erweitertes Welt- und Menschenbild – durch eine richtige Aufklärung.

Damit muß es anfangen. Von dort aus dürfen wir uns dann bereithalten für den Einbruch Gottes aus seiner ewigen Welt.

Jetzt stellt sich uns zunächst die Frage: *aber wie sieht dieses erweiterte Welt- und Menschenbild denn aus?*

Die Revolution auf dem Gebiet der Naturwissenschaft

Die Zeilen dieses Buches wollen sich nicht schwerpunktartig mit naturwissenschaftlichen Fragen beschäftigen. Es ist darüber von berufener Seite sehr Gutes geschrieben worden. In bescheidener Weise habe ich dazu in meinen beiden Büchern Stellung genommen: „Kirche am Scheideweg" und „Probleme einer fragenden Generation". Jetzt möchte ich mich darauf beschränken, nur folgendes in gedrängter Kürze zu betonen.

Das Weltbild, also die Vorstellungen und die Summe des [anschaulichen] Wissens von der Welt, war im 19. Jahrhundert und auch in der ersten Hälfte unseres 20. Jahrhunderts entscheidend von der Naturwissenschaft geprägt. Diese Naturwissenschaft lehrte irrtümlicherweise vier sogenannte Ab-soluta. Diese vier Absoluta wurden nun in verhängnisvoller Weise von der früheren liberalen und der heutigen „modernen" Theologie übernommen. Aber keineswegs nur von ihr. Diese vier Absoluta beherrschen das Denken vieler Menschen. Es sind folgende. Man lehrte:

1. Die Unendlichkeit des Raumes.
2. Die Ewigkeit der Zeit.
3. Die Unvergänglichkeit des Stoffes bzw. der Materie.
4. Die Absolutheit der Naturgesetze bzw. des Kausalprinzips von Ursache und Wirkung.

Diese vier Absoluta waren in Wirklichkeit aber nicht das Ergebnis naturwissenschaftlicher Forschung und Erkenntnis, sondern es waren unbewiesene metaphysische (die Physik überschreitende) Behauptungen durch Naturwissenschaftler. Diese Naturwissenschaftler hatten damit die Grenze ihrer Aussagemöglichkeit verletzt.

Ihr Fehler war ein doppelter:

1. Den naturwissenschaftlich erforschbaren Teil erklärten sie für die *Gesamt*wirklichkeit.

2. Diesen Teilausschnitt glorifizierten sie darüber hinaus mit den vier erwähnten Absoluta.

Die Folgerungen, die sich daraus für Glaube und Kirche ergaben, waren verheerend:

1. Wenn das Weltall schon immer existiert hat, dann ist es ungerechtfertigt, noch von Schöpfer und Schöpfung zu reden: „Am Anfang schuf Gott Himmel und Erde."

2. Wenn das Kausalgesetz von Ursache und Wirkung *absolute* Gültigkeit besitzt, also nicht „durchlöchert" (Bultmann) werden kann, dann gibt es z. B. keine Wunder. Dann ist es auch uninteressant und gegenstandslos, noch von einer anderen, einer jenseitigen oder unsichtbaren Wirklichkeit zu reden.

Das sind dann fromme Träumereien.

Ja, wenn . . .

Ja, *wenn die vier Absoluta wirklich gestimmt hätten.*

Aber sie haben nicht gestimmt. Der an Christus Glaubende hat das zwar immer gewußt. Er stellt dies keineswegs hochmütig fest. Aber er freut sich doch darüber, daß die Naturwissenschaft nun ihrerseits die vier Absoluta zu Grabe getragen hat.

Die Naturwissenschaft weiß heute:

1. Der Raum unseres Universums ist nicht unendlich, sondern begrenzt.

2. Die Zeit dieses Weltalls hatte ihren Anfang und wird ihr Ende finden.

3. Die Materie ist die Voraussetzung für Raum und Zeit, ohne die es beides nicht gibt. Die Materie selbst aber ist letztlich nicht etwas Festes, etwas Statisches, sondern sie geschieht, sie ist *Energie*, etwas *Dynamisches*.

4. Die Absolutheit durchgängiger Naturgesetzlichkeit gibt es ebenfalls nicht. Es gibt sogenannte *„kontingente* Ereignisse", d. h. Ereignisse, die nicht dem Gesetz von Ursache und Wirkung unterliegen, die also nicht ableitbar sind.

Diese vier Absoluta wurden durch die heutige Naturwissenschaft relativiert, d. h. es wurde ihnen ihr roter Purpurmantel der Alleingültigkeit genommen. In der Entthronung dieser Verabsolutierung liegt die Revolution der Naturwissenschaft beschlossen. Der Unglaube, der sich so gern das Prädikat „wissenschaftlich" zulegte, kann von der Naturwissenschaft keine Schützenhilfe mehr erwarten.

Aber auch die „moderne" Theologie ist schlecht beraten, wenn sie ihre Glaubensaussagen nach dem überholten mechanistischen Weltbild ausrichtet. Darum sollte sie den Mut haben, ihre falschen Folgerungen aufzugeben, die sie aus dem falschen Ansatz der überholten Naturwissenschaft gezogen hat. Die *falschen* Folgerungen waren diese drei:

1. Es gibt nur *eine*, die *diesseitige*, sichtbare Wirklichkeit, in der wir uns bewegen.

2. Innerhalb dieser diesseitigen Wirklichkeit vollzieht sich die Geschichte in einer kontinuierlichen (stetigen) Weise. Übernatürliche Kräfte können nicht auf sie einwirken.

3. *Alles* Geschehen in dieser sichtbaren, diesseitigen Wirklichkeit ist durch *Gesetze* erfaßbar.

Wir müssen feststellen: diese drei Folgerungen beruhen auf einem Fehlurteil und sind deshalb unwissenschaftlich.

Als Christen, die der Offenbarung Gottes vertrauen, dürfen wir wissen: die sogenannten Megaleia tou theou = die großen Taten Gottes, von denen die Heilige Schrift spricht, sind solche oben erwähnten kontingenten Ereignisse: so z. B. die Jungfrauengeburt Jesu und seine Auferstehung in verklärter Leiblichkeit. Diesen Aussagen wird der Naturwissenschaftler vom Naturwissenschaftlichen her nicht mehr widersprechen können und wollen.

Die Selbstbescheidung der Naturwissenschaft

Mit der Revolution auf naturwissenschaftlichem Gebiet geht eine Selbstbescheidung der Naturwissenschaft parallel. Nicht nur, daß die Naturwissenschaft die vier Absoluta relativiert hat, sie erklärt sogar: „Viele Fragen bleiben vom heutigen Naturbild her offen. Etwa was Materie ist? Warum Materie ist? Was Zeit ist? Warum Zeit und Raum ist? Warum das Universum existiert? Seit wann es existiert? Was vorher war, bevor es existierte? Was nachher sein wird? Alles das sind Probleme, über die die Naturwissenschaft nichts aussagen kann und über die wir auch nichts zu wissen brauchen, um Naturwissenschaft treiben zu können. Uns genügt es, daß Materie vorhanden ist, daß sich an ihr und in ihr Vorgänge ereignen. Mehr brauchen wir nicht, um forschen zu können. Wenn jemand Antwort haben will auf die Frage nach dem Woher oder Wohin oder Warum, kann er nicht mehr die Naturwissenschaft fragen. Am besten fragt er die Bibel selber." [6])

Mit diesem Hinweis auf die Bibel ereignet sich folgendes: Es ist also die Naturwissenschaft selbst, die uns auf den Weg zu einem *erweiterten* Weltbild verweist. Es ist zwar nicht so, daß die Naturwissenschaft von sich aus nun sagen könnte, ob es die ewige Welt Gottes gibt, ob es ein Jenseits gibt und wie es ist. Aber ebensowenig kann sie sagen, daß es die Welt Gottes und die Ewigkeit nicht gäbe. Von der Naturwissenschaft aus werden Kräfte, die wir als übernatürlich bezeichnen, keineswegs verneint. D. h. also:

Das Tor zur anderen Wirklichkeit steht offen – auch für den, der meinte, sich bislang an der Naturwissenschaft orientieren zu sollen.

Wenden wir uns nun im Nachfolgenden dem Gebiet zu, mit dem wir uns auf den Seiten dieses Buches in besonderer Weise beschäftigen wollen. Nochmals möchte ich betonen, daß es mein Grundanliegen ist, dem Fragenden und Zweifelnden in bescheidener Weise zu helfen, Steine aus dem Wege zu räumen und ihm den Glauben glaubhaft zu machen.

Parallel damit verbindet sich die Absicht, das Dogma von der Innerweltlichkeit als unhaltbar zu erweisen: „Für uns gibt es nur noch *eine* Wirklichkeit, die uns umgibt und in der wir leben ... Kein Wort über eine jenseitige Welt, nicht nur kein ausgemaltes Bild von ihr, auch nicht einmal die Behauptung ihrer Existenz ...“

I. Hauptteil
Die Wirklichkeit des Übersinnlichen

Zwei wichtige Begriffe und ein Erlebnis

Nun müssen wir uns mit einer Sache befassen, von der irgendwie alle Menschen herausgefordert werden. Sei es, daß sie meinen, es als „Humbug" oder – vornehm ausgedrückt – als nichtexistent abtun zu können, sei es, daß sie ihr hörig werden und verfallen. Es ist das vom Schwach- bis zum Starkstrom geladene Gebiet des O k k u l t i s m u s.

Viele Menschen haben vom Okkultismus falsche, bizarre Vorstellungen, indem sie dies gleich mit Besessenheit, mit spiritistischen Blutopfern und Teufelsmagie und -zauber verbinden. Dabei könnte man das „Geheimnisvolle" am Flug eines Zugvogels als zum Okkulten gehörig zählen. Denn der *Okkultismus meint etwas ganz allgemein Umfassendes.* Das macht uns die Worterklärung deutlich. Okkultismus kommt vom Lateinischen occultum her. Das heißt *„verborgen".* Das Okkulte ist dasjenige, was der normalen Erkenntnisfähigkeit des Menschen verhüllt ist, bzw. was durch menschliche Erkenntnis noch nicht erschlossen werden konnte.

Als Okkultismus bezeichnet man:

1. *das Ungewöhnliche,* z. B. ungewöhnliche Leistungen des Unterbewußtseins im Schlaf und Traum, in der Hypnose und Hysterie.

2. das Außergewöhnliche, z. B. das Zweite Gesicht usw. und

3. *das Außernatürliche.* Dies Außernatürliche stellt uns z. B. vor die Frage: gibt es etwas, das nicht von lebenden Menschen, sondern von körperlosen Wesen, z. B. von Seelen Verstorbener verursacht sein kann? Gibt es ein Jenseits? Usw. usw.

Das Okkulte muß vom Religiösen unterschieden werden. Okkultismus ist *profaner,* also nicht-religiöser Umgang mit all diesem. Während sich das Religiöse zwar auch mit dem Geheimnisvollen beschäftigt, aber – im christlichen Glauben – von der Offenbarung her.

Wo auf die Offenbarung verzichtet wird, kann der Umgang mit dem Okkultismus zum Wildwuchs, zu Grenzüberschreitungen und schweren seelischen Schäden führen. Das geschieht in unseren Tagen in erschreckend zunehmendem Maße. Es soll bereits 70 bis 90 Millionen Spiritisten auf der Erde geben.

Der Okkultismus kann aber auch in seiner großen Bedeutung völlig verkannt werden. Das geschieht ebenfalls in unseren Tagen, und zwar – von der materialistisch-atheistischen Weltanschauung abgesehen – besonders durch das rationalistische, mechanistische Weltbild, wie es durch die moderne Theologie vertreten wird.

Vor beiden *Extremen* müssen wir uns hüten. *Dieses so entscheidend wichtige Gebiet des Okkultismus muß aufgearbeitet werden.* Wir kommen nicht daran vorbei. Aber wie sollen wir es aufarbeiten?

Das führt uns hin zum *zweiten* Begriff und erinnert mich an folgendes:

Als ich zur Universität kam, studierte ich außer Theologie auch Philosophie und Psychologie. P s y c h o l o g i e ist – schlicht gesagt – d i e L e h r e v o m S e e l i s c h e n. Ein Teil der Psychologie ist die sogenannte P a r a p s y c h o l o g i e. *Auf dieses Fremdwort können wir im weiteren Verlauf nicht verzichten. Es geht wie ein roter Faden durch alles. Die Parapsychologie hat zum Inhalt die wissenschaftliche Beschäftigung mit dem so weiten Gebiet des erwähnten Okkultismus.*

Zunächst wollen wir das Wort erklären. In dem Wort Parapsychologie sind *drei* griechische Wörter enthalten. Para heißt „neben", „über – hinaus", „mehr als". Das zweite Wort „Psycho" leitet sich ab von „Psyche" = „Seele". Das dritte Wort „logie" kommt von „Logia", „Logos", das heißt „Lehre, Wort". Parapsychologie ist also die Lehre von dem Teil des Seelischen, der über das Normale des Seelischen, das in der Psychologie abgehandelt wird, hinausgeht. Parapsychologie ist die wissenschaftliche Beschäftigung mit jenen seelischen Kräften, die neben, über (para) oder hinter den gewöhnlichen, normalen psychischen Kräften liegen. Um ein deutsches Wort anzubieten, können wir sagen: P a r a p s y c h o l o g i e i s t ü b e r n o r m a l e S e e l e n e r f o r s c h u n g. Das Wort „übernormal" bezieht sich natürlich auf das *Gebiet,* das erforscht wird. Wir können Parapsychologie auch mit „ü b e r s i n n -

liche" oder „außersinnliche" Seelenerforschung verdeutlichen. Übersinnlich meint das, was „über" (para) unsere fünf normalen Sinne hinausgeht.

Als ich dann an der Hand der Professoren in dieses weite Gebiet eingeführt wurde und immer tiefer vordrang, habe ich – mit einem Satz gesagt – das Staunen gelernt. Mir ging eine neue Welt auf. Ich muß gestehen, daß mir unter Anleitung meiner Lehrer die gründliche, kritische und wissenschaftliche Beschäftigung mit dem Gebiet der Parapsychologie zu einer großen Stärkung für mein Glaubensleben wurde.

Schon damals in den Jahren des Zweiten Weltkrieges und unmittelbar danach wurde mir klar, daß die Parapsychologie eine vortreffliche Hilfswissenschaft für die Theologie und Philosophie ist.

Im Laufe der Jahre ist auf dem Gebiet der Parapsychologie gründlich weitergearbeitet und geforscht worden.

Der Begründer der physikalischen Chemie und Nobelpreisträger Wilhelm *Ostwald* hat die Parapsychologie als „die Königin unter den Wissenschaften" genannt. Nun, das ist etwas üppig. Aber zweifellos kommt ihr ein sehr hoher Rang zu. Darum tun wir gut daran, uns mit ihr im folgenden zu beschäftigen.

Es sei erwähnt, daß das Ansehen der Parapsychologie unter den Wissenschaftlern zwar ständig wächst, daß sie aber um ihre Anerkennung sehr kämpfen mußte und muß. Dies ist nicht verwunderlich, wenn man bedenkt, daß die Parapsychologie eine junge Wissenschaft ist, ferner, daß die Aufklärung mit ihrem Rationalismus durch viele Jahrzehnte die Universitäten weithin bestimmt hat. Außerdem kommt hinzu, daß sich in den Stoff, den die Parapsychologie kritisch erforscht, auch gern Unechtes und Betrügerisches einmischt. Gerade das aber will die Parapsychologie ausscheiden, da sie ja Wissenschaft ist und nach strengen Methoden arbeitet. Dennoch ist sie keine Naturwissenschaft. D. h.: in der Parapsychologie sind Versuche nicht ständig verfügbar und wiederholbar wie in der Naturwissenschaft. Ein Beispiel soll uns das verdeutlichen: in meiner Hand halte ich einen Ball. Ich lasse ihn los. Dann fällt er zur Erde. Das kann ich ständig wiederholen und hat ständig das gleiche Ergebnis. Denn das ist „normal". Aber mit dieser naturwissenschaftlichen Methode kann die Parapsychologie nicht arbeiten. Sie will ja gerade das *Übernormale* erforschen.

Für mich persönlich besteht kein Zweifel, daß die Parapsychologie eine große Zukunft hat. Besonders ist sie geeignet, sowohl den atheistischen Materialismus als auch die Wirklichkeitsverkürzung durch die moderne Theologie zu widerlegen und zu überwinden.

Ich weiß, das sind „große" Sätze. Aber ich zweifle nicht an deren Richtigkeit.

Sicherlich wird es der Parapsychologie so ergehen, wie *Schopenhauer* es einmal sagte: „Jedes Problem durchläuft bis zu seiner Anerkennung drei Stufen: in der ersten erscheint es lächerlich, in der zweiten wird es bekämpft und in der dritten gilt es als selbstverständlich."

Erinnern wir uns, was wir über die Materie schreiben mußten. Durch Jahrzehnte hindurch galt die Materie als „absolut", als ewig und fest. Wer etwas anderes lehrte, mußte damit rechnen, ausgelacht zu werden. Heute weiß innerhalb der modernen Physik jeder, daß Materie nicht *ist*, sondern *geschieht*, daß sie sich ihrem Wesen nach in Energie aufgelöst hat.

Heute sind wir so weit, daß wir die Kräfte des Atoms besser kennen als die Kräfte der Seele. *Ich hoffe aber zuversichtlich, daß wir morgen die Kräfte der Seele ebenfalls kennen. Ich bin überzeugt, daß wir dann die Gefängnismauern der bloßen Innerweltlichkeit endgültig gesprengt haben werden und uns die Anerkennung einer jenseitigen Welt selbstverständlich geworden ist.*

Eine Bitte

Wenn wir uns nun im folgenden mit der Wirklichkeit des Über- oder Außersinnlichen beschäftigen, so wollen wir uns noch einmal darüber klar werden, was wir unter dem Begriff des Über- oder Außersinnlichen verstehen. Mit dem Außersinnlichen meinen wir – ganz allgemein gesagt – solche Vorgänge, die zwar als Vorgänge nicht bestritten werden können, die sich aber nicht durch die uns bekannten Naturgesetze und

Kräfte, auch nicht als Funktionen unserer fünf normalen Sinne, erklären lassen.

Der bekannte englische Physiker, Astronom und Mathematiker Isaak *Newton* hat den sehr richtigen Satz gesagt: „Die Dinge brauchen nicht erklärbar zu sein, es genügt, daß sie wahr sind."

Die *Bitte* geht nun dahin, dies anzuerkennen und sich nicht hinter der Mauer von Vorurteilen zu verschanzen und den Fakten gegenüber zu erklären: „Ich glaube nicht an solche Dinge." Es geht auch nicht an, kritisch untersuchte Ergebnisse als Betrug und Selbsttäuschung abtun zu wollen. Auch sollte man den Mut haben, um die Grenze natürlichen Erklären-könnens zu wissen, wenn Vorgänge diesen Bereich über-schreiten. Der bekannte Physiker Pascual *Jordan* geht hier beispielhaft voran. Parapsychologische Phänomene, sagen wir außersinnliche Vorgänge, anerkennt er und bezweifelt sie nicht, nur weil sie physikalisch unerklärbar sind. Um diese objektive Einstellung bitten wir.

Bei der Behandlung der Wirklichkeit des Übersinnlichen wol-len wir so vorgehen, daß wir zunächst Vorgänge abhandeln:

1. die den Menschen in seiner Beziehung zu *Gegenstän-den* betreffen,

2. dann Beziehungen von einem Menschen zu einem anderen *Menschen,*

3. schließlich Vorgänge, die 1 und 2 überschreiten.

„Die Reichweite des menschlichen Geistes"

Im Jahre 1950 erschien in deutscher Übersetzung das Buch des amerikanischen Parapsychologen Josef Banks *Rhine* (ge-boren 1895): „Die Reichweite des menschlichen Geistes." Be-reits 1938 war sein anderes Buch übersetzt: „Neuland der Seele." Der Originaltitel lautet: „Extra sensory perception" und erschien 1934. Rhine wurde ein überragender Bahn-brecher der wissenschaftlichen Erforschung außersinnlicher Wahrnehmung. Das große Verdienst dieses amerikanischen Forschers besteht darin, daß er auf Grund tausender Unter-suchungen das Vorhandensein von solchen seelischen Kräften nachgewiesen hat, die nicht als normal, sondern als paranormal (über das Normale hinausgehend), sagen wir besser als para*psychisch* (über das Normalseelische hinausgehend) bezeichnet werden müssen. Diese Untersuchungsergebnisse haben auch die Zweifel der Kritiker in der wissenschaftlichen Welt überwunden. Jedenfalls in der anstehenden Sache greife ich folgendes heraus:

Professor J. B. Rhine von der Duke-Universität in Nordkarolina (USA) arbeitet mit Experimenten (Versuchen) und Tests (Probe, Prüfmittel, Untersuchung). Außerdem bedient er sich einer quantitativ-statistischen Methode. Er gebraucht dazu Karten und Würfel. Nehmen wir jetzt die Karten. Er nennt sie E S P - Karten (Extra-Sensory-Perception-Karten), (zu deutsch A S W - Karten = außersinnliche Wahrnehmungskarten).

Es sind 25. Von den 25 Karten haben jeweils 5 das gleiche Zeichen: ein Kreis, ein Stern, ein Kreuz, drei Wellenlinien und ein Rechteck. Diese 25 Karten werden durcheinandergemischt, wie wir das von sonstigen Kartenspielen auch kennen. Anfangs geschah die Mischung durch Menschenhand. Später erfolgte sie maschinell, um jede menschliche Beeinflussung auszuschließen. In den Anfängen seiner Untersuchungen bediente sich Professor Rhine zunächst einmal zweier Personen. Vor Beginn des Versuchs vergleichen beide die Uhren (später wurde die Zeit automatisch gestoppt). Sie vereinbaren eine genaue Zeit, wann die erste der beiden Personen damit beginnen wird, von dem Haufen der 25 Karten die erste abzuheben, dann nach einer Minute die zweite, nach einer weiteren Minute die dritte usw. Nun begibt sich die zweite Person, sie ist die eigentliche *Versuchs*person, in eine Entfernung von rund 100 bis über 200 m in den Raum, der von der ersten Person durch ein anderes Gebäude getrennt ist. (Anfangs ging die eigentliche Versuchsperson in einen Raum der Universitätsbibliothek.)

Zu der vereinbarten und nun gekommenen Zeit hebt Person 1 die erste Karte ab. Er sieht ihr Zeichen nicht an. Das Zeichen ist also nach unten. Er legt die Karte mit dem Zeichen nach unten zunächst vor sich. Dort liegt sie eine Minute. Während dieser Minute konzentriert sich die Person 2 auf die Karte und versucht das Zeichen zu „lesen". Dann schreibt sie das Zeichen auf einer Liste nieder. Nach einer Minute legt Person 1 diese Karte zur Seite und bildet so allmählich einen

Stapel. Auch dabei bleibt das Bild unbesehen unten. Dann geht es zur zweiten, zur dritten, zur vierten Karte bis zur 50. Denn zwei Packen von je 25 Karten wurden durchgegangen. Nach Beendigung geht nun die Person 1 die Reihenfolge noch einmal durch, jetzt aber sieht sie sich die Zeichen an und schreibt die Reihenfolge der Zeichen auf. Die eigentliche Versuchsperson, Person 2, kommt zurück. Nun kommt der spannende Augenblick. Die beiden Reihenfolgen werden miteinander verglichen.

Das Ergebnis?

Mit der häufig zu Versuchsreihen herangezogenen Versuchsperson – es war der Theologiestudent Hubert *Pearce* – wurden 37 Versuchsreihen gemacht, die Professor Rhine streng überwacht hatte. Bei diesen 37 Versuchen mußten insgesamt 1500 Karten „gelesen" werden. Davon wurden genau 558 richtig „gelesen". Legen wir die statistische Wahrscheinlichkeitsrechnung zugrunde, dann konnten bei etwa einem Fünftel Zufallstreffer erzielt werden. Also 370 Karten. Es wurden aber 558 Treffer erzielt. D i e s e s R e s u l t a t i s t n i c h t z u f ä l l i g. Wer es trotzdem behauptet, soll wissen, daß dieses Resultat nur bei einer superastronomischen Zahl hätte Zufall sein können. Die schwindelhafte Zahl lautet: nur bei einer Wahrscheinlichkeit von eins zu zehn Millionen Milliarden hätte ein Zufall vorliegen können. Also muß man schließen: *es liegt kein Zufall vor.*

Der geheimnisvolle Faktor

Aber was ist das, welches diese Versuchsperson befähigte, 558 Treffer zu erzielen? Professor Rhine gab diesem Geheimnisvollen die Bezeichnung „Faktor Psi" oder auch „Psi-Funktion", also eine psychische (seelische) Funktion. Diese Bezeichnung ist inzwischen zu einem sehr wichtigen Begriff innerhalb der Parapsychologie geworden.

Wozu befähigte dieser Faktor Psi im vorliegenden Falle? Zu dem, was allgemein mit dem Wort H e l l s e h e n bezeichnet wird. Das Hellsehen wurde hier in der amerikanischen Universität wissenschaftlich erforscht.

Das Vorhandensein des Faktors Psi in gewissen Menschen ist auf Grund all der Versuche nicht nur Professor Rhines in seinem Laboratorium der Universität Duke, sondern auch vieler anderer Parapsychologen eine unbestreitbare Erfahrungstatsache. Schon 1934 stellte Rhine in seinem erwähnten Bericht „Extra-Sensory-Perception" (Außersinnliche Wahrnehmung) fest, daß *bei jedem Fünften* von den zu prüfenden und zu untersuchenden Personen (Probanden genannt) Hellsehen und Telepathien nachgewiesen werden konnte. (Auf Telepathie gehen wir noch ein.) D. h. also: in diesen betreffenden Menschen war die Psi-Fähigkeit vorhanden. D e r F a k t o r P s i i s t e t w a s R ä t s e l h a f t e s, etwas Okkultes, etwas, über das der betreffende Mensch nicht ohne weiteres verfügen kann. Das auch nicht in allen Lebensabschnitten vorhanden ist. Selbst bei Versuchen während *eines* Lebensabschnitts mit dem Psi-Faktor tritt der rätselhafte Faktor Psi doch meistens nur dann in Erscheinung, wenn die Versuchsperson sich auch im Wach-, wie im Unterbewußtsein auf gute Ergebnisse einstellt und sie wünscht. Auch muß bei einem Test die Atmosphäre entsprechend „sympathisch" sein. Schließlich ist auch nicht jeder Versuchsleiter (Experimentator) geeignet, einen Versuch in solch einer Weise durchzuführen, daß es bei der paranormal bzw. parapsychisch begabten Person zu einer Kundgabe seines Faktors Psi kommt.

A l l d i e s e e i n s c h r ä n k e n d e n H i n w e i s e v e r m ö g e n a b e r d i e T a t s a c h e n i c h t a u s d e r W e l t z u s c h a f f e n, d a ß e s M e n s c h e n m i t d e m g e h e i m n i s v o l l e n F a k t o r P s i g i b t. Rhine und die übrigen Wissenschaftler nennen diesen Faktor auch *Psi-Fähigkeit*. Diese außergewöhnliche Kraft Psi vergleicht Rhine mit dem Bild eines „Musenkusses". Mit ihm muß ein Mensch geküßt sein, wenn er mit dem Faktor Psi ausgestattet sein soll.

Es sei nochmals daran erinnert, daß Rhine mit seinen Studenten im Laufe seiner langen Forschungsjahre Tausende und aber Tausende von Versuchen bei strenger Überwachung durchgeführt hat. Die Methoden der Versuche wurden im Laufe der Zeit verfeinert, damit sich nur ja nichts einschlich, das die Ergebnisse fraglich machen konnte. In der parapsychologischen Fachwelt sind sich deshalb auch alle einig, daß seine statistisch unterbauten Ergebnisse nicht bezweifelt werden können. Wenn ein Artikel im Nachrichtenmagazin „Der Spiegel" in der Nummer 9 des Jahrgangs 1967 es trotzdem tut, so ist dies zwar das gute Recht der Artikelschreiberin, aber die Begründung war derartig schwach, daß sie in der Fachwelt auch nicht ernstgenommen wurde.

Da es sich bei unserem erwähnten Versuch darum handelte, festzustellen, ob auf außersinnlichem Wege Zeichen „gesehen" werden können, und die vielen Versuche dies bestätigten, ist damit wissenschaftlich bewiesen, daß es die T a t -s a c h e   d e s   s o g e n a n n t e n   H e l l s e h e n s   w i r k l i c h · g i b t. Hellsehen bezeichnet nämlich diejenige Form der außersinnlichen Wahrnehmung, G e g e n s t ä n d e   o d e r   V o r g ä n g e o h n e   V e r m i t t l u n g   d e r   S i n n e s o r g a n e   (d e r   A u g e n) „ s e h e n"   z u   k ö n n e n.

Eine Zwischenbemerkung

Es kommt uns darauf an, parapsychologische Aussagen von dem Geruch des Spielerischen, des Nicht-ernst-zunehmenden, des Humbugartigen und Dilletantischen zu befreien. Nur so kommen wir weiter. Darum versucht die Parapsychologie nur einwandfreies Tatsachenmaterial vorzulegen, Material, das streng untersucht wurde. Die Arbeitsweise der Parapsychologie geht deshalb dahin, jede Täuschung, jeden Trickversuch zu entlarven und auszuschließen. Parapsychologie will eine nüchtern arbeitende Wissenschaft sein.

Gerade deshalb kann sie sich aber Tatsachen gegenüber nicht verschließen, die nun einmal Tatsachen sind – ob uns das paßt oder nicht.

Solch eine Tatsache ist nachgewiesenermaßen auch das Phänomen des Hellsehens. Darüber schreibt der bekannte Hans *Bender*, Professor für Psychologie und Grenzgebiete der Psychologie an der Universität Freiburg:

> „Hellsehen, mit der quantitativ-experimentellen (der statistischen Versuchs-)Methode demonstriert, gilt heute als das am besten gesicherte parapsychische Phänomen." [6a])

Da wir keineswegs die Absicht haben, auf den Seiten dieses Buches lediglich in die Welt der Parapsychologie einzuführen, sondern wir aus der Parapsychologie geistige Folgerungen ziehen wollen, sei jetzt schon erstmals der Hinweis gegeben: Schon auf Grund dieses wenigen Materials müssen wir feststellen: das Menschenbild fängt an, sich auszuweiten. Damit fängt aber gleichzeitig jenes Menschenbild an, fragwürdig zu werden, das uns durchgängig im Materialismus begegnet. Aber auch der Rationalismus mit seiner falschen Aufklärung kommt allmählich in Bedrängnis.

Die Tatsache des Hellsehens

Durch nüchterne und wissenschaftlich durchgeführte Massenuntersuchungen haben wir uns die Grundlage zu der These erarbeitet:

> Es gibt Hellsehen. Nochmals: Hellsehen (Präkognition) ist die Fähigkeit, Gegenstände oder Vorgänge sogar bei weiter Entfernung ohne Vermittlung der Sinnesorgane „sehen" zu können.

J. B. *Rhine* erklärt den Begriff Hellsehen wie folgt:

„Hellsehen wird definiert als die außersinnliche Wahrnehmung von Gegenständen oder objektiven Vorgängen unabhängig von psychischen Zuständen oder Gedanken anderer Menschen." [7])

Nun wollen wir diese These und Begriffserklärung auch durch anderes Tatsachenmaterial unterbauen. Der Philosoph G. W. *Hegel* (1770–1831) hat einmal treffend das Hellsehen „v e r - m i t t l u n g s l o s e s   W i s s e n" genannt.

Zunächst müssen wir d r e i   F o r m e n des Hellsehens unterscheiden:

1. Das Hellsehen in die Gegenwart.
2. Das Hellsehen in die Vergangenheit.
3. Das Hellsehen in die Zukunft.

1. Hellsehen in die Gegenwart

Das Fachwort lautet: *Kryptoskopie*. Es besteht wieder aus zwei griechischen Worten: kryptos = verborgen und skopein = spähen, sehen. Also: das Verborgene sehen.

Ein berühmter und allgemein anerkannter Hellsehakt aus vergangenen Tagen, mit dem sich auch der Philospoh Immanuel

Kant beschäftigte und ihn bestätigt hat, ist der von dem schwedischen Mathematiker und Physiker Emanuel *Sweden-borg*.

Swedenborg war von England zurückgekommen und ging im September 1759 in Göteburg nachmittags gegen 4 Uhr von Deck des Schiffes an Land. Er befand sich in einem Kreis von 15 Mitreisenden. Am Spätnachmittag um 6 Uhr überfiel ihn mitten in der Gesellschaft, in der er sich befand, eine starke Unruhe und eine ängstliche Bestürzung. Er „sah" die Stadt Stockholm brennen. Ein Riesenbrand. Stockholm lag aber rund 90 km entfernt. Seinen Begleitern nannte er bestimmte ihm vertraute Häuser, auch sein eigenes. Er sagte ihnen, welche von den Häusern brannten, und wie weit das Feuer jeweils vordrang, welche verschont blieben. Gegen 8 Uhr abends rief Swedenborg erleichtert aus: „Gottlob! Das Feuer ist gelöscht, die dritte Tür vor meinem Haus." Alles stimmte genau.

Der bereits erwähnte Biologe und Parapsychologe Hans *Driesch* schreibt allerdings kritisch dazu: „Swedenborgs be-kannte Vision ist natürlich nicht eindeutig: viele Menschen sahen es ja doch in Stockholm brennen." [8]) Ohne daß Driesch darauf weiter eingeht, will er sicherlich sagen: Statt eines hellseherischen Aktes läge vielleicht eine seelische Fernüber-tragung vor (Telepathie genannt. Wir werden sie noch ab-handeln). Aber das ist nicht anzunehmen; denn dann hätte ja eine seelische Fernübertragung sicherlich von *mehreren* Personen erfolgt sein müssen, weil Swedenborg ja von meh-reren, wenn nicht sogar von vielen Häusern berichtete, die brannten oder nicht brannten.

Aber auch bei einer seelischen Fernübertragung läge gleich-wohl ein parapsychischer Akt vor. Ob Hellsehen – woran ich persönlich nicht zweifele – oder ob seelische Fernübertragung von Menschen in Stockholm nach Göteburg zu Swedenborg vorliegt: dennoch hat der Altmeister *Goethe* so und so recht, wenn er feststellt:

> „Wir sind von einer Atmosphäre umgeben, von der wir noch gar nicht wissen, was sich alles in ihr regt und wie es mit unserem Geiste in Verbindung steht."

Dafür liefert er selbst einen Beweis. Der Biograph Goethes, *Eckermann*, berichtet, wie Goethe mitten in einer Nacht des

Jahres 1783 seinen Kammerdiener aus dem Schlaf läutet. Er bittet ihn, zur Wache zu gehen. Dort möge er den Posten fragen, ob er gerade irgend etwas Auffallendes am Himmel oder auf der Erde bemerkt habe. Der Kammerdiener eilt zum Posten und stellt seine Frage. Der schüttelt den Kopf: „Was sollte ich denn bemerkt haben? Mir ist nichts aufgefallen?!" Goethe gibt sich aber mit der Auskunft des Postens nicht zufrieden und sagt: „Entweder wir haben in diesem Augenblick ein Erdbeben oder wir bekommen eines!" Er hatte recht. Einige Wochen nach diesem Erlebnis war die Nachricht endlich nach Deutschland gelangt: Messina war durch ein Erdbeben zerstört. Dies war in jener Nacht geschehen, in der Goethe hellseherisch ein Erdbeben geahnt hatte.

Nachfolgender Hellsehakt könnte wieder beanstandet werden, besonders dann, wenn sich die beiden Menschen, um die es sich handelt, gekannt haben:

Der sehr bedeutende Parapsychologe und Nervenarzt Freiherr von *Schrenck-Notzing* gab auf einem Internationalen Kongreß für psychische Forschung in Warschau der Versuchsperson St. *Ossowiecki* ein angefertigtes Schriftstück. Es stammte von einer Person, die bei dem Experiment nicht anwesend war. Das Schriftstück befand sich in einem versiegelten Umschlag. In diesem Umschlag befand sich wiederum ein rotes Kuvert. Darin wieder ein schwarzes. Erst in diesem schwarzen Umschlag steckte die Mitteilung, die der Hellseher „lesen" bzw. „sehen" sollte, ohne die Umschläge geöffnet zu haben. Die Versuchsperson hielt den verschlossenen und versiegelten Umschlag in ihrer Hand. Sie beschrieb genaustens den Inhalt. Es waren ein in französischer Sprache geschriebener Text und eine Zeichnung.

Hellsehen ist dadurch gekennzeichnet, daß bei ihm irgendein menschlicher „Sender" fehlt. Wir wollen das Fehlen eines Senders im vorliegenden Fall zwar annehmen. Aber grundsätzlich sind solch ein Brief oder eine Zeichnung dann nicht unbedingt beweissicher, wenn jemand lebt, der um den Inhalt des Briefes oder der Zeichnung weiß. In solch einem Fall kann eben der Betreffende, der darum weiß, ein menschlicher Sender sein und eine Übertragung vornehmen.

Auch das Nachstehende braucht als Hellsehakt nicht bezweifelt zu werden. Dennoch ist es nicht absolut sicher. Über Rudolf *Steiner* liegt u. a. folgender Bericht vor. Zunächst: Dr. Rudolf Steiner (1861 in Kroatien geboren, 1925 in Dornach bei Basel gestorben) war ein philosophischer Schriftsteller und gründete 1912 die Anthroposophische Gesellschaft. Unter anderem schrieb er das vielgelesene Buch „Wie erlangt man Erkenntnisse der höheren Welten?" Zu diesem Rudolf Steiner kam eine verzweifelte Mutter. Ihre drei Kinder hatten in Basel die elterliche Wohnung verlassen, um an einem sehr kalten Wintertag zu rodeln. Abends kamen die Kinder nicht nach Hause. Eine Suchaktion wurde eingeleitet. Spät abends wurde sie ergebnislos abgebrochen. Daraufhin ging die Mutter in ihrer Verzweiflung zu Rudolf Steiner und bat ihn um Hilfe. Nun „suchte" Rudolf Steiner die Kinder durch Konzentration. Nach etwa einer Stunde erklärte Steiner, er habe die Kinder „gefunden". In kindlichem Spiel seien sie in einen alten unbenutzten Möbelwagen eingestiegen, der auf dem Güterbahnhof abgestellt sei. Die Kinder könnten die Tür von innen nicht mehr öffnen.

Auf Grund dieser Angaben wurden die Kinder dort umgehend gesucht und an Ort und Stelle gefunden.

Weil wir sehr kritisch sein wollen, sei nochmals betont: im Fall Rudolf Steiners liegt *höchstwahrscheinlich* ein Hellsehakt vor.

Im nachfolgenden Fall ist es allerdings nicht möglich, hier noch begründete Zweifel anmelden zu können.

2. Hellsehen in die Vergangenheit

Dieses Schauen in die Vergangenheit wird mit dem Fremdwort Retroskopie bezeichnet. Darin steckt das bekannte lateinische Wort retro = zurück, rückwärts. Also Rückschau, das Sehen in die Vergangenheit „von objektiven Tatbeständen, von denen jeweils kein Mensch Kenntnis hat, unter Ausschluß der bekannten Sinne" (Definition nach Tischner, ebenfalls ein bekannter Parapsychologe).

Pfarrer Wilhelm *Horkel* berichtet:

„Ein Beispiel von Hunderten: Seit dem Heiligen Abend 1957 ist der fünfjährige Bernd Schlegel aus Buxtehude um 16 Uhr verschwunden. Eine Stunde, bevor der Christbaum angezündet werden sollte, verließ der Junge das Elternhaus. An einem Kiosk sollte er noch Christbaumschmuck kaufen. Stunden vergehen. Er kehrt nicht zurück, ein trauriges Weihnachtsfest. Alle Nachforschungen bleiben ergebnislos. Die Polizei fahndet in ganz Norddeutschland. Zeitungen bringen sein Bild. 10 Tage vergehen. Da schreibt der Vater des Buben an Gerard *Croiset*, ein Reporter sucht den berühmten Hellseher auf. Mit unheimlicher Genauigkeit beschreibt nun Croiset, welchen Weg Bernd am Heiligen Abend gemacht hatte, obwohl er Buxtehude nicht kannte. ‚Ich sehe eine gestreifte Markise (Sonnendach, Schutzdach). Wenn man davorsteht, ist sie an der rechten Seite kaputt.' Er beschreibt eine Wirtschaft gegenüber dem Bahnhofkiosk. Dort ist das Kind gewesen, sagt er dem Reporter. Er schildert eine Fabrik mit einer schadhaften Mauer, einen Tank an dem Flüßchen St. Dann sieht er noch zwei Wasserfahrzeuge. Er schließt, der Junge ist ertrunken. Er wurde abgeschwemmt. Die Leiche ist in einem Nebenarm der Este zu finden. Aber es wird noch einige Zeit dauern.

Alle Angaben wurden von der Polizei überprüft. Die Markise erwies sich als beschädigt. Die Wirtschaft war das Hotel B., der Nebenarm der Este ist zugefroren – am 12. Februar 1958 wurde die Leiche des Kindes gefunden, als das Flüßchen wieder eisfrei war."[9])

Bei diesem Bericht ist entscheidend, daß hier die Möglichkeit eines menschlichen Senders ausfällt; denn das zu suchende Kind war ja ertrunken. Es konnte also niemand „senden", und der Hellseher konnte nicht „empfangen". Aus diesem Grunde fällt also das Wahrnehmen seelischer Vorgänge eines anderen Menschen (Telepathie) aus.

Aber auch die sogenannte *Strahlungshypothese* kann nicht ins Feld geführt werden. Mit einem Fachausdruck wird diese Strahlungslehre *Radioästhesie* oder auch *Radiohypothese* genannt. Radio = der Strahl. Ästhesie = Empfänglichkeit, Empfindung, also Strahlenfühligkeit.

Weil kein irgendwie gearteter „Sender" der Innerweltlichkeit in Frage kommen kann, folgert daraus, daß hier *Kräfte im-*

materieller Art, also nichtmaterieller Art am Werke sind. Aber welche Kräfte sind dies? Irgendein Sender muß doch senden. Rhine bezeichnet die Kräfte mit dem Wort Psi. Nun gut! Aber bezeichnet Psi das Unterbewußtsein als Sender? Woher soll das Unterbewußtsein aber solch ein Wissen haben und nehmen? Oder meint er eine jenseitige Kraft? Sicherlich wird Rhine die Psyche selbst meinen. Darum ja das Wort Psi. Aber die Frage bleibt: Wie käme dann die Psyche zu solch einer Leistung und Kraft? Beruht die Leistung der Seele auf einer göttlichen Eingebung oder gar auf einer dämonischen, oder ist sie rein seelisch und darum neutral? Jedenfalls stehen wir auch jetzt wieder vor der Tatsache: *Materialisten und Rationalisten kommen erneut ins Gedränge. Wir brauchen ein erweitertes Menschen- und Weltbild.*

Auch im nachfolgenden Fall können Materialisten und Rationalisten nicht weiterhelfen.

Vor meiner volksmissionarisch-evangelistischen Tätigkeit war ich Gemeindepfarrer in Remscheid. In jenen Gemeindejahren bis 1959 kam ich öfter mit einem treuen Christen zusammen, der mir aus seiner russischen Kriegsgefangenschaft folgendes erzählt hatte:

In einem Wachzustand sah er, wie aus seinem Elternhaus zwei Särge hinausgetragen wurden. Den einen sah er als schwarzen, den anderen als weißen. Deutlich konnte er auf dem schwarzen Sarg das Wort „Vater" und ein genaues Datum lesen. Auf dem weißen stand das Wort „Mutter" und ebenfalls ein Datum. Leider habe ich die beiden Daten vergessen. Infolge der Nachkriegswirren stand er mit seinen Angehörigen nicht in Briefwechsel. Wochen und Monate zogen ins Land. Allmählich begannen sich die postalischen Verhältnisse wieder zu normalisieren. Nun erreichte ihn ein Brief in der Gefangenschaft mit der Trauernachricht, daß sein Vater und seine Mutter kurz nacheinander gestorben seien. Auch die Daten wurden ihm mitgeteilt. Sie stimmten genau mit den beiden überein, die er in einem hellseherischen Akt auf den beiden Särgen „gelesen" hatte.

3. Hellsehen in die Zukunft

Wir erwähnten bereits kurz die Telepathie (Fernfühlen ohne körperliche Vermittlung) und die Strahlungstheorie, also die Radioästhesie oder Radiohypothese. Völlig versagt die Strahlungstheorie im Blick auf das Hellsehen in die *Zukunft*. Denn welcher „Sender" sollte „senden", was noch gar nicht da ist? Der Fachausdruck für das Zukunftshellsehen heißt *Präkognition*. Wir erinnern uns: Prä = vor, vorher, Kognition = Erkennen, Wissen, also Vorauserkennen.

Auch auf diesem Gebiet hat der amerikanische Gelehrte *Rhine* wieder gründlich gearbeitet. Er hat entscheidend dazu mitgeholfen, daß durch vieltausendfache Versuche die Möglichkeit und Tatsächlichkeit des Hellsehens bewiesen wurde. Das trug dazu bei, der Parapsychologie das Ansehen einer ernstzunehmenden Wissenschaft zu geben. Allerdings werden wir einschränkend sagen müssen: Die Tatsache des Hellsehens in die Zukunft kann als Tatsache zwar nicht bestritten werden. Aber wie sich das Hellsehen e r k l ä r t , darüber kann Verbindliches nicht gesagt werden. Mein hochverehrter Lehrer, Professor Adolf *Köberle,* hat in seinem vorzüglichen Buch „Herr über alles" die Seele mit einem Ozean verglichen. Das ist ein Bild für die Weite und Tiefe und auch letzte Unerforschlichkeit der Seele.

Vor diesem Geheimnis der Seele stehen wir erst recht im Blick auf ihre Fähigkeit, die Zukunft erschauen zu können. Mit anderen Worten: Die zukunfterhellende Fähigkeit begegnet uns als ein a k a u s a l e s (nicht begründbares) Geschehen.

Der häufig genannte amerikanische Parapsychologe *Rhine* schreibt darüber in seinem Aufsatz „Okkulte Erlebnisse und Wissenschaft":

„Das Unglaubliche an den okkulten Erlebnissen ist die Tatsache, daß die Zeit dort ebensowenig von Wichtigkeit zu sein scheint wie der Raum. Ich weiß, es scheint ganz unglaublich, daß das Bewußtsein der Zeit vorauseilen, und, wie es der Fall ist, ein Bild von etwas aufnehmen kann, das sich noch nicht zugetragen hat.

Es gibt zahlreiche Fälle eines Vorauswissens von Unglücksfällen, das manchmal dazu führt, die Gefahren zu umgehen oder wenigstens den Träumenden auf den Schock vorbereitet. Manchmal ist der W a h r t r a u m auch etwas getarnt oder versteckt, als ob der Träumende sich vor einem Schock schützen wollte. Dies zeigte sich im Traum eines Richters aus meiner Bekanntschaft. Im Traum schaute er ein Begräbnis in einer katholischen Kirche, das in 31 Tagen stattfinden würde. Die Leiche war die des damals noch lebenden Präsidenten Roosevelt. Es ergab sich aber, daß in genau 31 Tagen der Richter der Beerdigung seiner eigenen Mutter in einer katholischen Kirche beiwohnte, obwohl die Familie nicht katholisch war. Sie hatte einen plötzlichen Herzanfall erlitten und war in Eile in ein in der Nähe befindliches katholisches Krankenhaus gebracht worden.

Wahrscheinlich wären wir ohne diese spontanen Fälle von Vorschau nie dazu gekommen, im Laboratorium Versuche mit Vorschau zu machen. Als seinerzeit im Jahre 1933 in der Duke-Universität mit der Untersuchung der Vorschau begonnen wurde, schien das eine natürliche Fortsetzung der ASW (Außersinnliche Wahrnehmung) = Versuche in räumlicher Ferne zu sein. Wenn der *Raum* die ASW nicht einschränkt, schlossen wir, durfte die *Zeit* es auch nicht tun. Aber außerdem lagen die Spontanfälle vor und erhärteten diese Folgerung, und sie spielten eine große Rolle bei der Inangriffnahme der ,p r ä c o g n i t i v e n' (Vorschau-) Experimente.

Bei diesen Versuchen forderten wir die Versuchspersonen auf, sich vor dem Mischen vorzustellen, wie die Karten liegen würden, wenn es vorgenommen sein würde. Es war dies ein Versuch, ihre künftige Lage vorauszusagen. Die Aussagen der Versuchspersonen waren oft richtig genug, um als Beweis dafür zu dienen, daß es sich um m e h r a l s Z u f a l l handelte, obwohl auf mechanische Weise gemischt wurde und später noch mehrere Vorsichtsmaßregeln getroffen wurden. Eine Anzahl Forscher in England haben dies in weiteren Versuchen bestätigt, erst *Tyrell*, dann *Carington*, dann *Soal* und *Goldney* und neuerdings *Thouless*.

Wie es auch die Untersuchung der Spontanfälle nahelegt, kamen wir zu dem Schluß, daß es eine F ä h i g k e i t der Vorausschau gibt, obwohl wir noch nicht viel darüber wissen

und sie sich als das größte Rätsel für die Wissenschaft erweisen mag." [10])

Dieser Stern am Himmel der Wissenschaft bestätigt also einerseits „eine Fähigkeit der Vorausschau". Andererseits muß er
aber bescheiden zugeben, daß „wir noch nicht viel darüber
wissen" und sich die Präkognition (Vorausschau) „vielleicht
als das größte Rätsel für die Wissenschaft erweisen mag."

Wirklich, wir stehen vor Geheimnissen. Wie geradezu peinlich wirken angesichts dessen Materialismus und Rationalismus,
die sich so gelehrt und wissenschaftlich geben und in ihrer
Wirklichkeitsverkürzung so gar nicht wissenschaftlich sind.
Wenn dies schon im Blick auf die Seele erkennbar wird, wie-
vielmehr, wenn wir im weiteren Verlauf die „Schallmauer"
der Innerweltlichkeit durchstoßen und zur anderen, jenseitigen Welt vordringen.

Wenden wir uns jetzt wieder den Tatsachen zu und greifen
wir aus der Fülle des Materials einiges wenige heraus.

Der Dichterfürst *Goethe* war zweifellos ein Mensch, der niemals den Satz gedacht, geschweige denn geschrieben haben
könnte: „Für uns gibt es nur noch *eine* Wirklichkeit, die uns
umgibt und in der wir leben ... Kein Wort über eine jenseitige Welt ..."

Wieviel weiter war doch der Horizont Goethes, wenn er in
einem Brief 1781 an den Schweizer Theologen *Lavater* schrieb:

> „Ich bin geneigter als jemals, noch an eine Welt außer
> der sichtbaren zu glauben."

Welch eine tiefe Einsicht tut sich in seinem weisen Wort kund:

> „Wir wandeln alle in Geheimnissen."

Diesem Geheimnis auch der Vorausschau ist er selbst begegnet. Goethe hatte von Straßburg aus der 19jährigen geliebten
Friederike in Sesenheim einen Abschiedsbesuch gemacht. „Es
waren peinliche Tage", schreibt er, „als ich ihr die Hand noch
vom Pferde reichte, standen ihr Tränen in den Augen, und
mir war sehr übel zumute." Jetzt berichtet er von dem Ereignis seines hellseherischen Vorausblicks:

> „Nun ritt ich auf dem Fußpfade gegen Drusenheim und da
> überfiel mich eine der sonderbarsten Ahnungen. Ich sah
> nämlich nicht mit den Augen des Leibes, sondern des Geistes

mich selbst, denselben Weg zu Pferde wieder entgegenkommen, und zwar in einem Kleide, wie ich es nie getragen, es war echtgrau mit etwas gold. Sobald ich mich aus diesem Traum aufschüttelte, war die Gestalt ganz hinweg. Sonderbar ist es jedoch, daß ich nach acht Jahren in dem Kleide, das mir geträumt hatte und das ich nicht aus Wahl, sondern aus Zufall gerade trug, mich auf demselben Wege fand, um Friederike noch einmal zu besuchen..." [11])

Auch diese bereits acht Jahre vorausgesehene Begegnung Goethes mit sich selbst entzieht sich wieder der Erklärbarkeit, erst recht jeder materialistischen und rationalistischen Deutung.

Gemeinsam mit Goethe ist auch *Hegel* weit von der heute modern gewordenen Wirklichkeitsverkürzung entfernt, wenn er die Auffassung vertritt, die Seele sei beides: zugleich individuell und alldurchdringend. Die Seele sei über Raum und Zeit erhaben. Lediglich zur *körperlichen* Natur gehörten Raum und Zeit. Wir Heutigen tun gut daran, uns nicht geistige Scheuklappen anlegen zu lassen, sondern des Erbes eingedenk zu werden, das wir von den Vätern her haben. Dabei brauchen wir nicht nur an katholische und evangelische Theologen vergangener Tage zu denken, sondern auch Philosophen und Dichter – auch des vergangenen Jahrhunderts – wußten um die Erkenntnis, daß i n d e n T i e f e n d e r S e e l e R a u m u n d Z e i t n i c h t g e l t e n. Die Philosophen *Fichte* und *Schelling*, selbst ein *Schopenhauer* bilden hier keine Ausnahme. Auch die Tiefenpsychologen unserer Tage werden über der Beschäftigung mit hellseherischer Vorausschau, wie auch mit zukunftsbezogenen Wahrträumen immer mehr zu der Erkenntnis geführt, die S e e l e a l s e i n u n r ä u m l i c h e s W e s e n zu verstehen. Von der Besonderheit seelischen Vermögens ahnen wir etwas, wenn Menschen wiederholt berichten, im Augenblick großer Todesgefahr sei ihnen ihr Leben blitzartig wie ein Film vor dem inneren Auge abgelaufen.

Hören wir aus Dichtermund ein weiteres Zeugnis der hellseherischen Vorausschau. Unter dem 15. September 1790 machte Jean *Paul* (Friedrich *Richter* 1763–1825) eine Eintragung in sein Tagebuch. Darin bezeichnete er in Erinnerung an ein Erlebnis diesen betreffenden Abend als „den wichtigsten seines Lebens". Jean Paul wurde nämlich von der geistigen Schau seines eigenen Sterbens überfallen. 35 Jahre vor seinem Sterben erblickt er sich selbst mit dem Auge der Seele auf dem Totenbett. Er erkennt aber, daß sein Ich nicht tot ist. Er schreibt u. a.: „An diesem Abend ging ich vor mein künftiges Sterbebett durch 30 Jahre hindurch, sah mich mit der hängenden Totenhand, mit dem eingestürzten Krankengesicht, mit dem Marmorauge – ich hörte meine kämpfenden Phantasien der letzten Nacht." Diese Vorausschau wühlte ihn derart auf, daß er seine Tagebucheintragung mit den Worten schloß: „So nehme ich jetzt von der Erde Abschied." [12])

Croiset

Im Zusammenhang mit dem Hellsehen in die Vergangenheit erwähnten wir bereits den Namen Croiset. Über diesen – wie man lesen kann – „frommen Holländer" unserer Jahrzehnte muß noch ein Wort gesagt werden; denn er ist ein Mensch, dem die Fähigkeit des Hellsehens in besonderem Maße gegeben ist. Zwar gibt er selbst zu, bei seinen Angaben eine Fehlerquote von 20 bis 30 Prozent zu haben. Aber dies spricht nicht gegen, sondern für seine hellseherische Gabe. Denn wir betonten bereits, daß keiner über den Faktor Psi beliebig verfügen kann. Trotz seiner selbst eingestandenen Fehlerquote können doch nicht die vielen positiven Ergebnisse bestritten werden. *Croiset hat – nach seinen eigenen Angaben – in ungefähr 400 Fällen die Stelle ertrunkener Personen durch den Akt des Hellsehens „gefunden".*

Professor Hans *Bender* aus Freiburg, der Münchener Parapsychologe Anton *Neuhäuser* und ihr gemeinsamer holländischer Kollege *Tenhaeff* haben sich mit dem Paragnosten (Hellseher) Croiset beschäftigt und seine paranormale Gabe bestätigt. Wenn auch eine Artikelschreiberin im „Spiegel" sich müht, diese hellseherische Gabe abzuqualifizieren, so ändert dies nichts daran, daß er genaue Angaben über Fundorte vermißter Kinder und verschollener Menschen gemacht hat und dies, ohne diese betreffenden Umstände und Personen zu kennen.

Weil wir hier die Vorausschau abhandeln, sei noch dies erwähnt: Während einer Autofahrt von Utrecht nach München machte Hellseher Croiset zutreffende Aussagen über einen Besucher, der am nächsten Abend während seines öffentlichen Vortrags in der dritten Reihe auf dem zweiten Stuhl von links sitzen werde. Professor Tenhaeff war mit im Auto und hat die Aussagen noch während der Autofahrt protokolliert. Am anderen Abend saß den Angaben entsprechend ein Student aus Prag auf dem betreffenden Stuhl. Croiset war der Student bis dato unbekannt. Die Prüfung ergab, daß die hellseherische Vorausschau stimmte.

Dieses Vermögen genauer Voraussage hat er öfters bestätigt In einem anderen Fall sagte er bereits zwei Tage im voraus: In der fünften Reihe auf dem zweiten Stuhl von rechts wird bei einem Vortrag ein Fräulein sitzen, das verlobt ist. Sie wird eine blaue Bluse mit einem weißen Kragen tragen. Sie ist recht groß und hat blondes Haar. Zwei Plätze neben ihr wird ein schwarzhaariger Herr sitzen. Er ist 33 Jahre alt.

Zwei Tage später kam es genau so, wie er es „vorausgesehen" hatte. Auch diese beiden Personen waren ihm unbekannt.

Die mit ihm durchgeführten *Platzexperimente* bestätigten seine paranormale Gabe.

Jeane Dixon und Kennedys Ermordung

Bekannt ist auch, daß die Ermordung des amerikanischen Präsidenten Kennedy durch die amerikanische Hellseherin Jeane Dixon vorausgesagt wurde. Die Ermordung geschah im Herbst 1963. Der Ermordung ging bereits 11 Jahre früher folgendes voraus:

Es war nach einer katholischen Morgenmesse im Jahre 1952, als die fromme Jeane Dixon eine unheilvolle Hellsicht in die Zukunft hatte. Vier Jahre nach diesem hellseherischen Akt hatte sie ihr Geschautes einem Reporter des Wochenblattes „Parade" anvertraut. Ich kann nur sagen: *Wie gut, daß sie dies getan hat!!!* Denn am 13. Mai 1956 ist ihre Vorausschau *veröffentlicht* worden. D a d u r c h   i s t   i h r e   H e l l s i c h t   n u n   f ü r   a l l e   W e l t   n a c h p r ü f b a r.

Der Sachverhalt ist folgender: Jeane Dixon kniete in einem katholischen Gotteshaus vor einer Marienstatue und betete. Während sie betete, sah sie die Jahreszahl 1960 und die Gestalt eines strahlend jungen Mannes mit braunem Haar und blauen Augen. Ferner sah sie das Weiße Haus, das Regierungsgebäude des amerikanischen Präsidenten. Darüber schwebte eine schwarze Wolke. Es wurde ihr auch die Bedeutung des Geschauten „mitgeteilt": 1960 werde jener junge Mann als Präsident der USA in das Weiße Haus einziehen und während seiner Amtszeit ermordet werden. Nochmals: 1956 wurde ihre Präkognition veröffentlicht. 1960 erfüllte sie sich: ein junger Mann mit braunem Haar und blauen Augen zog ins Weiße Haus: John F. Kennedy.

Es wird in einer Dixon-Biographie berichtet, daß diese Hellseherin nach Kennedys Amtsantritt immer häufiger von ihrer Unheilsschau umgetrieben worden sei. Sie selber äußerte sich so: die schwarze Wolke über dem Weißen Haus „wurde größer und größer" und fing an „herabzusinken". Dann kam der Herbst 1963. Präsident Kennedy hatte sich gerade entschlossen, in die Südstaaten zu reisen. Laut Biographie habe Hellseherin Dixon eine Freundin der Familie Kennedy, Frau Kay Halle, schier beschworen, Präsident Kennedy von der Reise abzuraten; denn: „Er wird unterwegs getötet werden." Miß Kay Halle aber traute sich nicht, diese so konkrete Aussage dem Präsidenten mitzuteilen.

Nun kam der 22. November 1963. Jeane Dixon speiste im Kreis einer Damengesellschaft im Hotel Mayflower in Washington. Die Seherin war sehr still und hatte keinen Appetit. Eine ältere Dame, Mrs. Kaufmann, fragte Frau Dixon: „Kindchen, warum essen Sie denn nicht?" Darauf gab die Seherin die Antwort, die ihren Lauf um die Welt gemacht hat:

> „Ich bin unruhig. Dem Präsidenten wird heute etwas Schreckliches zustoßen."

Kurze Zeit danach kam die Nachricht von diesem Schrecklichen aus dem Rundfunk. „Auf den Präsidenten ist geschossen worden."

Wieder müssen wir alle diejenigen fragen, die in der Wirklichkeitsverkürzung eines rationalen Weltbildes befangen sind:

Wie erklärt sich dieser Tatbestand des Hellsehens in die Zukunft? Sollten wir nicht doch allmählich einsehen, daß Shakespeare recht hat, wenn er schreibt: „Es gibt mehr Dinge im

Himmel und auf der Erden, als eure Schulweisheit sich träumen läßt."

Und wieder gestatten wir uns den Hinweis, daß wir uns bei all dem bis jetzt Abgehandelten erst im Vorfeld befinden. Die eigentlichen Gravamina, die Schwergewichte stehen noch bevor.

Was die Seherin Jeane Dixon betrifft, so tut es ihrer Gabe keineswegs Abbruch, daß auch sie nicht nur „Treffer" hat. So hatte sie z. B. 1958 den Ausbruch eines dritten Weltkrieges vorausgesagt. Hingegen hat sich ihre Vorausschau in vielen anderen Punkten bestätigt. Selbst das kritische Wochenmagazin „Der Spiegel" zählt in seiner Nummer vom 1. September 1965 einiges auf:

„Dem Präsidenten Roosevelt, der sie im Spätherbst 1944 ins Weiße Haus bat, weissagte sie – auf dringliches Befragen – sein Ableben innerhalb von 6 Monaten (F. D. Roosevelt starb im April 1945).

Für die Schauspielerin Carole Lombard, die dritte Frau Clark Gables und seine ‚einzige große Liebe' (Gable), sah Jeane 1942 eine sechswöchige Gefahrenperiode und riet ihr, in dieser Zeit nicht mit dem Flugzeug zu reisen. Carole flog trotzdem und stürzte ab.

Schon 1945 weissagte das Washingtoner Orakel die Teilung Indiens – im Juni 1947 – auf den Monat genau.

Einmal – während des Krieges – beschwor Jeane ihren Mann, ein bestimmtes Flugzeug nach Chicago nicht zu nehmen. James Dixon hörte auf seine Frau, die Maschine stürzte kurz vor Chicago ab.

Einem ungläubigen Winston Churchill prophezeite sie im Frühjahr 1945 für den Juli eine von aller Welt für ausgeschlossen gehaltene Wahlniederlage. Tatsächlich wurde der Sieg-Premier geschlagen."

Wenngleich sie sich in der Jahreszahl des Ausbruchs eines dritten Weltenbrandes geirrt hatte, so hält sie doch an der Sache des dritten Weltkrieges fest, der in den 80er Jahren kommen wird. Nach dieser Hellsicht wird der Krieg zwischen Amerika, Europa und der Sowjetunion einerseits und dem wachgewordenen Riesen Rot-China andererseits stattfinden.

Jeane Dixon ist die Frau eines begüterten Immobilienmaklers in Washington. Sie ist Tochter der Familie Pinckert, die aus Deutschland nach den USA ausgewandert ist. Sie ist Anfang der fünfziger Jahre und eine aktive Katholikin.

Auch bei Jeane Dixon zeigt sich, was bei hellseherisch ausgestatteten Menschen oft festzustellen ist: *sie war schon als Kind hellsichtig.* Dieser Tatbestand hilft uns, die Frage beantworten zu können, die wir uns später noch stellen müssen, ob in diesen ganzen Problemkreis auch Dämonisch-Satanisches oder ob Göttliches hineinwirkt oder ob sich das Phänomen rein psychisch erklärt.

Abgrenzungen vom Hellsehen

Um einen klaren Durchblick durch das Gebiet der Parapsychologie zu bekommen, müssen nicht nur ihre einzelnen Teilgebiete unterschieden werden, sondern auch in den Teilgebieten selbst müssen wir differenzieren und abgrenzen. Vom Hellsehen ist zu unterscheiden:

1. die Eidetik.
2. die Halluzination.

1. Die Eidetik

Dieses Wort leitet sich von den griechischen Wörtern Eidetike und Eidos ab. Das letztere Wort heißt Urbild, Bild, Gestalt, Wesen, Idee. Innerhalb der Psychologie hat der Psychologe Erich Rudolf Jaensch (1883–1940) die Lehre von der Eidetik begründet. Die Eidetik ist „Wissenschaft vom Geschauten". Die Eidetik drückt diejenige seelische Veranlagung aus, die im Stande ist, etwas, was ich mir vorstelle, *anschaulich* zu sehen. Man muß nämlich unterscheiden zwischen Vorstellung und Anschauung bzw. Wahrnehmung. In meinem seelischen Bewußtsein erzeuge ich das Bild eines Apfels. Ich stelle ihn mir vor. Dann habe ich eine *Vorstellung* von einem Apfel. Nun gehe ich in den Keller und hole mir einen Apfel. Dann habe ich eine *Anschauung* von einem Apfel, eine *Wahrnehmung.* *Der Eidetiker erlebt die Vorstellung wie eine Anschauung.* Bei Kindern trifft man diese eidetische Veranlagung öfters an. Auch Erwachsene können diese Anlage beibehalten.

Zwei Beispiele für Eidetik

1. Beispiel:

Als Studenten wurden wir durch unseren Professor mit einer Medizinstudentin bekannt. Sie mußte zu ihrem Staatsexamen. Bevor sie ins Prüfungszimmer gerufen wurde, saß sie in einem Vorzimmer. Dort mußte sie warten. An der Wand des Zimmers hing eine Bildtafel mit einem dargestellten Skelett. Neben den einzelnen Knochen standen jeweils die einzelnen Namen. Z. B. Atlas neben dem ersten Halswirbel. Die Examenskandidatin sah sich die Wandkarte mit ihren vielen Knochen und Namen gründlich an. Dann wurde sie ins Examenszimmer gerufen. Und siehe, ausgerechnet über das menschliche Knochengerüst wurde sie geprüft. Nun ereignete sich folgendes: die Wandkarte trat völlig deutlich vor ihre Augen. Sie „sah" die Abbildung so klar vor sich, wie in dem Raum, in dem die Bildtafel an der Wand hing. Jetzt brauchte sie nur die einzelnen Namen der Knochen „abzulesen". Es versteht sich, daß jene Studentin das Fach mit der besten Note bestanden hat. Die Examenskandidatin war eine Eidetikerin. Diese Prüfung hätte auch ein jeder von uns bestanden, wenn er ein Eidetiker gewesen wäre. Die seelische Veranlagung zur Eidetik rührt von einer Überempfindlichkeit der Sinne her, die mit dem Fachausdruck *Hyperästhesie* bezeichnet wird.

2. Beispiel:

Dieses hat großes Aufsehen erregt und ist vor etlichen Jahren durch alle Zeitungen gegangen. Ich meine die sogenannten *Heroldsbacher Mutter-Gottes-Erscheinungen.* Was geschah dort? Schulkinder von Heroldsbach, Bistum Bamberg, befinden sich auf dem Weg nach Haus. Plötzlich ruft ein Kind: „Ich sehe die Madonna, die Mutter Gottes." Die anderen Kinder: „Ich auch, ich auch." „O ja, ich sehe sie auch." Wie ein Lauffeuer geht es durch den ganzen Ort und die nähere Umgebung. „Die Mutter Gottes ist erschienen." Alle geraten in eine große Erregung. Die Kinder zeigen den Erwachsenen genau, wo Maria erschienen sei. Die Erwachsenen sehen sie zwar nicht mehr, aber das ändert nichts daran, daß das begonnene Lauffeuer von der Kunde der Heroldsbacher Mutter-Gottes-Erscheinung sich immer weiter ausbreitet. Nun kommen die Menschen aus allen Gegenden. 8–10 000 Besucher sind es jeweils über das Wochende. Der zuständige Erzbischof von Bamberg greift ein. Er schickt eine Untersuchungskommission. Sie stellt fest: hier handelt es sich um keine echte Erscheinung, sondern um ein eidetisches Phänomen.

Wie war es dazu gekommen? In der Schule hatte der Lehrer lieb und anschaulich von Maria erzählt. Sicherlich werden die Kinder dabei auch Mariendarstellungen in Bildern und Gemälden gesehen haben. Nun waren ihre Herzen voll und sie gingen damit heim. Weil diese Kinder eine eidetische Anlage hatten, kam es, daß sie ihre Vorstellung plötzlich als eine Wahrnehmung vor sich sahen. Der Erzbischof gab Anweisungen an den Ortsgeistlichen, die Gemeinde in der Predigt aufzuklären. Als dies geschah, lehnte sich die Gemeinde auf. Den Kaplan zog sie auf ihre Seite. Hinzu kam, daß der Kaplan sich auf Grund von ekstatischen Gesichten und Auditionen (außersinnliches Hören) durch Christus zum mitregierenden Papst – er nennt sich Clemens der XV. und Nachfolger Johannes des XXIII. – ernannt glaubte. Es blieb dem Erzbischof nichts anderes übrig, als den Kaplan zu exkommunizieren (auszuschließen).

Dieser Vorgang in Heroldsbach, wie auch das Erlebnis der Medizinstudentin, sind also als eidetische Phänomene zu unterscheiden von einem Hellsehakt, mit dem sich *Reales* verbindet. Hingegen ist das Erlebnis, bei dem Goethe sich selbst entgegenreiten sah, dem präkognitiven (in die Zukunft gerichteten) Hellsehen zuzurechnen und nicht, wie das öfters geschieht, der Eidetik.

2. Die Halluzination

Dies Wort leitet sich ab vom Lateinischen alucinari = „ins Blaue hineinreden, faseln". Im Zusammenhang mit dem Hellsehen könnte man die Halluzination als *krankes* Hellsehen bezeichnen. Denn die Halluzination ist eine *Trugwahrnehmung.* Sie ist eine *Sinnestäuschung,* bei der eine subjektive, seelische Vorstellung von dem betreffenden Menschen als eine Realität genommen wird. Hat der Betreffende Halluzinationen des *Gehörs,* so nennt man sie *Akoasmen* (vom Griechischen akouo = ich höre). Hat der Betreffende eine Halluzination des *Gesichtes,* dann ist dies eine *Vision* (vom Lateinischen visio = Schau). Allerdings müssen wir die Vision im *engeren* und *weiteren* Sinn unterscheiden. Mit der Vision im engeren Sinn beschäftigt sich die Psychiatrie (griechisch die Seelenheilkunde). Vision im engeren Sinn hat es mit dem Krankhaften zu tun. Während die Vision im weiteren Sinn ins Gebiet des Religiösen und Religionsphilosophischen gehört und nichts zu tun hat mit der krankhaften Halluzination. Im religiösen Sinn versteht man unter Visionen innere Gesichte. Hier bestehen Beziehungen zum Hellsehen im parapsychologischen Sinn. Wir werden noch darauf eingehen.

Vielfach werden Halluzinationen durch *Krankheiten* verursacht, wie z. B. durch Typhus, Malaria, Geisteskrankheiten. Auch wenn ein Mensch nah vor dem Hunger- und Dursttod steht, kommt es oft zu Halluzinationen. Ebenfalls bei Störungen der endogenen (griechisch endo = innen, endogen = von innen kommenden) Drüsentätigkeit, wie auch bei zu niedrigem Kalziumspiegel (Kalzium = ein chemischer Bestandteil des Körpers). Mit Kopf- und Hirnverletzungen verbinden sich auch oft Halluzinationen. Auch jetzt kann uns ein Beispiel weiterhelfen.

Als verwundeter Soldat lag ich in den Tagen der Kapitulation 1945 auf einem großen Krankensaal mit vielen anderen Kameraden. In diesen etwa vier Wochen starben viele Verwundete links und rechts neben mir in den Betten. Bei etlichen gingen Halluzinationen tagelang voraus. Ich weiß noch gut, wie dann einer öfters zu uns rief: „Es brennt! Schaut, dort unten am Fußende des Bettes, da schlagen die Flammen." Wir versuchten ihn dann zu beruhigen. Aber er ließ sich nicht davon abbringen, daß es am Fußende des Bettes lichterloh brenne. Er hatte eine Halluzination, eine Wahnvorstellung.

Im Zusammenhang mit der Halluzination muß auch ein Wort zu der so rapid zunehmenden Verwendung von R a u s c h - g i f t gesagt werden. (Ich darf mir vielleicht den Hinweis gestatten, daß ich in meinem Buch „Probleme einer fragenden Generation" ausführlicher die Rauschgiftfrage behandelt habe. Deshalb kann ich mich jetzt kurz fassen.)

Mit großen Worten wird ja die scheinbar befreiende und schöpferische Wirkung gepriesen, zu der das Rauschgift den Drogenkonsumenten führe. Es erfolge die „Auflösung der Grenzen des Ego (Ich)". In Wirklichkeit handelt es sich aber um keine Bewußtseinserweiterung wie bei einem Künstler, wenn sein Geist und seine Seele schöpferisch arbeiten und ein neues Werk gebären, sondern es handelt sich darum, daß durch das betreffende Rauschgift *halluzinatorische Vorstellungen*, also *Wahnvorstellungen* ausgelöst werden.

Zweifellos ist es richtig, daß durch Mittel wie Meskalin, LSD (Lysergsäurediäthylamid) und Haschisch kosmische und mystische Erlebnisse verursacht werden, und sie in relative oder völlige Raum-Zeitlosigkeit *führen.* Aber als Gaukelei, als Halluzination! Die Droge LSD, wie auch die anderen Rauschgifte (Meskalin muß 5000mal stärker dosiert werden als LSD, damit es die gleichen Wirkungen erzielt) sind schon durch Versuchspersonen zu *wissenschaftlichen* Zwecken erprobt worden. Der Wissenschaftler Aldous *Huxley* hat sogar das Buch darüber geschrieben: „Die Pforten der Wahrnehmung. Meine Erfahrung mit Meskalin." Dort schildert er in detaillierter und meisterhafter Weise die erlebte Raum-Zeitlosigkeit und *Allverbundenheit* im Meskalinrausch. Oder da ist z. B. der Meskalinversuch eines deutschen Studienrats. Er begab sich in Gegenwart von Freunden, die ihn überwachten und die Vorgänge notierten, „auf Fahrt", wie das heute verharmlosend ausgedrückt wird. Der Studienrat selbst führte außerdem ebenfalls Protokoll. Geschehen am 29. 5. 1955.

„10 Uhr 53 nahm er 0,5 g Meskalin. Nachdem sich zunächst halluzinative Ornamente in schwarz-weiß zeigten, begannen nach einer Stunde intensive Farb-Lichterscheinungen. Aber erst ab 14 Uhr 30 setzten ‚extatische Zustände' ‚wunderbarer Art' ein. Alles ist religiös gefärbt. Zitate: ‚Gut, daß alles abgedämpft bleibt, das könnte man sonst gar nicht aushalten ... Wenn es mehr wäre, würde ich zerfließen (aufschluchzen) ... Wie sich die Seele zurückstürzt in die Welt, um dem Licht zu entgehen, das verstehe ich jetzt ... ungeheuere Glückseligkeit ohne Ich-Gedanke ... Man erlebt andere Zeiträume, Zeit und Raum werden ein und dasselbe, es ist eine Art von Allgegenwart, ein Wonnebrand, da gibt es keinen Ort und keine Zeit – still steht alles. Alles ist in Gefühl versunken, unendlich schön. Ich möchte es trotzdem nicht wiederholen, ich bin bis aufs Letzte beansprucht worden'." [13])

Es darf um der Vollständigkeit willen nicht verschwiegen werden, daß bei anderen Menschen, sogar bei ein- und demselben Menschen, eine „Fahrt" mittels Droge auch *entgegengesetzt* erlebt wird: Mit Unruhe, Depressionen, Wertlosigkeitsgefühlen, „mit dem Kater von Öde und Leere", Todeswünschen, ja sogar mit Selbstmordgefahr.

Fest steht jedenfalls: das r a p i d e A n w a c h s e n d e r R a u s c h - g i f t s u c h t , b e s o n d e r s u n t e r d e r J u g e n d , i s t n u r a l s e i n e F l u c h t v o r d e r H e r r s c h a f t d e s R a t i o n a l e n i n u n s e r e m k a l t e n M a s c h i n e n z e i t a l t e r z u v e r s t e h e n . Der große Schweizer Psychologe C. G. *Jung* hat einmal darauf hingewiesen, daß man den modernen Menschen nicht verstehe, wenn man nicht um seine Sehnsucht nach dem Dionysos-Erlebnis Nietzsches wisse. (Dionysos ist der griechische Gott des Weines und des Rausches. Daher das Wort dionysisch als Zustand rauschhafter Lebensfreude und -gier.) Wir gehen sicher nicht fehl in der Annahme, daß das stete Vordringen der neurationalistischen Theologie mit ihrer Wirklichkeitsverkürzung für viele Menschen zum — bewußten oder unbewußten — Anlaß wird, sich dem kalten Zugriff der bloßen Innerweltlichkeit durch diesen Weg des Rausches zu entziehen.

Aber Drogen vernebeln. Darum muß dem modernen, an seiner Technik frierenden Menschen ein anderer Weg als der des Rausches und der Flucht gewiesen werden, ein Weg, den ihm die moderne Theologie, diese Theologie der zweiten Aufklärung, trotz sicherlich bester Absicht niemals zu weisen vermag.

Es kam uns darauf an, Klarheit ins Gebiet des Hellsehens zu bringen und deshalb Abgrenzungen vorzunehmen.

E r g e b n i s : *Eidetik und Halluzinationen sind vom Hellsehen zu unterscheiden. Das Hellsehen hat wesensmäßig mit beiden nichts zu tun.*

Nun gehen wir im Gesamtbereich der außersinnlichen Wirklichkeit einen Schritt weiter.

Vergegenwärtigen wir uns wieder unser Ziel: Wir versuchen, uns Schritt um Schritt der Grenze zwischen unserer raum-zeitlichen, sichtbaren Wirklichkeit und der anderen unsichtbaren, jenseitigen Wirklichkeit zu nähern. Wenngleich auch das Hellsehen, besonders das vorausschauende, nicht erklärt werden kann und dicht an der Grenze zur anderen Wirklichkeit liegt, so kann doch durch das Hellsehen keineswegs die jenseitige Wirklichkeit bewiesen werden.

Wie steht es mit dem folgenden Gebiet?

Die Tatsache des Fernfühlens und der Fernbeeinflussung

Auch jetzt wollen wir uns das Fachwort merken: *Telepathie.* Die Grundbedeutung des griechischen Wortes Pathein heißt Leiden. Damit ist auch die Leidensfähigkeit, das Fühlen und Erfühlen gemeint. Der in den zwanziger Jahren wirkende Psychologe Professor Konrad *Oesterreich* hat in zutreffender und verständlicher Weise den Begriff Telepathie definiert als die

> „Erfassung der Bewußtseinsinhalte einer anderen Person auf einem anderen Wege als der Vermittlung durch die gewöhnliche Sinneswahrnehmung, also unter Ausschluß der Sprache, auch des unwillkürlichen Flüsterns oder irgendwelcher sonstiger sinnlich wahrnehmbarer Ausdruckphänomene des Innenlebens der Person".[14])

Mit der Erfassung der Bewußtseinsinhalte ist hier gemeint, daß der Telepath erfaßt, was ein anderer Mensch denkt oder fühlt. Dieser ganze Problemkreis der Telepathie meint also „Erwerbungen eines Wissens um fremdseelische Zustände" nicht auf „normalem" Weg.[15]) So drückt es Hans *Driesch* sehr gut aus. Dieser Psychologe Hans Driesch braucht zwei zutreffende Wörter, um zu verdeutlichen, was gemeint ist. Er spricht vom „Geben" und „Abzapfen". Ich „gebe", wenn ich auf jemanden meine Gedanken und meinen Willen übertrage, ohne mit ihm zu reden oder ihm sonstige Zeichen zu geben. Der „Geber" ist der „Agent". Der „Empfänger" ist der „Perzipient". Ich „zapfe ab", wenn ich den seelischen Inhalt, also die Gedanken und Gefühle eines anderen lese und erfühle. Entsprechend ist zwischen Gedanken*übertragung* und Gedanken*lesen* zu unterscheiden. Beim Gedankenlesen vertauscht sich natürlich die Rolle. War ich bei der Gedankenübertragung der Geber, der Agent, so bin ich beim Gedankenlesen der Empfänger bzw. Perzipient und der andere ist der Geber, der Agent. Dabei kann dieser Vorgang willkürlich, aber auch unwillkürlich geschehen.

Aber nun mag ein kritischer Mensch, dem die Welt der Parapsychologie noch suspekt (verdächtig) ist, fragen:

Gibt es denn Telepathie?

Antwort: ja, es gibt Telepathie. In der parapsychologischen Fachwelt wird die Tatsache der Telepathie von keinem ernstzunehmenden Gelehrten mehr bestritten. Allerdings hat es etwas gekostet, bis es zu dieser Anerkennung gekommen ist.

Wie schon beim Hellsehen verdanken wir auch jetzt dem Amerikaner *Rhine* solide, kritisch untersuchte und massenhaft durchgeführte Versuche. Durch seine Test-Methode hat er der Parapsychologie gleichsam etwas Naturwissenschaftliches, etwas nüchtern Empirisches (Erfahrungsgemäßes) gegeben. Gerade darin besteht für den weithin naturwissenschaftlich geprägten Menschen unserer Tage eine Hilfe.

Wir haben uns bereits mit Rhines Karten-Test vertraut gemacht, als wir der Frage nachgingen, ob es das Phänomen des Hellsehens gibt. Auch im Fall der Telepathie arbeitet Rhine wieder mit dem Kartenexperiment. Der wesentliche Unterschied zwischen dem Kartentest beim Hellsehen und dem Kartentest beim Gedankenlesen besteht darin, daß *beim Hellsehen jeder Mensch ausgeschaltet* wird, der weiß, welche Symbole die jeweiligen Karten haben. *Jetzt aber* beim Gedankenlesen ist es gerade erforderlich, daß zu der Versuchsperson *eine zweite Person als Wissender hinzukommt*. Diese Person sieht sich das Zeichen der Karte an. Nun muß die eigentliche Versuchsperson von dem Betreffenden, der das Zeichen weiß, dies Wissen „abzapfen". Wenn bei 25 Karten mehr als fünfmal richtig abgezapft wurde, dann darf auf eine gewisse Gabe des Gedankenlesens geschlossen werden. Genau so verhält es sich, wenn ich als Versuchsperson nicht dem Wissenden sein Wissen abzapfe, sondern wenn ich die Symbole „sehe" und dieses Wissen dem anderen „gebe", bzw. auf den anderen übertrage, er also „raten" muß. In beiden Fällen ist entscheidend, ob die Durchschnittsquote von fünf Treffern überschritten wird.

Gewiß kann man einwenden, was die Gegner Rhines auch tüchtig getan haben, es handele sich um einen „glücklichen" Zufall, wenn man mehr Treffer als fünf habe. Bestimmt kann man dies bei drei, fünf oder auch zehn Versuchen noch sagen. Wenn aber bei 50, bei 100 und 200 Versuchen, die mit der Versuchsperson gemacht werden, die Trefferzahl stetig über dem Durchschnitt liegt, dann kann man nicht mehr von Zufall reden, sondern dann muß ganz nüchtern festgestellt werden: diese und jene Versuchsperson ist telepathisch begabt.

Diese Untersuchungen hat Professor Rhine in jahrelanger und mühevoller Arbeit vorgenommen. *Mehr als 100 000 diesbezügliche Versuche hat er durchgeführt.* Er selber schreibt schon im Blick auf frühere Untersuchungen:

> „Das Hauptereignis der damaligen Versuche war der durch sie erbrachte Beweis, daß eine beliebige Gruppe junger Männer unter den richtigen Bedingungen im Stande ist, telepathische Leistungen aufzuweisen." [16])

Etwas später schließt er das betreffende Kapitel mit dem lapidaren Satz, um den es uns in diesem Buch auch sehr gewichtig geht:

> „Der Materialismus war erfolgreich herausgefordert worden." [16a])

Es ist ganz selbstverständlich, daß sich am Ende nur wenige Menschen herausschälen, die eine hohe telepathische Begabung besitzen.

Eine erstaunlich überragende Begabung besaßen die beiden Brüder *Jeuan* und *Glyn Jones* aus Wales in England, der erste 15 und Glyn 13 Jahre alt. Unter Aufsicht des in der Fachwelt bekannten Dr. S. G. *Soal,* Professor für Mathematik an der Universität London, wurden die Brüder vier Jahre lang getestet. Ihre Begabung nahm in diesen Jahren nicht ab. *Es wird berichtet, daß dem Jüngeren, Glyn, zweimal völlig fehlerlose Resultate gelungen sind.* Der Test wurde mit einem Durchgang von 25 Karten gemacht. Der ältere Bruder betrachtete in einem von seinem jüngeren Bruder getrennten Raum die Zeichen der Karten der Reihe nach. Der jüngere Glyn mußte ihm jeweils das Zeichen abzapfen. Das gelang ihm völlig fehlerfrei. Die Mathematiker haben errechnet, daß die Chance, von 25 Karten alle 25 richtig zu nennen, in einem Verhältnis steht von 1 zu 623 360 743 125 120, das sind 623 Billionen 360 Millarden 743 Millionen usw.

Die *Schlußfolgerung* lautet:

Also liegt kein Zufall vor.
Also gibt es die Tatsache der Telepathie.

Zu den beiden Brüdern ist noch hinzuzufügen, daß sie gründlich von Medizinern und Wissenschaftlern untersucht wurden. Es wurde festgestellt, daß sie keinen außergewöhnlichen Intelligenzgrad besaßen und über keine Spezialbegabung verfügten, wie eben lediglich über die Gabe der Telepathie.

Übrigens wird von dem großen Lehrer der katholischen Kirche, *Thomas von Aquin* (1225–1274), dem „Fürsten der Philosophen", berichtet, daß auch er die telepathische Gabe hatte, mühelos die Gedanken anderer Menschen lesen zu können.

Nachdem wir uns – wie beim Kapitel über das Hellsehen – zunächst die Mühe gemacht haben, die These zu erarbeiten „Es gibt Telepathie", können wir jetzt praktisch werden.

Aus dem Französischen wurde das Buch übersetzt: „Die unheimlichen Wirklichkeiten." Verfasser ist George *Langelaan*. Darin steht unter anderem ein Bericht unter der Überschrift:

„Telepathische Verbindung zwischen New York und Nordpol"

In dem Bericht heißt es u. a.:

„Einen erstaunlichen Erfolg [auf dem Gebiet der Telepathie] hatte ein wenig bekannter Versuch im Jahre 1937.

Der Polarforscher Sir Hubert Wilkins interessierte sich sehr für Telepathie. Eines Tages beauftragte man ihn, in aller Eile eine Arktis-Expedition – seine elfte – vorzubereiten, um den sowjetischen Flieger Lewanewsky zu retten. Lewanewsky war bei einem Flugversuch von Rußland nach Amerika über dem Pol verschwunden. Einer von Wilkins' Freunden, Harold Sherman, der gleichfalls Experimente mit Gedankenübertragungen machte, schlug Wilkins vor, mit ihm während der Dauer seiner Reise in telepathischer Verbindung zu bleiben.

Sie verabredeten also, dreimal in der Woche, am Montag, Dienstag und Donnerstag, solle sich Sherman zwischen 18.30 Uhr und 19 Uhr eine halbe Stunde lang ‚empfangsbereit halten'. An diesen Tagen sollte der Forscher zur verabredeten Zeit Einzelheiten über den Verlauf der Expedition gedanklich ausstrahlen.

Um möglichen späteren Angriffen vorzubeugen, vereinbarten sie, daß Sherman ‚seine Eindrücke' jedesmal schriftlich niederlegen und sofort an Dr. Gardner Murphy, Chef der parapsychologischen Forschung der Universität Kolumbia weitergeben solle. Da sich Sherman in New York aufhielt, willigten zwei Freunde Sir Hubert Wilkins', Dr. A. Strath-Gordon und Dr. Henry Hardwicke, ein, als Zeugen zu fungieren und jedesmal dabei zu sein, wenn Sherman die Gedanken seines Freundes aufzufangen suchte. Schließlich sollte ein Kurzwellensender den Polarforscher über die Entwicklung des Versuches auf dem laufenden halten.

Die Expedition brach im Oktober 1937 auf. Sehr schnell erschwerten die atmosphärischen Bedingungen die Übertragung. Hinzu kam, daß die Expedition sehr schwierig war, so daß Wilkins die mit Sherman vereinbarten Zeiten nicht einhalten konnte.

Beide stellten jedoch bald fest, daß Sherman trotzdem die wesentlichen Gedanken von Wilkins auffing. Von Anfang an waren Shermans Notizen von *erstaunlicher Genauigkeit*.

Wilkins führte sein Tagebuch sehr sorgfältig, fast jeden Tag zeichnete Sherman seine Eindrücke in Anwesenheit der Zeugen auf. Das ganze wurde Murphy zugeschickt.

Als man später Wilkins' Tagebuch mit den Aufzeichnungen seines Freundes verglich, stimmten so viele Einzelheiten, Eindrücke und Gedanken überein, daß es sich nicht um einen bloßen Zufall handeln konnte.

In der Nacht des 14. März 1938 hatte Sherman beispielsweise geschrieben:

‚Ich glaube, Sie haben einen Riß am Schwanz des Rumpfes entdeckt und haben ihn reparieren können. Dann scheint es mir, als sehe ich, wie Sie im vollen Flug eine Handpumpe betätigen. Einer der Motoren qualmt, schwarzer Rauch steigt daraus auf, und ich höre, wie Ihr Motor spuckt, als ob Sie mit dem Vergaser Schwierigkeiten hätten.'

Wilkins' Tagebuch bestätigt den Riß ...

Ein anderes Beispiel:

Sherman schreibt, daß er beobachtet, daß sich an den Vorderkanten der Flügel Eis bildet. Er lokalisiert das Flugzeug etwa auf dem 86. Längengrad und dem 110. Breitengrad. Zu der beschriebenen Stunde bildete sich zwar noch kein Eis an den Tragflächen, die Maschine befand sich jedoch nur weniger als 100 Kilometer von dem Ort entfernt, den Sherman angab.

In einem anderen Bericht, über den Sir Wilkins Zeugen lächeln mußten, teilt Sherman mit, er sähe seinen Freund in Begleitung von Militärs bei einer Feierlichkeit mit vielen Menschen. Sir Hubert schien einen Frack zu tragen.

Wie groß war die Überraschung, als der Forscher erzählte, daß er nach einer Notlandung in Regina in Saskatchewan am 11. November 1937 zu den Feierlichkeiten anläßlich des Waffenstillstands eingeladen worden sei und es ihm gelungen war, einen Frack aufzutreiben.

Am 7. Dezember schreibt Sherman:

,Es ist Nacht und ich sehe ein Feuer lodern. Man könnte meinen, ein Haus stehe in Flammen. Viele Menschen sind da. Einige rennen. Es ist sehr kalt, und es weht ein starker Wind.'

Das Tagebuch des Forschers bestätigt dies. Es handelte sich um eine Eskimo-Hütte in Point-Barrow im hohen Norden, in der Feuer ausgebrochen war.

Zwei Tage später, am 9. Dezember, schreibt Sherman:

,Ich sehe Sie in einer Schule, Sie stehen vor einer schwarzen Tafel und halten Kreide in der Hand. Sie sprechen.'

Im Tagebuch Sir Huberts entdeckte man, daß er an diesem Tage vor den Schülern von Point Barrow gesprochen und Skizzen auf eine schwarze Tafel gezeichnet hatte.

Bescheiden, wie alle wirklichen Wissenschaftler, schrieb Sir Hubert später über dieses Experiment:

,Ich weiß nicht, ob wir wirklich beweisen konnten, das Telepathie zwischen zwei Personen über eine große Entfernung hinweg möglich ist. Aber ich selbst bin sehr glücklich, daß ich an diesem Experiment teilgenommen habe. Mir scheint, wir haben zumindest bewiesen, daß die Telepathie ernsthafte Beachtung verdient'." [17])

Bei den Lamaisten in Tibet

Bei uns in den westlichen Ländern mit ihrer hochgezüchteten Zivilisation und Technisierung, mit ihrem einseitigen Intellektualismus (Verstandesüberschätzung) sind geist-seelische Gaben und Kräfte weithin verkümmert. Edgar *Dacqué* weiß in seinem Buch: „Das verlorene Paradies" davon in überzeugender Weise zu berichten. Anders steht es um die Kräfte in den Tiefenschichten der Seele bei den Völkern des Fernen Ostens: in Indien, in Tibet, in Indonesien etc. Madame Alexandra *David-Neel*, eine Pariserin, weilte 14 Jahre als Lama-Schülerin in Tibet. (Ein Lama ist ein tibetanischer Buddhapriester.) Über ihren Aufenthalt hat sie berichtet. Wir Zivilisationsmenschen westlicher Prägung können über diese Erlebnisberichte nur von einem Staunen ins andere kommen.

Die dortigen Lehrer des Lamaismus erziehen ihre angehenden Priester durch methodische Übungen zur systematischen Entwicklung der Geisteskräfte. Die Lehrer weisen es energisch zurück, wollte jemand in diese Übungen etwas Mystisches oder Übernatürliches hineingeheimnissen.

Die tibetanischen Lamaisten sind der Überzeugung, daß die „Kunst der Telepathie" wie jede andere erlernbar sei. Das Erlernen ist allerdings an die Vorbedingung geknüpft, „daß der Schüler eine vollkommene Kontrolle seiner Aufmerksamkeit erlangt hat, daß er willkürlich eine mächtige Konzentration seiner Gedanken auf ein einziges Objekt herzustellen vermag". [18]) Überhaupt sind die Stichworte Konzentration und Konzentrationsübung kennzeichnend.

Die Übungen sehen z. B. wie folgt aus:

Lehrer und Schüler schließen sich gemeinsam in ein stilles und verdunkeltes Zimmer. Nun konzentrieren sie ihre Gedanken auf einen *gemeinsamen Gegenstand*, über den sie meditieren. Am Ende der Konzentrationsübung muß der Schüler seinem Lehrer die Einzelheiten seiner Meditation mitteilen.

Der Meister vergleicht sie mit den Inhalten seines eigenen Nachdenkens. Es werden dann die Abweichungen und Übereinstimmungen festgestellt. Der Sinn der Übung besteht darin, daß der Schüler lernt, dem Lehrer seine Gedanken abzuzapfen.

Der nächste Übungskomplex geht einen Schritt weiter. Beide sind wieder in einem stillen, verdunkelten Raum. Der Schüler muß in seinem Inneren vollkommene Stille schaffen. Der Fortschritt, wir können auch sagen die Erschwerung dieser Übung besteht darin, daß der Meister seinem Schüler den *Gegenstand nicht nennt,* über den er sinniert. Es kommt darauf an, ob der Schüler ihn trotzdem erfüllt, wie auch den Inhalt der Meditation. Am Ende der Übung werden die Aussagen des Lehrers mit denen des Schülers verglichen.

Wieder geht es einen Schritt weiter. Jetzt erteilt der Lehrer dem Schüler *bestimmte Befehle.* Hat der Schüler sie empfangen, so führt er sie aus oder sagt ihm den Inhalt.

Der nächste Erschwerungsgrad: nun kommt *Entfernung* hinzu. Zunächst Schritt um Schritt, dann muß der Schüler in ein anderes Zimmer gehen, dann in ein anderes Haus, bis sich schließlich die Entfernung auf einige Kilometer ausweitet.

Wenn der Schüler an der Hand seines Meisters genügend zur Telepathie herangebildet worden ist, beginnen *Übungen der Schüler untereinander,* bei denen die Vorgerückten die Fortschritte der anderen überprüfen. Schließlich müssen sich die Schüler an *Personen* erproben, mit denen sie nie geübt haben. Sie haben ihnen Botschaften zu senden. Ja, zu guter Letzt müssen sie selbst *Tieren* bestimmte Handlungen einsuggerieren.

Die Pariserin David-Neel wurde selbst Zeugin solch telepathischer Erlebnisse. Einmal war die Sache so:

Unerkannt kam sie mit ihrem Begleiter zum Lager eines vornehmen Buddhapriesters mit seinen zwei Schülern. Sie und ihr Begleiter wurden freundlich eingeladen sich zu stärken. Während sie das taten, riß sich eins ihrer Pferde los und lief davon. Einer der beiden Schüler eilte ihm nach. Frau David-Neel entdeckte in einem Topf einen Rest saurer Milch. Sie schloß daraus, daß in der Nähe wohl eine Farm sein müsse. Ohne daß es der Meister hörte, flüsterte sie zu ihrem Begleiter: „Wir werden die Farm suchen und auch um sauere Milch bitten." Sie ahnte nicht, daß der Lama ihr diesen Gedanken abgezapft hatte. Das sollte sich bald zeigen.

Der Schüler hatte inzwischen das Pferd mit Hilfe eines Lassos eingefangen. Er befand sich damit auf dem Weg zum Lager zurück. Währenddessen saß der Meister unbeweglich da. Seine Augen richtete er auf den Schüler. Zum Erstaunen von Frau David-Neel hielt der Schüler plötzlich inne. Nach einem Augenblick führte er das Pferd zu einem Felsen. Dort band er es an. Darauf schlug der Schüler eine andere Richtung ein. Es dauerte nicht allzulange und er kehrte zum Pferd zurück, band es los und kam auf das Lager des Meisters zu. Frau David-Neel merkte, daß er nun etwas in der Hand trug. Als er das Lager erreicht hatte, stellte es sich heraus: das „Etwas" war ein Holztopf. In ihm befand sich sauere Milch. Der Schüler fragte den Meister: „Hast du dieses von mir verlangt?" Der Lehrer nickte bloß mit dem Kopf. Der Schüler fragte: „Was soll ich mit dem Topf tun?" Der Meister befahl, Frau David-Neel den Topf zu geben.

Was war geschehen? Der Schüler war auf Grund von Fernbeeinflussung zur Farm gegangen und hatte dort Milch geholt.

Dieser Meister tat also ein Doppeltes:
Gedankenlesen bei Frau David-Neel und
Gedankenübertragen bei seinem Schüler.

Gerade bei den asiatischen Völkern stoßen wir auf paranormale Fähigkeiten, die wohl von allen Forschern bestätigt werden. Darum verdient auch folgendes telepathisches Beispiel von Frau David-Neel unser Vertrauen.

Auf ihrer Forschungsreise durch Tibet schloß sich ihrer Gruppe unterwegs ein einheimischer Wanderer an. Es stellte sich heraus, daß er ein Lamaschüler war. Er erzählte von seinem großen Meister. Der Schüler war auf dem Wege zu ihm. Frau David-Neel beschloß, ihm nachzufolgen, weil sie den Meister kennenlernen wollte. Der Schüler wehrte ab; denn sein Meister empfange in diesen Tagen keinen Besuch. Frau David-Neel ließ sich aber nicht von ihrem Vorsatz abbringen. Der Schüler sagte, es sei zwecklos. Er habe seinem Meister durch eine „Luft-Botschaft" ihre Absicht bereits mitgeteilt. Frau D. hielt dies aber für angeberisches Reden. Nach einer längeren Wegstrecke kam plötzlich ein Trupp von sechs Reitern auf die Gruppe von Frau D. zugeritten. Die Gruppe machte Halt. In asiatischer Höflichkeit sagten die Reiter, ihr großer Meister habe sie mit der Bitte hergesandt, Frau D. möge doch von ihrem Besuchsvorhaben absehen.

Auch im vorliegenden Fall lag ein telepathischer Akt vor. Der ferne Lehrer war wirklich durch seinen Schüler benachrichtigt worden. Der mitreisende Schüler hatte der Forscherin von seiner Gedankenübertragung ja bereits vorher gesagt und jetzt wurde bewiesen, daß seine Aussage nicht prahlerisch war. Frau D. betonte ausdrücklich, daß im vorliegenden Fall in jener menschenarmen und unzivilisierten Gegend eine technische oder sonstige Übermittlung ihrer Besuchsabsicht völlig ausgeschlossen war. Die Fernbotschaft erfolgte auf geistig-seelischem Sendeweg.

Was die Seele vermag

Wenn auch Nachfolgendes streng genommen den Rahmen dieses Kapitels über Telepathie überschreitet, so zählt es in Tibet doch zur Vorbereitung, ein Telepath zu werden. Außerdem erhärtet das Nachfolgende indirekt die Glaubwürdigkeit telepathischer Phänomene. Ferner können wir an diesem Tatsachenmaterial die seelische Überlegenheit des Ostens gegenüber dem Westen erkennen.

In den Klöstern bekommen die jungen Tibetaner ihre Vorschulung. Zunächst werden diejenigen, die sich dem *geistigen Leben zuwenden* wollen, gelehrt, die A u f m e r k s a m k e i t z u b e h e r r s c h e n , weil Aufmerksamkeit und Kon-z e n t r a t i o n d i e G r u n d b e d i n g u n g e n f ü r a l l e s w e i-t e r e i h r e r g e i s t - s e e l i s c h e n E n t w i c k l u n g s i n d . Es heißt:

„Durch die vier Aufmerksamkeiten:
Betrachtung des Körpers,
Betrachtung der Gefühle,
Betrachtung der Gedanken,
Betrachtung der subjektiven Phänomene,

werden die sieben Elemente der ‚Erleuchtung' vervollkomm-
net, die da sind:

Aufmerksamkeit,
Suchen und Prüfen der Wahrheit,
Energie, Interesse,
Gedankenkonzentration und
Gleichmäßigkeit des Gemüts.
Diese sieben Elemente erzeugen ihrerseits die Weisheit
und das Heil." [19]

Ist die Klosterzeit beendet, wählt sich der Schüler seinen
Lehrer, den Guru. Er steht zu ihm in einem unbedingten Ge-
horsamsverhältnis. Das Leben ist sehr spartanisch. Ein Meister
schreibt: „Das Ziel besteht darin, daß die Gewohnheit entwickelt wird, den ganzen Tag lang zu meditieren und im
höheren Bewußtsein zu leben, bis dieses so gefestigt ist, daß
das niedere Denken, das Wunschdenken durch Mangel an
Nahrung so eingeschrumpft und ausgehungert werden, daß
die niedere Natur zum bloßen Werkzeug wird, durch welches
das Ego (Ich) mit der Welt (des Geistigen) in Berührung tritt,
um der Menschenrasse zu helfen." [20]

Zur weiteren Ausbildung gehören *strenge Übungen.* Darunter auch die *Einsamkeit,* die sich zeitlich steigert. Es heißt:
„Die klassische Zeit ist drei Jahre und drei Monate ... Die
strengste Einsamkeitsform verbindet damit die Dunkelheit. Es
gibt in Tibet Menschen, die mehrere Jahre in völliger Dunkelheit leben ... Eine weitere Übung zielt auf die Beherrschung
des Schlafes und des Trauminhaltes ab ... Man erkennt sogleich, daß alle Meditationen dahin zielen, die Ichhaftigkeit
aufzuheben und eine Vereinigung mit der kosmischen Welt
und der ganzen Menschheit herbeizuführen ... Eine andere
Übung ... ist Tumo: Auch hierzu gehört eine lange Vorübung
der Atmung und Gedankenkonzentration. Tumo ist die innere
Wärme ... des Körpers. Es handelt sich bei der Übung darum,
sie willkürlich zu steigern. ‚Es ist ein kompliziertes Problem',
sagt David-Neel, ‚den Winter in einer Felsenhöhle in 4000 bis
5000 Meter über dem Meer nur mit dünnem Stoff bekleidet
oder nackt zu verbringen und doch nicht erfroren umzukom-
men.' Viele tibetanische Einsiedler haben es gelöst, da sie im
Stande sind, die innere Wärme anzufeuern (Tumo).

Die Tumo-Übungen sind vor Tagesanbruch nackt im Freien zu machen. Als besondere Konzentrationsübung stellt sich der Schüler eine durch die ganze Länge seines Körpers verlaufende Energie-Strom-Bahn vor, eine Energie-Vene. Zuerst schaut er sie von Fadengröße, dann hat er sie wachsen zu lassen, erst wie der kleine Finger, dann Armdicke, dann hat sie den ganzen Körper auszufüllen ... Während die eigentliche Übung vor Sonnenaufgang vorgenommen wird, kann der einmal geübte Lama den gleichen Vorgang der Erwärmung nach Belieben zu jeder Zeit wiederholen, so bald er in Kältegefahr kommt.

Etwas gruselig kalt ist die Prüfung, der die Schüler am Schlusse unterworfen werden. Die Kandidaten setzen sich ganz nackt auf den Boden. Tücher werden in eiskaltes Wasser getaucht, die an der Luft sofort gefrieren und steif werden. Jeder Kandidat rollt eines der Tücher um seinen Leib, um es aufzutauen und zu trocknen. Sobald es trocken ist, wird es durch ein anderes ersetzt. Dies wird bis zum Tagesanbruch fortgesetzt.

Eine andere Prüfungsart besteht darin, daß sich der Kandidat nackt in den Schnee setzt. Die Schneemenge, die er schmilzt und die Ausdehnung des Schmelzraumes um ihn herum mißt die Wärme, die er ausstrahlt.

Man mag nun über den Wert derartiger ‚Kunststücke‘ wie Tumo urteilen wie man will, soviel ist zuzugeben, daß darin ‚psychophysiologische Leistungen‘ vorliegen, die unsere naturwissenschaftliche Lebenslehre bis jetzt nicht gekannt und nicht beachtet hat, Leistungen, die uns in Staunen versetzen müßten. Diese Tibeter wissen mit den Energien des Körpers in einer Art umzugehen, die wir nicht kennen." [21]

Telepathie im Westen

Gewiß, alle ethnologischen (völkerkundlichen) Forscher bestätigen übereinstimmend die diesbezügliche hohe Überlegenheit der asiatischen Völker uns gegenüber. Aber auch bei uns sind trotz verkümmerter Anlagen hier und da noch telepathische Phänomene anzutreffen. Am Beispiel der beiden Brüder aus Wales, wie der telepathischen Verbindung zwischen Nordpol und New York konnten wir das exemplarisch erkennen.

Übrigens war es interessant zu lesen, daß die Presse in Verbindung mit dem Mondflug von Apollo XIV berichtete, daß einer der drei Astronauten, Edgar *Mitchell*, „während des Mondfluges ein telepathisches Experiment unternommen" habe, da er „privat an Methoden der telepathischen Kommunikation (Vermittlung) interessiert sei". Zwar heißt es, er „wolle jedoch zunächst nichts über dieses Experiment mitteilen", weil es nämlich „mit seinen Pflichten als Besatzungsmitglied des Mondschiffes ‚nichts zu tun' gehabt habe".[21a]) Wir dürfen allerdings auf seinen Bericht gespannt sein. Sollte er positiv ausfallen, so wäre damit eine Entfernung von telepathischer Mitteilung erreicht, wie bisher noch nie. Damit würde die These erhärtet, daß im telepathischen Bereich die Entfernung keine Rolle spielt. Diese Tatsache wiederum widerlegt die Radioästhesie, die Strahlungshypothese; denn *Strahlen nehmen durch Entfernung in ihrer Intensität ab.*

Wenngleich wir auch nicht daran zweifeln, daß sich mit dem Mondflug kein telepathischer Auftrag seitens der NASA verband, so ist doch bis zur Stunde unwidersprochen, daß auch die Militärs sich der Telepathie bedienen. George *Langelaan* berichtet in seinem Buch „Die unheimlichen Wirklichkeiten" davon. Indem er sich dagegen wendet, daß es unter uns immer noch Menschen gibt, die gegen die telepathischen „Resultate . . . Widerstand" leisten, stellt er fest: „. . . dabei haben sowohl in den USA wie auch in der Sowjetunion die Militärs schon Nachrichtenübermittlung durch Telepathie angewandt. So führt man ständig Versuche mit mehr als neunzigprozentigem Erfolg zwischen Sendern auf dem Festland und Empfängern an Bord von Untersee-Booten auf Tauchstation durch. In der Sowjetunion erzielte man kürzlich fast hundertprozentige Resultate zwischen Moskau und Wladiwostock. An diesen Versuchen nahmen begabte, monatelang trainierte Medien (Vermittler) teil."[22])

Es ist eine allgemein bekannte Erfahrungstatsache, daß wir besonders in Kriegszeiten und Grenzsituationen des Lebens telepathischen Phänomenen begegnen. Ich kenne aus meiner seelsorgerlichen Erfahrung verschiedene Fälle, wo Mütter, aber auch Väter während des Krieges die Gefahr oder das Ereignis des

Fallens ihrer Söhne genau erfühlt haben. Ich erinnere mich an einen „zivilen" Fall: in unserer sauerländischen Kreisstadt Lüdenscheid kenne ich eine treue Christin, die ihre Tochter in Afrika auf dem Missionsfeld hatte. Eines Nachts „hört" die Mutter im Wachzustand ganz deutlich, wie ihre Tochter in Afrika laut: „Mutter, Mutter" ruft. Die Mutter „weiß", es ist etwas passiert. Als die Nachricht aus Afrika eintrifft, bestätigt sich die telepathische Verbindung von jener Nacht. Es war etwas Schweres passiert und die Tochter hatte laut „Mutter, Mutter" gerufen, und zwar genau in dem Augenblick, als es die Mutter „hörte".

Zitieren wir Sigmund *Freud* (1856–1939). Er ist Begründer der sogenannten Psychoanalyse (griech. Seelenzergliederung, ein Heilverfahren zur Behebung von seelischen Störungen und Fehlleistungen). Außerdem ist er ein Pionier auf dem Gebiet der Traumerforschung und -deutung. Freud berichtet von einer Tschechin, die in die Vereinigten Staaten geflohen war. „Eines Tages im Jahre 1939 empfand sie plötzlich große Angst, sie war verzweifelt, denn sie ,wußte', daß ihre Mutter in der Heimat in diesem Augenblick starb. Ihr Mann, ihre Freunde versuchten vergeblich, sie zu beruhigen. Zwei Tage später traf ein Telegramm ein und bestätigte den Tod der Mutter. Unter Berücksichtigung des Zeitunterschieds von sieben Stunden zwischen Prag und New York konnten die unglückliche Frau und ihr Mann genau rekapitulieren, daß die Mutter in dem Augenblick gestorben war, als die Tochter in New York den Angstzustand erlebt hatte."[23]

Telepathie in der Sowjetunion

Die Tatsache der seelischen Fernwirkung läßt sich nicht mehr länger bestreiten. Das hat sich auch bis zur Sowjetunion herumgesprochen. Mehr noch: in der Sowjetunion gibt es sogar seit rund 30 Jahren in zunehmender Zahl Institute, in denen parapsychologische Forschung betrieben wird. So in Moskau, Leningrad, Kiew, Odessa, Tblisi, Omsk, Saratow und Tarty. Dies einerseits. Andrerseits wurde die Entdeckung der *Quantentheorie*, eine atomphysikalische Theorie von Max *Planck* (1859–1947) und von Werner *Heisenberg* (geb. 1901 in Würzburg), *aufs schärfste bekämpft.*

Warum? *Weil diese Lehre das zentrale Glaubensbekenntnis des dialektischen Materialismus widerlegte. Dies materialistische Dogma besagt nämlich, daß alles und jedes der Herrschaft des Kausalgesetzes von Ursache und Wirkung unterworfen sei. Hingegen lehrte und bewies die Quantentheorie, daß das Geschehen im winzigen Häuschen des Atoms sich in keine strenge Kausalität einfangen läßt. Vielmehr wurde bewiesen, daß Atome Strahlungsenergie in Quanten (daher der Name Quantentheorie) aussenden oder aufnehmen. Das Quant ist die kleinste Energiemenge.* Dies Aussenden oder Aufnehmen geschieht unkontinuierlich, also nicht starr gesetzlich, sondern immer nur schubweise.

Mit der Erkenntnis von einer gewissen Freiheit in dem Häuschen des Atoms wurde der Gott „kontinuierliches Kausalgesetz" entthront und als Götze entlarvt. Damit aber war dem dialektischen Materialismus der Boden entzogen. Darum aber auch der heftige Kampf des staatlich diktierten Materialismus gegen die Entdeckung der Quantentheorie.

Angesichts dessen ist aber zu fragen: wie kommt es denn, daß im Bereich des staatlich verordneten Materialismus andererseits parapsychologische Institute eingerichtet werden, ferner, daß Militärs sich der Telepathie und der Telepathen bedienen? Die eigentliche Antwort wollen wir erst später geben. Jetzt nur dies: Gewiß, die materialistische Behauptung, daß es keine Wirklichkeit der Seele gebe, sondern sie nur ein Nebenprodukt von körperlichen Gehirnfunktionen sei, diese materialistische Säule ist zum Einsturz gebracht worden. Aber die oben erwähnte Lehre der Physik mit ihrer Quantentheorie griff nicht nur eine Säule an, sondern das Fundament selbst, auf dem die Säulen ruhten. Deswegen der Versuch des Materialismus, das Fundament zu retten. Aber in bezug auf die früher bestrittene Wirklichkeit der Seele war der Materialismus zu Korrekturen bereit — bis hin zu den erwähnten parapsychologischen Instituten.

Ein in der Fachwelt bekannter Mann eines Universitätsinstituts ist Leonid L. *Wassiljew* († 1966), Professor der Physiologie (griechisch Physis = Natur, Physiologie = Lehre vom Körpergeschehen, Lehre von den Vorgängen im lebendigen Organismus und von den Gesetzlichkeiten, denen der Organismus unterliegt. Ein Teilgebiet der Biologie). Er schrieb die Bücher: „Suggestion aus der Entfernung" und nach weiteren fünf Monaten erschien „Experimentelle Untersuchungen der Mentalsuggestion" (der Gedankenbeeinflussung). Dieses letztere Buch erschien 1962 in Leningrad und in deutscher Übersetzung 1965 in Bern. Wassiljew hat den ersten ausführlichen Bericht über die parapsychologische Forschung in Rußland vorgelegt. Sein erstes Buch war kurz nach Erscheinen schon in 120 000 Exemplaren verkauft worden. Dies ist ein Zeichen dafür, welch ein brennendes Interesse im russischen Volk trotz offizieller atheistisch-materialistischer Staatsweltanschauung den Grenzfragen gegenüber besteht. Wer das so gemütswarme, tief und mystisch veranlagte russische Volk kennengelernt hat, wie ich an meinem bescheidenen Teil während des Krieges dazu Gelegenheit hatte, ist darüber keineswegs verwundert.

Angesichts der offiziellen materialistischen Weltanschauung ging die russische Forschung von der *Annahme* aus, die parapsychischen Plänomene, also auch Fernfühlen und Fernbeeinflussen, beruhten auf „*elektromagnetischen Wellen*", die vom G e h i r n erzeugt und ausgestrahlt würden. Dies behauptete auch der italienische Forscher Ferdinando *Cazamalli*. Es ist nun geradezu revolutionär, daß im atheistisch - materialistischen Rußland festgestellt werden muß: d i e T h e s e ist f a l s c h, d a ß p a r a p s y c h o l o g i s c h e P h ä n o m e n e s i c h a u f e l e k t r o m a g n e t i s c h e W e l l e n d e s G e h i r n s o d e r Z e n t r a l n e r v e n s y s t e m s z u r ü c k f ü h r e n l a s s e n. Dieses festgestellt zu haben ist das Verdienst von L. Wassiljew. Er tat dies durch eine überzeugende Methode. Er bediente sich dazu Metallplatten und dickwandiger Bleikammern. Nachweislich sind diese für elektromagnetische Wellen undurchlässig. Er setzte Versuchspersonen hinter die Bleiwände und erteilte ihnen Befehle. D i e B e f e h l e d r a n g e n d u r c h d i e M e t a l l p l a t t e n i n d i e B l e i k a m m e r n h i n e i n, denn die Versuchspersonen führten die erteilten Befehle aus, z. B. Schlaf-Ordern.

Im „International-Journal of Parapsychology" Band V, Heft 2, New York, Frühjahr 1963, schreibt sein russischer Landsmann A. *Ivanow:*

„Professor Wassiljew faßt den von ihm selbst und seinem Kollegen eingenommenen Standpunkt in sechs Punkten zusammen. Er stellt fest, daß

1. ‚die vorausgehende *Auswahl* der sensitiven (übernormal empfindlichen) Versuchspersonen unerläßlich ist, um zu hinreichend überzeugenden Ergebnissen zu gelangen‘,

2. . . . . . ,

3. es scheint, daß ‚der Versuchsleiter nicht zu wissen braucht, wo die Vp (Versuchsperson) sich aufhält‘, doch ‚eine klare, visuelle *Vorstellung* der Vp in seinem Bewußtsein‘ haben muß,

4. die *Entfernung* zwischen Versuchsleiter und Versuchsperson ‚keine erkennbare Rolle spielt.‘

5. ‚Wir bemerken, daß bis jetzt niemand einen physikalischen Indikator (lat. „Anzeiger“) gefunden hat, der vom *Gehirn* erzeugte Ausstrahlungen registriert, vermittels welcher telepathische Übertragungen zustande kommen. Cazamallis Behauptungen und Versuche wurden von uns *nicht bestätigt.*‘

6. ‚Und schließlich wird die telepathische Übertragung *nicht beeinträchtigt,* wenn man den Experimentator von der Vp durch *Metallplatten* abgeschirmt hat.‘ “

An anderer Stelle betont Professor Wassiljew nochmals: *„Die Hoffnungen, die sich auf die elektromagnetische Hypothese . . . gerichtet hatten, haben sich nicht erfüllt.“*

L. Wassiljew berichtet, daß er telepathische Einschlaf-Ordern über Entfernungen bis zu 1700 Kilometer mit Erfolg an telepathisch aufnahmefähige Versuchspersonen gegeben hat. Um eine Vergleichsmöglichkeit zu haben: Die Entfernung von Freiburg in der Nähe Basels bis nach Königsberg beträgt genau 1415 km.

Folgerungen

Wir schreiben dieses Buch nicht nur um irgendwelcher interessanter Tatsachen willen. Wir schreiben es um der geistigen Pointen willen, die in den Tatsachen verborgen liegen. Darum müssen wir das Tatsachenmaterial geistig transparent werden lassen. In bezug auf die russischen Forschungsergebnisse heißt das:

Telepathie ist als Tatsache wissenschaftlich nachgewiesen. Die telepathischen Phänomene lassen sich nicht vom Physiologischen (Körperlichen) her erklären.

Folglich:

Die materialistische These ist widerlegt, daß Funktionen der Seele nichts anderes als Funktionen des Gehirns und Nervensystems seien.

Das Gehirn ist keine Radiostation.

Durch diese geistigen Folgerungen ist der Weg frei zu drei weiterführenden Fragen, die Sprengstoff in sich haben.

1. Wenn die Seele keine Funktion des Gehirns ist, ist sie dann vielleicht etwas vom Körper Unabhängiges?

2. Da der Mensch mit dem Tier vieles gemeinsam hat, aber durch das Vermögen, denken, fragen und planen zu können, sich vom Tier unterscheidet, so ist zu fragen:

   Ist es wohl angebracht, innerhalb des Seelischen zu unterscheiden zwischen

   der *Vital*seele als dem Lebensprinzip des Organischen (gemeinsam: Pflanze, Tier, Mensch),

   der *Sinnen*seele als dem Prinzip des sinnlich-animalischen Lebens (gemeinsam: Tier, Mensch),

   der *Vernunft*- oder *Geist*seele als dem Prinzip höherer Lebenstätigkeit des Denkens durch den Menschen (nur der Mensch)?

3. Wenn diese Unterscheidung angebracht ist,
   wenn darüber hinaus die Seele etwas Immaterielles (Stoffloses, Nicht-Körperliches) ist, ergibt sich die Frage: Könnte nicht die Geistseele, könnte nicht der Geist des Menschen auch nach dem körperlichen Verfall weiterexistieren, wo der Geist doch ohnehin unstofflich ist?

Wenn diese dritte Frage zu bejahen ist, so wäre damit die Lehre des Materialismus und Atheismus nicht mehr haltbar, die da sagt: Es gibt kein Weiterleben nach dem Tode.

Doch in unserer Gesamtentwicklung sind wir noch nicht an diesem Punkt angelangt; kehren wir deshalb zur Telepathie zurück.

Mißbrauch der Fernbeeinflussung

Wir mußten feststellen, daß es die Einwirkung auf den Menschen über den Weg der Telepathie *unbestreitbar* gibt. Wenn dem so ist, dann fragt es sich, ob die Beeinflussung nicht auch zu unguten Dingen *mißbraucht* werden kann. In der Tat gibt es dafür Belege.

Durch die Zeitungen gingen Berichte über die amerikanische Hippie-Gruppe, die sich um ihren Führer und Verführer *Manson* gesammelt hatte. Die Aussagen der Mädchen ließen erkennen, wie hörig sie ihrem Idol waren – bis ins Sexuelle hinein. *Im Falle dieser Hörigkeit lagen Telepathie und Mentalsuggestion (geheime Gedankeneingebung) vor.* Mein werter Freund, Dr. Kurt *Koch*, berichtet in seinem ausgezeichneten Standardwerk „Seelsorge und Okkultismus" von dem Mißbrauch der Telepathie und Suggestion zur sexuellen Vergewaltigung.

Ein lediger Mann „gewann das Vertrauen eines unbescholtenen Mädchens. Es entstand im Laufe der Zeit eine seelische Freundschaft, bei der sich bei dem Mann, nicht aber bei dem Mädchen, erotische Gefühle entwickelten. Aus der seelischen Freundschaft entwickelte sich ein suggestiver Einfluß des Mannes auf das Mädchen. Es kam soweit, daß sich das Mädchen unter dem suggestiven Einfluß des Mannes wie in Schlaftrunkenheit dem Manne hingab. Hinterher griff sie sich in jähem Entsetzen an den Kopf. Doch sie vermochte sich nicht mehr seinem suggestiven Einfluß zu entziehen. Sie wurde sogar nachts suggestiv von dem Manne gerufen. Sie ging dann im somnambulen (= schlafwandlerischen) Zustand nachts in die Wohnung des Mannes. Nach dem Erwachen packte sie Angst und Ekel. Sie sprach sich daraufhin bei einem älteren Evangelisten, einem Freund von mir, aus. Es war dem Mädchen ein ehrliches Anliegen, aus der suggestiven Gewalt des Mannes freizuwerden. Sie vereinbarte mit dem Evangelisten folgenden Weg der Hilfe. Der Evangelist wachte nachts in einem Sessel im Vorzimmer sitzend, durch welches das Mädchen bei ihren somnambulen Gängen stets ging. Tatsächlich öffnete sich zu vorgerückter Nachtstunde die Tür. Das Mädchen schritt murmelnd durch das Vorzimmer und flüsterte halblaut vor sich hin: ‚Du rufst mich, und ich soll den Brief mitbringen . . .' Der wartende Evangelist rief die Somnambule mit Namen. Sie zuckte zusammen, ließ einen Brief fallen und wachte auf.

In seelsorgerlicher Hinsicht ist zu erwähnen, daß das Mädchen aus dieser suggestiven Hörigkeit völlig frei wurde.

Der Evangelist hatte allerdings von dem Tage an einige Zeitlang seltsame Verfolgungserlebnisse. Der Verdacht lag nahe, daß jener Mann die Kraft der Fernbeeinflussung zur Rache an dem Evangelisten einzusetzen versuchte“.[24])

Die Tatsache der Suggestion und Hypnose

Es gibt wohl keinen Menschen, der Suggestion und Hypnose als Tatsachen bezweifelt. Aber was hat es in Wirklichkeit mit beiden auf sich?

Zunächst: das Wort Hypnose kommt vom griechischen Wort hypnos = der „Schlaf“. Im Wort Suggestion ist das lateinische Wort suggere = „eingeben“ enthalten.

Das Wort Schlaf stimmt einerseits schon. Und doch ist der Unterschied zwischen einem Schlafenden und einem Hypnotisierten tiefgreifend. Der Schlafende ruht im echten Sinn. Es ruhen seine Glieder und seine Sinne sind völlig ausgeschaltet. Anders der Hypnotisierte. Er befindet sich in einem schlafähnlichen Dämmerzustand. Gleichzeitig aber im Zustand gespannter Aufmerksamkeit – nämlich in Richtung auf seine Hypnotiseure. Im Unterschied zum Schläfer hat der Hypnotisierte bestimmte Vorstellungen von Ort und Zeit, aber er hat immer die Vorstellungen von Ort, Zeit und Umständen, die der *Hypnotiseur* ihm suggeriert = eingibt. Doch fragen wir uns: *wie kommt es zur Hypnose?* Bei der Hypnose müssen wir drei Stadien unterscheiden.

Drei Stadien der Hypnose

Im 1. Stadium der Hypnose kommt es darauf an, jemanden in Hypnose zu versetzen. Bei diesem Bemühen nehmen die *Augen* der Versuchsperson die Hauptrolle ein. Denn die Augen sind unter den fünf Sinnesorganen wohl die Gekrönten. Die anderen Sinnesorgane nehmen die Augen gern zur Mithilfe hinzu. Zum Beispiel wollen wir sehen, was wir essen. Grundsätzlich erforderlich ist das zwar nicht. Besonders durch die Augen nehmen wir die Außenwelt wahr. Um jemanden einzuschläfern, ist es nötig, die Eindrücke der Außenwelt zurückzudämmen. Darum die Wichtigkeit der Augen beim Akt des Hypnotisierens. Zunächst hat der Patient bei ärztlicher Behandlung oder die Versuchsperson bei anderen hypnotischen Experimenten die Augen zu schließen, damit durch die Augen keine diesbezüglichen Eindrücke von der Außenwelt mehr aufgenommen werden können.

Nun ist die Augen*stellung* entscheidend. Man hat beobachtet, daß das Einschläfern gefördert wird, wenn die Versuchsperson ihre Augen mit ihren Augäpfeln in Richtung auf die eigene Nasenwurzel lenkt, also nach innen und oben. Dadurch wird – nach Auskunft der Fachleute – ein „Druck auf die Blutgefäße" ausgeübt und „die Blutzufuhr zum Gehirn irgendwie gedrosselt".[25] Im Schlaf ist nämlich das Gehirn leicht anämisch (blutarm). Durch die hervorgerufene Drosselung der Blutzufuhr erfolgt eine Leistungsabnahme der Großhirnrinde. Das Kritikvermögen wird beeinträchtigt. Aber auch die anderen Sinnesorgane werden in ihrer Funktionsfähigkeit herabgesetzt.

Mit dieser „Schlafstellung" der Augäpfel verbindet sich nun der bestimmte Befehl (die Suggestion), tief durchzuatmen. Die Folge? „Schon nach wenigen tiefen Atemübungen macht sich ein eigentümlicher Dämmerzustand bemerkbar, der sich in bestimmten Fällen sogar rasch zum vollkommenen Schlaf entwickeln kann."[26]

Damit ist das erste Stadium der Hypnose erreicht.

Im zweiten Stadium kommt es darauf an, „das Erinnerungsvermögen unter Suggestion zu stellen", und zwar mit dem Ziel der Erinnerungslosigkeit (Amnesie genannt. Das Wort kommt vom griechischen Wort Mneme = Gedächtnis, Erinnerung). Das Mittel, um den Patienten erinnerungslos zu machen, sind die *Suggestionen.* Es wird ihm z. B. eingeredet: „Sie können sich an nichts mehr erinnern." Dieses suggestive Einreden wiederholt sich. So kommt es dann, daß sich die Versuchsperson an keine Gegenstände, keine Zusammenhänge mehr erinnern kann.

Schließlich steht die Versuchsperson vor dem d r i t t e n S t a - d i u m. *Das besteht in „der seelischen Anteilnahme", d. h. in der aktiven Mitbeteiligung der hypnotisierten Versuchsperson.* Im zweiten Stadium verhält sich die Versuchsperson noch völlig passiv zu dem, was mit ihr geschieht. Sie gleicht also einer Marionette, die man bedienen muß. Hingegen erfolgen im dritten Stadium Gefühlsäußerungen auf eingegebene Suggestionen. Wenn der Versuchsperson suggeriert wird: „Es ist sehr kalt. Sie frieren", dann gibt sie auch entsprechende Gefühlsäußerungen von sich: schlägt den Jacken- oder Mantelkragen hoch, haucht in die Hände. Die Kältevorstellung erlebt sie in Form einer Halluzination. Irgendein beliebiges Geräusch hält sie kritiklos für die IX. Symphonie von Beethoven, wenn ihr dies suggeriert wird. Die Versuchsperson (Vp.) macht nun auch eigene Bemerkungen: sie erzählt ihre halluzinatorischen Beobachtungen etc. Sie geht, lacht, weint, je nach Situation. Sie ist mit Leib und Seele dabei. Die Vp. befindet sich in tiefer Hypnose.

Dabei aber doch *gleichzeitig* im „Zustand *erhöhter Konzentration"* auf den Hypnotiseur. Dieser Kontakt zum Hypnotiseur wird als „Rapport" bezeichnet. Die Vp. empfindet wie mit einem empfindlichen Seismograph jede Gefühlsschwankung in sich wie beim Experimentator, dem Hypnotiseur.

Dieses dritte Stadium wird nach dem Schweizer Psychiater und Psychologen August *Forel* (1848–1931), Professor in Zürich, auch das *somnambule (schlafwandlerische) Stadium* genannt.

Soll die Vp. wieder in den Normalzustand zurückgenommen werden, so soll dies durch „aufmunternde" Suggestionen geschehen und möglichst soll genau so lange Zeit zum Aufwachen benötigt werden wie zum Einschlafen.

Im Zustand der Hypnose kann der Hypnotiseur der Vp. „verbieten", sich nach dem Wachgewordensein noch des hypnotischen Experiments zu erinnern. In solch einem Fall sinkt das Erlebnis ins Unterbewußtsein. Es heißt, daß es sich von dort „nur unter ganz speziellen Umständen wieder zur verständlichen Äußerung aufschwingen kann".[27])

Im Unterschied zum Erinnerungs-*Verbot* gibt es auch den „*posthypnotischen Auftrag*", d. h.: während der Hypnose wird den Tiefenschichten der Vp. die Order erteilt, später (post = nach) im Wachzustand – das können Stunden, ja Tage danach sein – bestimmte Befehle auszuführen. Weil meistens der Versuchsperson der hypnotische Befehl im Wachzustand nicht mehr als Befehl bewußt ist, erfindet sie sich – unbewußt – zweitrangige Gründe, um die Aufträge auszuführen.

Es muß unterschieden werden zwischen Postsuggestion und Posthypnose. Die Postsuggestion ist leichter hervorzurufen, weil sie allgemeiner ist. Z. B.: einem zaghaften Menschen wird in der Hypnose suggeriert, später entschlossener und tatkräftiger zu sein. Mit dieser Postsuggestion fällt dem Hypnotiseur, dem Suggestor keine schwere Aufgabe zu, wenn der Patient ohnehin den Wunsch hat, seine Unentschlossenheit zu überwinden. Bei der Posthypnose hingegen muß das Gedächtnis der Vp. unter dem Einfluß des Auftrags bleiben, der in der Hypnose erteilt wurde, z. B. nach fünf Tagen den Bekannten N. N. anzurufen.

Bewertung

Um die Hypnose gerecht zu beurteilen, müssen wir zunächst einmal den bösen Nimbus der Zauberei und des Dämonischen korrigieren, der die Hypnose umgibt. D i e H y p n o s e i s t – r e l i g i ö s u n d s i t t l i c h g e s e h e n – w e r t n e u t r a l. Das wird schon dadurch bewiesen, daß man auch mühelos *Tiere* hypnotisieren kann. Legt man z. B. Hühner, Mäuse oder Katzen plötzlich auf den Rücken, so liegen sie eine Zeitlang wie gelähmt da. „Akinese" = Unbeweglichkeit der Tiere nennt man in der Psychologie diesen Zustand. Hühner werden hypnotisiert, wenn man ein etwa 2 bis 3 cm breites weißes Band vor sie hinlegt, so daß das Huhn mit seinen Augen den Streifen oder weißen Strich in gerader Längsrichtung sieht.

Diese Wertneutralität der Hypnose, d. h. daß sie weder gut noch böse ist, schließt aber keineswegs aus, daß die Hypnose von solchen mißbraucht werden kann, die selbst im Kraftfeld des Dämonisch-Diabolischen stehen. Und daß es dies gibt, werden wir noch untersuchen.

Weil die Hypnose solch einen tiefen *Eingriff ins Seelenleben* eines Menschen darstellt, gehört die Hypnose *ausschließlich* in die Hand des Arztes, der in gewissenhafter Weise damit umgeht. Denn es läßt sich nicht bestreiten, daß die Hypnose ein erprobtes therapeutisches (= Behandlungs-) Mittel ist. Der Wert der hypnotischen Behandlung besteht nämlich darin, daß durch die Hypnose die *Tiefen*schichten der Seele und das weite, weite Land des *Unterbewußtseins* freigelegt werden. Die Kellerräume der Seele können angesprochen werden. Mehr noch: wo sich in den Tiefenschichten Verdrängungen und Verklemmungen angestaut haben, die dann zu einem *Fehlverhalten* im Alltag führen, können sie aufgelöst und korrigiert werden. Durch helfende Suggestionen kann der verantwortungsvolle Arzt heilende Kräfte im Patienten aktivieren. Denn der Arzt wendet sich ja nicht an das bewußte Ich, sondern an das Unterbewußtsein des Kranken. Weil dies in der Hypnose offen vor ihm liegt, wird er gleichsam zum *Herrn* über das Seelenleben seines Patienten. Bei *hysterisch* bedingten Störungen ergeben sich natürlich durch die Hypnose ernsthafte Heilungsmöglichkeiten.

Übrigens: wie sehr durch Hypnose die Erinnerungsfähigkeit des Patienten verstärkt wird, kann man z. B. daran erkennen, daß der Kranke sich zu erinnern vermag, was er als Kind zu seinem fünf-, *vier- oder dreijährigen* Geburtstag geschenkt bekommen hat. Im Wachzustand ist das so gut wie völlig ausgeschlossen. Gleichzeitig läßt dieser Zustand, daß der Mensch in der Hypnose wie ein aufgeschlagenes Buch ist, die sehr große Verantwortung des Arztes erkennen. Darum nochmals die Forderung: Hypnose gehört nur in die Hand von Berufenen, die den Menschen durch die Hypnose *heilen* wollen. Es sei noch erwähnt, daß nicht jedermann die Voraussetzung mitbringt, ein geeignetes Objekt für Suggestion und Hypnose zu werden. Das liegt nämlich an der *Suggestibilität* (der seelischen Beeinflußbarkeit) des Betreffenden. Und die ist sehr unterschiedlich. Bei Frauen ist sie allgemein größer als bei Männern. Man darf sagen: Menschen, die beim Lesen eines „traurigen" Buches weinen können, überhaupt „Gemütsmenschen", sind für Suggestion und Hypnose geeignet.

Es gilt also zu unterscheiden zwischen Suggestion und Suggestibilität.

Geschichtliches zur Hypnose

Suggestion und Hypnose im Dienst der Medizin haben ihre Geschichte. Als eigentlicher Vorläufer der Hypnose gilt ein zu seiner Zeit abgewiesener Mann: Dr. Franz Anton *Mesmer* (1734–1815). Er lebte und wirkte in Süddeutschland und Frankreich. Er behauptete von sich, magnetische Kräfte zu besitzen. Er könne die Menschen durch bloßes Bestreichen ihrer Haut in einen schlafähnlichen Zustand versetzen. Durch Einsatz seiner magnetischen Kräfte glaubte er, eine neue Behandlungsmethode von Krankheiten entdeckt zu haben. Er war von seiner Methode so sehr überzeugt, daß er vor der französischen Akademie der Wissenschaften seine neue Erkenntnis vortrug. Seine Kraft nannte er „tierischen *Magnetismus*" im Unterschied zum mineralischen Magnetismus. Die Akademie der Wissenschaften lehnte seinen tierischen Magnetismus als falsch ab. Mesmer aber hatte mit seinen *Experimenten* seine Theorie erhärtet.

Dieser Tatbestand konnte seitens der Akademie zwar nicht geleugnet werden, aber man gab dem Tatbestand eine andere Deutung. Der Begriff des Magnetismus, auch *Heil*magnetismus genannt, bürgerte sich allerdings ein. Der Magnetismus wird bis zur Stunde nach Franz Mesmer auch „*Mesmerismus*" genannt.

Seit Franz Mesmer haben dann im Laufe der Zeit bedeutende Männer an der Hypnoseforschung gearbeitet wie z. B. der Franzose *Charcot* (1825–1893), der eine Vorlesung über Hysterie und Hypnotismus hielt, die ihn weltberühmt machte. Zu seinen Schülern gehörten unter anderen *Binet* und *Freud*.

Ein Mann, der sehr von sich reden gemacht hat, war der Apotheker Emile *Coué* (1857–1926). Er arbeitete mit den Mitteln der *Selbstbeeinflussung* = der Autosuggestion. Die von ihm entworfene Heilmethode ist sehr einfach und volkstümlich. Darum erlangten seine Lehren im Volke große Verbreitung. Seine Heilmethode wurde nach seinem Namen Couéismus genannt. Der Patient verwendet einen Faden mit 20 Knoten. Er läßt den Faden durch seine Hände gehen und sagt bei den einzelnen Knoten:

> „Mit jedem Tag geht es mir in jeder Hinsicht immer besser und besser."

Coué äußert sich dazu: „Man führe diese Suggestion auf eine möglichst schlichte, kindliche, mechanische Art und Weise aus, infolgedessen ohne jede Anstrengung. Die Formel soll wie eine Litanei hergesagt werden. Auf diese Weise gelangt man dahin, sie ganz mechanisch durchs Ohr ins Unterbewußtsein eindringen zu lassen, und wenn sie einmal dort eingedrungen ist, so wirkt sie auch."

Der Erfolg hat Coué recht gegeben. Es ist nicht übertrieben: Tausenden von Kranken wurde durch dieses neue psychotherapeutische Verfahren geholfen.

Suggestion (als Auto- wie als Fremdsuggestion) und Hypnose gehören heute zum festen Bestandteil der Psychotherapie (der Seelenbehandlung). Es ist noch hinzuzufügen, daß man in unseren Tagen in der Heilkunde mehr von der früheren Fremd- oder Passivhypnose zur Selbst- oder Aktivhypnose übergegangen ist.

Zur nüchternen Betrachtung von Suggestion und Hypnose in unseren Tagen gehört auch, was jeder Arzt, aber nicht jeder Laie weiß, daß die Hypnose bei längerer Behandlung den Patienten sehr häufig in ein gewisses *Hörigkeitsverhältnis* zum Arzt bringt. Das kann dahin führen, daß der Patient sich noch weniger zutraut, selbständig zu handeln und zu denken als vorher. Damit ist dann die Schädigung größer als der Heilwert. Der bedeutende katholische Moralpsychologe Dr. Ignatz *Klug* berichtet von einem „hervorragenden Mediziner, der jahrelang auf die hypnotische Heilbehandlung eingeschworen war", der sich aber nicht mehr zur hypnotischen Patientenbehandlung bewegen ließ. Grund? „... weil er nach seiner eigenen (mir gegenüber wiederholt gemachten) Aussage ‚wie ein ungeheuerer Magnet' auf seine Patienten und Patientinnen wirkte, wie ein Magnet, der zwar anziehen, aber nur mit größter Mühe wieder abstoßen konnte." [28])

Auch diese kritische Stimme darf bei den wenigen historischen Anmerkungen zum Thema Suggestion und Hypnose nicht fehlen.

Zusammenfassend werden wir sagen müssen, daß wir auch bei diesem Kapitel erneut unter dem Eindruck standen, welch ein Vermögen und welche Tiefen die Seele doch besitzt! Welch einem Geheimnis begegnen wir doch im Vorgang der Hypnose als solcher! Wir erkennen zwar ihre Erscheinungen, aber die eigentlichen Ursachen und tiefen Vorgänge, wie trotz „Schlaf" dennoch höchste Konzentration obwaltet, stellt uns vor unlösbare Rätsel. Auch jetzt empfinden wir vielleicht, wie notwendig es ist, daß wir uns durch die junge Wissenschaft der Parapsychologie zu einem erweiterten Menschenbild rufen lassen.

Dazu gibt uns auch ein Blick nach Indien erneuten Anlaß.

Der „indische Seiltrick"

Vielfach beglaubigt wird von Indern und Indien-Reisenden ein geradezu berühmtes Meisterstück indischer Fakire. Es handelt sich um den indischen Seiltrick. Die *Königin Viktoria* von England soll sogar 2000 Pfund – und später noch mehr – geboten haben, um diesen einzigartigen „Fall" aufzuklären. Inzwischen wurde dieser selten auftretende Fall aufgeklärt.

Der Engländer John *Carlson* hatte im Frühjahr 1946 folgendes Erlebnis, das Licht in das Dunkel hineinbrachte.

Carlson besuchte das indische Dorf Pregmagnar. Dort befand sich gerade ein reisender Fakir, der der Bevölkerung sein Können vorführen wollte. Auf dem Dorfplatz hatte er für die Bewohner in hindostanischer Sprache eine „noch nie gesehene Sensation" angekündigt. Weil Carlson lange Zeit in Indien gelebt und eifrig Sprachstudien betrieben hatte, verstand er den Fakir.

Der Fakir holte ein etwa 5 Meter langes Seil aus seinem Korb. Während er unentwegt auf seine Zuschauer einredete, warf er plötzlich das Seil in die Höhe. Und siehe: entgegen allen

Gesetzen der Schwerkraft blieb das Seil senkrecht in der Luft stehen. Mehr noch: nun kletterte sogar ein kleiner Junge, der sich in Begleitung des Fakirs befand, am Seil empor. Bald darauf folgte ihm der Fakir mit einem Dolch zwischen den Zähnen nach. Als beide oben waren, verschwanden beide in einer Art Wolke und waren nicht mehr zu sehen. Nun fielen aus der Wolke abgeschnittene und blutige Glieder des Jungen herab und lagen am Boden vor den Augen der erstaunten Dorfbewohner. Jetzt sahen die Leute, wie der Fakir am Seil wieder herunterkletterte. Aber – welch schrecklicher Anblick: den abgeschnittenen Kopf des Knaben hatte er bei sich. Als er unten angekommen war, sammelte er die herumliegenden Körperteile des Jungen und legte sie unter fortwährendem Reden in den Korb. Dann bedeckte er den Korb mit einem Tuch. Nun vollzog er seltsame Körperverrenkungen und – plötzlich lag das Seil zusammengerollt am Boden und der so schrecklich zerstückelte „tote" Junge stand vor den Zuschauern, verbeugte sich lächelnd, wie auch sein Meister. Die Menschen atmeten erleichtert auf.

Diesen Bericht gab Carlson als Augenzeuge. Der Bericht stimmt auch mit den anderen Berichten im Entscheidenden überein: das steil und fest in der Luft stehende Seil, der kletternde Junge, die herunterfallenden Gliedmaßen. F r a g e : Wie läßt sich dieser Vorgang erklären?

Es handelt sich nicht um Wirklichkeit, sondern um einen suggestiv-hypnotischen Beeinflussungsakt der Zuschauer. Diese Suggestionshypnose war wesentlich mitgetragen durch eine suggestive Kraft der Worte des Fakirs.

Den Beweis dafür bekam der gleiche Engländer Carlson in einem ähnlichen Fall.

Gemeinsam mit einem Landsmann sah er, wie ein indischer Fakir seinem Helfer, einem Kind, verschiedene Körperteile abschnitt und sie einem plötzlich vorhandenen Hund zum Fraße vorwarf. Wieder sah Carlson alle Vorgänge: wie die Gliedmaßen abgeschnitten wurden, wie das Blut floß, wie der Hund die Glieder verschlang.

Sein englischer Landsmann aber sah das alles nicht. Warum nicht?

Weil er von der hindostanischen Sprache nichts verstand, Carlson hingegen verstand alles sehr gut. Darum war der sprachenunkundige Engländer der Massensuggestion, besser der suggestiven Massenhypnose, nicht verfallen. Vielmehr hatte er gesehen, wie das Kind während der ganzen Zeit friedlich auf dem Boden gehockt hatte. Hingegen habe es den Hund nur in der Phantasie der Zuschauer gegeben.

Diese beiden Erlebnisse sind insofern wichtig, weil sie deutlich machen, über welche unheimliche Kraft der Suggestion und Hypnose in Einzelfällen doch die Geistseele des Menschen verfügt. Es besteht aber nicht nur ein Problem im Blick auf die enorme hypnotische Leistung dieser Fakire, sondern auch ein Problem hinsichtlich der Zuschauer:

1. Die Zuschauer waren unterschiedlich in ihrer geistigen und rassischen Zusammensetzung.

2. Trotzdem ereignete sich diese Massenhypnose mit ihrer halluzinatorischen Schau.

3. Sie ereignete sich ohne den hypnotischen Schlaf, wie er sonst in der Regel vorliegt.

Wieder stehen wir vor den Geheimnissen und Tiefen der menschlichen Geistseele. Materialistische und rationalistische Wirklichkeitsverkürzungen werden ihr wahrhaftig nicht gerecht.

Das wird erst recht erkennbar, wenn wir uns nun folgendem Gebiet zuwenden.

Die Tatsache der Fernbewegung

Eine weitere Erschütterung des materialistischen und rationalistischen Menschenbildes und damit auch der Theologie der zweiten Aufklärung erfolgt durch die sogenannte Psychokinese. In diesem Wort sind wieder zwei griechische Worte vereint. Das Wort „kinese" kommt von kineo = ich bewege, kinein = bewegen. (Unser eingedeutschtes Wort Kino meint also das Bild, das sich bewegt, im Gegensatz zum stehenden Bild.) Für das Wort Psychokinese wird auch das

Wort Telekinese gebraucht, so z. B. bei dem Parapsycho-
logen Hans *Driesch*[29]). Durch das Fernsehen ist uns allen das
Wort Television bekannt geworden. Tele ist wieder griechisch
und heißt „fern, bringe ans Ziel, bringe ans Ende". Das Wort
Telekinese heißt also Fernbewegung. Das Wort Psycho-
kinese will ausdrücken, daß diese betreffende Bewegung von
Gegenständen nicht durch irgendwelche körperliche (physische)
Kraft oder durch maschinelle oder sonst eine Kraft geschieht,
sondern durch die geheimnisvolle Kraft der Seele, besser des
Geistes.

Wie geht dies praktisch vor sich?

Wieder im Laboratorium

Gehen wir ins Laboratorium der Duke-Universität in den USA
zurück. Dort hat der Amerikaner *Rhine* wieder Versuche gemacht. Es ging darum, herauszufinden, ob der Mensch eine
geistseelische Kraft besitzt, Gegenstände fortzubewegen, ohne
sie zu berühren – oder auf Gegenstände, die sich bewegen,
während ihrer Bewegung Einfluß zu nehmen.

Rhine machte wieder sehr viele Versuche. Durch die Massen-
experimente wollte er die Ergebnisse davor absichern, daß sie
zu bloßen Zufällen umgedeutet wurden. Weil es Versuche
zum Nachweis der Psycho-Kinese waren, wurden sie von Rhine
mit der Abkürzung *PK-Teste* bezeichnet. Dieser Ausdruck ist
heute in der Parapsychologie gebräuchlich. Rhine wollte, daß
die Versuche schnell zu handhaben und leicht zu kontrollieren seien. Er bediente sich dazu der bereits erwähnten
Würfel. Zur Verwendung der Würfel kam Rhine durch einen
zufälligen Besucher. *Dieser behauptete nämlich, er könne
Würfel so erfolgreich fallen lassen, daß sie Gewinne erzielten.* War das Aberglaube oder Wirklichkeit? In der so
nüchternen Atmosphäre eines Versuchslabors ist für Aberglaube kein Platz. So wurde der Besuch dem Wissenschaftler
zum Anlaß, sich zu fragen, ob das so einfache und uralte
Würfelspiel tatsächlich zu Forschungszwecken benutzt werden
könnte. Zunächst machte er 1934 sich selbst und mit einigen
Freunden daran, als Versuchsperson tätig zu sein. Die Versuche
wurden dann vermehrt und strengen Kontrollen unterzogen
(z. B. wurden Würfelergebnisse fotografiert). Die Würfel wur-

den anfänglich aus dem Becher, dann aus einer maschinellen Vorrichtung auf eine Polsterunterlage geworfen, später ließ man die Würfel von einer Schrägfläche aus einer Maschine auf einen Tisch hinunterrollen, um menschliche Berührung auszuschließen. Die Parapsychologen bedienen sich gern dieses Würfelwerfens, weil viele Menschen sich dabei darauf konzentrieren, das Fallen der Würfel zu beeinflussen, um so möglichst viele Sechser zu erzielen.

Bei einem PK-Test wurden meistens sechs Würfel, oft aber auch bloß zwei geworfen. Es kam darauf an, die Zahl zu erreichen, die man vereinbart hatte. Dabei wechselte man: einmal bestimmte man die Zahl 6, dann die Zahl 2 usw. *Lag bei großen Versuchsreihen die Anzahl der Treffer über der Zahl der errechneten Zufallserwartung, dann konnte – wie bei den Kartenversuchen – mit dem Vorhandensein des Faktors Psi gerechnet werden. Nur handelte es sich beim Würfelversuch nicht um einen Hellsehakt, sondern um eine Bewegungsbeeinflussung, eben um eine psychokinetische Wirkung.*

Nun ist es mehr als interessant, daß Professor Rhine zunächst einmal bei den vielen Versuchen feststellte: die Zahl der *Treffer*, die über der Zufallsziffer lag, wurde *fast immer in der ersten Runde* erzielt. Eine Runde bestand aus jeweils vierundzwanzig „Einzelablesungen", d. h. vierundzwanzig Einzelzahlen der geworfenen Würfel bildeten eine Runde oder ein „Spiel". Das Erregende für die Wissenschaftler war, daß bei der zweiten und den nachfolgenden Runden die Trefferzahl sehr stark absank. Wenn man nun bedenkt, daß d i e s e B e o b a c h t u n g i m m e r u n d i m m e r w i e d e r g e m a c h t w u r d e u n d g e m a c h t w i r d, d a n n e n t w i c k e l t s i c h a l l m ä h l i c h e i n e u n t e r m a u e r t e E r k e n n t n i s.

Um der Frage gründlich nachzugehen, woran der konstante Leistungsabfall liegt, wurden

1. die Versuchspersonen häufig gewechselt,
2. Würfel in verschiedener Größe verwandt,
3. Würfel in verschiedener Anzahl gebraucht,
4. Würfel aus verschiedenem Material benutzt,
5. die Entfernung der Versuchsperson von der Würfelmaschine bis auf 8 Meter ausgedehnt.

Aber die Ergebnisse blieben dieselbe, d. h. sie waren unabhängig von den physikalischen (stofflichen) Verschiedenheiten der Würfel, ob sie z. B. aus Holz oder Elfenbein, ob sie größer oder kleiner waren oder dergleichen. Hingegen erbrachten die Versuche folgende Tatsachen: eine Verschlechterung der Trefferzahl oder ein Zurückgehen auf reine Zufallswerte erfolgte

1. bei Ablenkung durch störende Zuschauer,
2. bei Voreingenommenheit (Präokkupation),
3. bei Entmutigung, gedrückter Stimmung,
4. bei Überdruß (psychische Sättigung),
5. bei körperlichem Unwohl- und Müdesein (Indisposition).

Umgekehrt: die Leistungen wurden gesteigert

1. durch Ansporn,
2. durch positive Erfolgserwartung,
3. durch körperliche und seelische Frische,
4. durch Interesse und Konzentration.

[Außerdem muß berücksichtigt werden, daß die Beobachtungen beim Würfelspiel ganz denen beim Kartentest entsprechen.]

Dies alles läßt den Schluß zu, daß die Einstellung zu den Versuchen von ausschlaggebender Bedeutung ist.

In der Duke-Universität haben Rhine und seine Mitarbeiter zunächst einmal acht Jahre lang Experimente durchgeführt (z. B. 700 000 Einzel- und 37 000 Paar-Würfe), bevor sie ihre Resultate veröffentlicht haben. Lesen wir, was Professor Rhine selbst dazu schreibt. Zunächst erklärt er den Vorgang: „Schon sehr früh wurde es bei allen PK (Psychokinese)-Experimenten üblich, 24 Einzelablesungen als ein solches ‚Spiel' (eine Versuchsreihe) anzusehen. Ob diese Zahl durch 12 Würfe mit 2 Würfeln oder durch 8 Würfe mit 3 Würfeln oder endlich durch 24 Würfe mit einem einzigen Würfel zustande kam, war belanglos... Die ersten 900 Spiele mit dem Ziele, eine hohe Augenzahl zu erreichen, waren ohne jeden Zweifel bedeutsam. Unter der Voraussetzung, daß die Würfel einwandfrei waren, hätte man einen Trefferdurchschnitt von 5,00 für jedes Spiel erwarten sollen. Und wir erzielten einen

Durchschnitt von 5,50 Treffern! Dieses Ergebnis liegt nur um 0,50 über ‚Zufall'; aber selbst eine so kleine Durchschnittsabweichung bedeutet eine Gesamtsumme von 446 Treffern über der Zufallserwartung, und das ist eine sehr große Totalabweichung. Mathematisch ausgedrückt würde die Wahrscheinlichkeit, daß es sich dabei um ‚Zufall' handelt, sich wie 1 zu einer aus etwa zwanzig Ziffern bestehenden Zahl verhalten. Der über ‚Zufall' liegende Durchschnittsgewinn braucht nicht groß zu sein, um als bedeutungsvoll zu gelten. Voraussetzung ist nur, daß er bei einer großen Zahl von Versuchen stetig bleibt." [30]

Lesen wir auch über das Ergebnis des Leistungsabfalls:

„Später indessen konzentrierte sich unser Forschungsinteresse eben auf dieses Nachlassen der Leistungen ... In den 123 ersten Spielen fanden sich 134 Treffer über ‚Zufall', dagegen nur 10 in den 123 zweiten Spielen und gar nur 4 in den 75 dritten Spielen." [31]

Ergebnis

Wir dürfen also feststellen:

Die Psycho- oder Telekinese ist wissenschaftlich bewiesen. Es gibt psychokinetische Kräfte des Geistes, die auf Materie einzuwirken vermögen.

Wir werden Professor *Rhine* zustimmen müssen, wenn er als Ergebnis feststellt:

„Der Geist besitzt also die Kraft, die auf Materie einwirken kann. Was Psychokinese auch sein und wie sie auch wirken mag: sie übt auf die Materie eine statisch meßbare Einwirkung aus." [32]

Obwohl diese Tatsache einerseits erregend ist, ist sie doch andererseits nicht so erstaunlich, wenn man die andere Tatsache bedenkt, daß Materie *nicht ist,* sondern *geschieht,* daß sich Energie in Materie und Materie in Energie verwandeln kann. Es gibt eine nachgewiesene Geist-Materie-Beziehung. *Der volkstümliche Ausdruck im Englischen bewahrheitet sich:* „mind over matter" = *Geist über Materie.*

Dämmert nicht jetzt schon die Frage am Horizont:
Sollte mit dem Tode alles aus sein?

Es sei noch erwähnt: Bei der Fernbewegung wird dem Faktor Psi der griechische Buchstabe Kappa zugefügt. Dadurch sind beide leicht voneinander zu unterscheiden:

Psi-Kappa = Fern*bewegung*,
Psi-Gamma = Fern*sicht*, Hellsehen.

Übrigens müssen wir auch jetzt wieder zugeben: w i e n u n d i e W i r k u n g a u f d i e W ü r f e l p r a k t i s c h v o r s i c h g e h t , b l e i b t e i n G e h e i m n i s . Jedenfalls sind es wieder einmal keine mit den Mitteln der Physik meßbare Strahlen.

Der Hamburger Physik-Professor Pascual *Jordan* schrieb bereits im Jahre 1947: „Es gibt keine unentdeckten Strahlungen, die zur Deutung (paranormaler Phänomene) herangezogen werden könnten." Ausdrücklich betont er, daß die Parapsychologen „die Physik als Erklärungsgrundlage aufzugeben" hätten.

Dies wollen wir aufmerksam notieren. Denn dem Materialisten und Rationalisten, die Gefangene ihres mechanischen Weltbildes sind und alles ablehnen, was sich nicht in diesen Rahmen zwängen läßt, wird jedenfalls von der Physik her der Boden unter den Füßen heiß gemacht, ja sogar entzogen.

Die Parapsychologen sind der Meinung, daß die seelische Wirkung auf die Würfel während des Fallens oder gegen Ende des Ausrollens stattfindet. Jedenfalls können die Zahlen auf den Würfeln *nicht* während des Fallens und Rollens durch die *Augen* festgestellt werden, weil sich die Würfel – besonders bei maschinellen Versuchen – viel zu schnell bewegen. Wie aber erfolgt ihre Steuerung? Hans *Bender* meint: „Die Steuerung muß durch außersinnliche Wahrnehmung erfolgen, die daher ein untrennbarer Bestandteil der Psychokinese ist." [33]) Daß es sich dabei *auch* um außersinnliche Wahrnehmung handelt, wird wohl zutreffen. Bestimmt ist aber eine psychokinetische Kraft des Geistes am Werke, die die Würfel beeinflußt. Dennoch: wir stehen vor geheimnisvollen Tiefen der Geistseele. Parapsychologen sind auf Grund von Versuchsergebnissen der Meinung, daß die Psi-Funktion oder „Psi-Aktivität" in ihrer „Unabhängigkeit von den Dimensionen Raum und Zeit als gesichert angesehen" werden muß.

Ebenso „ihre Fähigkeit, auf einem nicht-mechanischen Weg Wirkung auf materielle Vorgänge auszuüben". [34] Jedenfalls gibt es zu der Tatsache der Psi-Aktivität keine analogen Vergleiche aus dem Bereich der normalen Wahrnehmung mit den Sinnesorganen des Gesichts und Gehörs.

J. B. *Rhine* stellt fest: „Die Tatsache der Psi-Aktivität ... ist ausgiebig nachgewiesen worden. Unter Bedingungen, die keinen vernünftigen Zweifel zulassen, sind sowohl kognitive (erkennende) als kinetische (bewegende) Psi-Effekte (Wirkungen) als tatsächliche Geschehnisse festgestellt worden." [35]

Der sogenannte „wissenschaftliche" Materialismus erweist sich erneut als unwissenschaftlich. Der Rationalismus und die Theologie der zweiten Aufklärung, die nur das Vernünftige gelten lassen, erweisen sich wieder als zu eng.

„Wieweit sind die Psi-Fähigkeiten normal?"

In seinem Standardwerk „Die Reichweite des menschlichen Geistes" überschreibt J. B. *Rhine* einen Abschnitt mit obiger Frage: „Wieweit sind die Psi-Fähigkeiten normal?"

Zunächst stellt Rhine auf Grund seiner Massenuntersuchungen in bezug auf die Psi-Fähigkeiten fest: „Wir haben es nicht mit etwas Anomalem zu tun ... Mit anderen Worten: Sie haben nichts mit Geisteskrankheit zu tun." [36] Das hat wohl auch kaum einer angenommen. Sodann führen ihn seine Versuche zu der Feststellung, „daß positive Ergebnisse bei ASW-(Außersinnliche Wahrnehmung) Versuchen um so weniger wahrscheinlich sind, je geringer die Intelligenz der Versuchsperson ist ... Die Versuchspersonen, die bei einer Intelligenzprüfung besser abschnitten, erzielten auch bei den ASW-Versuchen die besseren Ergebnisse". [37] Doch schon „die allerfeinsten Einflüsse" scheinen die „Wirksamkeit dieser Fähigkeiten zu beeinträchtigen". Gleichwohl meint er:

„Aber ich glaube, die meisten Forscher sind mehr und mehr zu der Überzeugung gekommen, daß die Individuen sich zwar sehr stark in ihrer Fähigkeit unterscheiden, daß aber doch die meisten Menschen – wahrscheinlich alle – diese parapsychischen Fähigkeiten bis zu einem gewissen Grade besitzen."

Wenn die Untersuchungen ergaben, daß die „Treffer" aufs Ganze gesehen nur 0,50 über „Zufall" lagen, dann werden – was jedenfalls die psychokinetischen Kräfte des Menschen betrifft – sie als nur gering bezeichnet werden können. Dennoch: *sie sind experimentell nachgewiesen*. Ferner muß man bedenken, daß in diesen 0,5 über „Zufall" auch die Versager mit einbezogen sind, die ja das Gesamtergebnis drücken. Gleichwohl wird man sagen müssen, daß trotzdem die Psi-Fähigkeit sogar im Blick auf die so besondere Fähigkeit, durch die Geistseele auf die Materie einwirken zu können, durchschnittlich mit 0,50 bei jedem Menschen als normal vorhanden bezeichnet werden muß. Das ist erstaunlich, wenn man bedenkt, daß uns diese Tatsache in der Zeit *vor* den nüchternen Laboratoriums-Experimenten völlig unbekannt war und daß diese Tatsache wohl kaum einer für möglich gehalten hätte. *Professor Rhine ist der Meinung, daß die parapsychischen Fähigkeiten am besten mit der „schöpferischen Arbeit eines Künstlers" verglichen werden können. Auch er ist kein Automat.*

Die Untersuchungen ergaben, daß „Belohnungen" bei den Kartenexperimenten sich positiv auswirkten. Wegen einer Belohnung konzentrierte sich die Versuchsperson sehr stark. Alle 25 Kennzeichen der 25 Karten wurden richtig angegeben. Einem 9jährigen Kind versprach die Versuchsleiterin scherzhaft eine Belohnung von 25 cents, wenn es alle Zeichen der 25 Karten (jeweils 5mal 5) richtig angeben würde. Es gelang dem Kind die erstaunliche Rekordleistung. Die „Gemütsverfassung" – im vorliegenden Fall der mutige Ansporn und feste Wille – ist von großer Bedeutung. Rhine stellt fest: „‚Wer glaubt, daß er kann, der kann auch', ist ein anderes bekanntes Gesetz des Verhaltens, das sich bei den ASW-Experimenten widergespiegelt hat." [38])

„Geist über Materie"

„Wer glaubt, daß er kann, der kann auch". Dies weist uns in die Richtung der Kräfte des Willens und Gemüts. Diese Feststellung wiederum weist uns erneut in Richtung Osten. Wenn der Zweifelnde fragt, ob der Geist in der Lage ist, auf die Materie einzuwirken, ja unter Umständen sie sogar zu beherrschen, dann ist diese Frage besonders in *Indien* beantwortet. Der *Beweis* wird dort in überzeugender Weise täglich erbracht. Der hohe Auftrag des Ostens an den Westen besteht bestimmt auch darin, die Wirklichkeitsverkürzung zu überwinden und mit der so entscheidenden Erkenntnis ernst zu machen: „Geist über Materie." Diese drei Worte sind nicht nur im wertmäßigen Sinne zu verstehen, also daß dem Geist des Menschen eine höhere Rangordnung im Vergleich zum Körperlichen zukommt, sondern wir dürfen dies Wort auch im beeinflussungsmäßigen Sinne nehmen.

Außer den Fakiren gibt es in Indien auch die Yogis. Sie üben sich in der *Yoga* (auch *Joga*). Das Wort Yoga stammt aus der Sprache des Sanskrit und heißt wörtlich „Anschirrung", „Anspannung", „Training". Der Yoga ist eine in Indien gebräuchliche *Meditationspraxis* (Vertiefungspraxis) *der Religion des Hinduismus*. Er ist ein *System „konzentrierter Entspannung"*. Durch strenge Willensübung, Selbstzucht durch Meditation, Kasteiung und Atemregulierung, aber auch durch völlige Versenkung und Hypnose übt der Yogi, Seele und Leib zu beherrschen, den Geist über die Materie triumphieren zu lassen. *Sein Ziel ist die „Erlösung".* Er bedient sich bestimmter Techniken wie Sitzarten, Abwendung von der Außenwelt etc. Unsere westliche Psychotherapie ist durch den Yoga stark befruchtet worden.

Der Begründer des *„autogenen Trainings"*, J. H. *Schultz*, verwendet weitgehend die Erfahrungen, die indische Yogas gemacht haben. Der Engländer Paul *Brunton* hat in seinem Buch „Yogis" die Erfahrungen niedergelegt, die er während seiner Reisen durch ganz Indien gesammelt hat. Unter Anleitung des Maharischi (Großer Meister) wurde er selbst ein Yogi.

Zusammen mit den Fakiren bilden sie in Indien eine Gruppe von fast 30 Millionen Menschen. Die Fakire sind bunt gemischt vom betrügerischen Straßengaukler und Bettler bis zum religiösen strengen Asketen und edlen Idealisten. Zu den beiden Letzteren zählen die Yogis. Die Grenze zwischen Fakiren und Yogis ist fließend. Diejenigen, die man unter den Fakiren ernst nehmen kann, und das sind – abgesehen von den Betrügern und Gauklern – eben doch die meisten, demonstrieren uns in einer oft erstaunlichen Weise die Überlegenheit des Geistes über die Materie. Werden wir praktisch.

Das Nagelbett

Es ist uns allen bekannt, daß indische Fakire sich auf ein Brett legen, das mit spitzen Nägeln besetzt ist. Wir wissen aber meistens nicht, wie es kommt, daß sie sich nicht verwunden. Hinter der Unverwundbarkeit steht ein jahrelanges Training. Die Fakire üben sich darin, ihre Haut so elastisch zu spannen, daß sie unter dem Druck des Nagels wie ein Gummiball nachgibt und einstülpt, aber nicht verletzt und durchbohrt wird. Sie haben gelernt, die Muskelfasern durch den Willen zu regulieren.

Willkürliche und unwillkürliche Körpervorgänge

Wir im Westen vermögen auf die *un*willkürlichen Prozesse unseres Körpers keinen Einfluß zu nehmen. Dazu gehören z. B. die Schnelligkeit des Herzschlags, die Verengung der Blutgefäße, von denen abhängt, ob wir erbleichen oder erröten. Die Magentätigkeit und Absonderung der Magensäfte gehören ebenso zu den unwillkürlichen Reaktionen des Körpers. Dem geübten Fakir und Yogi ist es möglich, die unwillkürlichen Körperfunktionen weitgehend zu beherrschen.

Von daher erklärt sich z. B. das berühmte

Feuerlaufen

Zwar gibt es hier auch Betrug, indem man sich die Füße mit Chemikalien, besonders Alaun und Zinksulfat, einreibt. Sie bewirken, daß die Fußsohlen weithin unempfindlich werden. Aber europäische Wissenschaftler haben Fakire scharf kontrolliert, z. B. im nachstehenden Fall. An der Universität in London wurde im Jahre 1935 der Inder Kuda Boy aufgefordert, mit bloßen Fußsohlen über einen mehrere Meter langen Graben zu gehen, der mit glühenden Kohlen gefüllt war. Der Inder ging langsamen Schrittes über die glühenden Kohlen. Seine Füße hatten nicht die geringsten Spuren irgendeiner Brandblase. Den gleichen Versuch wollte ein mutiger Student unternehmen. Aber bei der ersten Berührung hatte er sofort heftige Brandverwundungen und gab gleich auf.

Übrigens ist es interessant, daß der Fakir wohl gegen glühende Kohlen, nicht aber gegen Nadelstiche unempfindlich war, sondern in diesem Falle ganz normal reagierte.

Wie erklärt sich sein Feuerlaufen?

Antwort: Vom Geist-Seelischen her. Der Fakir bereitete sich nämlich durch *intensive Meditationen* auf den Feuergang vor. Während des Experiments befand er sich in einer Art Trance („Entrückung", schlafähnlicher Zustand). *Die Versuche zeigten, daß* o h n e *die voraufgegangenen Konzentrationsübungen seine Füße hitzeempfindlich blieben.* Gerade dieser Unterschied verdeutlicht augenfällig das Einflußvermögen des Geist-Seelischen auf das Stofflich-Körperliche.

„Herausforderung der Wissenschaft"

Da wird uns folgender hochbedeutsamer Fall berichtet: „In das gleiche Gebiet der uns durchaus mit Recht als wunderbar erscheinenden körperlichen Leistungen von Fakiren und Yogis gehören die Untersuchungen, die vor einiger Zeit von namhaften Ärzten der indischen Universität Kalkutta angestellt worden sind. Unter schärfster Kontrolle wurden die Vorführungen eines Inders geprüft, der sich anheischig gemacht hatte, jedes beliebige Gift ungeschädigt zu sich zu nehmen. Das Experiment fand im Physiksaal des Presidence College von Kalkutta vor einem durchaus sachverständigen – und zur Skepsis geneigten – Publikum von Ärzten, Chemikern und Physikern statt. Unter ihnen befand sich übrigens der indische Nobelpreisträger Professor V. *Raman,* der am Ende der Vorführungen ihr Ergebnis als eine ‚Herausforderung der Wissenschaft' und gänzlich unerklärlich bezeichnete. Der Magier trank zunächst einige Tropfen Schwefelsäure und anschließend Karbolsäure. Beide – bekanntlich äußerst gefährliche Substanzen – stammten aus dem chemischen Laboratorium der Universität, ein Betrug war also ganz unmöglich. Dann ließ der Inder ebenfalls aus dem Laboratorium Z y a n k a l i herbeischaffen und verschluckte eine Menge dieses furchtbaren

Giftes, die jeden normalen Menschen innerhalb von drei Minuten mit absoluter Sicherheit getötet hätte! Dem Magier jedoch schien dieser erstaunliche Versuch nicht den geringsten Schaden zuzufügen, er saß lächelnd auf seinem Stuhl und weidete sich an dem erschreckten Staunen der um ihn versammelten Ärzte. Um sich von der Echtheit dieses Phänomens zu überzeugen, pumpten sie ihm nach Ablauf von drei Stunden den Magen aus; das gesamte Zyankali, das der Inder verschluckt hatte, befand sich im Mageninhalt!

Auch hier liegt die Erklärung der vorgeführten, für unsere Begriffe schlechthin unfaßbaren Leistungen darin, daß der giftschluckende Inder in einem jahrzehntelangen Training seinen Körper völlig unter den Einfluß des Willens gebracht hat. So kann er auch die Tätigkeit des Magens und die normalerweise völlig unwillkürlich ablaufenden Stoffwechselvorgänge wenigstens in gewissen Grenzen willkürlich regulieren – und darum vertrug er das Gift. Die Richtigkeit dieser Annahme wurde gerade im Falle des an diesem Experiment beteiligten Fakirs auf eine sehr tragische Weise bewiesen. Der Mann hatte den ihn untersuchenden Ärzten auf Befragen erklärt, daß er genau so empfindlich gegen Gifte sei wie jeder normale Mensch. Durch besondere Übungen könne er sich aber in einen Zustand versetzen, der ihn unbeschadet derartig gefährliche Experimente überstehen lasse. *Allerdings müsse er sich innerhalb einer bestimmten Zeit nach Beendigung der Versuche in Trance versetzen, um durch größte geistige Konzentration die Wirkungen der Gifte auszuschalten.* Das gelang ihm auch in einer ganzen Reihe von Fällen. Dann aber geschah es, daß der Inder nach einer derartigen Vorführung in Rangoon aus äußeren Gründen davon abgehalten wurde, sich in den schützenden Trancezustand zu versetzen. Die Folge war, daß der Mann nach wenigen Stunden starb. Als Todesursache wurde Vergiftung durch das eingenommene Zyankali festgestellt." [39])

Ja, hier handelt es sich wirklich um eine *„Herausforderung der Wissenschaft"*, wenn sie sich die wirklichkeitsausweitende Erkenntnis noch nicht angeeignet hat: „Geist über Materie." Hier werden Linien ausgezogen, die Friedrich *Schiller* mit seinem bekannten Wort angedeutet hat:

„Es ist der Geist, der sich den Körper baut."

Scheintod

Wie es im Leben immer ist, gibt es auf allen Gebieten Scharlatane, aber auch Könner; Gaukelei und Schwindel, doch auch Echtes. So auch in dem, was den bewußt herbeigeführten Scheintod und das sich Lebendig-begraben-lassen betrifft. Beim Betrug wollen wir uns erst gar nicht aufhalten. Den bereits erwähnten Engländer Paul *Burton* dürfen wir in seinen Erlebnisberichten ernst nehmen. Auf seinen Forschungsreisen in Indien besuchte er einen Fakir, der durch ein spezielles und äußerst schwieriges Training in der Lage war, *die Funktionen seines Körpers so herabzusetzen, daß er einen Scheintod herbeiführte.*

Burton „wurde aufgefordert, seine Hand auf die Brust des Inders zu legen, der sich nach Einnahme einer ziemlich komplizierten Sitzhaltung in Trance versetzte. Nach ein paar Minuten saß er ziemlich regungslos da – und Burton konnte deutlich fühlen, wie die Herzschläge immer langsamer und langsamer wurden. Schließlich wurden sie völlig unmerklich, wie das ja auch im Zustand des Scheintoten der Fall ist. Dann begann das Herz wieder rascher zu schlagen und sein Klopfen wurde schließlich wieder normal. Den gleichen Vorgang konnte Burton beim Beobachten des Pulsschlages feststellen. Auch hier war der Puls des Inders während einer Dauer von mehreren Minuten nicht mehr zu fühlen und setzte dann wieder ein. Die erstaunlichste Leistung kam zum Schluß seines Experiments: der Inder konnte ganz nach Wunsch seinen Atem anhalten! Burton hielt den Handrücken vor die Nasenlöcher des Mannes, der wieder in Trance fiel. Zunächst strich der Atem noch normal über die Hand des Beobachters, dann wurde die Atemtätigkeit schwächer und schien schließlich ganz aufzuhören. Äußerlich waren keine Atembewegungen mehr festzustellen und auch ein herbeigeholter Spiegel zeigte nicht die geringste Trübung. Erst nach einer ganzen Weile hörte der Zustand des künstlichen Scheintodes auf".[40]

Im 19. Jahrhundert hat der Inder *Harridas* gelebt. *Über ihn wird berichtet, daß er sich mehrmals im scheintoten Zustand begraben ließ. Sein schier unglaublicher Rekord soll in 40 Tagen bestanden haben. Fachgelehrte sind der Überzeugung, daß kein Betrug vorliege.* Allerdings können wir Heutigen den Sachverhalt nicht mehr nachprüfen.

Beim Scheintod werden besonders Herztätigkeit und Atmung derart auf ein Mindestmaß reduziert, wie es erforderlich ist, das Leben gerade noch aufrechtzuerhalten. Wenn wir an den *Winterschlaf z. B. der Fledermäuse* denken, dann haben wir eine Parallele. Denn auch dort wird der Dauerschlaf durch eine Verlangsamung aller Lebensfunktionen, wie durch eine Herabsetzung der Körpertemperatur und durch völligen Ruhezustand bewirkt. Nur was dort zur biologischen Lebensweise des Tieres gehört, ist im Fall des Menschen eine Höchstleistung der Geistseele.

Nochmals: Fernbewegung

Es sei noch erwähnt, daß P. *Burton* auch von einem Fall der Fernbewegung berichtet.

In der indischen Stadt Puri traf er einen Fakir, der diese von Rhine nachgewiesene psychokinetische Kraft in hohem Maße besaß. Auf einem Tisch ließ er kleine Püppchen tanzen, ohne sie zu berühren oder sonst eine technische Hilfe zu benutzen. Nach den Püppchen nahm der Fakir ein Stück Eisen, legte es auf den Tisch, hielt seine Hände darüber und ließ das Stück Eisen umherwandern. Um nicht einem Gaukelspiel zu erliegen, gab Burton dem Fakir einen Ring. Der Fakir spielte eine Ziehharmonika und ließ den Ring dazu im Takt tanzen. Wenn es der Fakir befahl, sprang der Ring vom Tisch hoch. Burton betont, daß sich dies am hellen Tag ereignete und er sich davon überzeugt habe, „daß weder an den Puppen, noch am Eisen oder dem Ring irgendwelche Fäden befestigt waren.

Noch erstaunlicher waren die Leistungen eines anderen Magiers, den Burton in Indiens heiliger Stadt Benares besuchte. Zunächst wurden auf ein Taschentuch eines Europäers verschiedenartige Düfte ‚gezaubert'. Der Meister, wie er genannt wurde, hielt ein gewöhnliches Brennglas über das Taschentuch und ließ die Sonnenstrahlen jeweils auf eine bestimmte Stelle des Tuches fallen. Diese Stelle duftete dann nach Jasmin, Rosen, Veilchen usw., ganz wie es Burton gewünscht hatte. Hypnose war zweifellos bei diesem Kunststück nicht beteiligt, denn verschiedene Bekannte des Engländers bestätigten ihm *nach* der Rückkehr aus dem Hause des Magiers, daß auch sie die verschiedenen Düfte an dem Taschentuch *noch* deutlich wahrnehmen konnten".[41])

Wir im Westen sollten viel bescheidener werden und über das Vermögen der Geistseele staunen lernen. Vor allen Dingen sollten wir nicht so töricht sein, diese Zeugnisse paranormaler Fähigkeiten als Gaukelei abzutun. Gewiß schleichen sich Schwindeleien ein, sogar viele. Aber das ändert doch nichts daran, daß parapsychische Tatsachen vorliegen, die sich strenger Beobachtungen, ja sogar wissenschaftlicher Prüfungen durch die Londoner Universität und das College in Kalkutta unterzogen haben.

Nochmals: lernen wir doch die Kräfte der Geistseele real sehen. *Dann ist der Weg nicht mehr weit, sich zu fragen: ist die Materienüberlegenheit der Geistseele wohl auch ein Hinweis auf etwas, was darüber hinausführt und uns in der Erkenntnis einen entscheidenden Schritt weiterführen könnte?*

Um diese Frage geht es uns. Ihre Antwort versuchen wir mit allem Bisherigen vorzubereiten.

Nachtrag: Am 7. Juli 1971 wurde ich mit sicherlich vielen Zuschauern am Fernsehen Zeuge, wie in einer parapsychologischen Sendung eine Russin Gegenstände (z. B. eine vor ihr auf dem Tisch liegende Armbanduhr) durch geist-seelische Kräfte hin und her bewegte.

Methodisches

Gehen wir nun einen entscheidenden Schritt weiter. Bisher haben wir uns in der diesseitigen Wirklichkeit bewegt. Es ging uns darum aufzuzeigen, daß das Wirklichkeitsverständnis zu kurz gefaßt ist, wenn man den Satz aufstellt: „Für uns gibt es nur noch *eine* Wirklichkeit." Und wenn man zusätzlich noch diese rationalistische Wirklichkeitsverkürzung so versteht, daß es in dieser einen Wirklichkeit keine okkulten Phänomene gäbe, keine Wunder, nichts „Übernatürliches", nichts, was die Ratio nicht natürlich erkennen und erklären könne, dann erweist sich solch eine Einstellung als völlig unhaltbar. Erst recht haben wir uns von der Weltanschauung des *Materialismus* abgesetzt, der in seiner *Scheuklappen-Philosophie* sogar die Selbständigkeit der Seele leugnet und alles Seelische zu bloßen Funktionen des Gehirns erklärt und damit degradiert. Im Gegensatz zu dieser rationalistischen und erst recht materalistischen Wirklichkeitsverkürzung haben wir auf T a t - s a c h e n verwiesen, die man zwar als Tatsachen weithin nicht anerkennen möchte, die aber einfach u n b e s t r e i t b a r sind. Gleichzeitig haben uns diese Tatsachen aber immer wieder vor Geheimnisse gestellt, die sich rational nicht erklären ließen.

A u f G r u n d d i e s e s m e t h o d i s c h e n W e g e s w u r d e d a s W i r k l i c h k e i t s v e r s t ä n d n i s d e s R a t i o n a l i s m u s , a l s o d e r 1 . u n d 2 . A u f k l ä r u n g , u n d e r s t r e c h t d e s M a t e r i a l i s m u s i n s e i n e n F u n d a m e n t e n e r s c h ü t - t e r t . A n d e r s a u s g e d r ü c k t : d i e j u n g e W i s s e n s c h a f t d e r P a r a p s y c h o l o g i e h a t d e n T h r o n v o n R a t i o n a - l i s m u s u n d M a t e r i a l i s m u s t ü c h t i g i n s W a n k e n g e - b r a c h t . Es ist deshalb keineswegs verwunderlich, daß diese junge Wissenschaft sehr bekämpft wird und um Anerkennung ringen muß. Es liegt darum im Interesse der Parapsychologie selbst, daß sie bei ihrer Arbeit wie ein Spürhund hinter allem her ist, was nicht strenger Kritik standhält. Deshalb ist es gerade sie gewesen, die im weiten Bereich des Okkulten den Weizen von der Spreu, sprich das Echte vom Unechten, das Wahre von Gaukelei und Betrug geschieden hat. Nicht ohne Absicht sind wir bei unseren bisherigen Ausführungen immer wieder in die nüchterne und helle Atmosphäre des Labora- toriums mit seinen exakten Experimenten zurückgekehrt.

Wir sagten, bisher hätten wir uns in der diesseitigen, sicht- baren Wirklichkeit bewegt. Darum tauchte bislang auch nie irgend etwas „Jenseitiges" – im allgemeinen und umgreifen- den Sinn – auf.

Jetzt wollen wir uns aber dem Grenzübergang von der sicht- baren zur unsichtbaren Wirklichkeit, von der diesseitigen zur jenseitigen Welt nähern.

An der Grenze zwischen Diesseits und Jenseits

Bevor wir uns an die Behandlung dieses so wichtigen Stoffes heranmachen, wollen wir uns fragen:

1. Ist es vernünftig und vertretbar, nach der anderen Wirklichkeit zu fragen?

2. Sind Vorkehrungen getroffen, um Betrügereien so weit wie möglich auszuschalten?

1. Ist es vernünftig, nach der jenseitigen Wirklichkeit zu fragen?

Wir erinnern uns an die Absicht dieses Buches: Wir möchten am Evangelium zweifelnden Menschen helfen und ihnen zum Glauben an Jesus Christus Mut machen. Die Hilfe kann und soll aber nicht darin bestehen, daß wir dem kritischen Menschen von heute einfach Dogmen (Lehrsätze) überstülpen. Man verzeihe den Vergleich: es soll nicht nach dem Wort gehen: „Vogel friß – oder stirb." Wir möchten abholen, Schritt um Schritt miteinander gehen, den Horizont weiten, den Glauben glaubhaft machen, und die Einsicht wecken und vertiefen, daß Glaube und Wissen keine feindlichen Brüder sind. Dazu will auch folgende Überlegung anregen.

Wenn wir auf die Schöpfung schauen, so begegnen wir in ihr einem Stufenbau. Damit ist folgendes gemeint:

Zunächst begegnet uns das Anorganische im Gestein und Felsen. Die nächst höhere Stufe ist das Organische. Sie ist wieder unterteilt in das pflanzlich Organische und tierisch Organische. Das pflanzlich Organische hat kein Bewußtsein. Praktisch heißt das: das Gras auf der Weide kann sich keine Gedanken darüber machen, ob es bei einer Heuernte gemäht, oder ob es von einem Tier gefressen wird. Erst recht kann es sich nicht darüber klarwerden, ob dieses Gefressenwerden durch eine Kuh oder durch eine Ziege geschieht. Hingegen kann sich aber wohl die Ziege über die Qualitätsunterschiede des Grases klar werden. Gerade darum trifft sie eine Auswahl im Futter. Innerhalb der Tierwelt begegnen wir ebenfalls einem reichen Stufenbau vom primitivsten Lebewesen, wie z. B. dem

Seeigel, über Wirbeltiere verschiedenster Art, bis hinauf zum Affen, der – wie man heute weiß – gerne vor dem Fernsehapparat sitzt und sich heiße Beat-Musik vergnüglich anhört und ansieht.

Die Krone dieser organischen Welt bildet der *Mensch.* Er ist das einzige Wesen,

> das Geist besitzt,
> das Fragen stellt,
> das Begriffe bildet,
> das zukunftsbezogen ist,
> das sich in seiner Einmaligkeit
>   als geistig Seiendes zu begreifen vermag,
> das beten kann,
> das um seinen Tod weiß,
> das Selbstmord begehen kann,
>   weil es sich zu sich selbst verhält.

Das Tier kann keinen Selbstmord begehen.

Insofern der Mensch zu sich selbst kommt und sich und seine Umwelt erkennt, ist er Geist, d. h. verwirklicht er sein Menschsein als geistiges Wesen.

Angesichts des Stufenbaus in der gesamten Schöpfung drängt sich folgende Überlegung auf:

Könnte der Stein sich selbst als Stein betrachten, so wäre es doch töricht von ihm, wollte er meinen, es gäbe nur deshalb nichts Höheres über ihn hinaus, weil er die Seinsweise der tierischen Lebewesen nicht erfassen und verstehen kann. Genau dasselbe gilt auch für die Tierwelt. Wie töricht, wollte die Ziege meinen: weil zu meiner Welt das Unterscheiden zwischen gutem Klee und weniger bekömmlichen Disteln gehört und sich darin praktisch mein Leben erfüllt, gibt es darüber hinaus nichts. Der Mensch lebt mit mir bestenfalls auf der gleichen Seinsstufe.

Ein anderer Vergleich:

Nehmen wir an: hier ist ein Wurm. Er lebt nur in der Zweidimensionalität von Länge und Breite. Nun hat er sich in einem Labyrinth von vielen Kreuz- und Querwegen „verlaufen". Er findet nicht mehr zurück. Plötzlich kommt jemand aus der dritten Dimension, aus der Höhe, einer, der den ganzen Wirrwarr der Wege nach hinten in die Vergangenheit und auch die möglichen nach vorn in die Zukunft von seiner höheren Warte überschaut. Er kommt und befreit den Wurm, indem er ihn in die Höhe hebt. Wie töricht von dem Wurm, wollte er sagen: weil ich die dritte Dimension der Höhe nicht kenne, darum gibt es sie auch nicht.

Ist es nun nicht ebenfalls töricht, wollte der Mensch seine Stufe innerhalb der Schöpfung verabsolutieren und wollte er erklären: darüber hinaus gibt es nichts? Allerdings gibt es Menschen, die dies tun.

Diesem geistigen Kurzschluß steht aber das Menschheitswissen der Jahrtausende, wie auch bedeutender Denker und Forscher aller Zeiten gegenüber.

Außerdem kommen noch zwei Faktoren hinzu:

die Atomphysik und
die Parapsychologie.

Die Atomphysiker sind der Meinung, daß wir im Vollzug der Erforschung des Atomkerns die Raumgrenze überschritten haben. Der Gelehrte Erwin *Nickel* weist in seiner hervorragenden Studie „Das physikalische Modell und die metaphysische (die uns umgebende Natur überschreitende) Wirklichkeit" nach, wie schon die erfahrbaren Gegebenheiten der gegenwärtigen Atomphysik uns zu diesem Schritt nötigen, eine Seinsschicht anzunehmen, die *hinter* unserer Physis, unserer natürlichen Welt, liegt. Diese Seinsschicht *könne* sich in unserer dreidimensionalen Schicht kundtun, *müsse* es aber nicht.

Was die Parapsychologie betrifft, so hat bereits der Parapsychologe *Zöllner* nachgewiesen, wie wir zur *Annahme einer vierten Dimension* genötigt sind. Denn nur so könnten viele Phänomene der Parapsychologie verstehbar gemacht werden. Später, 1951, knüpfte dann ein anderer Forscher, *Kritzinger*, in seiner Schrift „Zur Philosophie der Überwelt" an diesen Gedanken Zöllners von der vierten Dimension an.

Auch der katholische Theologe, Abt Alois *Wiesinger*, entfaltet in seinem ausgezeichneten Buch „Okkulte Phänomene im Lichte der Theologie" (1948), wie die halb-leibfreie und die leibfreie Seele nicht mehr an die Begrenzung von Raum und Zeit gebunden sind.

Um ein vertieftes Verständnis des Raum-Zeit-Problems lohnt es sich wahrhaftig zu mühen, wie z. B. auch um die Unterscheidung zwischen unserer „zeitlichen Zeit" zur „äonischen Zeit". Hedwig Conrad *Martius* hat vom Philosophischen her darüber tiefgründig geschrieben (1954). Wir könnten im Aufzählen fortfahren.

Im Blick auf den Menschen würde es den Eindruck vertiefen: Die Menschheit aufs Ganze gesehen, wie auch viele ihrer hervorragenden Denker und Forscher können sich der Tatsache nicht verschließen, daß der Mensch seinem Wesen nach über sich hinaus tendiert. D e r M e n s c h w u r z e l t i m E w i g e n.

Wenn dem so ist,
wenn die Seinsstufe des Menschen in ihrer Räumlichkeit und Zeitlichkeit nicht als die letzte Stufe begriffen werden muß,
wenn der Mensch selber Ewigkeit will,
wenn der Mensch von der Existenz Gottes oder zumindest des Göttlichen überzeugt ist,

dann ergibt sich als logische Konsequenz:

e i n e a n d e r e „ S t u f e ", e i n e a n d e r e, j e n s e i t i g e W i r k l i c h k e i t k a n n a l s *m ö g l i c h* a n g e s e h e n w e r d e n. U n t e r d i e s e r V o r a u s s e t z u n g m u ß e s n i c h t a u s g e s c h l o s s e n s e i n, d a ß d i e j e n s e i t i g e W i r k l i c h k e i t i n d i e d i e s s e i t i g e h i n e i n w i r k t.

G e n a u d i e s e s H i n e i n w i r k e n b e h a u p t e t d i e H e i l i g e S c h r i f t. Aber noch sind wir nicht bei ihr, sondern erst beobachtend an der Grenze zwischen diesseitiger und jenseitiger Wirklichkeit, zwischen Diesseits und Jenseits. Außerdem stehen wir an dieser Grenze nicht so, daß wir christlich verkündigen, sondern parapsychologisch untersuchen wollen. Wenden wir uns dem jetzt wieder zu. Aber mit der nun gewonnenen E r k e n n t n i s: es kann nicht von vornherein als ausgeschlossen gelten, daß eine vierte Dimension in unsere Dreidimensionalität hineinwirkt. Anders ausgedrückt: weil die Stufe des irdisch existierenden Menschen nicht die letzte Stufe sein muß, gilt es, sich für die Möglichkeit offenzuhalten, daß von einer uns überschreitenden Stufe her mit unserer Seins-stufe Beziehungen hergestellt werden.

Bevor wir das untersuchen, wollen wir erst die zweite Frage beantworten.

2. Sind Vorkehrungen getroffen, um in parapsychologischen Grenzsituationen Betrügereien auszuschalten?

Zunächst einmal muß es klar ausgesprochen werden: Gerade hier im Grenzgebiet gab es viele Betrügereien. Greifen wir ein Beispiel für sehr viele heraus, weil es wohl das bekannteste in jüngerer Zeit ist. Es hat sich in Kopenhagen ereignet. Dort war Frau *Rasmussen-Malloni* als Medium (Vermittler) in spiritistischen Sitzungen tätig. Ihr Mann assistierte ihr dabei. In diesen Sitzungen erhielt sie angeblich schriftliche Botschaften aus der jenseitigen Welt. Außerdem sprach aus ihr angeblich der Geist eines Ägypters, der schon lange Zeit gestorben war. Er gab durch Klopfzeichen seine Anwesenheit zu erkennen. Während der Sitzung spielte er sogar auf einer geheimnis-vollen Zither. Als man im Jahre 1945 die Vorkommnisse in diesen Sitzungen wissenschaftlich überprüfte, war das Gut-achten höchst positiv. Das Ansehen dieses „phänomenalen Mediums" stieg immer mehr. Aber da war ein Arzt, der der Sache mißtraute. Er lud das Ehepaar zu einer spiritistischen Sitzung in sein Haus ein. Um eine strenge Kontrolle ungeahnt für das Ehepaar durchführen zu können, hatte der Arzt ver-steckte „Beobachtungsfenster" eingebaut. Diese Sitzung über-zeugte den Arzt vom Betrug. Aber er ließ dem Ehepaar gegen-über nichts verlauten. Im Gegenteil. Er lud sie zu einer wei-teren Sitzung ein und schlug dem Ehepaar vor, die Sitzung durch Rundfunk und Film aufnehmen zu lassen. Das Ehepaar willigte gern ein, denn eine bessere Reklame konnte es nicht geben. So hörten denn an jenem Sitzungsabend draußen im Lande gewiß Hunderttausende an ihren Rundfunkgeräten die Klopfzeichen des ägyptischen Geistes, der sein Kommen an-kündigte. Sie hörten das geheimnisvolle Spiel auf der Zither. Auch die Botschaften des ägyptischen Geistes konnten die er-staunten Rundfunkhörer vernehmen.

Dann schlug die Bombe ein. Dem Ehepaar und den Hörern wurde eröffnet, daß durch ein „verborgenes Fenster" alle Vorgänge dieser Sitzung gefilmt worden seien. Und nicht nur, was ü b e r dem Tisch, sondern was auch u n t e r dem Tisch geschehen war. Und unter dem Tisch spielte nicht die geheimnisvolle Geisterhand des längst verstorbenen Ägypters, sondern die Füße von Frau Rasmussen-Melloni zupften die Saiten und beschrieben eine Tafel. Damit war das Betrugsmanöver des Mediums entlarvt, und Hunderttausende wurden an ihren Rundfunkgeräten davon Zeuge. Die spätere Vorführung dieses Films unterstrich das Gehörte durch das Bild. Dieser demaskierende Filmstreifen wurde auch in Deutschland gezeigt.

Sicherlich wird er vielen Anlaß gegeben haben, pauschalisierend zu sagen: „Es ist ja doch alles Betrug." Aber damit machen es sich die Betreffenden viel zu einfach. Betrüger und Scharlatane gibt es ausnahmslos auf allen Gebieten. Trotzdem lehnen wir die Sache nicht ab. Darum sind wir aufgerufen, zu prüfen und zu unterscheiden. Einer der Väter der Parapsychologie, Hans *Driesch,* hat diesbezüglich zwei gute Sätze geschrieben:

> „Ganz allgemein sei endlich noch der Grundsatz hingesetzt, daß im gesamten Gebiet der Wissenschaft, also auch parapsychologisch, negative Fälle positive Fälle nie annullieren" (ungültig machen).

> „Es gibt eben nicht nur zwei Einstellungen zur Parapsychologie, die ‚positive' und die ‚negative', sondern es gibt noch eine dritte: die kritische.

> Und sie allein ist etwas wert." [42])

Was übrigens den Schwindel in Kopenhagen betrifft, so muß ich allerdings meinerseits hinzufügen, daß ich nicht über den Betrug entsetzt bin, sondern darüber, daß man sich auf solch höchst primitive und plumpe Weise hat betrügen lassen – und dies trotz einer wissenschaftlichen Prüfung. Nein, das war keine wissenschaftliche Prüfung.

Um der Wissenschaftlichkeit der Parapsychologie willen ist niemand mehr daran interessiert, Scharlatane zu entlarven, als die Parapsychologie selbst. Denn nur indem sie rücksichtslos Betrug Betrug nennt, gewinnt sie Ansehen und erwirbt sich so Vertrauen in ihren Aussagen über Phänomene, die sie überprüft und als echt zensiert hat.

Außer dem Amerikaner *Rhine* hatten schon vor ihm der oben erwähnte Deutsche Hans *Driesch* und die Schweizerin Dr. Fanny *Moser* entscheidend dazu beigetragen, daß der Parapsychologie der rote Purpurmantel der Wissenschaftlichkeit über ihre Schultern gelegt wurde.

Weil die Parapsychologie wesentlich damit beschäftigt ist, okkulte Phänomene zu untersuchen, und weil ein Großteil dieser Phänomene sich mittels Medien in Sitzungen ereignen, hat Hans Driesch sich über die sogenannten „Sicherungen" für Sitzungen und Medien geäußert.

Erstens: Das „Kette" bilden, d. h. wechselseitiges Sich-an-der-Hand-Fassen aller Teilnehmer, hat er als „eigentlich sachlich vielleicht überflüssig erklärt". Aber er sieht auch den Nutzen: „Ihre gute, der Kontrolle dienende Seite ist die, daß eben kein Teilnehmer die Hände frei hat. Das schließt Helfershelferdienste mit den Händen aus; es müßten schon zwei Helfershelfer da sein und ihre Hände loslassen. Freilich müssen die Hände fest ineinandergreifen und sich nicht nur mit den Fingern berühren.

Zweitens: Die Entkleidung des Mediums – nicht der Teilnehmer – vor Zeugen und Bekleidung mit Trikot, wie sie bei Schrenck geschah.

Drittens: Leuchtnadeln in erheblicher Zahl an Ärmeln und Beinkleidern des Mediums, auch an den Stiefeln, wobei aber besonders betont sei, daß das Medium unbedingt keine niedrigen Schuhe tragen darf, aus denen der Fuß leicht herausschlüpfen kann, sondern hohe Schnür- oder Reitstiefel tragen muß, zu deren An- und Ausziehen die Hände nötig sind – die letzte Bedingung war meines Wissens nie erfüllt.

Viertens: Das Halten der Hände und Füße des Mediums durch eine zuverlässige Person.

Fünftens: Genaues Durchsuchen des Zimmers, schließlich des sogenannten ‚Kabinetts', falls das vorhanden ist, auf Drähte, Fäden, dünne Stäbe.

Sechstens (bei Telekinesen): Eine solche Entfernung des voraussichtlich paranormal bewegten Gegenstandes, sowohl vom

Medium wie von allen Beisitzern, daß keiner ihn mit seinen Gliedmaßen erreichen könnte.

Bei Schrenck waren diese Bedingungen zum Teil verwirklicht, und die in seinem Laboratorium ausgeführten Experimente sind sicherlich das Beste, was es hier bis jetzt gab, man möchte sagen, das einzige ganz ernst zu nehmende und zu weiteren Untersuchungen drängende. Es kam die von *Krall* erfundene elektrische Kontrolle der Hände und Füße des Mediums hinzu, die es gestattete, jeden Versuch, eine dieser vier Gliedmaßen zu bewegen, sofort wahrzunehmen ...

Price hat dann die elektrische Kontrolle aller Teilnehmer durchgeführt ...

Mattes Rotlicht herrschte sowohl bei Schrenck wie bei Price. Etwas ganz und gar Neues an Sicherungsmethodik ist jüngst im französischen Institut für Metapsychologie durch *Osty,* bei Versuchen mit Rudi *Schneider,* eingeführt worden: eine sehr komplizierte, mit ultrarotem Licht arbeitende Apparatur." [43])

Wir begrüßen es sehr, daß H. Driesch hinzufügt: „Es muß eben dauernd an der Verbesserung der Kontrollen gearbeitet werden unter Heranziehung von Physikern und Ingenieuren. Es ist nicht daran zu zweifeln, daß sich völlig Befriedigendes erzielen lassen wird." [44])

Einerseits wird man Verständnis dafür haben müssen, daß Medien übereinstimmend darum bitten, bei stark abgeblendetem Licht „arbeiten" zu dürfen. Andererseits sind wir dankbar, daß Infrarot-Aufnahmen (ultrarot) möglich sind und gemacht werden, also Foto-Aufnahmen, die noch bei fast völliger Dunkelheit die Vorgänge festhalten und somit Betrügereien ausschließen. Außerdem kommen heute auch noch die Tonbänder hinzu, so daß die sogenannten „Sicherungen" in reichem Maße gegeben sind. Trotzdem bleibt als erstrebenswert, daß Medien in hellem Tageslicht, ohne Tisch, bekleidet mit Trikot ohne Taschen, frei sitzend im Raume „arbeiten".

Parapsychologie ist Wissenschaft und ein Feind jeder „Taschenspielerei". Bei ihr zählen allein überprüfte Tatsachen.

Angesichts der ausgebauten Sicherungsmethoden kommt es nicht von ungefähr, daß die Zahl der Medien immer mehr abgenommen hat, so daß Medien gegenwärtig direkt rar sind. Uns ist dieser Säuberungsprozeß herzlich willkommen. Dennoch gibt es aus den letzten Jahrzehnten bestverbürgte Tatsachen. Was sie betrifft, so müssen wir uns über die Folgerungen klar werden:

> Allein schon eine einzige wirkliche Tatsache liefert einen positiven Beweis und hebt alle negativen Behauptungen zu diesem betreffenden Streitobjekt auf.

Wenden wir uns jetzt solchen Tatsachen zu, die unser Vertrauen rechtfertigen.

Die Tatsache des freien Schwebens

Was wir dazu erarbeiten möchten, wollen wir an ein eingreifendes Erlebnis knüpfen.

Ein Erlebnis von grundlegender Bedeutung

In der parapsychologischen Fachwelt hat eine Dame ein besonders hohes Ansehen und genießt größtes Vertrauen. Es ist die bereits erwähnte Schweizerin Dr. med. Fanny *Moser*. Sie hat sich insbesondere durch zwei umfangreiche Standardwerke einen internationalen Namen erworben. 1935 erschien in München ihr zweibandiges gediegenes Werk „Der Okkultismus. Täuschungen und Tatsachen". 1950 brachte der Gyr-Verlag in Baden bei Zürich ihr zweites Werk heraus: „Spuk. Irrglaube oder Wahrglaube? Eine Frage der Menschheit." Ihrem großseitigen Werk von 342 Seiten stellt sie das Motto voran:

> „Der Narr lacht,
> der Weise sinnt und forscht."

Dem Werk hat der weltbekannte Zürcher Arzt und Psychologe C. G. *Jung* ein sehr lobendes Vorwort vorangestellt. Ich schreibe dies nur, um deutlich zu machen, daß wir im Nachfolgenden eine wirkliche Expertin vernehmen. Und ich schreibe es noch aus folgendem Grund:

F. Moser hat sich den Zugang zum weiten Gebiet der Parapsychologie sehr schwer gemacht, denn: „Wenn je ein

Mensch infolge seiner wissenschaftlichen Vorbildung und aus einem fast instinktiven Gefühl heraus dem Okkultismus abhold war, so bin ich es ... ich, die ich so viele Jahre über Tisch- und Stuhlgeister gelacht und gespottet habe", schreibt sie. „Aber da trat ein Ereignis ein, das wie eine Bombe auf mich wirkte." Weil für F. Moser ein überzeugender Grund dahinter stand, der dies Ereignis so einschneidend für sie werden ließ, wollen wir sie ausführlich berichten lassen.

Es war im Herbst 1913, als sie in Berlin durch Vermittlung einer Handleserin mit einer *Spiritistin, Fr. Fischer*, bekannt wurde. Es wurde der Tag einer Sitzung vereinbart. Hören wir sie selbst:

„Am bezeichneten Tag 5 Uhr begab ich mich mit der Handleserin in die Wohnung Fr. Fischers. Sie warnte mich unterwegs, meinen Skeptizismus merken zu lassen; der Erfolg könne dadurch in Frage gestellt werden. Es lag also in meinem Interesse, Vertrauen zu bekunden und die Sympathien des Mediums zu gewinnen. Daß dies anscheinend sofort gelang, ist mir, wie die ganze Sitzung, noch heute ein Rätsel.

Eine schlichte, stille Frau in mittleren Jahren mit leiser, müder Stimme und müden Bewegungen, das Medium, öffnete selbst die Tür der hübschen Parterrewohnung in einer der besten Straßen Berlins. Das sympathische, blasse Gesicht hatte einen leidenden Zug, der auf Krankheit, nervöse Erschöpfung oder tiefen Kummer schließen ließ. Ohne Umstände half sie beim Ablegen und führte uns in das große, gediegen eingerichtete Eßzimmer, in dessen Mitte ein sehr großer Eßtisch ohne Decke stand, der bewußte Tisch, den ich neugierig betrachtete. Vergeblich versuchte ich, ihn etwas zu heben, als wir uns um ihn gesetzt hatten: das Medium, dessen Mann, ein kleiner, schmächtiger Herr, dem unsere Anwesenheit höchst willkommen schien, die Handleserin und ich. Frau F. entschuldigte sich, daß die Sitzung infolge ihres leidenden Zustandes kaum gut ausfallen werde, zudem wirke die Anwesenheit Fremder ungünstig, zumal die von Neulingen. Ein fremder Arzt sollte noch an ihr teilnehmen. Während wir noch auf diesen warteten, erzählte Frau F., daß sie bis zu ihrem 15. Jahre von diesen Fähigkeiten und überhaupt von Spiritismus nichts gewußt habe. Zufällig sei sie darauf gekommen, vertraute sich ihrer Mutter an und erfuhr, daß sie die gleiche Gabe besaß.

Sie machte es ihr zur Pflicht, diese zu pflegen und zu entwickeln. Diesen Rat befolgend, brachte sie es schließlich soweit, daß an einem Abend manchmal zehn Geistererscheinungen nacheinander auftraten. Dabei wies Frau F. auf einen Alkoven (Nebenraum) ohne Fenster und Türen, in dem sie hinter einem Vorhang sitze, aus welchem die Gestalten dann ins Eßzimmer träten. ,Später schwächten sich diese Fähigkeiten aber sehr ab, und jetzt kann ich es überhaupt nicht mehr', fügte sie mit traurigem Lächeln hinzu. Sie erzählte mit tiefer Bewegung, als spräche sie von etwas Heiligem. Jedenfalls war sie selbst überzeugt, erklärte auch, sich gerne für wissenschaftliche Untersuchungen zur Verfügung zu stellen, da es sie sehr interessiere. Ihr Mann sei jedoch dagegen, was mir Schrenck später bestätigte.

Der Arzt traf ein und setzte sich zu uns. Er verhielt sich äußerst reserviert und ließ während der Unterhaltung nur einige skeptische Bemerkungen fallen, nach denen er offenbar den gleichen Standpunkt einnahm wie ich. Bald erhob sich das Medium, und wir begaben uns ins angrenzende Schreibzimmer, wo die Sitzung gleich stattfand.

Das Zimmer war mittelgroß... Der Tisch war ziemlich groß mit einer Mittelsäule, die in drei Füßen auslief. Wir setzten uns gleich um ihn... Schweigend bildeten wir eine Kette, die Hände bei der Größe des Tisches ziemlich weit eingeschoben, damit sich die kleinen Finger gegenseitig berühren konnten. So war es unmöglich, mit Fingern oder Handballen gegen oder unter den Tischrand zu drücken... Den Teppich hatte ich gleich anfangs, so weit meine Füße reichten, nach allen Seiten abgetastet und mich versichert, daß größere Apparate jedenfalls nicht unter ihm verborgen waren. Ich konnte auch nicht das Mindeste von Leitungsdrähten bemerken: alles sah normal und harmlos aus.

...Wir saßen lange schweigend und still da, ohne daß sich das Mindeste ereignete. Das Medium entschuldigte sich wiederholt. Herr F., der seine Abneigung von Anfang an deutlich verraten hatte, drängte zum Abbruch, doch seine Frau bat immer wieder um Geduld.

Die Situation wurde peinlicher und peinlicher, die Stille immer drückender. Ich empfand allmählich Mitleid mit der blassen Frau, die so abgespannt neben mir saß und sich kaum auf-

recht hielt. Simuliert war das nicht: das Gesicht war leichen-
blaß, die Augen geschlossen, der Atem ging mühsam. Der
Kopf sank allmählich auf die Brust herab und schwer lehnte
sie mit Oberkörper und Händen auf den Tisch. Dann begann
sie leise zu stöhnen und bewegte sich unruhig hin und her
wie in Schmerzen. Zweimal fiel ihr Kopf gegen meine Schulter
und blieb einige Augenblicke liegen. So konnte ich das
wachsbleiche Gesicht mit den zusammengepreßten Lippen
und den geschlossenen Augen genau betrachten. Sie stöhnte
mehrmals schmerzlich, raffte sich dann auf und setzte sich
zurecht, um bald wieder zusammenzusinken und nach der anderen Seite zu taumeln. Dann beruhigte sie sich etwas und
murmelte leise, ‚jetzt kommt's bald'. Trotzdem vergebliches
Warten! Im Stillen begann ich die ganze Komik der Situation
zu empfinden, besonders im Gedanken an die Kollegen. Was
würden sie sagen, wenn sie mich im fremden Hause mit
Tischrücken beschäftigt fänden. Ich schämte mich vor mir
selber und hatte Mühe, das Lachen zu unterdrücken. Da
plötzlich: ein leises Schwanken des Tisches, das rasch zu
einem ausgesprochenen Schaukeln von rechts nach links
wurde. Wie ein Blitz schoß mir der Gedanke durch den Kopf,
‚auf den Leim gehst du mal nicht', und ich spannte alle Sinne,
um festzustellen, was eigentlich vorging. Diese Bewegungen
mußten durch die Füße oder Knie des Mediums eventuell mit
Unterstützung der anderen zustande kommen! Der Arzt allerdings schien auszuscheiden, nach einem Komplizen sah er
nicht aus. Zu merken war aber gar nichts. Das Medium saß
regungslos, wie im Traum, ganz versunken da. Nicht minder
regungslos die übrigen. Und doch hätten deren Bewegungen
ziemlich stark sein müssen, um ein so kräftiges Schaukeln
des ansehnlichen Tisches herbeizuführen. Ich konnte jedoch
absolut nichts Verdächtiges entdecken.

Bald hörte die Erscheinung auf und schweigend warteten wir
weiter... Schließlich geschah noch etwas, was mich in Erstaunen setzte: es begann zu klopfen, die berühmten Klopftöne. Sie waren aber ganz anders, als ich sie mir vorgestellt
hatte, und sehr merkwürdig. Wie schwere Hammerschläge,
trocken und scharf, nicht a u f dem Tisch, nicht u n t e r dem
Tisch, nicht durch Tischbewegungen – der Tisch rührte sich
nicht –, sondern i m Holz selbst, direkt unter meinen dicht

nebeneinanderliegenden Händen und über meinen Knien. Ich fühlte deutlich das Vibrieren der einzelnen Schläge. Wie in aller Welt, das war meine stumme Frage, kam dieses Klopfen, Schlag auf Schlag schwer und dröhnend im Holz der Tischplatte zustande? Es läßt sich nicht beschreiben. Und alle Argumente dagegen verblassen zu einem Nichts. Wer das nicht selbst erlebt hat, urteile nicht. Dabei saß das Medium regungslos da, wie entgeistert, mit herabhängendem Kopf. Nicht das leiseste Zucken der Hände. Auch die Knie schienen unbeweglich. Und dabei diese Hammerschläge! Auch von den anderen rührte sich keiner. Als wäre jeder bemüht, keinen Verdacht aufkommen zu lassen.

Nun wurde der ‚Klopfgeist' von H. F. befragt, ob er etwas mitzuteilen habe? Auf dreimaliges Klopfen = ‚ja' holte H. F. Papier und Bleistift vom Schreibtisch. Darauf wurde das Alphabet beim Hersagen entsprechend abgeklopft und jedesmal der betreffende Buchstabe notiert. Die Beleuchtung reichte vollkommen aus. Auffallend war, daß die Unterbrechung der Kette ohne jeden Einfluß zu sein schien. Nach den ersten Worten brach H. F. ab, warf den Bleistift auf den Tisch und bemerkte ungeduldig, das sei die bekannte Geschichte. Doch das Medium drängte auf Fortsetzung. H. F. gab schließlich nach, worauf eine lange Epistel abgeklopft wurde, was viel rascher ging, als ich geglaubt hätte. Trotzdem irrte sich der Tisch nie mit der Angabe des richtigen Buchstabens. Der Inhalt der ‚Botschaft' war haarsträubend. Der ‚Geist', nämlich August Bebel, sagte ein braves ‚pater peccavi' (Vater, ich habe gesündigt) und revozierte (widerrief) alles, was er im Leben getan und geleistet hatte, sich zu gut bürgerlich-konservativen Anschauungen bekennend! Dieser geistlose Erguß war dem Ehepaar F. und der Handleserin von früheren Sitzungen fast im Wortlaut bekannt. Es war kein Zweifel, daß er dem geistigen Milieu der Anwesenden entstammte. Wie in aller Welt kam er aber in den Tisch hinein? Und wie kam überhaupt das Klopfen zustande? Alle Bemühungen, dies herauszufinden, blieben erfolglos. Auch mein lebhaft unter dem Tisch herumfahrender Fuß konnte nichts, absolut nichts Verdächtiges entdecken.

Am Schluß der fatalen Mitteilung hörte das Klopfen auf. H. F. drängte zum Abbruch, das Medium zum Warten. Da geschah das Unglaubliche! Noch heute steht mir der Verstand still: ein leises, aber deutliches Krachen im Tisch, und plötzlich hob er sich mit solcher Gewalt und Schnelligkeit, daß wir alle erschrocken aufsprangen und die Stühle zurückstießen, wobei meiner in der Hast umfiel. Wie von einer Riesenfaust oder einem eisernen, aus dem Boden gewachsenen Bolzen gehoben, schoß der Tisch ungefähr einen halben Meter senkrecht in die Höhe, blieb kurze Zeit dort schweben und sank dann langsam zurück. Schweigend standen wir um ihn herum und warteten auf das weitere.

Plötzlich hob er sich von neuem, jetzt aber zu solcher Höhe, daß H. F. angstvoll schrie: ,Haltet ihn, haltet ihn, sonst zerschlägt er wieder die Lampe!' Nun drückten wir alle aus Leibeskräften; die Platte schwebte in Augenhöhe, so daß die kettenbildenden Hände hoch emporgehoben waren. Ich drückte, was ich konnte. Die anderen anscheinend ebenso. Vergebens! Der Tisch stieg allerdings nicht weiter, senkte sich aber auch nicht im geringsten, sondern schwebte frei, dicht unter der Hängelampe, wie von eisernen Ketten getragen. Er schwebte längere Zeit unbeweglich, trotz allen Drückens, das nicht mehr Wirkung ausübte wie eine Fliege. Dann – plötzlich – schoß er herab, schräg nach meiner Seite, daß wir auseinanderstoben und das Medium und ich nach hinten verdrängt wurden. Er landete mit solcher Gewalt auf dem Boden, daß der eine Fuß abbrach und krachend gegen die Gangtür flog. So stand er nun schief nur zum Teil noch auf dem Teppich in der Nähe der Rückwand.

Hier kam es zu einer dritten ähnlichen Levitation (Sicherheben, Schweben), nach welcher wir die umgefallenen Stühle aufhoben und den Tisch auf seinen ursprünglichen Platz in der Zimmermitte zurückschoben. Auf Vorschlag des Mediums stellten wir uns abermals um ihn herum, worauf er wieder hochging. Diesmal schwebte er aber, das war das allermerkwüdigste, s c h i e f in der Luft, so daß das Ende rechts ungefähr bis Brusthöhe, links dem Arzt fast bis zur Augenhöhe reichte. Trotzdem ich wieder mit aller Gewalt drückte, konnte ich auch jetzt nicht das leiseste Schwanken oder Vibrieren hervorrufen. Unbeweglich schwebte er, wie auf einer festen Unterlage ruhend. Der Eindruck, ein Träger, eine Maschine, irgend etwas müsse vorhanden sein, war so zwingend, daß ich, einem unwiderstehlichen Muß folgend, unvermittelt fragte: ‚Darf ich untersuchen?' ‚Gewiß', erwiderte sofort H. F. Ich unterbrach die Kette, was wieder ohne Einfluß war, kniete auf dem Teppich und fuhr mit beiden Händen nach allen Richtungen unter den Tischfüßen herum. Nichts, absolut nichts war zu entdecken. Und doch: es m u ß t e etwas da sein! Immer wieder suchte ich nach Leitungsdrähten, Schnüren und dgl. Nichts, absolut nichts! Ich tastete die Tischfüße, die Platte von unten ab. Nichts! Schließlich erhob ich mich und stellte mich wieder an den Tisch, dessen schiefe Lage ein Skandal, ein Hohn auf jedes physikalische Gesetz war, und schloß die Kette. Schweigend warteten wir weiter: diese letzte Levitation dauerte bei weitem am längsten. Man konnte mit größter Ruhe alles genau beobachten. Dann senkte sich der Tisch diesmal langsam und sachte auf den Boden herab.

Die Sitzung war beendet ... War alles Täuschung? Eine Halluzination? Ich musterte den zerbrochenen schiefstehenden Tisch, den abgebrochenen Fuß bei der Gangtüre, u n w i d e r - l e g l i c h e B e w e i s e d e r o b j e k t i v e n R e a l i t ä t d e s V o r g e f a l l e n e n. Ich suchte noch einmal nach irgendeiner Handhabe für eine Erklärung – vergebens!

Drüben empfahl sich rasch der Arzt, ohne irgendeine Äußerung, als ergriffe er die Flucht vor diesen Tatsachen, die keine Tatsachen sein durften. Das Medium, blaß und erschöpft, entschuldigte sich: ‚Sonst geht alles viel rascher und besser, aber die Bedingungen waren zu schlecht.' Ich bedankte mich in dem Bewußtsein, daß es (das Medium) mir mit Aufbietung aller Kräfte ein großes, persönliches Opfer gebracht hatte im Kampf mit dem eigenen Mann.

In einem Sturm widerstreitendster Gefühle verließ ich das Haus. Ich war wie auf den Kopf geschlagen – wie jemand, der zum erstenmal ein Erdbeben erlebt, wobei alles ins Schwanken und Stürzen gerät, was als feststehend und unverrückbar gilt – nirgends ein Halt: selbst der Boden weicht. Wie ein im Dunkeln aufflammendes Licht alles verändern und verzerren kann, so schien mit einemmal die Welt total verändert. Ich war vollständig aus dem Geleise geworfen und tappte im Finstern. Was war überhaupt noch als sicher und feststehend zu erachten nach dieser ungeheuerlichen Erfahrung? Blieb noch ein fester Punkt, auf dem man sich stützen konnte? War alles in der Welt nur Täuschung und Gaukelei? Zugleich erhob sich ein an Verzweiflung grenzendes Gefühl, das Gefühl, nie mehr das Wort ‚unmöglich' aussprechen zu können. Wehrlos bist du auch dem Unsinnigsten preisgegeben. Vergeblich rufst du, Vernunft, Erfahrung und Wissenschaft um Schutz. Sie alle haben versagt! Was sind sie noch wert? Wie kann man noch auf sie bauen? Hilf- und richtungslos ist man dem Ansturm aller Unmöglichkeiten ausgeliefert. Dieses Bewußtsein warf mich fast zu Boden.

Nun folgten Tage, lange Tage, wo ich unablässig über das Erlebte nachsann und grübelte: war es doch nur Täuschung, raffinierter Betrug?

Es waren nicht meine Räume. Ich hatte nicht einmal gründlich untersucht. Die Teilnehmer waren Fremde, die Bedingungen nicht von mir gestellt, das Zimmer halbdunkel. Was von geschickten Taschenspielern in dieser Beleuchtung ausgeführt werden kann, war nicht auszudenken – besonders wenn die Beisitzer nur passive Zuschauer sind und alles über sich ergehen lassen. Andererseits schien jedes Motiv zu einem solchen gottlosen Betrug zu fehlen. Für die Betreffenden war ich eine unbekannte Dame ohne Interesse. Man hatte die Sitzung nur sehr ungern auf langes Bitten hin zugestanden. Offensichtlich hatte man gar keinen Wert darauf gelegt, speziell mich dabei zu haben. Niemand hatte einen Vorteil: ich zahlte nichts, auch der Handleserin nicht, und schenkte nichts. Ich bezahlte nicht einmal den abgebrochenen Tischfuß! Fast wäre noch die Hängelampe in Scherben gegangen. Ein Hauptargument aber war: welch kolossaler und raffinierter Apparat wäre nötig gewesen, um hervorzubringen, was ich erlebt hatte, namentlich bei der wechselnden Stellung des Tisches, denn bei der Verteilung der Teilnehmer hätte er nicht unbemerkt von mir, auch unter Zuhilfenahme großer Gliedmaßen, Haken und dgl., in der Luft gehalten werden können, zumal in seiner schiefen Lage am Schluß. Wo aber wäre dieser Apparat versteckt gewesen?

Dazu fehlte tatsächlich alles. Blieb die Annahme einer Halluzination. Niemals aber habe ich an Halluzinationen irgendeiner Art gelitten. Zudem: der abgebrochene Fuß war ein objektiver Beweis.

So gab es nur zwei Möglichkeiten: Entweder: der freischwebende Tisch war eine objektive Tatsache, oder — ich war verrückt geworden und alles, auch der abgebrochene Fuß, eine Täuschung. Der Gedanke, auf letztere Weise eine so maßlos unbequeme, bis ins innerste Mark aufrüttelnde Wahrheit loszuwerden, wirkte wie eine Erlösung. Ich klammerte mich an ihn, wie der Ertrinkende an die rettende Planke. Es konnte sich ja um eine harmlose und begrenzte Störung handeln, wie sie den Irrenärzten geläufig ist . . .

Hatte ich aber einen Anhaltspunkt für eine solche Annahme? Nein. Sie war nur eine feige Flucht vor einer Wirklichkeit, die sozusagen meine sämtlichen Götter entthronte, meine ganzen naturwissenschaftlichen Anschauungen auf den Kopf stellte. Denn über das eine war ich mir klar: war mein verrückter Tisch eine objektive Wahrheit, dann, ja dann konnte ebensogut alles andere Okkulte objektive Wahrheit sein, statt hirnverbrannte Phantasien von Tollhäuslern, als welche sie jedem Normaldenkenden vorkommen müßten. Dieser Schluß war zwingend. Hier gab es nur ein Entweder — Oder. Was die Bejahung für Folgen haben mußte, für Möglichkeiten in sich barg, das ahnte ich dunkel. Ungeheueres mußte aus solch einer Erkenntnis herauswachsen und eine Umwandlung in unserem Denken und Fühlen herbeiführen, daß der Kampf um diese Wahrheit, der Protest unserer Denkgewohnheiten verständlich wurde. Unser Weltbild mußte sich von Grund auf wandeln. Eine solche Wahrheit konnte nur unter Schmerzen geboren werden. Dieser Kampf der Jahrtausende um eine neue Erkenntnis tobte nun in mir selbst." [45])

Soweit der Bericht von F. Moser. Wir wissen, welch einen Ausgang dieser Kampf genommen hat. Sie hatte den Mut, diese Tatsachen und noch viele andere, anzuerkennen und die geistigen Folgerungen daraus zu ziehen. Sie hat ihr vorher verengtes Weltbild preisgegeben und sich der Wirklichkeits*ausweitung* geöffnet. Dabei bewahrte sie sich aber ihren kritisch untersuchenden Geist. Ja, gerade der führte sie zu den Ufern neuer Erkenntnis. Ihr Erkenntnisdurchbruch und ihre auf Grund dessen entstandenen parapsychologischen Standardwerke machen deutlich:

Wer die Fakten der Parapsychologie ablehnt, ist nicht ungläubig, sondern unwissend.

Das Erlebnis F. Mosers, das ihr Weltbild umkrempelte, ist in seiner Aussage so klar, daß dem nichts Wesentliches hinzugefügt zu werden braucht. Allein dieses e i n e Ereignis macht deutlich, daß die Levitation, in diesem Fall das Sicherheben und Schweben des Tisches ohne eine physische Kraft, als eine Tatsache angesehen werden muß. Aber durch welche Kraft wurde der schwere Tisch denn gehoben? Durch eine seelische, genauer gefragt: durch eine psychokinetische Kraft der Frau Fischer? Oder durch eine geheimnisvolle, sie *beeinflussende* Kraft? An der Beantwortung dieser Frage scheiden sich die Geister. *Sie selbst* sah sich jedenfalls als eine *Spiritistin* an.

Wenn wir dieses prarapsychologische Phänomen überdenken, müssen wir folgendes berücksichtigen und bewegen:

1. Wir können das Sichheben des Tisches ernsthaft nicht bestreiten, das sich ohne physische Kraft ereignete.

2. Wir müssen folglich zugeben, daß auch jetzt wieder der Rationalismus und erst recht der Materialismus sich nicht halten lassen.

3. Von dem Schweben des Tisches sogar in der Schräge, das allen physikalischen Gesetzen widerstreitet, muß das Klopfen unterschieden werden. Dieses Klopfen stellt uns um so mehr vor eine Frage, weil es nicht *auf* dem Holz des Tisches, auch nicht *unter*, sondern *im* Holz geschah. Wir können die Frage von F. Moser nur noch einmal stellen: „Und wie kam überhaupt das Klopfen zustande?"

4. Entstammte die Mitteilung wirklich dem Geist des verstorbenen August Bebel? Ich glaube es nicht. Ich bin auch der Meinung, daß „dieser geistlose Erguß dem geistigen Milieu der Anwesenden entstammte".

Aber die sich anschließende Frage von F. Moser bleibt eben doch: „Wie in aller Welt kam es aber in den Tisch hinein?"

Mir ist auch aufgefallen, daß Frau Fischer als „überzeugte Spiritistin" im Gespräch sagte, daß ihre Mutter die „gleiche Gabe besaß" und es ihr zur „Pflicht" machte, „diese zu pflegen und zu entwickeln". Dieser Tatsache einer gewissen Vererbung bzw. einer Weitergabe okkulter Behaftung begegnen wir oft, übrigens ein Tatbestand, der noch keineswegs genügend berücksichtigt, geschweige denn erforscht worden ist.

Wir verdanken es Dr. Kurt Koch, daß er auf diesen Tatbestand einer gewissen Erblichkeit aufmerksam gemacht hat.

Jedenfalls haben wir schon entscheidend viel gewonnen, wenn wir ernsthaft bewegen, was die später hochangesehene Forscherin im Rückblick auf jenes Erlebnis in ihrem Buch bezeugt:

> „Viele der gewaltigsten Eindrücke sind mir später zuteil geworden, die dem Menschen beschert werden können ... Doch keines dieser Wunder reicht an jenes heran, das ich damals, in seiner erschütternden Einfachheit, in der bescheidenen Berliner Mietswohnung erlebte. Denn − bewies es nicht, daß hinter den uns bekannten Kräften noch andere, weit mächtigere verborgen sind, die vielleicht − wer kann dies heute ermessen? − sogar über unser Leben hinausführen, in unbekannte Welten und Weiten? Wer kann es wissen, ob jene Kräfte nicht im Stande sind, die Mauern zu durchbrechen, die unser irdisches Dasein umgeben?" [45a])

Fanny Moser hat in ihrem ernst zu nehmenden Erlebnisbericht einmal den Namen *Schrenck* erwähnt. Mit einer ebenfalls sehr aufschlußreichen Sitzung in seinem Hause in Gegenwart des bekannten Dichters und Schriftstellers Thomas Mann wollen wir uns im Folgenden beschäftigen.

Thomas Mann im „Zeugenstand"

Auch jetzt haben wir wieder Gründe, aus der Fülle des Materials gerade Nachstehendes herauszugreifen.

1. Wegen des Arztes und Gelehrten Dr. med. Albert Freiherr von *Schrenck-Notzing*. Der Vater unter den deutschsprachigen Parapsychologen, Hans *Driesch*, hat ihn ausdrücklich erwähnt als einen, der den „Sicherungen" bei parapsychologischen Sitzungen ein besonderes Augenmerk gewidmet hat. Gerade daran liegt uns sehr viel. Schrenck-Notzing stellt als Grundsätze seines Arbeitens folgendes auf:

> „Strengste Selbstkritik, rücksichtsloseste Bloßstellung schwindelnder Medien, absoluteste Ehrlichkeit, Genauigkeit und Objektivität bei Feststellung von neuen Tatsachen, weise Mäßigung und Zurückhaltung bei philo-

sophischer Bearbeitung dieses Gebietes und andererseits schonungsloser Bekämpfung des Aberglaubens und des üppig wuchernden Dilettantismus." [46])

Schrenck-Notzing hat sich nicht nur mit parapsychologischen, sondern besonders auch mit paraphysikalischen Phänomenen beschäftigt, d. h. also mit Erscheinungen, die sich nicht nur mit übernormalen Fähigkeiten der Seele, wie z. B. Gedankenlesen und Gedankenübertragen, sondern mit übernormalen Einwirkungen auf *Stoffliches,* wie z. B. bei der Levitation, dem Schweben und bei der Fernbewegung (Telekinese), wie aber auch bei Materialisationen, d. h. dem Erscheinen z. B. von Gliedmaßen und ganzen menschlichen oder unbestimmten Gestalten und dies mittels eines spiritistischen Mediums. 1862 wurde Schrenck-Notzing geboren. Zur 100. Wiederkehr seines Geburtstages erschien eine Sammlung seiner wichtigsten Schriften und Aufsätze unter dem Titel „Grundfragen der Parapsychologie", ein wissenschaftlich solides Werk von 362 Seiten. Schrenck-Notzing hat der parapsychologischen Forschung entscheidende Antriebe gegeben.

2. Wir greifen das nachfolgende Geschehnis deshalb heraus, weil Thomas M a n n ebenfalls als ein kritischer und scharfer Beobachter in der Sitzung anwesend war und darüber berichtet hat.

3. Wir begegnen im Nachfolgenden einem parapsychologischen M i s c h p r o b l e m. D. h. es geht bei jenem Ereignis nicht nur um Fernbewegung, die wir ja bereits abgehandelt haben, sondern es geht auch um das Medium, um Trance. Außerdem stellt uns diese Sitzung vor die Frage, ob eine zweite, eine jenseitige Intelligenz hier mit eingewirkt hat. Schließlich geht es auch um das Erscheinen von nebelartigen Gebilden.

All dies ist Grund genug, nun den Bericht eines Augenzeugen zu vernehmen, der einen Ruf zu verlieren hatte und darum wohl wußte, was er tat.

Wir lesen den Bericht, den er an Schrenck-Notzing auf dessen Bitte hin geschrieben hat. Ich habe mir erlaubt, Fremdwörter zu erklären und eingeklammert hinzuzufügen sowie durch Kursiv- und Sperrdruck Wichtiges hervorzuheben.

„München, 21. Dezember 1922

Sehr verehrter Baron Schrenck!

Auf Ihren Wunsch fixiere ich kurz, was ich gestern bei unserer Sitzung mit dem Medium Willi Schneider gesehen.

Nach meinem Eintritt in Ihr Empfangszimmer mit den übrigen Teilnehmern bekannt gemacht, ließ ich es mir angelegen sein, auch den jungen Willi zu begrüßen und einige Worte mit ihm zu wechseln, teils um ihn merken zu lassen, daß kein Feind und böser Aufpasser in mir sich eingefunden habe, teils um einen Eindruck von seiner Persönlichkeit zu gewinnen. Ich fand einen etwa 20jährigen von offenbar ziemlich schlichter Herkunft, süddeutsch-österreichischen Dialekts und von anständig-freundlichem Wesen, der aber kein Bedürfnis verrät, durch eifriges Entgegenkommen und wortreiche Höflichkeit für sich einzunehmen. Abseits von der Gesellschaft sich haltend und beim Antworten auf sachliche Erkundigungen eher einsilbig, schien er sich im Zustand einer gewissen Spannung und unterdrückten Erregung zu befinden, eine Art von ‚Lampenfieber' offenbar, das mir auf seinen Gipfel zu kommen schien, als er zur Sitzung Toilette machte. Sie gaben mir vorher Gelegenheit, mich im anstoßenden Experimentierraum umzusehen und das von diesem Zimmer durch einen Vorhang abgeteilte Kabinett zu untersuchen. Darauf nahm ich an der Kontrolle des Mediums beim Umkleiden teil und überzeugte mich, daß an dem schwarzen Trikot, den Willi Sch. anlegte, und dem schwarzseidenen wattierten und mit Streifen aus Leuchtstoff versehenen Schlafrock, den er drüberzog, keinerlei Vorkehrung getroffen war, die zur Täuschung der Beobachter hätte dienen können. Auch Willis Mundhöhle wurde untersucht. Die Gesellschaft ging dann in den Sitzungsraum hinüber.

Man nahm auf Stühlen vor dem geschlossenen Kabinett in einem ungefähren Dreiviertelkreise Platz, an dessen einem Ende das Medium gegenüber den beiden Kontrollherren saß. Zwei Personen blieben außerhalb der Kette, auf Rückplätzen.

Mein Sitz war in unmittelbarer Nähe des Mediums und der es kontrollierenden Herren, über deren Methode ich mich zuerst unterrichtet hatte. Sie, Baron Schrenck, waren mir beim praktischen Ausprobieren der Überwachung behilflich gewesen. Sie besteht darin, daß einer der Kontrollierenden die geschlossenen Füße, Unterschenkel und Knie des Mediums zwischen seine eigenen nimmt und dessen Handgelenke mit den Händen umfaßt, während der andere die Handballen hält. Die Figur des Mediums blieb mir vermöge der an seinem Kopf und seinem Rock angebrachten Leuchtstreifen während der ganzen Dauer der Sitzung in ihren Hauptumrissen sichtbar. Das Einstecken von Leuchtnadeln in den unteren Teil des Rockes geschah auf Willis besondere Mahnung.

Es wird nun das Weißlicht ausgeschaltet und durch Kontaktnahme mit den Nachbarn Kette gebildet. Der Raum schwach rötlich erleuchtet durch eine rot-schwarz abgeblendete Deckenlampe und ein rotes Tischlämpchen. Eine Spieldose wird in Gang gesetzt. Man unterhält sich.

Wenige Minuten nach Eintritt der Rotdunkelheit melden die Kontrollierenden *Trancezustand* des Mediums. Nach meiner Beobachtung setzt dieser Zustand mit einem plötzlichen kurzen und heftigen Zusammenzucken ein, das von andauernden stoßenden Bewegungen des Oberkörpers nach vorn gefolgt ist. Will das Medium eine Frage bejahen, so verstärkt sich diese Bewegung einmal schlagartig; beim Verneinen wird sie zum seitlichen Hin und Her. Außerdem spricht der Somnambule (der im Dämmerzustand befindliche W. Sch.) zu den Kontrollierenden rasch und stark flüsternd auf eine gewisse leidenschaftliche Art.

Er äußerte sich als eine der beiden *symbolischen Personen*, in die für seine Traumvorstellung sein Ich sich spaltet und er Mina und Erwin nennt. Die männliche Persönlichkeitskomponente meldet sich zuerst und charakterisiert ihre Gegenwart durch die robuste Stärke der Krampf- und Stoßbewegungen. ‚Erwin' verspricht starke Phänomene leisten zu wollen, hält aber sein Wort nicht, sondern zieht sich nach einiger Zeit zurück, um der sanfter sich gebärdenden ‚Mina' Platz zu machen. Jedoch scheint auch diese gehemmt, weigert sich aber, die Hemmungen namhaft zu machen, so daß man Änderungen in der Sitzordnung aufs Geratewohl probieren muß. Verschiedene Personen tauschen nach Anweisung des Versuchsleiters die Plätze. Ich selbst rücke weiter gegen die Mitte des Halb- oder Dreiviertelkreises hin. Die Zeit vergeht.

Sie vergeht ziemlich schnell. Man ist beschäftigt durch Spannung, durch die Beobachtung des Mediums, durch das Ausspähen nach übernormalen Erscheinungen, und ein allgemeines, bald lauter, bald gedämpfter, aber ungeniert und harmlos auch über ferner liegende Gegenstände geführtes Gespräch vermischt sich mit Handharmonika- und Spieldosenmusik. Situation und Stimmung haben nichts Suggestives, Weihe- und Geheimnisvolles. Sie sind eher danach angetan, beim Neuling eine gewisse Geschmacksabneigung und geistiges Mißtrauen zu erzeugen. Auch ermunternde Zurufe, die häufig aus der Kette an das Medium oder vielmehr an die amtierende ‚Mina' gerichtet werden, tragen zu diesem Eindruck bei. Etwas Mystisches – und zwar nicht in geisterhaftem, sondern in einem zugleich primitiven und erschütternden, organischen Sinne Mystisches – gewinnt die Situation einzig durch das ringend arbeitende, unter Stößen sich hin und her werfende, flüsternde, rasch keuchende und stöhnende Medium, dem meine ganze Aufmerksamkeit vor allem gilt und dessen Zustand und Tätigkeit auffallend, unzweideutig und entscheidend an den Gebärakt erinnert ...

Die Zeit verstreicht weiter ergebnislos. Fast drei Stunden sind seit Beginn der Sitzung abgelaufen. ‚Mina' verweigert die Auskunft über bestehende Hemmungen und verharrt in ihren Anstrengungen, sie zu überwinden. Um ½12 Uhr erklärt der Leiter, die Sitzung schließen zu wollen: ein letzter Anreizversuch, der seine Wirkung tut. *Vor aller Augen und unter großer Bewegung der Anwesenden wird ein beim Tischchen am Boden liegendes Taschentuch von dort aufgehoben, steigt in rascher, sicherer, energischer Bewegung in den relativ hellen Lichtschein der Lampe und verharrt dort zwei oder drei Sekunden lang,* während welcher drückende und schüttelnde Umgestaltungen damit vorgenommen werden, worauf es zum Fußboden zurückkehrt. Die Elevation (das Emporheben) geschieht nicht ‚selbsttätig', nämlich so, daß das Tuch leer und flatternd emporwehte, sondern *eine hebende Stütze steckt darin,* es hängt faltig davon herunter, von innen her wird lebendig damit manipuliert und oben zeichnet sich bei der *zweiten Erhebung,* die der ersten baldigst folgt, die Stütze in zwei knöchelartigen Erhebungen deutlich ab. Die Spannung der Zuschauer bei diesen Ereignissen ist außerordentlich. Man beugt sich vor, ruft, macht einander aufmerksam und schaut begierig. Die *dritte Elevation* des Tuches ist für mich die merkwürdigste dadurch, daß dreimal mit vollkommener Deutlichkeit ein Hinein- und Übergreifen der *Glieder eines Greiforgans sichtbar ist,* das bedeutend schmaler als eine Menschenhand, klauenartig erscheint.

Die Phänomene folgen nun rasch aufeinander. Das Medium verlangt die Entfernung des Taschentuchs. Nach Erfüllung des Wunsches *steigt neben dem Tischchen,* an der gleichen Stelle, wo die Elevation des Tuches vor sich ging, *ein Gebilde auf,* das nicht zu den am Boden befindlichen Gegenständen gehört und überhaupt undefinierbar ist. Einigermaßen gestaltlos, ist es vielleicht ½ m lang und kann allenfalls für den Teil eines Unterarms mit zugehörigem Greiforgan (angedeuteter Hand in geschlossenem Zustand) genommen werden. Man kann nicht umhin, dieses Etwas für diejenige Stütze, das motorische Werkzeug zu halten, das vorhin das Tuch aufhob und nun unbedeckt sich darstellt. Es gibt zu denken, daß ich mich an seine Form, obgleich ich sekundenlang scharf darauf hinspähte, nicht deutlich erinnern kann. Ich erkläre mir diese Tatsache damit, daß das Gebilde eine gewisse Eigenfluoreszens (Eigenleuchtkraft) besaß, die, wiewohl schwach, genügte, um seine Umrisse zu verwischen. Während das aufgehobene Taschentuch das rötliche Reflexlicht der Lampe zeigte, schien dieser Gegenstand die Farbe des darauf fallenden Lichtes nicht anzunehmen, sondern war nach meiner Erinnerung schwach weiß leuchtend, eher ins Grünliche spielend. Er verschwand niedergehend auf dieselbe Art wie das Tuch.

Die *fünfte Erscheinung und Kraftäußerung* besteht darin, daß *eine am Boden stehende Tischglocke energisch geläutet und mit derbem Schwung unter den Stuhl eines Teilnehmers geschleudert wird.* Die *sechste,* daß *ein Leuchtring nebst anhängender Leuchtschnur zum Tische aufsteigt,* einige Augenblicke mit kratzendem Geräusch an der Tischkante hin und her bewegt und dann auf die Platte niedergelegt wird. Danach schwächen die Phänomene sich ab. Man hätte sagen mögen, die Kräfte vagierten (schweiften umher) im Raum, ohne es weiter zu einer Gestaltung oder merklichen Äußerung zu bringen. Runde, helle Flecken oder Nebel, von der Lampe rötlich beleuchtet, bilden sich mehrmals in der Nähe des

Mediums an der Wand oder davor und verschwinden wieder. Das Medium erscheint erschöpft; es bekundet den Wunsch, die Sitzung zu beenden, indem es durch die Kontrollierenden ‚gute Weihnachten' wünschen läßt. Die Zuckung des Erwachens folgt. Das Weißlicht wird hergestellt. Willi liegt noch einige Zeit schlaftrunken zur Seite über den Arm des einen Kontrollierenden gebeugt. Ich trete auf ihn zu, klopfe ihm auf die Schulter und drücke ihm meine Zufriedenheit aus, worauf er mit verschlafenen Augen und einem gutmütig-melancholischen Lächeln stumm zu mir aufblickt. Eine Betrügerphysiognomie (-gesicht) ist das kaum.

In der Tat ist jeder Gedanke an Betrug im gewöhnlichen, taschenspielerischen Sinn des Wortes absurd. Die Glocke zu nehmen, zu läuten und fortzuwerfen, ist einfach niemand da. Willi kann es nicht tun, denn seine Extremitäten sind gehalten, und übrigens liegt er in 1½ m Entfernung in magnetischem Schlaf. Wer oder was hebt das Taschentuch auf und drückt es von innen zusammen? Ich weiß es nicht, aber ich habe es, wie alle, mit meinen unbestochenen Augen gesehen, die ebenso bereit waren, nichts zu sehen, falls nichts zu sehen war. Nochmals: von Betrug in irgendeinem mechanischen Sinn kann nicht die Rede sein. Es handelt sich um Vorgänge, deren anomale Realität mir unbestreitbar scheint, untermenschlich tief verworrene Komplexe, die, zugleich primitiv und kompliziert wie sie sind, mit ihrem wenig würdevollen Charakter, ihrem trivialen Drum und Dran den ästhetisch stolzen Sinn wohl gar abstoßen mögen, deren zweifellose Wirklichkeit aber den Erkenntnistrieb des Wissenschaftlers bis zur Leidenschaft reizen muß. Heute, wo die Materie als eine Form der Energie, gewissermaßen als ein anderer Aggregatzustand (Vereinigungszustand) von ihr, begriffen ist, hat die Vorstellung einer ephemeren (vorübergehenden) Materialisation (Verstofflichung) von Energie außerhalb des medialen Organismus (des Körpers des Mediums), von psycho-physischer (seelisch-körperlicher) Fernwirkung und Selbstgestaltbildung kaum noch etwas Phantastisches.

Ich hatte einen Teil des Heimweges mit Willi Sch. gemeinsam zurückzulegen. Er bewahrt keine Erinnerung an das im Trance Bewirkte. Er erzählte mir, wie er als Knabe gelegentlich eines spiritistischen Gesellschaftsspiels, beim ‚Tischrücken‘, seiner medialen Natur gewahr geworden sei, und gestand seine F u r c h t vor den Spontanphänomenen, Phantombildungen usw., die er gewärtigen muß. Charakteristischerweise sind seine Fähigkeiten im Frühjahr am wirksamsten. Er meinte, sie hätten sich im ganzen vorübergehend abgemindert und seien jetzt wieder im Anwachsen.

Ich bin Ihnen, sehr verehrter Baron Schrenck, für die Erlaubnis, einem Ihrer Versuchsabende habe beiwohnen zu dürfen, aufrichtig verbunden und bitte, mir Gelegenheit zu geben, meine Beobachtungen fortzusetzen. Möge die Ausführlichkeit meines Berichtes, laienhaft und unzulänglich wie er sein mag, Sie von meinem wahren Interesse überzeugen . . .

> Mit hochachtungsvoller Begrüßung
> Ihr sehr ergebener Thomas Mann“ [47])

Weil wir zweifelnden Menschen gern helfen möchten, sei darauf verwiesen, daß Thomas Mann „jeden Gedanken an Betrug“ als „absurd“ zurückweist. D. h. also:

Er hat sich selbst von der Tatsache nicht nur der übernormalen Fernbewegung, sondern auch der Materialisation überzeugt; denn das Taschentuch wurde von einem handähnlichen Gebilde wirklich hochgehoben. Auf das Problem der Verstofflichung gehen wir noch ein. Darum genügt uns jetzt die Feststellung, daß Thomas Mann die Materialisation als Tatsache bestätigt und sie dadurch richtig erklärt, daß Materie eine Form von Energie ist und im konkreten Fall die Gestalt von etwas Handförmigem annahm. Aber wie geht das vor sich? Ein Geheimnis!

Allein schon diese Tatsache, daß es das parapsychologische Phänomen der Materialisation gibt, räumt ebenfalls mit unserem bisherigen mechanischen Weltbild auf.

Meines Erachtens zu kurz hat Thomas Mann das Problem der „Mina“ behandelt. Er bezeichnet sie und „Erwin“ lediglich als „symbolische Personen“. Es ist die Frage zu stellen, ob diese Erklärung ausreicht. Das Auftreten der „Mina“ erklärt Thomas Mann durch eine Persönlichkeitsspaltung des Mediums. Thomas Mann drückt dies mit dem Satz aus: „Er (die Versuchsperson Willi Schneider) äußerte sich als eine der beiden symbolischen Personen, in die für seine Traumvorstellung sein

Ich sich spaltet und die er Mina und Erwin nennt." Dieser Erklärungsversuch durch die Persönlichkeitsspaltung wird innerhalb der Parapsychologie oft vorgenommen. Andere melden diesem Erklärungsversuch gegenüber Bedenken an und fragen, ob er ausreicht. Diese Frage scheint mir berechtigt. Mehr noch: ich bin davon überzeugt, daß es Fälle gibt, die sich nicht durch Persönlichkeitsspaltung erklären lassen.

Wie dem auch sei, wir stoßen wirklich an letzte Grenzen. Dies zu erkennen – darum geht es uns.

Noch ein kritischer Zeuge

Wir stellten oben fest, daß Freiherr von *Schrenck-Notzing* in seiner wissenschaftlichen Erforschung der Parapsychologie mit großen „Sicherungen" arbeitet. Hinzu kommt, daß er auch sehr kritische Beobachter einlädt, ja, sie sogar als Kontrolleure der Versuchsperson einsetzt.

Darum wollen wir uns noch mit einer Sitzung in seinem Hause beschäftigen, bei der ebenfalls ein Schriftsteller zugegen war, der sogar eine n e g a t i v e E i n s t e l l u n g mitbrachte. Ausgerechnet er sollte die Versuchsperson kontrollieren. Der Schriftsteller hat zwar keineswegs den Namen wie der weltbekannte Thomas Mann. Gleichwohl wiegt sein Bericht und verdient unser Vertrauen. Es handelt sich um Graf Karl *von Klinckowstroem* aus München. Er schreibt:

„Dritter Bericht. (Sitzung im Hause von Freiherr von Schrenck-Notzing am 2. Dezember 1922.) (Ich darf noch hinzufügen: die meisten Sitzungen fanden in der Universität statt. G. B.)

Anwesend: Medium Willi Schneider, Dr. Freiherr von Schrenck-Notzing, General Peter, Frau Dr. Lebrecht, Professor Zimmer, Professor Gruber, Herr Kaiser, Herr Weese und der Unterzeichnete.

Kontrolle des Versuchsraums und des Mediums beim Umkleiden wie üblich. In Schlafrock und Trikot nichts Verdächtiges. Gazeschirm (ein durchsichtiges Gewebe) in der Aufstellung wie in der Sitzung vom 29. November, doch diesmal ohne Käfig. Tischchen mit stark abgedunkeltem Rotlicht wie nach der Pause in der Sitzung vom 29. November; neben dem Tischchen, nach dem Kabinettsvorhang zu, etwa 1 m vom Medium entfernt, am Fußboden ein Taschentuch, Leuchtklingel und Leuchtring. Ich übernehme in der beschriebenen Weise die Kontrolle, Nebenkontrolle General Peter. Medium arbeitet in gleicher Weise: zeitweilig heftiges Zittern und Schütteln. Nach etwa 2 Stunden noch kein Ergebnis. Dr. von Schrenck wünscht Wechsel der Kontrolle, Medium lehnt ab, hat augenscheinlich den Wunsch, mich von der Echtheit der Phänomene zu überzeugen. Ohne Erfolg. Pause. Baron Schrenck hatte stets in Gegenwart des Mediums von meiner negativistischen Einstellung gesprochen. Damit ist dem Medium ohne Zweifel suggestiv eine Abwehrstellung gegen mich erteilt worden, die möglicherweise hemmend gewirkt hat, so daß unter meiner Kontrolle keine Phänomene eintraten. Baron Schrenck sieht in meiner negativistischen Einstellung den Grund des Mißerfolges. – Nach der Pause, ohne neue Untersuchung des Mediums, Fortsetzung der Sitzung. Diesmal nahm General Peter meine Stelle ein, ich übte Nebenkontrolle aus, ohne so innigen Kontakt mit dem Medium, um nicht hemmend einzuwirken. Ich begnügte mich, mit der rechten Hand das rechte Knie des Mediums und zugleich das linke von General Peter zu kontrollieren. Kein Ergebnis. Baron Schrenck schlägt ungeduldig einen Wechsel der Kontrolle vor, Medium lehnt wieder ab, geht dann aber unter der Bedingung darauf ein, daß das Käfigexperiment wie am 29. November wiederholt wird, obwohl das für die heutige Sitzung nicht vorgesehen war. Das Loch im Papier war noch nicht verklebt. Das Medium, bzw. der Bewußtseinskomplex ‚Mina', der im Trance auftritt, schlägt das vor, um mich zu überzeugen, d. h. um, im Falle ich nicht persönlich die Kontrolle ausübe, wenigstens durch diese verschärfte Versuchsanordnung den Beweis auch für meine Ansprüche möglichst zwingend zu gestalten. Es wird also Licht gemacht, und die Vorkehrungen für das Experiment werden getroffen: Käfig und Gazeschirm in der gleichen Anordnung wie in der vorgehenden Sitzung vom 29. November 1922, doch so, daß die wirksame ‚Kraft', um an den Hebel der Spieldose zu gelangen, nicht das gleiche Loch im Papier benutzen kann. Kontrolle: General Peter in der üblichen Weise. Mein Platz: der vierte Stuhl in der Reihe, neben Professor Zimmer. Nach einiger Zeit Papierrascheln und – S p i e l e n   d e r   D o s e (d. h. der Spieluhr) a u f   d e m   T i s c h c h e n im abgesperrten Raum (des Käfigs), pünktlich auf Kommando ein- und aussetzend. Auf der Dose lag der Leuchtfächer, und zwar so, daß der 14 cm lange Stiel des Fächers dem Medium zugewandt war. Abstand des Stielendes von der Käfigwand etwa 20 cm. Dieser Leuchtfächer wurde von der Dose heruntergeworfen. Das Medium arbeitet während der Produktionen ziemlich heftig, stöhnt zuweilen, atmet heftig. Die weitere Aufgabe, die hinter der Dose stehende Leuchtklingel vom Tischchen herunterzuwerfen, wird nicht gelöst. Bei Licht dann Kontrolle der Käfigwand mit dem Seidenpapier: Letzteres von neuem durchlöchert, einige senkrechte Maschen des Gazegewebes leicht auseinandergeschoben. Nachkontrolle des Mediums fand nicht statt.

Wenn man überlegt, mit welchen *Mitteln* ein solcher Effekt unter den gegebenen Verhältnisen hervorgebracht werden kann, so scheiden Hände und Füße von vornherein aus. Die *Bewegung des Dosenhebels* durch Gaze und Papier hindurch könnte auf natürlichem Wege nur durch eine Nadel oder einen ziemlich langen Draht von etwa 45 cm Länge zuwege gebracht werden. Diesen Draht hätte das Medium im vorliegenden Falle nur mit dem Munde dirigieren können. Da die Durchbohrung des Papiers in gleicher Höhe mit dem Hebel der Spieldose stattfand, also 75 cm über dem Fußboden, d. h. etwa in *Hüfthöhe* des sitzenden Mediums, so erschien mir eine solche Möglichkeit an sich schon nicht wahrscheinlich. Die entsprechenden Bewegungen des Kopfes hätten der Kontrollperson wohl nicht verborgen bleiben können. Zudem hätte das Medium einen etwa 45 cm langen starren Draht nicht an sich verbergen und dann mit dem Munde damit operieren können, ohne daß das der Kontrollperson aufgefallen wäre. Ich weiß nicht, ob ein Draht von der Stärke, wie er zur Erzielung der erfolgten Wirkung nötig wäre, leicht gerollt werden kann. Sollte dies der Fall sein, so wäre es wiederum wohl nicht möglich, daß das Medium diese Drahtrolle mit der Zunge oder den Lippen zu einem geradezu starren Draht ausrollen und dann wieder einrollen und etwa unter der Zunge verbergen (oder fallen lassen) könnte, ohne dabei ertappt zu werden. Eine andersartige Möglichkeit, das Phänomen zustande zu bringen, sehe ich nicht. Die Spannung der

Gaze der Käfigwand weist bei Druck in der Mitte eine elastische Nachgiebigkeit von kaum mehr als 5–6 cm auf. Um den Griff des Leuchtfächers zu erreichen und durch Stoß den Fächer der Dose herunterzuschnellen, hätte die Gaze im vorliegenden Falle etwa 20 cm nachgeben müssen. Mit anderen Worten, auch dieses Phänomen hätte auf natürlichem Wege nur durch den Draht bewerkstelligt werden können.

Ich bedaure lebhaft, daß es mir nicht möglich war, während dieser interessanten Phämonene die Kontrolle des Mediums namentlich seines Kopfes, auszuüben. Ich sah von meinem Platz aus die Leuchtstreifen und -nadeln an seinem Ärmel und *konnte konstatieren, daß der Arm jedenfalls in keiner Weise mitwirkte.* Die Kontrolle war also unverändert. – Eine Nachkontrolle des Mediums fand nicht statt.

Ich kann also nicht umhin, vorerst zuzugeben, daß mir die Phänomene in der Sitzung vom 2. Dezember 1922 unerklärlich sind. Aufgabe einer weiteren und zielbewußten und verfeinerten Versuchsmethode wird sein, die Natur dieser Kraftwirkung aufzuklären.

München, den 3. Dezember 1922.

Graf Karl von Klinckowstroem." [48]

Auch in diesem Bericht muß jemand trotz seiner „negativistischen Einstellung" den Ereignischarakter der Phänomene zugeben. Zwar ist ihm „unerklärlich", daß – im Bilde gesprochen – von unsichtbarer Hand ein Leuchtfächer „von der Dose heruntergeworfen" wurde, eine Spieluhr anfing zu spielen „pünktlich auf Kommando ein- und aussetzend", die Verletzung des Papiers und der Gaze (ein durchsichtiges Gewebe), um an den Hebel der Spieluhr zu gelangen, auf *übernormalem* Wege geschehen sein muß, weil sonst das Medium eine „Nadel oder einen ziemlich langen Draht von etwa 45 cm Länge" benötigt hätte. Die Versuchsperson war aber vorher kontrolliert und besaß beides nicht.

Nochmals: der vorher negativ eingestellte Graf kann die Phänomene zwar nicht erklären, aber er ist so ehrlich, sie anzuerkennen.

Wir könnten aus der Fülle der Literatur noch sehr viele Sitzungsberichte im In- und Ausland anführen, in denen unter scharfen Kontrollen und in kritischer Wissenschaftlichkeit mit obigen erwähnten Versuchen gearbeitet wurde. Es soll genügen. Wenden wir uns jetzt einem Phänomen zu, das Thomas Mann bereits kurz erwähnt hat: der Materialisation.

Die Tatsache des Auftretens und Verschwindens materieller Gebilde

Der Fachausdruck für dieses Auftreten und Verschwinden materieller Gebilde ist das bereits gebrauchte Wort M a t e - r i a l i s a t i o n. Dieser Ausdruck leitet sich ab von dem uns allen bekannten Wort Materie, womit Stoff im umfassenden Sinne, aber auch Urstoff und Stoff als ungeformte körperliche Substanz gemeint ist. Wir handeln diesen Vorgang der Materialisation, also der vorübergehenden Verstofflichung, darum unter diesem Kapitel „An der *Grenze* zwischen diesseitiger und jenseitiger Wirklichkeit" ab, weil zum Zustandekommen einer vorübergehenden Verstofflichung es eines *Mediums* bedarf. Und ein Medium ist in seinem Menschsein noch immer *diesseits* der Grenze.

Wir stellen den Satz auf:

Die Materialisation (Verstofflichung) ist eine wissenschaftliche Tatsache

Doch fragen wir zunächst:

Wie geht eine Materialisation vor sich?

S i e v o l l z i e h t s i c h i n v e r s c h i e d e n e n S t a d i e n. Bei einer Materialisation befindet sich die medial veranlagte Versuchsperson (in der Regel) in einem Trancezustand. Die Versuchsperson – oder die geheimnisvolle andere Person in ihr, auch als Spaltperson des Mediums erklärt, die aus dem Medium heraus spricht – braucht eine gewisse Zeit, um eine mediale „Kraft" in sich zu entwickeln. Ist diese „Kraft" nach einer unterschiedlich langen Zeit entwickelt, dann beginnt

   1. das *erste Stadium*: aus dem Körper, dem Mund oder den Körperhöhlen *entsteigt* eine schleimige, schleierartige,

gazeähnliche Substanz. Schrenck-Notzing hat sich eingehend mit dem Phänomen der Materialisation beschäftigt und beschreibt dieses erste Stadium als ein „Auftauchen der elementaren Materie in Form von weißen Konglomeraten (Gemisch), Streifen und Fetzen".[49])

2. Im *zweiten Stadium* beginnen diese schleierartigen Streifen und Fetzen die *Gestalt und Umrisse* von Körperteilen anzunehmen: Arme, Beine, Köpfe. Thomas Mann hat dieses zweite Stadium als ein „Gebilde" erlebt, das „allenfalls für den Teil eines Unterarms mit zugehörigem Greiforgan . . . genommen werden" konnte.

3. Im *dritten Stadium* verdichten sich diese Fragmente (Bruchstücke) zu vollständigen Gestalten, aber doch bloß schemenhaft. Diese Gestalt wird als *Phantom* bezeichnet. Damit soll das Schemenhafte zum Ausdruck kommen. Unter Phantom dürfen wir aber jetzt kein Trugbild verstehen, das nicht existieren würde. Wie sehr es wirklich existiert, werden wir bald erkennen. Zwei andere Fachbezeichnungen für dieses Phantom sind die Worte *Ektoplasma* und *Teleplasma*. Das Wort *Ekto*plasma leitet sich ab vom griechischen ek = aus. *Plasma* ist rein griechisch und heißt Gebilde. Ektoplasma meint also dieses Aus-dem-Körper-heraustretende-Gebilde. Das Wort *Tele*plasma drückt ebenfalls dieses „Fern"sein vom Körper aus. Beide meinen dasselbe.

4. Im *vierten Stadium* wird dieses Phantom *aktiv*. Das Medium übt durch dies Phantom *Fernbewegungen* aus. Thomas Mann wurde Zeuge, wie das Taschentuch hochgehoben wurde. Graf von Klinckowstroem erlebte, daß die Spieluhr ein- und aussetzte und daß das Seidenpapier „durchlöchert" und „einige senkrechte Maschen des Gazegewebes leicht auseinandergeschoben" worden waren. Allerdings sah er keine Glieder oder dgl. Vielleicht lag dies am Rotlicht. Mit dem Erwähnten vollzog sich dieses vierte Stadium der Kraftäußerung des Phantoms. *Mithin vollzieht sich im vierten Stadium eine Telekinese.* Bei der Telekinese muß also eine zweifache Form der Fernbewegung unterschieden werden:

Fernbewegung mit Hilfe des Phantoms.
Fernbewegung ohne Hilfe des Phantoms.

In beiden Fällen ist natürlich die tele- oder psychokinetische Kraft der Versuchsperson entscheidend. Die fernwirkende Energieäußerung kann sich auch durch das Läuten einer Glocke äußern. So hatte es Thomas Mann erlebt. Oder durch das Spielen eines Instrumentes: einer Geige, einer Zither etc., oder auch durch das Anschlagen von Tasten einer Schreibmaschine etc.

Zu diesem vierten Stadium gehört aber nicht nur das Aktivwerden des Mediums durch das Phantom, sondern auch das *Erleiden des Mediums*. Das ist so gemeint: Sticht man z. B. das schleimartige Plasma mit einer Nadel, dann äußert das Medium in seiner Trance eine starke Schmerzempfindung, mehr noch: an seinem Körper zeigt sich der Stich. Oder wenn jemand – brauche ich einmal das Bild – den „Stromkreis", die „Kraftstrom-Verbindung" zwischen Medium und Plasma berührt, besser in ihn hineintritt, dann empfindet das Medium dies ebenfalls als einen körperlichen Schmerz und es zuckt zusammen.

5. Im *fünften Stadium* erfolgen sogenannte *„Apporte"*. Das Wort kommt vom Französischen und heißt *herbeibringen*. In der Parapsychologie ist damit gemeint: G e g e n - s t ä n d e   v o n   e i n e m   a n d e r e n   O r t   s i n d   p l ö t z - l i c h   d a ,   o h n e   d a ß   d i e s e   G e g e n s t ä n d e   d u r c h   n a t ü r l i c h e   K r a f t   o d e r   a u f   n a t ü r l i c h e   W e i s e   h e r g e b r a c h t   w u r d e n . Z. B. fallen plötzlich eine Menge Nägel aus der Luft. Ein wirkliches Rätsel. An des Rätsels Lösung wollen wir uns bald heranmachen. Doch zuvor noch das letzte Stadium.

6. Im *sechsten Stadium* erfolgen *Verwandlungen in Tiergestalten*. Das Fachwort für Verwandlung heißt *Metamorphose*. Es ist aus zwei griechischen Worten gebildet: meta = „hinter, nächst" und morphe = „Gestalt". Das Wort meint also eine *Umgestaltung* und *Umbildung*. Diese Umgestaltung in ein Tier ist ein seltsames und nicht häufig vorkommendes Phänomen in der Parapsychologie. Afrikaforscher und Missionare berichten – so z. B. die beiden *Livingstone* –, daß dort der Glaube anzutreffen sei, manche Menschen hätten sich zeitweise in Löwen verwandeln können. Aus Abessinien berichtet der Arzt Dr. *Leubuscher* von Tonarbeitern, unter denen

Phänomene der Hyänomanie auftreten, d. h. die Vorstellung, eine Hyäne zu sein. Wir wollen es mit diesen wenigen Hinweisen genug sein lassen.

Der Beweis

Hingegen wollen wir die kühne Behauptung wieder aufgreifen, die Materialisation, also dieses Auftreten und Verschwinden materieller Gebilde, sei eine „naturwissenschaftliche" Tatsache. Aber wie kommen wir dazu? Die ganz simple und alle Zweifel ausschließende Antwort lautet: M a t e r i a l i s a t i o n i s t d a r u m e i n e „ n a t u r w i s s e n s c h a f t l i c h e" T a t s a c h e , w e i l m a n d i e s e s P h ä n o m e n i n s e i n e n v e r s c h i e d e n e n S t a d i e n f o t o g r a f i e r t h a t. Vom sechsten weiß ich es allerdings nicht. Dies Fotografieren begann bereits kurz nach dem Ersten Weltkrieg durch den nordirisch-englischen Gelehrten W. J. Crawfords, Lehrer an der Technischen Hochschule und Universität in Belfast. Schrenck-Notzing berichtet ausführlich darüber in seiner Abhandlung „Das Materialisationsproblem nach den Untersuchungen W. J. Crawfords". Unter anderem lesen wir dort:

„Erst nach sechsmonatlichen vergeblichen Versuchen gelang es Crawford, 75 Blitzlichtaufnahmen vom Plasma zu machen." [50]) Die Aufnahmen waren deshalb so schwierig, weil übereinstimmend festgestellt wurde, daß „diese gliedartige Gebilde außerordentlich lichtempfindlich" sind. [51]) Außerdem muß man bedenken, daß die Technik des Fotografierens in jenen Jahren noch bei weitem nicht so entwickelt war wie heute.

Das Plasma wurde wie folgt beschrieben:

„Die teleplastische Masse erscheint auf den Bildern weiß und erzeugt den optischen Eindruck eines weißen Leinwand- und Wollstoffes, der zwischen den Füßen des Mediums herausquillt, vor demselben und unter dem Tisch in einem Konglomerat (Gemisch) seinen Stützpunkt findet, um dann in Säulenform (mit einem auf 15 cm zu schätzenden Querdurchmesser) bis zur unteren Tischplattenfläche emporzusteigen und sich dort zu fixieren." [52])

So war es in dem Fall, der hier beschrieben wird. Das Plasma kann selbstverständlich auch andere Formen und Maße annehmen.

Wie ernst die Wissenschaftler auch den Akt des Fotografierens genommen haben, um jeden Betrug auszuschließen, erhellt aus einem späteren Bericht von F. Mel. *Stevenson*, einem englischen Forscher, von einer Sitzung nach dem Tod Crawfords am 6. September 1920, 7.30 Uhr abends, ebenfalls in Belfast. Nachdem die Namen der Sitzungsteilnehmer genannt wurden, lesen wir im Buch von *Schrenck-Notzing* u. a.:

„Außerdem waren anwesend: Mr. James Pollock, ein sehr bekannter Professionsphotograph in Belfast, zwei Ärzte, ein gut bekannter Künstler von Belfast und ein Inspektor vom Norden von Irland. Die Namen sind im Besitz des Herausgebers der Quaterly. Alle Anwesenden sind bereit, die absolute Wahrheit dessen zu beschwören, was Stevenson in diesem Artikel niedergeschrieben hat.

Es kamen zwei Halbplattenkameras und drei Handkameras zur Verwendung. Die ersteren wurden von Mr. Pollock und Mr. S. , dem Künstler, gehandhabt. Beide benützten ihre eigenen Apparate: Mr. Pollock eine Bergkristallinse, welche von Mr. S. W. Wooley in London zur Verfügung gestellt war. Die drei Handkameras waren unter Aufsicht des Inspektors Mr. Hunter. Alle Kameras waren vorher von Mr. Pollock in dessen Laboratorium genauestens untersucht worden. In seiner eigenen Dunkelkammer bezeichnete Stevenson die Platten, und von diesem Augenblick an kamen weder Platten noch Filme noch Kameras aus seiner Hand. Die Photographien wurden gleichzeitig mit fünf Kameras genommen.

Stevenson ist bereit, zu beschwören, daß kein Mitglied des Zirkels die Platten oder die Filme berührte. Nachdem die Aufnahmen gemacht worden waren, schloß Stevenson die Filme und Platten ein. Am nächsten Morgen nahm er dieselben mit zu Mr. Pollock in dessen Laboratorium und entwickelte sie hier persönlich.

Ergebnisse:

    1. Aufnahme: ohne Phänomene.

    2. Aufnahme: eine Plasmamasse auf dem Boden, offenbar von dem Fußknöchel des Mediums ausgehend.

3. Aufnahme: eine Plasmamasse von dem Fußknöchel des Mediums zu der unteren Seite der Tischplatte verlaufend.
4. Aufnahme: eine kleine Plasmamasse, auf dem Schoß des Mediums liegend.

Die weiblichen Mitglieder des Zirkels waren vor dem Eintritt in das Sitzungszimmer untersucht worden von den Ärzten Dr. B. und Dr. M., die männlichen Mitglieder von Stevenson selbst. Stevenson kann bezeugen, daß das Medium kein Fleckchen weißen Stoffes an sich, weder an der Kleidung noch sonstwo, hatte. Dies ist durch die Voruntersuchung von zwei Frauenärzten bestätigt worden. Stevenson sah das Plasma dreimal mit eigenen Augen.

Er schließt seine Ausführungen wie folgt:

‚Für alle, welche aufmerksam das mühevolle Werk des verstorbenen Dr. Crawford verfolgt haben, wird jede Bestätigung der Echtheit seiner Resultate nicht mehr notwendig erscheinen; aber für jene Skeptiker, welche sich nicht überzeugen konnten, bin ich glücklich, den obigen Beweis erbringen zu können, der nach meiner Auffassung unwiderleglich sein dürfte.

Ich bin überzeugt, daß jeder, der eine Sitzung wie der oben beschriebenen beigewohnt hat, die Gegenwart einer unsichtbaren Intelligenz fühlen wird, einer Intelligenz, deren Kräfte über das menschliche Verständnis hinausreichen.

Eine der Kameras ganz in der Nähe der Füße des Mediums auf dem Boden war mit einer Weitwinkellinse versehen, um das Plasma möglichst aus der Nähe aufzunehmen. Auf dieser Photographie sind die Maschen der Strümpfe vollständig sichtbar, aber das Plasma zeigt keine Strumpfzeichnung, und eine solche konnte auch nicht auf dem Negativ mit Vergrößerungsglas entdeckt werden.   gez. F. Mel. Stevenson‘

Der Schriftsteller der ‚Psych. Res. Quarterly‘ bemerkte hierzu folgendes:

‚Der letzte erwähnte Punkt ist wichtig: er bildet einen weiteren Beweis gegen die Möglichkeit, daß die photographierte Substanz irgendwie weißes Stoffabrikat ist, das in das Sitzungszimmer gebracht und von dem Medium arrangiert worden sein könnte.‘

In unserem Besitz befindet sich eine Erklärung, daß die beschriebenen Sicherheitsmaßnahmen getroffen waren gegen jedwede Manipulation mit den Platten und Kameras, ferner daß eine Aufnahme gemacht wurde in einer Beleuchtung, die stark genug war, um allen im Zimmer befindlichen Personen die Überwachung jeglicher Bewegung der Miß Goligher (das Medium) oder sonstiger Teilnehmer, die alle in einiger Entfernung vom Medium saßen, zu ermöglichen.

Diese Erklärung schließt mit folgenden Worten: ,Diese Sitzung wurde unter strengsten Versuchsbedingungen gehalten. Die von uns gesehenen Phänomene sowie die Photographien des Plasmas sind Ergebnisse, welche unter diesen Umständen von einem menschlichen Wesen auf künstliche Weise nicht hervorgerufen werden können." [53])

In einem Zusatz wird von späteren Sitzungen nach dem Zweiten Weltkrieg berichtet, „in denen mit infra-roten Strahlen photographiert wurde. Die Bilder zeigen schleierartige Gebilde zwischen den Füßen und Beinen, ähnlich denen auf den Aufnahmen von Crawford. Gleichzeitig daneben photographierte Attrappen aus Papier, Stoff usw. wirkten anders."

Ergebnis:

   1. Keiner wird die Ernsthaftigkeit obiger Aussagen bestreiten können.

   Dann ergibt sich als Folgerung:

   2. Verstofflichungs-Phänomene sind eine wissenschaftlich nachgewiesene Tatsache.

Wir werden dem Satz Schrenck-Notzings zustimmen müssen, wenn er feststellt:

„So konnte dieser geniale Forscher (W. J. Crawford), nachdem er in diesen unendlich mühevollen Arbeiten Baustein auf Baustein gefügt hatte, noch vor Abschluß seiner Lebenslaufbahn (1920) die Richtigkeit seiner physikalisch-biologischen Theorie durch das Experiment wenigstens in den wichtigsten Grundzügen nachweisen." [54])

Beschreibung des Vorgangs und des Plasmas

Beim Hergang einer Materialisation müssen wir die Entwicklung oder Ausbildung des Plasmas von der Rückentwicklung oder Rückbildung unterscheiden. Die Entwicklung heißt *Evolution,* die Rückentwicklung *Devolution* oder *Resorption* = damit ist die Ein-, die Aufsaugung des Plasmas in den Körper des Mediums gemeint.

Wir wiesen bereits darauf hin, daß das Plasma aus verschiedenen Körperteilen treten kann. „Als sichtbarer Ursprung diente vielfach der Mund, aber oftmals zeigten sich die teleplastischen Gebilde auch sofort bei ihrem ersten Erscheinen zwischen den Oberschenkeln. Die Masse scheint in ihrer elementaren Zusammensetzung durch den leichten Stoff der Kleidung hindurchzupassieren, indem sie in dunstartiger Form durch die Stoffe dringt und sich dann in Form grauer oder weißlicher Flecken niederschlägt und verdichtet." [55]) Es muß jedem Zweifler zu denken geben, daß sowohl die Beschreibung des Hergangs einer Materialisation als auch die Beschreibung des Plasmas allerorts in den wesentlichen Punkten völlig übereinstimmt, ob die Untersuchungen in England, in der Schweiz, in Polen, in den USA, in Deutschland oder anderswo stattfinden. Allerorts wird das Plasma als zunächst „verschwommen nebelhaft, wolkenartig, wie ein feiner Rauch von weißer oder grauer Farbe" beschrieben. [56])

Und wie fühlt sich diese Masse an?

Vernehmen wir wieder Schrenck-Notzing, der für strenge Wissenschaftlichkeit bürgt:

„Von allen Beobachtern, welche, wie der Verfasser, diese graue Materie in ihrer Hand gehalten haben, wird dieselbe als kühl, schleimig, klebrig und verhältnismäßig schwer, wie organisches Gewebe, geschildert, ebenso als selbstbeweglich. Die Empfindung ist etwa vergleichbar derjenigen, die ein lebendiges Reptil auf der Hand hervorruft." [57])

Was nun die Rückbildung betrifft, so will der englische Forscher *Crawford* mit seinen Händen bei seinem Medium gefühlt haben, wie sich in seiner Haut kleine Knoten auflösten und verschwanden. Auch Schrenck-Notzing macht völlig unabhängig von der englischen Forschergruppe dieselbe Beobachtung. Er schreibt: „Eva (der Vorname der Versuchsperson) gab an, sie empfinde die Entwicklung der Materie am Unterleib; rasch ergriff sie meine Hand und berührte damit die Haut ihrer Nabelgegend. Zu meiner größten Überraschung konnte ich durch den dünnen Stoff hindurch eine kleine knotenartige Geschwulst von der Größe einer Kirsche links seitlich vom Nabel abtasten. Unter meiner Berührung fühlte ich den Knoten kleiner werden und völlig verschwinden, wie wenn dieser Auswuchs sich abgeflacht hätte oder von ihrem Körper resorbiert (aufgesaugt) würde." Er fügt die Frage an:

„Sollten Crawford und Verfasser in dieser sich gegenseitig bestätigenden Wahrnehmung gleichmäßig sich getäuscht haben? Das ist wohl kaum anzunehmen." [58]) Wirklich nicht.

Auswirkungen der seelischen Abspaltungen

Bei den Materialisationen liegt eine sogenannte *psychische Abspaltung* vor. D. h. die seelische, besser die parapsychische *Kraft des Mediums* tritt nach außen und dort verwandelt sie sich in *Materie*.

Es muß zum Bisherigen noch zweierlei hinzugefügt werden:

1. diese psychische Abspaltung kann sich in sichtbares, photographierbares Plasma verwandeln; es kann aber auch unsichtbar und nicht photographierbar sein, trotzdem ist es aber vorhanden und anfaßbar.

2. die psychische Abspaltung kann sich in einem Laboratoriums- und Sitzungsraum vollziehen, wie dies z. B. Thomas *Mann* erlebte. Die Abspaltung kann aber auch über weite Strecken hin wirksam werden. Auch dafür gibt es Belege. Mein Freund Dr. Kurt *Koch* weiß aus seiner reichhaltigen evangelistischen Tätigkeit davon zu berichten.

„Im Verlauf einer Evangelisation kam eine Frau zur Aussprache und bekannte ein seltsames Erlebnis. Nach ihrer Verheiratung stellte die Frau fest, daß die Mutter ihres Mannes sich äußerlich und innerlich nicht von ihrem Sohn lösen konnte. Die junge Ehe war gleichsam eine Ehe zu dritt, die dadurch stets gefährdet wurde. Dieses Verhältnis besserte sich auch nach der Trennung der

Mutter von dem jungen Ehepaar nicht. Jahrelang stand der junge Mann noch in der Hörigkeit zu seiner Mutter. Er pendelte zwischen seiner Mutter und seiner Frau hin und her. Die junge Frau litt unter diesem Zustand. Als erschwerender Umstand kam die Tatsache dazu, daß die Schwiegermutter mediale Fähigkeiten besaß. Oft, wenn die junge Frau sich abends zur Ruhe begab, kamen vom Gang her runde Lichtscheiben ins Zimmer, die sich ihrem Bett näherten. Nachdem sie wochenlang so geängstigt und geplagt worden war, holte sie sich eines Tages bei Spiritisten Rat. Sie wurde gründlich ausgefragt, und man erklärte ihr dann, sie könne diese medialen Angriffe abwehren. Sie solle einen Lederriemen nehmen, drei Knoten daran machen und dann den Riemen gegen die auftauchenden Lichtscheiben schlagen. Das betreffende Medium, das ihr diese Unruhe mache, würde durch diese Abwahr dann blutige Striemen am Leibe bekommen. Die angefochtene Frau befolgte diesen Rat mit dem verblüffenden Erfolg, daß mit dieser magischen Abwehr schlagartig die Belästigung durch die Lichtscheiben aufhörte, und die Schwiegermutter am Tage danach Striemen von Peitschenhieben am Körper trug." [59])

Zur Erklärung: die „runde Lichtscheibe" war die sich in Materie verdichtete seelische Energie der Schwiegermutter, die sich von ihrem Körper abgespaltet hatte. Der Hinweis auf die Striemen am Körper der Schwiegermutter ist völlig glaubhaft. Wir wiesen in einem anderen Zusammenhang bereits darauf hin. Die Striemen bestätigen die bei der Materialisation immer wieder gemachte Erfahrung, daß das Plasma mit dem Körper in einer Verbindung steht. Plasma wird auch wegen seiner Entfernung vom Körper „Tele"plasma genannt und weil das Plasma aus dem Körper entströmt auch „Ekto"plasma. Wir erwähnten beide Fachausdrücke bereits.

Im Zusammenhang des erwähnten Beispiels muß auch noch darauf hingewiesen werden, daß durch diese parapsychische Abspaltung andere Personen und auch Tiere behelligt und geschädigt werden können.

Wie erklären sich Plasma und Apporte?

Wir wären keine denkenden und forschenden Wesen, wenn wir bei diesen geheimnisvollen Dingen nicht die Frage stellen würden: wie ist das alles nur möglich?

Nun, diese Frage führt uns hin zur sogenannten *Atom- oder Mikrophysik.* Ich darf mir den bescheidenen Hinweis gestatten, daß ich in meinem Buch „Probleme einer fragenden Generation" auf die Fragen der Atomphysik ausführlich eingegangen bin. Jetzt nur kurz dies:

Entscheidend ist die neuere Grunderkenntnis und Erfahrungstatsache, auf die wir nicht genug hinweisen können: E n e r g i e k a n n s i c h i n M a t e r i e v e r d i c h t e n u n d M a t e r i e k a n n s i c h i n E n e r g i e v e r w a n d e l n. Anders ausgedrückt: E n e r g i e k a n n s i c h i n M a s s e m a t e r i a l i s i e r e n. Und Masse kann sich immaterialisieren oder – in der Sprache der Parapsychologie ausgedrückt – Masse kann sich dematerialisieren. Der weltbekannte Physiker Albert *Einstein* hat die Formel aufgestellt: $E = M \cdot c^2$. In Worte ausgedrückt: Energie ist gleich Masse mal Lichtgeschwindigkeit hoch 2. Mit dieser Formel ist der Verwandlungsvorgang von Energie in Masse und von Masse in Energie bezeichnet.

Vielleicht kann uns etwas Bekanntes helfen. Wir alle kennen *Röntgenstrahlen.* Diese Strahlen werden erzeugt durch eine Röntgenröhre. Wird nun eine Röntgenröhre mit einer Stromkraft von einer Million Volt betrieben, dann bilden sich am „Ausgang", an der sogenannten Kathode, Teilchen und Antiteilchen. Die Energie in Form von elektromagnetischen Wellen setzt Masse ab, eben diese Teilchen. Damit hat sich Energie in Materie verwandelt.

Über die *Art und Weise,* wie bei einer parapsychologischen Materialisation die Verwandlung erfolgt, können wir nichts sagen. Wir sehen nur den Vorgang als solchen. Und schon der setzt uns ins Staunen.

Nun noch ein zweiter Gedanke. Wir erwähnten oben die sogenannten Apporte, also das Auftauchen und Verschwinden von Gegenständen in abgeschlossenen Räumen. E s e r f o l g t a l s o b e i d e n A p p o r t e n e i n e D u r c h d r i n g u n g d e r M a t e r i e. D i e s P h ä n o m e n w i r d i n d e r F a c h w e l t

der Parapsychologie nicht bestritten. Mehr noch: es wird oft bezeugt.

Wir erwähnten bereits Fr. *Zöllner*, der schon zu seiner Zeit mit dem so wichtigen Begriff der **vierten Dimension** arbeitete. Dieser Astro-Physiker in Leipzig hat mit dem amerikanischen Arzt Dr. Slade entsprechende Versuche durchgeführt. Z. B.: da sind Schachteln. In sie wurden Geldstücke hineingelegt. Dann wurden die Schachteln verschlossen und verklebt. Aus diesen Schachteln wurden im verschlossenen und verklebten Zustand die Geldstücke herausgeholt. Die wissenschaftlich sehr sauber arbeitende und kritisch eingestellte Fanny *Moser* bescheinigt dem erwähnten Professor Zöllner: „Zöllner steht hier (in den Untersuchungen) an der Spitze. Vier seiner diesbezüglichen Experimente (Knotenschürzung, Holzringe, Pappschachteln) mußten sogar als zwingend bezeichnet werden. Sie ablehnen hieße Zöllner mit seinen Mitarbeitern überhaupt ablehnen. Das ist, wie besprochen, unmöglich ohne zugleich alles menschliche Zeugnis abzulehnen. Unabhängige Zeugnisse von verschiedensten Stellen bilden zudem eine nicht zu übersehende Bestätigung . . ." [60]

Nun schildert F. Moser einen Fall. Ich greife ihn unter vielen anderen heraus.

„Am 5. V., 11 a. m. (vormittags) bei vollem Licht bat Z. (Zöllner) um einen recht eklatanten Beweis. Sofort war Sl. (die Versuchsperson) bereit und verlangte ein Buch. v. Hoffmann nahm ein Oktavband vom Brett. Sl. legte ihn auf die Schiefertafel, hielt sie etwas unter den Tischrand und zog sie sofort ohne Buch wieder hervor. Alles wurde sorgfältig nach diesem durchsucht. Vergebens. Nach 5 Minuten setzt man sich schließlich wieder, Sl. gegenüber Z. Seine beiden Hände lagen ruhig auf dem Tisch. **Gleich** fiel das Buch von der Decke auf den Tisch, Zöllners Ohr kräftig streifend, als von hinten kommend." [61]

Oder etwas, was wiederholt bezeugt wurde, z. B. von den Wissenschaftlern Enno *Nielsen* und Rudolf *Tischner*: plötzlich fallen Steine oder andere Gegenstände wie von Geisterhand bewirkt von der Decke herunter.

Wie sind solche Apporte möglich? Sie sind möglich, so würde der Physiker Zöllner sagen, weil die Materie für die vierte

Dimension offen ist, so wie die Fläche ja auch für die dritte Dimension – die Höhe – offen ist. Apporte sind möglich, weil die Materie durchdringbar ist. Wirklich:

Von der Atomphysik her ist dieses Verständnis der Materie-Durchdringung möglich.

Wieso?

Vielleicht darf ich zur Erklärung einige Sätze wiederholen, die ich in meinem erwähnten Buch: „Probleme einer fragenden Generation" geschrieben habe:

„Jedes Atom hat einen Atomkern. Dieser Atomkern ist wieder winzig klein im Vergleich mit dem Atom selbst. Nehmen wir an, ein einziges Atom wäre so groß wie eine Kugel, die einen Durchmesser von 200 Metern hätte, dann wäre der Atomkern in der Mitte dieser Riesenkugel so groß wie eine kleine Erbse. Was ist die Erbse im Vergleich mit dem großen Kölner Dom? Nichts! Und doch kommt es auf diese Erbse, diesen Atomkern an. Damals im Dezember 1938 ist es erstmals gelungen, diesen winzigen Kern zu sprengen.

Aber der Kern ist noch nicht das Letzte. Denn um den Kern (um die bereits erwähnten Neutronen und Protonen) bewegen sich sogenannte Elektronen, die wiederum über tausendmal kleiner sind als der Atomkern. Die Elektronen bilden gemeinsam mit den Neutronen und Protonen die Elementarteilchen des Atoms. Diese Elektronen bewegen sich mit rasender Geschwindigkeit um den Kern – dabei aber in genau festgelegten Bahnen. Menschliches Vorstellungsvermögen wird weit überschritten." [62])

Wenn auch für uns unvorstellbar, so ist dennoch das Atom sozusagen „hohl". Nur der Atomkern ist in ihm. Dieser Kern ist aber wieder seinerseits „hohl". Wir müssen uns nun vorstellen, daß diese Hohlräume, diese leeren Räume von anderer Materie durchdrungen werden. Von dorther nähern wir uns dann stammelnd der Möglichkeit, die Apporte „erklären" zu können. Es bietet sich auch noch eine andere Erklärung an: es erfolgt eine Ent- und Wiedermaterialisation (De- und Rematerialisation) des Gegenstandes, der plötzlich verschwindet und wieder erscheint. Unbegreiflich bleibt beides. Wir stehen trotz „Erklärungen" vor Geheimnissen. Wir schwimmen geradezu in einem Meer von Geheimnissen. Wenn Rationalismus und Materialismus doch weniger selbstsicher, doch bescheidener werden wollten, dann könnte ihnen geholfen werden. Ihre Wirklichkeitsverkürzung wird im Blick auf das nachfolgende Gebiet wieder erneut und vertieft erkennbar.

Die Tatsache der Verdoppelung ein und desselben Menschen

Was ist gemeint?

Um zu kennzeichnen, was gemeint ist, müssen wir uns mit zwei Fachwörtern bekanntmachen. Davon ist das erste leichter. Das zweite schwer und keineswegs geläufig.

Das erste heißt Exkursion. Darin ist das lateinische „ex = aus" enthalten. Exkursion heißt eigentlich „vom Weg abweichen". Allgemein versteht man darunter einen wissenschaftlichen Ausflug.

Das schwere Wort „Exteriorisation" wird oft mit dem deutschen Wort „Doppelgänger" und „Doppelgängertum" wiedergegeben. Aber dies Wort wird sehr leicht mißverstanden, indem man unter einem Doppelgänger eine *zweite* Person versteht, die einer anderen sehr stark ähnelt. Das Fachwort „Exteriorisation" meint aber kein Doppelgängertum mit einer zweiten Person, sondern meint ein Doppelgängertum mit *ein und demselben* Menschen. Weil dies aber nicht deutlich wird, ist die Wendung schon klarer „Verdoppelung ein und desselben Menschen". Aber das Gemeinte wird noch durch einen anderen Gesichtspunkt erkennbarer. In dem schwierigen Fremdwort Exteriorisation steckt das lateinische Wort exterior, d. h. „äußere, weiter draußen, auf der Außenseite [befindlich]". Das, was mit dem parapsychologischen Fachausdruck gemeint ist, läßt sich nur mit einigen Worten bezeichnen. Wir können es mit dem Wort „Hinaustreten der Geistseele aus dem Körper" beschreiben. Ich glaube, dies gibt am besten wieder, was gemeint ist. Beide Fachausdrücke – Exkursion und Exteriorisation – meinen ein und dasselbe.

Der Tatbestand

Diesen äußerst kuriosen Tatbestand des Hinaustretens der Geistseele, wir können auch sagen des Ich, gibt es. Zwar ist die Tatsächlichkeit des Hinaustretens der Geistseele, des Ich etwas, das unserer von der Technik geprägten Denkungsart nicht liegt. Und doch sollte uns genau umgekehrt der Siegeslauf von Entdeckungen und Erfindungen gerade aufgeschlossen machen – auch Möglichkeiten der Seele gegenüber. Der bekannte Professor Hans *Bender* sagt mit Recht: „D e n k m ö g - l i c h i s t a l l e s ! "[63]) Und sein Freiburger Psychologie-Kollege Robert *Heiß* meint: „Die paranormalen Äußerungen sind erforschungswürdig."[64])

Nur *diese* Haltung ist vertretbar und verantwortungsvoll. Denn *andernfalls würden Erweiterungen des Bewußtseins und Fortschritt der Wissenschaft verhindert.*

Ich kann mich noch sehr gut daran erinnern, wie wir während des Studiums der Psychologie mit diesem Tatbestand des Austritts der Geistseele vertraut gemacht wurden. Wie weitete sich unter wissenschaftlicher Konfrontation mit diesen Grenzfragen der Horizont! Ich erinnere mich noch folgenden Falles: Auf einem afrikanischen Missionsfeld war ein Eingeborener, dessen Ich sich in etwa 30 Minuten von seinem Körper im Beisein von Missionaren löste. Danach lag der Körper des Afrikaners völlig regungslos wie tot auf dem Untersuchungstisch. Gegen alles war er unempfindlich. Selbst gegen Stiche. Er hatte vor seinem Austritt des Ich versprochen, jemanden zu benachrichtigen, zur Missionsstation zu kommen, denn er werde dort dringend erwartet. Dieser Betreffende war ungefähr 100 km entfernt. Etwa zwei Stunden blieb das Ich außerhalb seines Leibes. Dann begann allmählich die Reinkarnierung, die Rückkehr des Ich ins Fleisch. Auch dieser Rückkehrprozeß dauerte ungefähr dreißig Minuten. Der vorher wie tot daliegende Körper begann die ersten Zeichen der Wiederbelebung von sich zu geben – bis der Afrikaner nach rund dreißig Minuten sich von seinem Lager erhob.

Nach gut zwei Tagen meldete sich der Fremde auf der Missionsstation. Gefragt, wie er denn dazu käme, antwortete er ganz verwundert, die Missionsleitung habe ihn doch durch N. N., eben jenen Afrikaner, benachrichtigt. Er habe ihn gesehen und der Afrikaner habe mit ihm gesprochen. Wann das denn gewesen sei, fragte man ihn weiter. Er gab die Zeit an, in der jener Afrikaner sich mit seinem Ich aus seinem Körper begeben hatte, um jene Exkursion (Ausflug) zu dem Fremden anzutreten.

Dieser Bericht klingt für die Ohren eines Unkundigen unglaubwürdig. Aber wirklich: nur für *solche* Ohren. Denn wer um das bereits erwähnte Grundgesetz, sagen wir besser um die Grunderfahrung weiß, verwundert sich über das Ereignis nicht mehr: *Die Geistseele hat Macht über den Körper. Die Geistseele prägt und baut den Körper.* Erinnern wir uns an den Buchtitel des amerikanischen Forschers *Rhine:* „Die Reichweite des menschlichen Geistes." Was sich im Fall der Missionsstation und in den Aberhunderten von analogen Fällen ereignete, ist letztlich nichts anderes, als die *ausgezogene Linie* dieser „Reichweite des menschlichen Geistes".

Beispiele der Verdoppelung Lebender

Die Verdoppelung ein und desselben Menschen muß sich aber keineswegs in solch einem *langsamen* Prozeß des Hinaustretens der Geistseele, des Ich vollziehen, wie bei dem erwähnten Afrikaner, der dann wie tot und völlig empfindungslos dalag. Es kann dies auch auf eine andere Weise geschehen. Dafür einige Beispiele, die der Schweizer Professor und katholische Priester Dr. Gebhard *Frei* berichtet:

„42 Schülerinnen bezeugten 1845 im Institut Neuwelcke in Livland, daß sie alle zugleich ihre Lehrerin Emilie Sageé zu gleicher Zeit im Garten Blumen pflücken und auf einem Lehnstuhl im Klassenzimmer sitzen sahen. Dies war aber nicht der einzige Fall, in dem die Schülerinnen zugleich mit der Lehrerin auch deren ‚Doppel' sahen. Während die Lehrerin z. B. an der Tafel schrieb, vollführte ihr ‚Doppel' alle Bewegungen mit, nur hatte es keine Kreide.

General Berthaud, Paris, verbürgt sich für die Wahrheit folgender Aussage: Am 1. September 1870 war sein Waffenkamerad an der Front von Sedan. An diesem Abend aber sahen die Eltern dieses Offiziers denselben in ihre Wohnung treten, die Türe schließen und an eine im Zimmer befindliche Wandtafel treten. Dort nahm er ein Stück Kreide, zog auf der Tafel einen Kreis und machte in der Mitte einen Punkt. Dann verließ er wieder wortlos den Raum. Der Offizier in Sedan lag zur Zeit im Schlaf und wußte nichts von diesem Vorgang.

Der englische Publizist William Stead bezeugte mit seinem Sohn und seiner Tochter, daß sie (und viele andere) am 13. Oktober 1895 eine befreundete Dame in die Brüderschaftskirche ihres Wohnortes eintreten und dem Gottesdienst beiwohnen sahen, zur Zeit, als diese Dame nachweislich schwer krank zu Bette lag und infolge eines vom Arzt gereichten Narkotikums in einem tiefen Schlaf lag.

Wilmot erzählt von seiner Reise nach New York zur Zeit eines fürchterlichen Sturmes auf dem Schiff ‚City of Limerich‘. Eines Nachts träumte ihm, seine Frau würde in der Kabine des Schiffes zu ihm kommen. Sie war aber zu Hause. Am Morgen sagte der Reisegefährte, der mit Wilmot die Kabine teilte, er beneide ihn, daß eine Dame ihn in so liebenswürdiger Weise besuchen käme. Zu Hause angekommen fragte ihn die Frau, ob er ihren Besuch in Erinnerung habe. Sie konnte die kleinsten Einzelheiten der Kabine und des Reisegefährten schildern, wie eine Augenzeugin.

Die englischen Zeitungen ‚L'Empire‘ vom 14. Mai 1905 und ‚Daily News‘ vom 17. Mai 1905 veröffentlichten das Zeugnis von Sir Gilbert Parker sowie von Sir Arthur Hayter, daß sie im Parlament Major Carne Raschse gesehen und angesprochen hätten, ohne daß dieser eine Antwort gab. Raschse war aber nachweislich krank und nicht im Parlament gewesen." [65])

Frei stellt fest: „Die Beispiele ließen sich beliebig vermehren." Wirklich! Neben mir liegt das dreibändige Werk von Dr. Emil Mattiesen: „Das persönliche Überleben des Todes. Eine Darstellung der Erfahrungsbeweise." Mattiesen ist ein in der Fachwelt sehr geschätzter Wissenschaftler. Sein Standardwerk wurde im sogenannten Dritten Reich verboten. Im zweiten Band hat er rund sechzig Fälle solcher Exkursionen, solcher „Austritte des Ich" gesammelt.

Und noch ein anderer unter den vielen Forschern: H. *Martensen-Larsen*, früher Dompropst in Roskilde (Dänemark). Er schrieb das Buch. „An der Pforte des Todes. Eine Wanderung zwischen zwei Welten." Prof. D. Dr. Karl *Heim* gab dazu eine Einführung. Man spürt dem Buch die gründliche Arbeit und kritische Sichtung der Quellen an. Darin berichtet Martensen-Larsen von einer ihm bekannten Frau, die ein Doppelgänger-Phänomen erlebt hatte:

> „Es ist schon ziemlich lange her. Als ich 16 Jahre alt war, wohnte ich in einer Lehrerfamilie. Eines Tages sah ich den Lehrer P. im Garten stehen und graben. Vom Garten ging ich ins Haus, in das Zimmer des Lehrers und – wer beschreibt meinen Schreck – da saß der Lehrer selbst! Ich ging zitternd zur Frau des Lehrers und erzählte ihr mein Erlebnis. Sie wurde sehr erregt und sagte mir: ‚Schweig still und sprich nicht darüber – ich weiß es.' Das Doppelgängerphänomen war ihr anscheinend bekannt, aber höchst unbehaglich. Ich selbst erlebte es nicht wieder. Bald darauf brach ich meinen Aufenthalt ab und reiste nach Hause. Meine Nerven waren erschüttert, wozu dieses Erlebnis mit beigetragen hatte." [65a])

Einwand und Widerlegung

Im Blick auf die oben angeführten Beispiele könnte jemand einwenden, sie ließen sich durch Telepathie und Hypnose erklären. D. h. also, es läge kein wirklicher, sondern nur ein eingebildeter Austritt des Ich vor. Dieser Einwand wird schon dadurch widerlegt, daß der Kreidekreis, den jener französische Offizier in der Wohnung seiner Eltern zog, eine *reale Sache* war. In bezug auf die Dame, die den Gottesdienst besuchte und nicht nur von Vater und Sohn, sondern auch von „vielen anderen" gesehen wurde, wird man diesem Fall nicht dadurch gerecht, daß man behauptet, die betreffenden Gottesdienstbesucher hätten sich ausnahmslos in Hypnose befunden. Völlig abwegig!

Ferner: bei der Verdoppelung handelt es sich deshalb nicht um eine bloße Einbildung des Aus-sich-Herausgetretenen, weil die Originalperson wie auch ihr Doppel von v e r s c h i e -

denen Drittpersonen sowohl hier als dort gesehen wurde. Dies ist ein sehr wichtiges Argument.

Und viertens gibt es eine Reihe von Verdoppelungen, bei denen das ausgeschiedene Doppel fotografiert werden konnte. Dies ist ebenfalls ein wichtiges Argument. Z. B. hat der Parapsychologe R. *Montandon* mehrere Fotos in „Formes matérialisées" veröffentlicht.

Unterscheidungen bei der Verdoppelung

Bei der Verdoppelung oder dem Austritt des Ich (Exkursion bzw. Exteriorisation) muß in bezug auf die Person selbst ein Zweifaches unterschieden werden:

1. Der Austritt des Ich im *Wach*zustand = die *Wach*exkursion.
2. Der Austritt des Ich im *Schlaf*zustand = die *Schlaf*exkursion.

Hinsichtlich der Beobachtung ist ebenfalls ein Zweifaches zu unterscheiden:

1. die Selbstbeobachtung,
2. die Fremdbeobachtung.

Für alles gibt es reichliche Belege. Nehmen wir jetzt eine Mischung von Wach- und Schlafexkursion in Verbindung mit *Selbst*beobachtung, weil wir sie noch nicht berücksichtigt haben.

An der Wiener Universität lehrte in den zwanziger Jahren der Religionswissenschaftler Professor D. Dr. *Beth.* Er hat den Austritt seines Ich zweimal erlebt und E. Mattiesen darüber geschrieben. Der Brief lautet u. a.:

„Es ist mir zweimal begegnet, daß ich die ganz deutliche Empfindung hatte, daß mein Innerstes sich aus dem Körper hinausbegibt und in ihn zurückkehrt. Beide Erlebnisse fanden statt, während ich mich in meiner eigenen Wiener Stadtwohnung aufhielt, und zwar des Nachts im Bette. Beide Male befand ich mich nach einer kurzen ersten Schlafperiode zu neuem Schlafe, und zwar so, daß ich bei vollem Wachbewußtsein gewesen war. Jene Erlebnisse kamen ganz unvorbereitet und urplötzlich. Ich bemerkte deutlich, daß etwas sich räumlich vom Leibe löste und entfernte. Noch deutlicher war dann jedesmal nach einer anscheinend geraumen Zeit die Beobachtung der Wiederkehr. Alle Wahrnehmung ging von dem losgelösten Teil aus, während der Leib vielmehr von jenem wahrgenommen, mit einem Einschlag von Bedauern oder auch Geringschätzung wegen seiner Hilflosigkeit und Unbedeutendheit betrachtet wurde. Das heißt also: der Leib war durchaus untätig und als untätig empfunden bei allem, was mit dem Gesamtvorgang zusammenhing.

Eigenartig berührte mich selber, d. h. meinen rückkehrenden Teil, der Vorgang der Heimkehr in die organische Verbundenheit. Ich, der Zurückkehrende, sah also mich, d. h. meinen Leib, im Bette daliegen, näherte mich ihm dicht, es währte einen Augenblick, dann schlüpfte das heimkehrende Ich durch einen Spalt im Kopf in den Leib hinein. Danach habe ich einige Zeit wachgelegen, und dann setzte der eigentliche Schlaf ein, dem am anderen Morgen ein fröhliches Erwachen folgte. Der erste Vorgang trug sich Ende September 1927 zu, der zweite am 12. Mai 1929." [66])

Der Vorgang ist klar erlebt und klar geschildert. Wir machen es uns wahrhaftig zu leicht, wenn wir ihn als bloße Einbildung abtun wollten, denn dafür liegen z u v i e l e im Kern übereinstimmende Erlebnisberichte vor.

Weil Verdoppelung und Exkursion so r a d i k a l a n t i m a t e - rialistisch und antirationalistisch sind, wollen wir noch zwei Erlebnisse bringen.

Der bekannte Nervenarzt und Parapsychologe, Dr. *Marconowski*, hatte das Erlebnis selbst während eines Sturzes mit dem Fahrrad. Ganz plötzlich sah er vor sich ein Hindernis, auf das er im gleichen Augenblick mit seinem Fahrrad stürzen würde. Der große Schreck war dann die auslösende Ursache für den Austritt seines Ich.

Er berichtet:

„Und nun beobachtete ich etwas ganz Eigentümliches. Mein Bewußtsein war außerhalb des Körpers orientiert und blieb etwa 60 cm von *der* Stelle im Raum haften, an der ich mich befand, als der Schreck über den unvermeidlichen Sturz mich traf. Ich sah mich klar und deutlich und verhältnismäßig ruhig von hinten, sah Rücken und Hinterkopf, sah den ganzen Sturz, auch das hintere Rad von rückwärts her – kurz alles. Dabei wußte ich, daß ... ein schwerer Schädelbruch unvermeidlich wäre. Zugleich aber war in meinem Bewußtsein dort draußen die Vorstellung gegeben, das dürfe nicht sein und würde auch nicht sein. Von dieser klar bewußten Instanz aus – so hatte ich das Gefühl – wurde der Sturz nun so gelenkt, daß nur eine Spaltung des Beckenrings an der Symphyse die Folge war." [67])

Auch der nachfolgende Bericht bestätigt die Annahme, daß ein kräftiger Schreck, Schlag oder Stoß eine rasche und vorübergehende Trennung von Ich und Körper bewirken können. In glaubhafter Weise wird von S. J. *Muldoon*, einem parapsychologischen Autor, der auch eigene Austrittserfahrungen hatte, folgendes über einen Nachbarn berichtet:

„An einem Wintertage, während der Nachbar mit einer Holzladung auf seinem Schlitten heimkehrte, schoß ein Jäger seine Flinte nach einem Kaninchen ab. Die Pferde sprangen an, gaben dem Schlitten einen Ruck und warfen den Fahrer mit dem Kopf voran zu Boden. Er sagte, ... daß er, auf der Erde angelangt, sogleich sich bewußt war, aufrecht zu stehen, und seinen anderen Körper reglos neben der Straße liegen sah, mit abwärts in den Schnee gekehrtem Gesicht. Er sah den Schneefall rings umher, sah den Dampf von den Pferden aufsteigen, sah den Jäger auf ihn zueilen. Alles dies war ganz wahrheitsgetreu; aber was ihn völlig verwirrte, war, daß er zweimal da war, denn er glaubte alles, was geschah, gleichzeitig von einem anderen wirklichen Leibe aus zu beobachten. Als der Jäger herankam, schien sich alles zu verdunkeln. Der nächste bewußte Augenblick war, daß er auf dem Boden lag und der Jäger Wiederbelebungsversuche an ihm machte. Was er gesehen hatte, war so wirklich gewesen, daß er nicht glauben konnte, es seien da nicht zwei fleischliche Körper gewesen; ja, er fühlte sich gemüßigt, an der Stelle, wo er wußte, daß er ‚gestanden' hatte, im Schnee nach Spuren zu suchen." [68])

Dies Erlebnis reiht sich wieder völlig in die vielen Bezeugungen der Verdoppelung ein, so daß es ernsthaft nicht bezweifelt werden kann. Um so mehr drängt sich uns auch jetzt die Frage auf:

Wie können wir die Verdoppelung erklären?

Eine exakte Erklärung gibt es nicht. Wir stoßen wieder einmal auf ein Geheimnis. Allerdings gibt es einen beachtlichen Teil innerhalb der parapsychologischen Forscher, die die Existenz von Feinstofflichem annehmen. Diese Annahme geht schon auf den Ahnen der Parapsychologie zurück, den Arzt Dr. *Mesmer.* Er war davon überzeugt, daß ein feinstoffliches Fluidum existiert. Es sei mit den normalen fünf Sinnen nicht wahrzunehmen. Mesmer hat als Resultat seiner lebenslangen Erfahrung 27 Leitsätze aufgestellt. In der 13. und 14. These sagt er, daß diese feinstoffliche Kraft alle Körper durchdringe, alles mit allem verbinde und auch auf weite Entfernung hin wirke. Mesmer braucht die Worte „animalischer Magnetismus" und „magnetische Kraft". Leitsatz 17 lautet: „Diese magnetische Kraft kann angehäuft, konzentriert und transportiert werden". Bei der Exkursion hätten wir es dann mit solch einem „Transportieren" dieser „magnetischen Kraft" zu tun. *Mesmer ist außerdem in These 11 der Überzeugung, daß diese „magnetische Kraft" auch „beseelten und unbeseelten Körpern mitgeteilt" werden könnte. Mit dieser einen These ist nicht weniger als der Grundgedanke aller Magie und des ganzen magischen Denkens bezeugt.*

Ein anderer, K. Freiherr *von Reichenbach,* spricht vom „Od". Damit ist ebenfalls die alles durchströmende Lebenskraft gemeint.

Das Wissen um solch eine Kraft gehört zum Urwissen der Menschheit. Die Naturvölker bezeichnen diese Kraft als „Mana" oder „Orenda". Die Inder nennen sie „Prana", die Chinesen „Chi'i", der alte Grieche Hippokrates „Enormon" und die alten Ägypter nennen sie „Ka".

Neuere Erkenntnisse berühren sich wieder mit dem Urwissen der Menschheit.

Der konkrete Fall der Exkursion wird im Zusammenhang all des Erwähnten mit der Annahme eines Astralleibes erklärt, wörtlich übersetzt „Gestirnleib". Damit ist ein Leib gemeint, der nicht mit physikalischen Methoden gemessen und erfaßt werden kann. Dieser Astralleib – auch Ätherleib genannt – umgibt den Menschen als eine feinstoffliche Aura. Er ist von grobstofflichen Körpern zu unterscheiden. Diese feinstoffliche Aura kann den realen Körper als seinen Doppelgänger umgeben. Nach Freiherr von *Reichenbach* ist bei der Aura mehr an einen ruhenden, statischen Zustand und beim Od mehr an das Bewegende und Dynamische gedacht.

Von dieser Aura her erklärt es sich, daß unsere mittelalterlichen Vorfahren den Herrn Jesus Christus, die Apostel und Heiligen mit der Aura des Heiligenscheins gemalt haben. Darin wird deutlich, daß unsere Väter jedenfalls nicht in den Fehler der Wirklichkeitsverkürzung auf das bloß Natürliche, Meßbare und Zählbare gefallen sind. Ihre Annahme von Astralleib und Aura ist zudem gar nicht so unwissenschaftlich, wie das Rationalisten und Materialisten annehmen. Bei Verdoppelungs-Exkursionen handelt es sich nach Meinung dieses erwähnten Teils der Wissenschaftler darum, daß die feinstoffliche Aura, dieser Astralleib sichtbar wird.
Frage:

Gibt es einen Astralleib?

Nein, sagt z. B. Dr. E. *Menninger-Lerchenthal*. Das sagt schon der Titel seines Buches: „Das Trugbild der eigenen Gestalt." Ferner hat er das andere bekannte Buch geschrieben: „Der eigene Doppelgänger." Er begründet seine These damit, daß alles Seelische, mithin auch das Bewußtsein, a n d i e F u n k - t i o n d e s G e h i r n s gebunden sei. Folglich könne es nichts geben, das sich vom Körper löse und in den Außenraum trete. Wer es trotzdem behaupte, täusche sich. Dr. Menninger-Lerchenthal stützt sich seinerseits auf Dr. *Zutt*, Direktor der Universitätsklinik Frankfurt am Main.

Obwohl die Arbeit von E. Menninger-Lerchenthal mit großer Sachlichkeit vorgetragen wird, vermag sie dennoch nicht zu überzeugen. Wir haben bereits in anderem Zusammenhang darauf hingewiesen,

> daß die Verdoppelungen durch Drittpersonen gesehen wurden,
> daß Halluzinationen ausgeschlossen sind,
> daß Fotoaufnahmen gemacht wurden.

Bleibt jetzt der Hinweis auf das Gehirn, auf das sich von jeher die Materialisten berufen haben.

Durch die Kriegschirurgie sind Verwundungen bekannt, bei denen, wie es wörtlich heißt, *„löffelweise"* [68a] Gehirnmasse verlorenging, und doch seelische Funktionen ungestört blieben. Gerade von ärztlicher Seite ist gegen die Bindung und Gleichsetzung von Bewußtsein und Gehirnfunktion protestiert worden. Die materialistische Gehirnthese läßt sich also nicht halten.

Trotzdem bleibt es dabei: die Frage „Gibt es einen Astralleib?" läßt sich nicht mit letzter Sicherheit beantworten. Die Heilige Schrift spricht sich nicht direkt darüber aus. Wohl schreibt Paulus die sehr vielsagenden Worte: „Es ist mir ja das Rühmen nichts nütze; doch will ich auf die Gesichte (Visionen) und Offenbarungen kommen, die der Herr mir geschenkt hat. Ich kenne einen Menschen in Christo (er meint sich selbst), der vor vierzehn Jahren bis in den dritten Himmel entrückt wurde; ob damals sein Geist im irdischen Leibe war oder nicht – ich weiß es nicht, Gott allein weiß es. Und ich weiß von dem betreffenden Menschen, daß er ... unsagbare Worte hörte, die kein Mensch nachsprechen kann. Ob man sagen soll, er sei als ganzer, leiblicher Mensch dort gewesen, oder er sei außerhalb des Leibes gewesen, weiß ich nicht. Gott weiß es" (2. Kor. 12, 1–5).

Sage ich zuviel, wenn ich meine, hier handele es sich um eine Exkursion, um einen Austritt des Geistes? Wohl kaum. Paulus hält es für möglich. Ob wir aber deswegen auf die Existenz eines Astralleibes schließen dürfen, bleibt völlig offen.

Was die Forschung betrifft, so soll es ein Hilfsmittel geben, mit dem man meint, diese feinstoffliche Aura sehen zu können, auch wenn man nicht sensitiv, nicht für feinste Reize empfindlich ist. Dieses Hilfsmittel ist der sogenannte Kilner-Schirm, nach dem englischen Arzt Walter *Kilner* benannt. Bei dem Schirm handelt es sich um zwei Glasplatten. Zwischen beiden befindet sich eine alkoholische Lösung von Dicyanin. Mittels Lösung und Schirm sei es nun möglich, die den Menschen umgebende Aura zu sehen. René *Sudre*, ein Forscher, behauptet in der „Revue Métapsychique", 95 Prozent der Versuchspersonen könnten die Aura sehen. Andere Forscher machen andere Angaben.

Auf der gleichen Linie der Annahme einer geheimnisvollen Aura und Odkraft liegt die nachgewiesene Tatsache bestimmter Ausstrahlungen des Menschen, die man biopsychische Ausstrahlungen nennt. Es gibt Menschen, bei denen die Magnetnadel auf dem Kompaß aus ihrer Nordrichtung abgelenkt wird, wenn sie sich mit ihrer Hand der Magnetnadel nähern.

Indem wir hierauf hinweisen, werden wir an die Würfelexperimente von *Rhine* erinnert. Rudolf *Huschka* hat Arbeiten über streng wissenschaftliche Laboratoriumsversuche vorgelegt.[69]) Diese Arbeiten zeigen, daß wir annehmen können: *hinter der physischen Materie liegt ein feinstoffliches, bildendes Prinzip.*

Auch Erwin *Nickel* zeigt in seiner Schrift: „Das physikalische Modell und die metaphysische Wirklichkeit", daß wir besonders auf Grund der Atomphysik, wie aber auch der heutigen physikalischen Erkenntnisse überhaupt, gezwungen sind, mit einer *Trans-Physis* zu rechnen, wir also eine Wirklichkeit anzunehmen haben, die hinter unserer physikalischen Wirklichkeit steht. Diese Trans-Wirklichkeit könne, aber müsse sich nicht in unserer Raum-Zeit-Welt äußern. Tue sie es aber doch, dann hätten wir es eben mit diesen para-physischen Phänomenen zu tun: Fernbewegungen, Apporten mit ihrem Durchdringen von Wänden und Türen, mit Ent- und Wiedermaterialisationen.[70])

Wir greifen unsere Frage auf: Gibt es nun einen Astralleib? Gibt es das Feinstoffliche?

Wie wir dies Geheimnisvolle auch immer nennen mögen, ob Od, Astralleib oder Ätherleib: – wer es, wie Rationalisten und Materialisten, bestreitet, hat viel gegen sich, wer es bejaht, hat viele Versuche, Hinweise, ja möglicherweise Tatsachen für sich.

Ergebnis und neue Frage

Auf den vorangegangenen Seiten dieses Buches sind wir direkt oder indirekt stets den Fragen nachgegangen:

Gibt es Übersinnliches?

Gibt es Phänomene, die mit den bekannten Naturgesetzen nicht erklärt werden können?

Gibt es Ereignisse, die die uns bekannten Naturgesetze überschreiten?

In aller Bescheidenheit meinen wir nun als Ergebnis feststellen zu müssen:

Jawohl, es gibt Übersinnliches.

Jawohl, es gibt Phänomene, die mit den uns bekannten Naturgesetzen nicht erklärt werden können.

Jawohl, es gibt Ereignisse, die die uns bekannten Naturgesetze überschreiten.

Damit haben wir uns in unentwegter Weise dem Punkt genähert, um den es uns entscheidend geht. Wir stehen jetzt am Grenzübergang von der sichtbaren zur unsichtbaren Wirklichkeit, am Schnittpunkt der diesseitigen und jenseitigen Welt.

Die ungeheuer konsequenzträchtige Frage steht nun vor uns: Gibt es ein Jenseits?

Man mag schon vor der revolutionären Tragweite dieser Frage schier erzittern, wenn man ermißt, wie schwer die Antwort ist, denkt man an die vielen Menschen, die diese Frage rundheraus verneinen, sei es, daß sie diese Antwort im resignierenden Schmerz oder im prometheischen Stolz geben.

Ferner sehen wir die vielleicht noch größere Zahl derjenigen Menschen, in deren Herzen der Zweifel kauert:

gibt es ein Jenseits,

gibt es ein Leben nach dem Tode?

Sie möchten vielleicht glauben. Aber kann man es glauben? Der Zweifel nagt.

Gibt es eine Möglichkeit, Glaube und Wissen in eine fruchtbare Spannung zu bringen? Ja, kann man wissen, ob es ein Jenseits gibt?

Allerletzte Fragen.

Wir haben auf den bisherigen Seiten bei unserer Bergsteigung schon viel zurückgelegt. Aber den Gipfel haben wir noch nicht erklommen. Sollen wir es wagen?

Täuschen wir uns nicht: den Gipfel zu erklimmen – ist das schwierigste und gefährlichste Stück Arbeit.

Trotzdem wagen wir es. Wir müssen es wagen –

    um der Wahrheit willen,
    um der Menschen willen,
    um unser selbst willen.

Es geht ums Letzte. Es geht um den Gipfel. Es geht um die Frage: Gibt es ein Jenseits, eine jenseitige Welt?

II. Hauptteil: Die jenseitige Welt

Die Bestreitung des Jenseits

Wenn wir über das Jenseits schreiben, müssen wir auch über die sogenannte „moderne" Theologie schreiben. Zwar ist dieser Ausdruck „moderne" Theologie nicht gut. Denn meine verehrten Lehrer – um nur einige Namen zu nennen – Karl *Heim*, Adolf *Köberle*, Walter *Künneth* etc. sind wahrhaftig moderne Theologen in dem Sinne, daß sie sich als Männer ihrer Zeit mit den Problemen ihrer Tage in lebensnaher Weise auseinandersetzen. In dem Sinne hoffe ich auch gemeinsam mit all meinen Brüdern, die ungebrochen zu Schrift und Bekenntnis stehen, ein moderner Theologe zu sein.

Aber das spezielle Verständnis von moderner Theologie hat sich nun einmal so verfestigt, daß man diesen Umstand einfach respektieren muß. Also: unter moderner Theologie verstehen wir die besonders von Rudolf *Bultmann* eingeleitete und die von seinen Schülern und Schülerschülern weitergeführte Existenztheologie mit ihrem *Entmythologisierungsprogramm*, d. h.: Ereignisse, besonders im Leben Jesu, wurden zu bloßen Bildern und Legenden entleert und „uminterpretiert". Z. B. Jesu Wunderwirken: Stillung des Sturmes, Auferweckung des Lazarus, des Jünglings von Nain etc., ferner die Heils- und Opferbedeutung seines Todes. Selbstverständlich bestehen in den Reihen der modernen Theologie Unterschiede und Akzentverschiedenheiten. Das kann so weit gehen, daß Willi *Marxsen*, Neutestamentler in Münster, sich nicht als Bultmannschüler bezeichnet, aber nichtsdestoweniger mit Fug und Recht zu den sogenannten „modernen" Theologen gezählt wird. Auch Heinz *Zahrnt* gehört ins Lager der „modernen" Theologie, obwohl er sich mehr von Paul Tillich her verstanden wissen möchte. Diese Differenzierungen im einzelnen sollen nicht übersehen werden. Gewiß! Und doch besteht in bezug auf diese Frage unseres Buches große Einmütigkeit: Denn sie alle leugnen die Existenz des Jenseits.

Greifen wir, um diesen Satz zu belegen, einmal den erwähnten Heinz *Zahrnt* heraus. Obwohl er noch als einer der gemäßigten Modernisten anzusehen ist, kommt doch auch er, wie alle modernen Theologen, von der eingangs unseres Buches erwähnten Aufklärung her, deren Geist er völlig atmet. So macht er sich gemeinsam mit der gesamten Richtung der „modernen" Theologie zu eigen, was er in einem Abschnitt seines letzten Buches mit den kennzeichnenden Worten überschreibt:

„Vom Jenseits zum Diesseits"

H. Zahrnt leitet diesen Abschnitt mit einem kleinen Erlebnis ein und schreibt:

> „Der bekannte anglikanische Bischof A. T. Robinson erzählt einmal, wie ihm ein jüdischer Student in Chikago in einem mitternächtlichen Gespräch gestanden habe: ,Wenn ich dieses Leben noch mit den Augen unserer Väter betrachten könnte als ein paar Sekunden Vorbereitung auf die Ewigkeit, dann wäre alles anders für mich. Aber ich kann das nicht. Sie etwa?' Und Robinson fährt fort: ,Ich mußte ihm beipflichten, ich kann es auch nicht.' Und wir müssen unserseits wieder dem englischen Bischof beipflichten und gestehen:
>
> Wir können es alle nicht mehr, wenn anders wir wirklich Zeitgenossen sind." [71])

Das kann ja sein, daß Heinz *Zahrnt* und Bischof *Robinson* das nicht können. Aber deswegen ändert sich doch nicht der biblische Tatbestand. Zwar möchten wir nicht den geringsten Zweifel darüber aufkommen lassen, daß diese Einstellung subjektiv völlig ehrlich gemeint ist. Wir möchten ebenso aber auch keinen Zweifel darüber bestehen lassen, daß d i e s e E i n s t e l l u n g   m i t   b e g r ü n d e t e r   W i s s e n s c h a f t l i c h - k e i t   a b s o l u t   n i c h t s   z u   t u n   h a t ,   s o n d e r n   d a ß   s i c h   i n   i h r   l e d i g l i c h   e i n   a n d e r e r   G l a u b e   a u s s p r i c h t . Ebenfalls stellt die Bemerkung „wenn anders wir wirklich Zeitgenossen sind" eine *ungerechtfertigte Vereinnahmung* dar, weil sie fälschlich etwas *pauschalisiert,* was sich in Wirklichkeit sehr anders ausnimmt. Denn immer mehr Zeitgenossen erkennen die Wirklichkeitsverkürzung durch eine falsche Aufklärung als höchst kümmerlich, unrichtig und willkürlich.

H. Zahrnt wird erfreulich deutlich, wenn er die Horizontverengung näher kennzeichnet. Er fährt nämlich fort:

> „Dieser Verlust des Jenseits betrifft keineswegs nur den christlichen Glauben an das ewige Leben, auch nicht nur speziell den Glauben an Gott, sondern alles metaphysische Denken im Abendland überhaupt ... Es gibt immer mehr Menschen, die nicht mehr an Himmel, Hölle und ewiges Leben glauben und dennoch hier in der Zeit das Ihre verantwortlich tun. Hinter ihrer Haltung steht eine Bewußtseinsverschiebung vom Jenseits zum Diesseits, durch die sich die Lebensrichtung der Menschen genau um 180 Grad gedreht hat. Mit ihr hat eine Vertauschung der Prioritäten, in der Tat eine ‚Umwertung aller Werte‘ stattgefunden." [72]

Wenn es sich bei diesen Sätzen lediglich um die *Beschreibung* eines Tatbestandes handeln würde, dann müßten wir dem zustimmen. Aber diese Sätze geben nicht nur eine Beschreibung, sondern eine Identifizierung, eine *innere Zustimmung* wieder. Nicht unüberlegt stellt H. Zahrnt den Abschnitt „Vom Jenseits zum Diesseits" unter das Gesamtkapitel:

> „Die Endgültigkeit der Aufklärung
> Eine theologische Standortbestimmung" [73]

Es drücken sich Überzeugung und Zustimmung durch die gesamte moderne Theologie darin aus, wenn H. Zahrnt schreibt, daß die

> „Wissenschaft durch die Erforschung des Natur- und Geschichtszusammenhangs alles religiöse Oben zerstörte." [74]
> „Durch ihn (den Vorgang der Säkularisierung der Welt) ist die jenseitige, übernatürliche, göttliche Welt ... unwirklich und unwirksam geworden." [75]
> „Mit der Auflösung des Jenseits und dem Wandel der Autorität hat sich die Blickrichtung des Menschen entscheidend geändert. Er schaut nicht mehr zum Himmel empor ..." [76]

Vom Himmel spricht Zahrnt als einem „imaginären Himmel" [77], d. h. einem scheinbaren, einem nur in der Vorstellung bestehenden Himmel.

Zwar charakterisiert er die Aufklärung richtig, daß durch sie ein „Wandel der Autorität und die dadurch bedingte Autonomie des Menschen und . . . die Auflösung aller Vorstellungen von einer jenseitigen göttlichen Überwelt und die daraus entstehende Verweltlichung der Welt" [78]) verursacht sei. *Aber schrift- und bekenntnisgebundene katholische und evangelische Christen sehen und bedauern in dieser falschen Aufklärung gleichsam den abendländischen Sündenfall und die Ursache für den religiösen Krebsgang.*

Hingegen findet die Aufklärung im Lager der modernen Theologie vollste Zustimmung. Dies wurde bei H. Zahrnt bereits in seiner Zustimmung zu Robinson erkennbar, als er bekannte, dies Leben nicht als ein „paar Sekunden Vorbereitung auf die Ewigkeit" betrachten zu können. Was ist das Leben in seinem Kern denn anders als „Vorbereitung auf die Ewigkeit"? Nochmals bringt er seine Überzeugung von der „Endgültigkeit der Aufklärung" mit dem Satz zum Ausdruck: „In unseren Tagen hat die Aufklärung den christlichen Glauben endgültig erreicht." Er schreibt:

> „Um ihre Endgültigkeit zu kennzeichnen, pflegen wir von der ‚zweiten Aufklärung' zu sprechen." [79])

Da die moderne Theologie diesen Geist atmet und atmen will, ist es zur Charakterisierung hilfreich und sachgemäß, die moderne Theologie als T h e o l o g i e   d e r   z w e i t e n   A u f k l ä r u n g zu bezeichnen. Wir können sie auch I m m a n e n z - Theologie nennen. Dies Wort leitet sich vom Lateinischen „immanere = darin bleiben" ab, nämlich in der Innerweltlichkeit bleiben. Dieser I n n e r w e l t l i c h k e i t s - T h e o l o g i e fehlt das Überschreiten zur jenseitigen, unsichtbaren Wirklichkeit. D a m i t   a b e r   f e h l t   i h r   d a s   E n t s c h e i d e n d e   ü b e r h a u p t. Es fehlt ihr echte Transzendenz.

Was *Gott* betrifft, so spricht ihm zwar Heinz Zahrnt als ein gemäßigter moderner Theologe im Unterschied zu den radikalen (z. B. Herbert *Braun,* Manfred *Mezger,* Gerd *Otto,* Dorothee *Sölle*) die Personalität nicht ab. Aber: „Auch im Hinblick auf die Personalität Gottes hilft uns nur eine existentiale Interpretation weiter . . ." [80])

Was dieser Vorgang beinhaltet, wird an dem Satz erkennbar:

> „Der Gott, der als ein übernatürliches, überweltliches und in *diesem* Sinne jenseitiges, persönliches Wesen von oben oder von außen her in die Welt hineinfunkt, ist tot;

157

er ist an seiner Überweltlichkeit und damit an seiner Un-
weltlichkeit gestorben."[81])

Im Bild ausgedrückt heißt das doch: trotz einer – zwar noch
näher zu beschreibenden – Personalität Gottes sind Gott die
Hände gebunden. Denn: „...aus der Welt Gottes ist die
Welt des Menschen geworden."[82]) Außerdem: der Himmel ist
leer, die Hölle entvölkert, ewiges Leben ein frommer Traum.
Ein Jenseits gibt es nicht. Ausdrücklich betont Heinz Zahrnt,
wie wir bereits feststellen mußten:

> „Kein Wort also über eine jenseitige Welt, nicht nur
> kein ausgemaltes Bild von ihr, auch nicht einmal die
> Behauptung ihrer Existenz..."

Es brennt uns die Frage unter den Nägeln: Stimmt das?
Antwort:
Nein, es stimmt nicht!! Das müssen wir nun beweisen.

Die Existenz des Jenseits

Es kam uns auf den bisherigen Seiten darauf an, dem heutigen Menschen möglichst nicht – wie er sagen würde –
fromm zu kommen, sondern streng sachlich und immer mit
Fakten, die ihr eigenes Gewicht haben. Damit wollten wir
ihm eine Brücke bauen. Im Bild unserer Bergsteigung ausgedrückt: Wir wollten ihm eine gute Ausrüstung mitgeben und
gemeinsam mit ihm in die Felswände einsteigen. Nun wir
aber in die Auseinandersetzung mit der Innerweltlichkeits-
theologie getreten sind und wir die Frage nach dem Jenseits
aufgegriffen haben, müssen wir eine Autorität zur Beantwortung heranziehen, die als Erst- und Letztinstanz für alle Christen zuständig ist: Jesus Christus.

Jesus Christus und das Jenseits

Jesus wird von den Sadduzäern, den religiös Liberalen und
Rationalisten seiner Zeit, wegen der Auferstehung von den
Toten befragt. Wie die heutigen, so leugneten auch die da-
maligen Rationalisten die Auferstehung. Sie stellten Jesus die

Fangfrage, wem die Frau bei der Auferstehung gehören werde, die als verheiratete Frau kinderlos geblieben war und deshalb nach mosaischem Gesetz dem Bruder zum Weibe gegeben wurde. Die Rationalisten konstruierten den Fall, daß sie sieben Männern gehört und doch kinderlos geblieben sei. „Nun in der Auferstehung, wes Weib wird sie sein unter denen?" Jesus antwortet: „Die Kinder *dieser* Welt freien und lassen sich freien, welche aber würdig sein werden, j e n e Welt zu erlangen..., die werden weder freien noch sich freien lassen" (Luk. 20, 34 + 35). Im griechischen Urtext stehen die Worte tou Aionos ekeinou = wörtlich übersetzt heißt dies: jene [dortige, zukünftige] Welt.

Von jener künftigen Welt redet Jesus auch im Matthäus-Evangelium in bezug auf die Sünde gegen den Heiligen Geist: „Wer etwas redet wider des Menschen Sohn, dem wird es vergeben, aber wer etwas redet wider den Heiligen Geist, dem wird's nicht vergeben, weder in *dieser* noch in j e n e r Welt" (Matth. 12, 32). Jesus weiß um das künftige Gericht und braucht in diesem Zusammenhang den Begriff von „jenem Tage" = en ekeine Hemera: „Es werden viele zu mir sagen an *jenem* Tag..." (Matth. 12, 32). „Es wird Sodom erträglicher gehen an jenem Tage..." (Luk. 10, 12).

Wir dürfen also in Form eines lapidaren Satzes feststellen:

> J e s u s C h r i s t u s a l s d e r M u n d d e r e w i g e n W a h r h e i t b e z e u g t d i e E x i s t e n z e i n e r j e n s e i - t i g e n W e l t .

Die falsche Folgerung

Die rationalistische Aufklärung des 18. Jahrhunderts und die moderne Theologie unserer Tage mit ihrer zweiten Aufklärung haben schon recht, wenn sie sehen und zugeben, daß Jesus und das Neue Testament „d u a l i s t i s c h" denken und reden, also in der *Gegenüberstellung. Ja, Jesus und das Neue Testament verstehen die Welt in der Polarität von Diesseits und Jenseits;* sie teilen auf in die „obere und die untere, die übernatürliche und die natürliche, die geistige und die physische, die himmlisch-göttliche und die irdisch-menschliche" [83]) Welt. Die Theologie der zweiten Aufklärung sieht aber dann falsch, wenn sie diesen Dualismus für mythologisch oder für

„weltanschaulich" hält, wie Zahrnt sich ausdrückt. Mit diesem Wort „weltanschaulich" soll gesagt sein, daß es sich dabei lediglich um menschliche Zutaten handele.

Wir müssen den Spieß genau umkehren und feststellen:

In der Heiligen Schrift begegnet uns Offenbarung Gottes als Einbruch der Ewigkeit in die Zeit, begegnet uns Offenbarung als Kundgabe Gottes aus der Dimension des Jenseits in die Dimension des Diesseits. In der Heiligen Schrift haben wir es aber nicht mit menschlicher Weltanschauung zu tun. Wohl aber ist es menschliche Weltanschauung moderner Theologen, diesen Dualismus der Bibel von diesseits und jenseits, von zeitlich und ewig zu leugnen und eine bloße Innerweltlichkeit auf den Thron zu erheben. Hingegen ist es nicht „weltanschaulich", sondern geoffenbarte, göttliche Wahrheit, wenn der Völkerapostel schreibt:

„Wir, die wir nicht sehen auf das Sichtbare, sondern auf das Unsichtbare. Denn was sichtbar ist, das ist zeitlich, was aber unsichtbar ist, das ist ewig" (2. Kor. 4, 18).

Falsches und richtiges Verständnis vom Jenseits

Allerdings müssen wir das Wort Jenseits vor Mißverständnissen abschirmen. *Unter Jenseits ist kein geographisch fixierbarer Ort zu verstehen, auch nicht irgendeine Stelle im weiten Universum.* Das – man muß schon sagen – primitive Mißverständnis von „Bischof" *Robinson* bestand darin, daß er der bisherigen Christenheit solch ein lokalisiertes Mißverständnis unterstellt hat. So können wir bei ihm lesen, daß Gott in der Kirche Christi „oben", d. h. oberhalb unserer Welt gedacht worden sei. Wir wiesen bereits durch ein Zitat von „Bischof" Robinson darauf hin, daß nun aber durch die Raumflüge diese Vorstellung nicht mehr möglich sei. Ich muß gestehen, daß ich mich für Robinson als einem „Bischof" der anglikanischen Kirche einfach schäme, solch eine primitive, grobräumliche Lokalisierung dem Bekenntnis der Christenheit anzuhängen. Wie erschreckend wenig muß er sich Mühe gemacht haben, die Gedanken nachzudenken, die sich die Kirche über das Jenseits und über Gott gemacht hat. Als ob solche tiefgründigen und differenzierten Denker von Weltruf wie ein *Augustin*, *Thomas* von Aquin, *Abaelard*, *Albert* der Große, *Luther*, *Pascal*, *Newton*, *Kierkegaard* und viele andere sich den lebendigen Gott „oben" – sagen wir – 5000 km westlich vom Polarstern wohnend und thronend vorgestellt hätten!

Das wäre allerdings eine falsche Vorstellung von Gott und dem Jenseits.

Natürlich wollen wir gerne zugeben, daß räumliche Vorstellungen und räumliches Denken in bezug auf Gott und Jenseits sich bei einfacher und unreflektierter Denkweise gern einschleichen, weil wir von unserer natürlichen Erfahrungswelt her die Begriffe „oben" und „unten" allzuleicht und allzu verständlich auch auf das Jenseits und Gott übertragen. Exakt ist das nicht. Aber es ist ja auch nicht exakt, wenn wir alle vom Sonnenaufgang und Sonnenuntergang reden, wo doch jedermann weiß, daß es sie so nicht gibt. Unser ganzes Denken ist nun einmal an der Raum-Zeit-Welt orientiert. Unsere Vorstellungen bewegen sich in der Dreidimensionalität: Länge, Breite, Höhe. Das führt dann leicht dazu, daß wir dies auf das Jenseits übertragen. Gewiß, das ist falsch. Aber es ist nicht weniger falsch, ja es ist noch „falscher" – wenn ich mir diese Steigerungform einmal erlauben darf – nun herzugehen und kühnlich zu behaupten:

„Für uns gibt es nur noch e i n e Wirklichkeit." „Kein Wort also über eine jenseitige Welt, . . . auch nicht einmal die Behauptung ihrer Existenz."

Demgegenüber müssen wir feststellen: d i e O f f e n b a r u n g G o t t e s i n d e r H e i l i g e n S c h r i f t b e z e u g t u n s d i e E x i s t e n z d e s J e n s e i t s e i n d e u t i g. Dies Jenseits wird auch mit dem umgreifenden Wort Ewigkeit bezeichnet. W e r d i e E w i g k e i t l e u g n e t, l e u g n e t d a s J e n s e i t s. Wer das Jenseits bestreitet, bestreitet die Ewigkeit. *Betreffs des Jenseits wird in der Heiligen Schrift unterschieden zwischen Himmel und Hölle, dem Reich Gottes und dem Reich Satans. Wenn Jesus sagt: „In meines Vaters Haus sind viele Wohnungen" (Joh. 14, 2), dann ist dies Bild eine Bezeugung der Existenz des Jenseits.* Jesus greift eigens den Einwand vorweg: „Und wenn es nicht so wäre" (das mit der jenseitigen Welt), „so würde ich sagen: ich gehe hin, euch die Stätte zu bereiten." Damit bezeugt er das persönliche Weiterexistieren seiner Jünger in jener Welt Gottes. Da können wir doch nicht hergehen und behaupten: „Kein Wort also über eine jenseitige Welt..., auch nicht einmal die Behauptung ihrer Existenz." Wer solch einen Satz schreibt, wie H. Zahrnt es für die gesamte moderne Theologie tut, der stellt eine Behauptung auf, die das entscheidende Manko hat, nur *Meinungsausdruck menschlicher Weltanschauung* zu sein. Ebenso liegt aus dem Munde Jesu die Bezeugung des Jenseits vor, wenn er zum Schächer am Kreuz sagt: *„Wahrlich, wahrlich, ich sage dir: noch heute wirst du mit mir im Paradiese sein."* Damit ist aus dem Munde der göttlichen Wahrheit klar bezeugt, daß mit dem leiblichen Tod der große Wechsel des Menschen erfolgt: von der Zeit in die Ewigkeit, vom Diesseits zum Jenseits, vom Vergänglichen zum Unvergänglichen, vom Sichtbaren zum Unsichtbaren. Das richtige Verständnis vom Jenseits haben wir dann, wenn wir uns darüber klar werden: D a s   J e n s e i t s i s t   d e r   A u s d r u c k   f ü r   d i e   u n s i c h t b a r e   W i r k l i c h - k e i t. Präziser ausgedrückt: *Das Jenseits und die unsichtbare Wirklichkeit sind nach biblischem Verständnis ein und dasselbe.* Deswegen kann Jesus von „jener Welt" reden. Unter Jenseits ist das zu verstehen, was hinter, was jenseits der Todesgrenze und jenseits unserer gegenständlichen Raum-Zeit-Welt liegt. Der Apostel Paulus sagt: „Was sichtbar ist, das ist zeitlich; was aber unsichtbar ist, das ist ewig" (Kor. 4, 18). *Mit Jenseits ist die Transzendenz gemeint.*

Mithin liegt für jeden, der Jesus und der Heiligen Schrift keine Gewalt antut, offen am Tage:

> Die Existenz des Jenseits als unsichtbare Wirklichkeit wird klar bezeugt. Diese Bezeugung ist keine Bildaussage, sondern ist eine Sach- und Seinsaussage. Es liegt nun an uns, daß wir das Jenseits als unsichtbare Wirklichkeit nicht mißdeuten oder gar seine Existenz leugnen.

Wir müssen noch auf folgendes hinweisen: es gibt ein falsches, unbiblisches Denkschema von Diesseits und Jenseits. Hier wird unter Diesseits die böse Materie verstanden, die es zu überwinden gelte. Im Unterschied dazu das Jenseits als die Welt des Geistigen und der unvergänglichen Ideen. Stattdessen geht es in der Heiligen Schrift beim Jenseits um die unsichtbare Wirklichkeit des heiligen Gottes und seines Reiches und andererseits um die unsichtbare Wirklichkeit der satanischen Feindesmacht und ihres Anhangs. Beide Mächte der unsichtbaren Wirklichkeit ringen um den endgültigen Sieg in dieser unserer *sichtbaren* Wirklichkeit. *Dies* ist die biblische Gegenüberstellung von Jenseits und Diesseits. – Wir stellen fest:

1. Die Heilige Schrift ist also nicht materiefeindlich. Der schwäbische Gottesmann *Oetinger* hat gesagt: „Leiblichkeit ist das Ende der Wege Gottes." Damit meint er die *Geistleiblichkeit*. Welcher Art sie sein wird, wissen wir nicht.

2. D a s   J e n s e i t s   i s t   a u c h   d i e s s e i t s b e z o g e n.

Biblische Beispiele für die Beziehung zwischen Diesseits und Jenseits

Daß es sich im Blick auf die jenseitige, unsichtbare Wirklichkeit nicht um eine Mythologie oder Bildaussage handelt, wird durch die reale Verbindung zwischen unsichtbarer und sichtbarer Wirklichkeit verdeutlicht. Denn *das Jenseits als unsichtbare Wirklichkeit ist mit unserer sichtbaren Wirklichkeit aufs engste verwoben.* Das Jenseits als unsichtbare Wirklichkeit liegt *nicht* räumlich *über*, auch *nicht unter* unserer diesseitigen, sichtbaren Wirklichkeit, sondern gleichsam *in* ihr. Beide sind – im Bild ausgedrückt – nur durch einen Schleier voneinander getrennt. Die Heilige Schrift lüftet an einigen Stellen diesen Schleier. Dafür kurz zwei Beispiele:

Der babylonische König Nebukadnezar ließ die drei jüdischen Männer Sadrach, Mesach und Abed-Nego in den glühenden Feuerofen werfen, weil sie sich weigerten, das von ihm errichtete Standbild anzubeten. Wir lesen: „Aber die drei Männer, Sadrach, Mesach und Abed-Nego, fielen hinab in den glühenden Ofen, wie sie gebunden waren. Da entsetzte sich der König Nebukadnezar und fuhr auf und sprach zu seinen Räten: Haben wir nicht *drei* Männer gebunden in das Feuer werfen lassen? ... Sehe ich doch *vier* Männer frei im Feuer gehen, und sie sind unversehrt; und der vierte ist gleich als wäre es ein Sohn der Götter." Da gebot ihnen der König, aus dem Feuerofen hervorzukommen. „Und die Fürsten, Herren, Vögte und Räte des Königs kamen zusammen und sahen, daß das Feuer keine Macht am Leibe dieser Männer bewiesen hatte und ihr Haupthaar nicht versengt und ihre Mäntel nicht versehrt waren; ja man konnte keinen Brand an ihnen riechen" (Daniel 3, 23 ff). Was war hier geschehen?

Hier wurde der Schleier zwischen Diesseits und Jenseits beiseitegeschoben. Hier wirkte durch Gottes Macht die unsichtbare Wirklichkeit in die diesseitige, sichtbare Wirklichkeit hinein und bewahrte die Männer vor dem Feuertod.

Der zweite biblische Bericht:

„Der König von Syrien führte einen Krieg wider Israel und beratschlagte sich mit seinen Knechten und sprach: Wir wollen uns lagern da und da ..." Der Diener des israelitischen Propheten Elisa fürchtete sich vor der syrischen Übermacht. Der Prophet aber sprach zu seinem Diener: „Fürchte dich nicht; denn derer ist mehr, die bei uns sind, als derer, die bei ihnen sind. Und Elisa betete und sprach: Herr, öffne ihm die Augen, daß er sehe! Da öffnete der Herr dem Diener die Augen, daß er sah; und siehe, *da war der Berg voll feuriger Rosse und Wagen um Elisa her*" (2. Könige 6, 8, 16 ff).

Auch hier ereignete sich im Prinzip dasselbe: Die hauchdünne Schleierwand zwischen Diesseits und Jenseits wurde hinweggezogen. Die unsichtbare Wirklichkeit ragte in die sichtbare Wirklichkeit hinein.

Heute bemüht man sich von verschiedenen Seiten, das Jenseits aus dem Bewußtsein der Menschen zu verdrängen. Aber wenn das gelingen sollte, hätte sich eine sehr gefährliche Schrumpfung vollzogen. Es muß sowohl das W o r t und erst recht die S a c h e des Jenseits dem Denken der Menschen erhalten bleiben. Wohl muß die Sache des Jenseits von falschen Vorstellungen befreit werden. Darum bemühen wir uns an unserem bescheidenen Teil mit diesen Zeilen. Vielleicht hilft uns dazu auch folgendes:

Um das Abendmahl zu erklären, brauchte M. Luther die drei Worte „in", „mit" und „unter". „In", „mit" und „unter" den Gestalten von Brot und Wein empfangen wir Leib und Blut Jesu Christi. Um nun die enge Beziehung von Diesseits und Jenseits, von sichtbarer und unsichtbarer Wirklichkeit zu ver-

deutlichen, dürfen wir sagen: „i n", „m i t" und „u n t e r"
dem Diesseits ist das Jenseits verwoben und vorhanden. Aber
nicht so, daß dadurch das Jenseits verflüchtigt würde. Wir
müssen unbedingt den biblischen Tatbestand festhalten. D a s
Jenseits ist als unsichtbare Wirklichkeit existent.
Nach allem, was wir auf den bisherigen Seiten dieses Buches
an Tatsachen feststellen und an Überlegungen anstellen mußten, sind wir nun hinreichend auf das vorbereitet, dem wir
die Gesamtüberschrift geben wollen:

Einwirkungen des Jenseits ins Diesseits

„Es ist noch keiner wiedergekommen"

Zwar pflegen Menschen zu sagen, die Jenseits und Weiter-
existenz des Menschen nach seinem Tode bezweifeln: „Es ist
noch keiner wiedergekommen." Gewiß, der Satz stimmt in
dem Sinne, daß noch keiner unserer Toten als *Leichnam* mit
seinem alten Körper auferstanden ist und wieder seiner gewohnten früheren Arbeit nachgegangen wäre. Nein, so nicht.
Denn wir müssen mit der Tatsache ernst machen, daß durch
den Tod jener Wechsel vom Diesseits zum Jenseits erfolgt.
Und das bedeutet einen Wechsel von der sichtbaren in die
unsichtbare Existenz- bzw. Seinsweise.

Nochmals: *Zwar ist noch keiner als* L e i c h n a m *körperlich
auferstanden* (mit Ausnahme der Totenauferweckungen durch
Jesus). *Aber das heißt nicht, daß deshalb eine Wiederkehr in
v e r ä n d e r t e r A r t u n d W e i s e völlig ausgeschlossen wäre.*

Nachdem wir uns mit dem Austritt des Ich und der Verdoppelung bereits beschäftigt haben, und wir diesen häufig bezeugten Austritt in seinem Tatsachencharakter nicht widerlegen
konnten, sind wir auch in den nun anstehenden Fragen vorbereitet, den Schritt über die Linie vom Diesseits zum Jenseits zu tun.

Unsterblichkeit oder Auferstehung?

Und noch etwas Wichtiges: Zwar wird im Rahmen der evangelischen Theologie vielfach gegen die sogenannte Unsterb-

165

lichkeit der Seele Bedenken erhoben. Man meint, diese Lehre als Einfluß der griechischen Philosophie ins Neue Testament abtun zu sollen. Weithin wird im Gegensatz zur sogenannten Unsterblichkeit der Seele evangelischerseits die Betonung auf die Auferstehung des Menschen am Jüngsten Tag gelegt.

Ohne jetzt auf die Problematik ausführlicher einzugehen, wollen wir nur feststellen: Die Begründung, daß bei der Unsterblichkeitslehre griechische Philosophen ins Neue Testament eingewirkt hätten, überzeugt nicht. Denn J e s u s   C h r i stus ist kein Kostgänger der griechischen Philosophen. Daß entsprechende Texte des Neuen Testamentes auf griechische Beeinflussung zurückzuführen seien, ist eine reine Spekulation, die mit gar nichts bewiesen werden kann. A u ß e r d e m   h a b e n   d e n   G l a u b e n   a n   e i n   W e i t e r leben nach dem Tode nicht nur die Griechen, sondern alle Völker. Er gehört zur Urgewißheit d e r   M e n s c h h e i t .

Es kommt uns nicht auf das *Wort* „Unsterblichkeit der Seele" an, sondern darauf, ob es nach dem Tode ein Weiterleben gibt. Darüber besteht in der Heiligen Schrift allerdings kein Zweifel. „Heute noch wirst du mit mir im Paradiese sein", sagt Jesus zum Schächer am Kreuz. W a s   a m   M e n s c h e n verwest, ist das Körperliche. Das Ich des Menschen verwest nicht. Es gibt eine Raum-Zeit-U n a b h ä n g i g k e i t   d e s   G e i s t e s .

Zeit zwischen Tod und Auferstehung

Wer die Auferstehung gegen das Weiterleben des Ich ausspielt, bleibt die Antwort schuldig, was mit dem Menschen in der sogenannten Zwischenzeit oder dem Zwischenzustand geschieht, also in der Zeit zwischen dem körperlichen Tod und der Auferstehung. Wer lehrt, es gebe keine „Zwischenzeit", keinen „Zwischenzustand" für den Menschen zwischen seinem Tod und der Auferstehung, weil der Mensch total nach Leib, Seele und Geist sterbe, der macht es sich zu einfach. Der hat die Heilige Schrift gegen sich. *Das anstehende Problem gleicht nämlich in der Heiligen Schrift einer Ellipse mit zwei Brennpunkten. Davon heißt der eine „Weiterleben* nach dem Tode" und der andere „Auferstehung". Daß es beides gibt: darin besteht die Spannung.

Im Unterschied zur evangelischen Theologie – soweit sie hier in einem Entweder-Oder-Denken befangen ist – stehen die katholische, die orthodoxe und die anglikanische Theologie diese Spannung durch. D. h. sie lehren in Übereinstimmung mit der Heiligen Schrift beides: das Weiterleben der Geistseele nach dem Tode u n d die Auferstehung zur verklärten Leiblichkeit. Evangelischerseits leistet Prof. Adolf *Köberle* hier vorbildliche Arbeit.

Das biblische Zeugnis

Frage: Befindet sich diese Lehre wirklich in Übereinstimmung mit der Heiligen Schrift? Ja! Was nun zu beweisen wäre.

Höchstinstanz für die Antwort ist wieder Jesus Christus. Was sagt er? In seiner sogenannten Aussendungsrede an seine Jünger und damit an seine Gemeinde sagt Jesus u. a.

„Fürchtet euch nicht vor denen, die den Leib töten, aber die Seele nicht töten können" (Matth. 10, 28).

Dieses Wort Christi erinnert mich an ein kleines Erlebnis. Mein geschätzter Lehrer, Prof. *Fezer* von der Universität Tübingen, hielt mit seinen Studenten eine Lehrprobe. D. h. einer seiner Studenten mußte mit einer Volksschulklasse eine Religionsstunde halten. Dabei kam der Student mit den Schülern auch auf die Frage des Weiterlebens nach dem Tode zu sprechen. Er vermittelte den Schülern den Gedanken der Ganzheitstod-Theologie, d. h. daß der Mensch total nach Leib, Seele und Geist sterbe. Professor Fezer hatte sich bislang zurückgehalten, um den Kandidaten der Theologie in Aufbau und Durchführung der Unterrichtsstunde nicht zu stören. Aber jetzt griff er ein, weil er verhindern wollte, daß eine falsche Lehre sich einschlich und eventuell festsetzte. Er verwies auf dies Wort Jesu:

„Fürchtet euch nicht vor denen, die den Leib töten, aber die Seele nicht töten können."

Dieses Wort Jesu legt den Tatbestand offen dar. Der Tatbestand ist folgender:

Menschen können Menschen in bezug auf ihren Leib töten. Aber wenn diese Menschen tot vor ihren Peinigern liegen, dann ist dies nur das Kleid, nur die Hülle. Das Eigentliche vermochten sie nicht zu töten: die Psyche, den Geist, die Geistseele.

Wir sollten den Mut haben, diesen ganz offensichtlichen Text – und damit den Tatbestand – anzuerkennen und ihn nicht wegen einer nun mal gefaßten Meinung drehen und wenden zu wollen und damit die klare Aussage Jesu zu vergewaltigen. Martin Luther bezeugt: „Nehmen sie den Leib . . das Reich muß uns doch bleiben."

Jesus betont im Gespräch mit den liberalen Sadduzäern ausdrücklich: „Gott aber ist nicht der Toten, sondern der Lebendigen Gott; denn sie leben ihm alle" (Luk. 20, 38). Das heißt doch: auch die dem Körper nach Verstorbenen leben, ja sie sind Lebendige. Denn Gott ist nicht ein Gott der Toten. Im letzten Buch der Bibel, Offenbarung Kapitel 6, 9 ff, wird von den Märtyrern gesprochen, deren Seelen unten am Altar sind. Wir lesen: „Und als das Lamm (Jesus Christus) das fünfte Siegel öffnete, sah ich (der Jünger Johannes) unten am Altar die Seelen derer, die hingemordet waren um des Wortes Gottes willen und wegen des Zeugnisses . . ." Auch dieser dritte Hinweis erhärtet den biblischen Tatbestand:

Es gibt ein Weiterleben nach dem Tode.

Mit dem Sterben vollzieht sich ein Verwandeltwerden. „Wir werden aber alle verwandelt werden" (1. Kor. 15, 51). Sterben ist Übergang in den jenseitigen, unsichtbaren Wirklichkeitsbereich, der mit unseren Begriffen von Raum und Zeit nicht erfaßt werden kann. Der Gemeinde in Korinth schreibt Paulus: „Wir wissen aber, wenn unser irdisch Haus dieser Hütte zerbrochen wird, daß wir einen Bau haben, von Gott erbaut, ein Haus, nicht mit Händen gemacht, das ewig ist im Himmel" (2. Kor. 5, 1).

Dieser Tatbestand des Weiterlebens nach dem Tode schließt den anderen nicht aus:

Es gibt eine Auferstehung.

In dem erwähnten Gespräch mit den rationalistischen Sadduzäern bezeugt Jesus nicht nur das Weiterleben der Geistseele, sondern auch die Auferstehung. Und dies Letztere tut er wie selbstverständlich: „Bei der Auferstehung werden sie weder freien noch sich freien lassen . . ." (Matth. 22, 30). Jesus bezeugt die „Auferstehung zum Leben" und die „Auferstehung zum Gericht" (Joh. 5, 29).

Die Auferstehung erfolgt nach Ablauf der Zwischenzeit, also der Zeit zwischen unserem Tod und der Weltvollendung.

In der Weltvollendung werden wir mit einer neuen Leiblichkeit umkleidet, von der wir nur aussagen können, daß sie unserer irdischen nicht entspricht, sondern „herrlich" sein wird.

Das Durchgangsstadium zwischen Tod und Weltgericht, also der *Übergangszustand,* in den wir nach dem Tode eintreten, ist nach dem Zeugnis des Neuen Testamentes *kein bewußter Schlafzustand.* Der erwähnte Text von Offenbarung 6, 9 ff zeigt dies sehr deutlich. Denn von denen im Jenseits befindlichen Märtyrern wird berichtet: „Und sie *schrieen* mit großer Stimme und sprachen: ‚Herr, du Heiliger und Wahrhaftiger, wie lange verziehst du noch mit dem Gericht, für unser Blut Rechenschaft zu fordern von den Bewohnern der Erde?' . . . und es ward zu ihnen gesagt, daß sie sich noch eine kurze Zeit gedulden sollten, bis auch ihre Mitknechte und Brüder hinzukämen, die wie die Märtyrer noch getötet werden."

Also: obwohl die Leiber der Märtyrer noch in den Gräbern ruhen, beten und rufen sie doch in jener anderen Welt zum Herrn. Offenbar wünschen sie sich, daß die Zwischenzeit, also das Durchgangsstadium zwischen Märtyrertod und Verherrlichung sich nicht so lange hinziehen möchte.

Dieser biblische Blick hinter den Schleier läßt erkennen, daß in jener anderen Welt weder das Bewußtsein der Verstorbenen ausgelöscht noch die Zeit ausgeschaltet ist. Aber in diesem Zwischenzustand haben die verstorbenen Märtyrer noch nicht das Herrlichkeitsgewand angelegt. Was für uns entscheidend ist, dürfen wir also in dem kurzen Satz zusammenfassen:

Die Verewigten sind im Zustand des Bewußtseins.

Diese biblische Bezeugung deckt sich mit Erfahrungen, die wir über den Zustand der Verstorbenen durch viele Kundgaben aus jener Welt machen konnten.

Mein verehrter Lehrer, Professor Karl *Heim* von der Universität Tübingen, sagte zu uns Studenten wiederholt:

„Die Toten sind uns näher als wir annehmen."

In diesem Satz drückte sich eine wichtige Erfahrung aus. In seiner sehr lesenswerten Schrift: „Was nach dem Tode unser wartet" gebraucht Karl Heim den Ausdruck „Manifestationen Abgeschiedener". Er berichtet von einigen „ganz zuverlässigen Augenzeugen, die wir persönlich kennen und auf deren Aussagen unbedingter Verlaß ist". Karl Heim spricht von „Tausenden" von „Beispielen", die es auf diesem Gebiet „gut bezeugter Kundgebungen von Verstorbenen" gibt.

Diesen Erfahrungen von gut bezeugten Kundgebungen Verstorbener müssen wir uns jetzt zuwenden, denn sie erhärten den Titel unseres Buches: „ . . . und es gibt doch ein Jenseits."

Erscheinungen Verstorbener kurz nach dem Sterben

Ich möchte noch einmal anknüpfen und daran erinnern: Der Austritt des Ich aus dem Körper des lebenden Menschen, die sogenannte Exkursion, ist eine im Raum der Parapsychologie anerkannte und nachgewiesene Tatsache. Der bedeutende parapsychologische Gelehrte Emil *Mattiesen* schreibt: „Was ist die Exkursion anderes als ein Sterben während des Lebens?"[84]

Ich an meinem bescheidenen Teil kann ihm zustimmen, wenn er in seinem großen dreibändigen Standardwerk „Das persönliche Überleben des Todes" schreibt:

„Gerade die übernormalen Leistungsfähigkeiten . . . beweisen durch ihr bloßes Vorhandensein, daß der Mensch etwas in sich hat, was notwendigerweise den Tod überdauert."[85]

Der Psychologe *du Prel* gibt im Blick auf den Menschen die treffende Kennzeichnung: „Wir sind also ein Doppelwesen." Er fährt fort: „Damit lebt aber das Problem der Unsterblichkeit wieder auf . . . wenn wir Fähigkeiten besitzen, die nicht an der Leiblichkeit haften, so wird deren Träger vom Tode nicht betroffen . . ."[86]

Wenn dem so ist, – und dem ist so – wenn es den Austritt des Ich und die Verdoppelung schon *vor* dem Tode gibt,

– und es gibt sie – warum sollte dann nicht auch im Augenblick des Sterbens und kurz danach möglich sein, daß die Geistseele sich kundtut? Darum habe ich vom Standpunkt der Parapsychologie aus nicht die geringsten Zweifel an folgenden glaubhaft bezeugten Erlebnissen.

Gehen wir dabei chronologisch vor. Greifen wir lediglich auf die letzten Jahrzehnte zurück und nehmen wir aus der großen Fülle nur einige Tatsachen heraus.

Der Schriftsteller Eckart *von Naso* schrieb 1937 seine bekannte Lebensbeschreibung von Generalfeldmarschall *Moltke*. Darin wird von seiner Totenerscheinung folgendes berichtet:

„Es war am 24. April 1891, Friedrich August *Dreßler,* ein Freund des Hauses, saß vor dem Flügel, Helmut, Moltkes Sohn, hielt das Cello zwischen den Knien. Sie spielten die Cellosonate von Chopin. Dann setzte man sich zum Whist (Kartenspiel). Einmal atmete der Feldherr schwer, als ränge er nach Luft. Aber es ging vorüber. Das Spiel wurde unterbrochen, man begab sich zum Flügel zurück. Dreßler musizierte. Der Feldherr folgte. Er nahm in einem Armsessel Platz. Mit großen, seltsam leuchtenden Augen hörte er zu. Dann erhob er sich und verließ das Zimmer. Da blies der sanfte Tod den Feldherrn an ... die Augen schlossen sich. Der Feldherr seufzte noch einmal tief auf, als die Last von ihm abfiel, und war gestorben, wie er gelebt hatte: still, einsam, ohne Aufhebens zu machen und voller Bescheidenheit.

Zur gleichen Stunde verließen zwei Kavallerieoffiziere, Prinz Max *von Hohenlohe* und Graf Harald *von Gröben,* das Gebäude [des Generalstabs] am Königsplatz [in Berlin]. Sie waren zum Generalstab kommandiert und hatten lange gearbeitet. Jetzt wollten sie mit gutem Appetit zu Abend essen. Als sie das Portal verlassen hatten und um das Gebäude herumbogen, kam ihnen der Generalfeldmarschall entgegen. Die Offiziere nahmen Haltung an, wie es sich gehörte, und grüßten. Auch der Posten präsentierte das Gewehr. Der Schweigsame [General Moltke] grüßte nicht und ging mit seinen ruhigen Schritten an ihnen vorüber.

Seltsam, sagten die Offiziere leise. Der Generalfeldmarschall hat weder Mütze noch Degen getragen, barhaupt war er vorübergeschritten mit erhobener Stirn. Und da die Blicke ihn suchten, fanden sie ihn nicht mehr. Es drang aber Stimmengewirr und Unruhe aus dem roten Generalstabshaus, und die Kunde verbreitete sich, daß der Generalfeldmarschall zur gleichen Minute gestorben sei.

Dies ist verbürgt und keine Legende. Es ist auch nicht Aberglaube im Spiel oder Lust an Gespenstern. Ein letztes Mal im Dasein des Feldherrn geschah das Natürliche, nur von der größeren Warte des Jenseitigen gesehen." [87])

Was lag hier vor?

Antwort: ein objektives Wiedergängerphänomen. D. h., der verstorbene Moltke geht zum Ort seiner langjährigen Tätigkeit noch einmal wieder zurück. Objektiv war dieses Wiedergängerereignis deshalb, weil es von drei anderen gesehen wurde, die sich in einem völlig normalen Zustand befanden. Der Wachposten hatte sogar das Gewehr präsentiert.

Wie können wir diesen Vorgang erklären? Im Grunde genommen überhaupt nicht. Die Heilige Schrift gibt uns keine Erklärung. Der katholische sehr gründliche Professor *Gatterer* meint, beim Sterben lasse der Mensch nicht nur seinen stofflichen Leib zurück, sondern auch eine geistige Larve. Prof. Hans *Bender* ist der Meinung, durch den abscheidenden Menschen werde ein Wirbel ausgelöst. Die Spiritisten hingegen nehmen an, daß der Mensch beim Sterben nicht nur seinen Leib auf der Erde zurückläßt, sondern auch etwas Geistiges, einen geistigen Komplex. Dieser geistige Komplex existiere in der Astralwelt selbständig weiter. Manchmal löse er sich erst nach Jahrhunderten auf. Das Vorhandensein dieses geistigen Komplexes sei die Ursache für das Wiedergängerphänomen, wie auch für den objektiven Spuk (auf den Spuk nehmen wir noch Bezug).

Diejenigen, die eine Selbstbekundung (Autophanie) eines Verstorbenen aus der jenseitigen Welt ablehnen, erklären den Vorgang dadurch, daß durch den Tod die Wunde der Trauer groß sei, man sich viel mit dem Verstorbenen beschäftige und dadurch Seele und Unterbewußtsein der Lebenden die Gestalt des Verstorbenen selbst produzierten.

Diese Erklärung mag in bestimmten, vielleicht sogar in vielen Fällen zutreffen. Aber nicht bei unseren Phänomenen. Denn die drei Soldaten, die Moltke im gleichen Augenblick sahen, werden schwerlich gleichzeitig intensiv an Moltke gedacht haben – und ihn jeder einzelne im gleichen Augenblick produziert haben.

Folgende Erklärung scheint mir die beste zu sein:

Von der Heiligen Schrift her wissen wir um die Existenz der jenseitigen Welt. Wir wissen um das Totenreich. Bei einem objektiven Wiedergängerereignis wird der Schleier zu dieser jenseitigen Welt einen Augenblick gelüftet. Die hauchdünne Scheidewand zwischen sichtbarer und unsichtbarer Wirklichkeit wird für kurze Augenblicke durchsichtig, transparent. Der Vorgang selbst bleibt zwar unerklärlich. Wie dem auch immer sei: so wichtig die Erklärung auch ist, noch wichtiger ist die Tatsache als solche. Die Fülle der Tatsachen läßt sich nicht bestreiten.

Auch Otto *von Bismarck* hat das Erlebnis eines Wiedergängerphänomens gehabt. Während des Krieges 1870/71 erscheint nachts in seinem Zimmer ein guter Bekannter von ihm. Am anderen Morgen sagt Bismarck dem König *Wilhelm,* daß jener Bekannte ihm in der vergangenen Nacht erschienen wäre. Er sei gefallen. Die erst viel später eintreffende Meldung bestätigte, daß jener Soldat tatsächlich gefallen war.

Erscheinungen Abgeschiedener in Form von objektiven Wiedergängerphänomenen haben sich auch auf der britischen Insel ereignet. England war ja schon von jeher das klassische Land, in dem man um das weite Gebiet des Okkulten immer wußte und wo man schon vor uns auf dem Festland diesen gesamten Bereich wissenschaftlich erforscht hat. Führend nicht nur in England, sondern international war die berühmte 1882 gegründete Society for Psychical Research (abgekürzt S. P. R.) = Gesellschaft für psychische Forschung.

Aus England zwei Berichte von Erscheinungen, die ich dem guten Buch: „Vor der Linie. Der moderne Mensch und der Tod" entnehme mit Beiträgen von dem bedeutenden Kulturphilosophen Arnold *Toynbee* und dem verehrten wie angegriffenen parapsychologischen Professor H. H. *Price* und anderen. Unser Beitrag ist von Rosalind *Heywood.* Wichtig ist: „Die

Erscheinung wurde von einem Freund berichtet, der den betreffenden Flieger sah, b e v o r er von dessen Tod erfuhr." Der Bericht lautet:

„Der Perzipient (der Empfänger der Erscheinung) war Leutnant J. J. *Larkin* von der Royal Air Force. Bei der Erscheinung handelte es sich um David *M'Connel,* einen Offizierskollegen Larkins, der bei einem Flugzeugunglück am 7. 12. 1918 ums Leben kam. Larkin berichtet, er habe den Nachmittag des 7. 12. 1918 in seinem Zimmer in der Kaserne verbracht. Er saß lesend und schreibend vor dem Kamin und war die ganze Zeit hellwach. Gegen 15.30 Uhr hörte er jemand den Flur heraufkommen.

,Die Tür flog mit dem üblichen Getöse auf, das David immer machte. Ich hörte sein ,Hallo, alter Junge', drehte mich im Sessel halb um und sah ihn in der Tür stehen, halb im Flur, halb im Zimmer, die Hand auf der Klinke. Er trug den kompletten Fliegeranzug, hatte aber seine Marinemütze auf. Es war nichts Ungewöhnliches an seiner Erscheinung ... Ich sagte ,Hallo, schon wieder zurück?' Er antwortete: ,Ja, es ging alles glatt, guter Flug.' Ich sah ihn an, während er sprach. ,Na, bis dann', sagte er, schlug die Tür zu und ging. Kurz darauf kam ein Bekannter herein, der zu Leutnant Larkin wollte. Leutnant Larkin erzählte ihm, M'Connel sei gerade dagewesen, man habe sich unterhalten. (Der Bekannte schickte der S. P. R. einen bestätigenden Bericht.) Später am Tage erfuhr man, daß Leutnant M'Connel bei einem Flugzeugunglück gegen 15.25 Uhr auf der Stelle umgekommen war. Eine Verwechslung scheint ausgeschlossen, da das Licht in dem Zimmer, wo die Erscheinung auftauchte, sehr gut war. Zudem war zu der Zeit niemand in der Kaserne, der Leutnant M'Connel irgendwie ähnlich sah. Ebenfalls wurde bestätigt, daß er bei seinem Tod die Marinemütze trug, ein offenbar ungewöhnlicher Umstand. Agent (der zu Tode gekommene Flieger) und Perzipient waren gute, wenn auch nicht enge Freunde im eigentlichen Sinne des Wortes." [88])

Die Frage, vor die wir gestellt sind, lautet: Ist es möglich, daß ein tödlich abgestürzter Leutnant etwa fünf Minuten nach seinem Tode noch mit seinem Kameraden gesprochen hat? Wer die Frage verneint, hat diese Tatsache und noch viele, viele andere gegen sich. Wer sie bejaht, kann zu heilbringenden Konsequenzen geführt und dadurch bereichert werden.

Nun ein objektives Wiedergängerphänomen aus dem Zweiten Weltkrieg. Rosalind *Heywood* berichtet:

> „Nehmen wir die folgende Zusammenfassung eines Analogfalles zu der oben zitierten Erscheinung Leutnants M'Connels, der mir nach dem Zweiten Weltkrieg von einem ausgesprochen nüchternen und von dem Erlebnis äußerst verwirrten Fliegerleutnant berichtet wurde. Sein Geschwader wurde zum Auffangen feindlicher Bomber beordert. Nach heftigem Luftkampf kehrten die verstreuten Piloten einzeln zum Stützpunkt zurück. Mein Informant erzählte, daß er nach der Landung auf dem Weg zum Kasino einen anderen Piloten, einen Rothaarigen von sehr ausgefallenem Aussehen, getroffen habe. Nach ein paar deftigen Worten über die Härte des Luftkampfes wandte sich der Rothaarige seinem Quartier zu. Mein Informant ging ins Kasino und bestellte etwas zu trinken. Bald darauf kam ein dritter Pilot herein und sagte, der Mann, mit dem mein Informant offenbar vor wenigen Minuten gesprochen hätte, sei vor etwa einer Stunde völlig zerschossen worden." [89])

Dieser Bericht hat den einen Mangel, daß der lebende Fliegerleutnant, der mit dem tödlich abgeschossenen Piloten gesprochen hatte, nicht dem hinzugekommenen dritten Piloten sofort von seinem Gespräch berichtete, *bevor* der dritte ihm den Tod mitgeteilt hatte. Denn in der Fachwelt werden nur solche Fälle als authentisch anerkannt, die *vorher* berichtet wurden. So streng geht die Wissenschaft zu Werke. Da aber auch solche nicht vorher gegebenen Berichte im Kern mit den anderen Berichten völlig übereinstimmen, können sie nicht ohne weiteres abgetan werden, wenn die Wissenschaft sie auch gleichwohl nicht anerkennt.

1968 erschien ein Buch von Dr. Louisa *Rhine* „ESP in Life and Lab" (Außersinnliche Wahrnehmung in Leben und Laboratorium). Dieses Buch gibt einen Überblick über die in dreißig Jahren durchgeführten Experimente auf diesem Gebiet durch die Duke Universität in den USA. Davon befassen sich auch rund 10 000 Fälle mit spontaner außersinnlicher Wahrnehmung. Von denen beziehen sich *viele* auf Todesfälle.

Nun eine von einem Medizinprofessor bezeugte Totenerscheinung aus dem atheistisch-materialistischen Rußland, wo es dies ja eigentlich laut staatlich diktierter Weltanschauung gar nicht geben darf.

Die bekannte russische Zeitschrift „Iswestija" brachte den Bericht, der außerdem in anderen Zeitschriften, so z. B. in Heft 7, Jahrgang 1956 der „Okkulte Stimmen" und weiteren parapsychologischen Büchern zu lesen ist:

„Während der Sprechstunde von Professor Dr. G. W. *Sugarew* erscheint in seinem Empfangszimmer ein Mädchen in einem rosa Kleid und bittet den Professor, seine kranke Mutter zu besuchen. Der Professor lehnt ab, weil er keine Hausbesuche mache, und schlägt dem Mädchen vor, die Mutter in die Sprechstunde zu bringen. Aber das Mädchen beschwört den Arzt, in die Wohnung der Kranken zu gehen, teilt die Anschrift mit und verläßt das Sprechzimmer. Der Professor bereut, so entschieden abgesagt zu haben, eilt ihr in das Wartezimmer nach und fragt die Patienten, wo das Mädchen, welches eben sein Untersuchungszimmer verlassen habe, geblieben sei. ‚Gar kein Mädchen ist aus dem Sprechzimmer herausgekommen', erwiderte ein Kranker, ‚und überhaupt war hier gar kein Mädchen.' Der Professor ist verblüfft, er beeilt sich, die Wartenden abzufertigen, fährt zu der bezeichneten Wohnung und findet eine kranke Frau. Als er ihr von dem Besuch erzählt, erklärt ihm die erstaunte Frau, ihre einzige Tochter sei vor zwei Tagen gestorben und der Sarg stehe noch im Nebenzimmer. Der Professor öffnet die Tür und sieht mit Entsetzen im Sarg dasselbe Mädchen im rosa Kleid liegen, das einige Stunden vorher in seiner Sprechstunde war." [90])

An diesem Wiedergängerphänomen ist uns wichtig, daß das tote Mädchen sich bei dem Medizinprofessor manifestierte, *nachdem* es bereits vor zwei Tagen verstorben war. Das führt uns zum nächsten Abschnitt hin.

Erscheinungen Verstorbener nach längerer Zeit

Nachdem der Austritt des Ich aus dem Körper des *Lebenden* und seine Verdoppelung nicht bestritten werden kann, könnte es aber sein, daß die *Erscheinung eines Toten* bestritten oder doch zumindest bezweifelt wird. Vielleicht könnte jemand einwenden: der Zeitpunkt der Erscheinung und der Eintritt des Todes lagen zeitlich so dicht beieinander, daß statt einer Totenmanifestation (-kundgabe) genausogut eine Exkursion eines Lebenden vorliegen kann. D. h. also praktisch, daß z. B. sich nicht der englische Pilot als *Toter,* sondern als *noch Lebender* kundgetan hätte. Denn wenn dies wirklich *nach* seinem Tode geschehen ist, d a n n w ä r e d a m i t d a s L e b e n n a c h d e m T o d e b e w i e s e n. Dasselbe gilt auch für Moltkes Wiederkehr, die ja von *dreien* gesehen wurde.

Dieser durchaus verständliche Einwand – es könne die Erscheinung *vor* dem Tode erfolgt sein – wird durch folgende Ereignisse widerlegt. Wir wollen zwei erwähnen.

1954 erschien in Passau das Buch „Alle guten Geister" von dem katholischen Volksschriftsteller Franz *Schrönghamer-Heimdal,* Ehrenbürger der Stadt Passau. Darin berichtet er, ebenso wie in der Zeitschrift „Verborgene Welt", von einem Erlebnis.

Ich kürze den Bericht.

„Am Nachmittag des 22. Juni 1951 führte mich mein Weg durch die stark belebte Ludwigstraße in Passau. Auf dem Bürgersteig unweit des Grenzlandkaufhauses kam mir Antonin entgegen. Ich hatte ihn schon etliche Jahre nicht mehr gesehen, da er nicht in Passau, sondern in Nürnberg ansässig war, wo er seit Jahrzehnten als Komponist und Leiter einer Musikschule lebte. Wir kannten uns seit einem halben Jahrhundert, da ich schon als junger Student in seinem Vaterhaus in Dommelstadl zu Gast war. Seitdem verband uns eine herzliche Freundschaft, die von seiner Seite auch dadurch zum Ausdruck kam, daß er mehrere Gedichte von mir vertonte. Als geborener Musikus von Gottes Gnade hatte er auf das Vatererbe verzichtet und war nach Nürnberg gegangen, wo er als Meister der Zither und anderer Instrumente große Erfolge erzielte. Seinen Urlaub verbrachte er regelmäßig bei seinem jüngeren Bruder, der die väterliche Bäckerei übernommen hatte. Da ich in der gleichen Gegend ansässig war, sahen wir uns immer wieder und freuten uns der alten Freundschaft, die uns innig verband.

Und heute, am 22. Juni 1951, kam mir Antonin so unverhofft und unvermutet auf dem Bürgersteig der Passauer Ludwigstraße entgegen. Ich sah ihn schon von weitem lächeln und mit erhobener Hand winken zum Zeichen, daß auch er mich sogleich erkannt hatte. Wir traten aufeinander zu und drückten uns fest die Hand.

,Grüß dich Gott, Antonin!'

,Grüß dich Gott, Heimdal!'

Es war der alte, frische, allzeit freudig beschwingte Antonin, wie ich ihn seit Jahrzehnten kannte. Sein Händedruck war so fest wie früher. Sein Auge leuchtete so begeistert wie in jungen Jahren.

Wir wechselten noch einige gleichgültige Worte, dann verabschiedeten wir uns wieder mit einem festen Händedruck, weil in dem Menschengedränge auf dem Bürgersteig nicht der rechte Ort war für eine längere Aussprache.

,Auf Wiedersehen, Antonin!'

,Heimdal, behüt dich Gott! Ja, auf Wiedersehen!'

Ich nahm mir vor, den alten, lieben Antonin in den nächsten Tagen in Dommelstadl zu besuchen. Im Weitergehen warf ich noch einen Blick nach. Aber da war Antonin in der Menge schon verschwunden. Spurlos verschwunden!

Sonderbar! Das war am Freitag, dem 22. Juni 1951.

Und das war am Samstag, dem 23. Juni 1951, also am nächsten Tage, keine zwanzig Stunden nach meiner Begegnung mit Antonin. Da las ich in der ,Passauer Neuen Presse', in eben dieser Samstagsausgabe vom 23. Juni 1951, die Nachricht, daß der weitbekannte Komponist Antonin Neidlinger aus Dommelstadl kürzlich in Nürnberg verstorben sei.

Unmöglich, diese Nachricht konnte nicht stimmen, denn Antonin war mir ja gestern erst in der Ludwigstraße begegnet, frisch, munter wie je.

Wir hatten uns freudigst begrüßt, die Hände gedrückt, ins Auge geblickt und miteinander gesprochen. So wußte ich also mit aller Bestimmtheit, daß Antonin leben mußte!

Ich war von dieser Zeitungsnachricht so verblüfft, daß ich sogleich zu meiner Frau ging und ihr den ganzen Hergang unserer Begegnung in der Ludwigstraße erzählte. Um Gewißheit zu haben, rief meine Frau am Dienstag, dem 26. Juni 1951, die Schwägerin Antonins an und erbat Auskunft.

‚Ja', sagte diese, ‚Antonin ist schon vor vierzehn Tagen verschieden. Ich war selbst auf der Beerdigung in Nürnberg.'

Also war die Zeitungsnachricht vom 23. Juni 1951 richtig. Aber ebenso richtig und unbestreitbar ist die Tatsache, daß ich am 22. Juni 1951 den bereits vor 14 Tagen verstorbenen Antonin in der Passauer Ludwigstraße als Lebenden gesehen, begrüßt und mit ihm gesprochen habe, genau so, wie ich es eben geschildert habe.

Wie das möglich war, weiß ich nicht.

Ich weiß nur, daß alles war, wie es dieser Tatsachenbericht ausweist.

So schmerzlich es ist, einen lieben Freund und Idealmenschen nicht mehr unter den Lebenden zu wissen, in diesem Falle freute ich mich doch, weil du so freudig warst, Antonin, bei unserer letzten Begegnung, vierzehn Tage nach deinem Heimgang!

So weiß ich, daß du gut aufgehoben bist in der anderen besseren, wirklichen Welt.

Und so sage ich ebenso freudig wie du bei dieser unserer Geisterbegegnung: ‚Auf Wiedersehen, Antonin!'

Eine merkwürdige Bestätigung findet dieser Bericht durch nachstehende Tatsache: Etliche Wochen nach diesem Erlebnis machte ich mit meiner Frau einen Besuch beim Bruder des verewigten Antonin, dem Bäckermeister Neidlinger in Dommelstadl bei Passau. Dabei erklärte er uns, daß Antonin nach seinem Ableben auch seiner Schwester, der Gärtnersgattin Hidringer in Passau, erschienen sei. Sie habe ihn leibhaftig in der Küche vor sich stehen gesehen, dann sei er spurlos verschwunden.

Sie sei sehr erschrocken und fürchte sich immer noch sehr, weil sie das deutliche Gefühl habe, daß Antonin noch immer in Passau ‚umgehe'. Dabei ist zu bedenken, daß diese Schwester Antonins von der mir gewordenen Erscheinung Antonins keine Kenntnis hatte, als sie ihrem Bruder ihr eigenes Erlebnis berichtete."[91])

Auf zweierlei kommt es uns jetzt an:

1. Von dem Austritt des Ich aus dem Körper eines Lebenden kann hier nicht die Rede sein, denn der Betreffende war bereits vor vierzehn Tagen gestorben.

2. Halluzination des Volksschriftstellers scheidet auch aus; denn er war nicht krank, sondern auf einem normalen Weg durch die Stadt. Die Glaubwürdigkeit des Berichters wird dadurch unterstrichen, daß der Verstorbene auch seiner Schwester erschienen war, ohne daß die beiden Empfänger vom gleichen Erlebnis des anderen gewußt hatten. Es handelt sich also nicht um Exkursion eines Lebenden, sondern um ein Wiederkehrereignis eines Verstorbenen.

Ich denke jetzt an folgenden Bericht: Bei ihm ereignete sich die Erscheinung sogar *zwei Monate* nach dem Tode.

In Rostock amtierte der evangelische Pastor Walther, Vater des später ordentlichen Kirchengeschichts-Professors Walther. Die Frau des Pastors schenkte einem Töchterchen das Leben. Die Frau starb im Wochenbett. Bald danach brachte der Vater das Töchterchen nach Hamburg zu Verwandten, weil im Raum Rostock eine Epidemie herrschte. Nach etwa zwei Monaten – die Epidemie war abgeklungen – wollte der Vater das Töchterchen zurückholen. Wie er sich aufmachen will, öffnet sich die Tür seiner Studierstube, in der er sich gerade befand. Herein tritt seine Frau. Auf ihrem Arm trägt sie das Töchterchen. Seine Frau spricht mit ihm. Dann entschwinden beide seinen Blicken. Nach nicht ganz zwei Tagen klopft es an der Tür. Ein Verwandter aus Hamburg ist gekommen. Nach der Begrüßung fängt der Hamburger umständlich an zu berichten. Darauf fällt ihm Pastor Walther ins Wort: „Vor zwei Tagen mittags gegen 2 Uhr ist mein Töchterchen bei euch in Hamburg verstorben." Der andere entgegnet verblüfft: „Aber woher weißt du das denn? Ich komme doch gerade erst, um dir Nachricht zu bringen." Antwort: „Man kann so etwas auch auf anderem Wege erfahren als auf dem Weg über die Eisenbahn und Postkutsche."

Ich weiß, mit dem Phänomen der Erscheinung Verstorbener wird uns einiges zugemutet. Aber ich möchte kühnlich sagen: Darin besteht ja gerade die *echte* Aufklärung im Unterschied zu der Aufklärung des 18. Jahrhunderts und der „zweiten Aufklärung" heute, die uns beide den Horizont verbaut haben und die dann noch fälschlicherweise ihr rationales, mechanistisches Weltbild als wissenschaftlich ausgaben.

Wer sich zur *wahren* Aufklärung mit weitem Horizont rufen läßt, darf wissen, daß er sich in bester Gesellschaft befindet. Nicht nur, daß folgende Männer um die jenseitige Welt gewußt haben, sondern sie bezeugen, selber Erscheinungen von Verstorbenen gehabt zu haben: z. B. *Goethe*, dieser „Fürst unter den Dichtern", ebenso weiß *Schiller* von Kundgaben aus jener Welt, nicht weniger die Dichter *Lenau, Jean Paul, Mörike*, der katholische Friedrich Wilhelm *Weber* mit seinem Versepos „Dreizehnlinden", der schwäbische Arzt Justinus *Kerner* mit seinem berühmten Werk „Die Seherin von Prevorst". Auch *Napoleon* sagt, Erscheinungen Verstorbener gehabt zu haben. General Eisenhut erzählt von Generalfeldmarschall *Blücher*, daß Blücher ebenfalls fest davon überzeugt war, öfters sei ihm ein Kind wie leibhaftig erschienen, ein andermal ein Offizier.

Die Reihe der Zeugen ließe sich mühelos fortsetzen. Dabei handelt es sich um gestandene Männer, nicht aber um Psychopathen.

Nun, mit dem rationalistischen Satz: „Für uns gibt es nur *eine* Wirklichkeit" können wir keinen Staat machen. Damit machen wir es uns zu einfach. Die Bibel bezeugt uns eine jenseitige Welt. Und die Erfahrung bestätigt sie uns.

Die große Schweizerin Fanny *Moser* sagt in ihrem wissenschaftlichen Werk „Okkultismus", selbst so kritisch skeptische

Forscher unseres Gebiets wie *James, Lodge* und *Hodgson* „haben endlich kapituliert vor der Wucht des Beweismaterials." Ein anderer Parapsychologe namens *Myers* „konnte als Frucht seiner unermüdlich verfolgten wissenschaftlichen Forschung die Augen mit der heiteren Ruhe eines Menschen schließen, der zur absoluten Gewißheit eines Überlebens nach dem Tode gelangt war – besser: mit der Freudigkeit eines seit langem mit einer Art Ungeduld erwarteten Aufbruchs."

Wirklich: Tod ist Auflösung des stofflichen Körpers. Aber Tod ist nicht Vernichtung des Geistes. Nochmals: die Heilige Schrift bezeugt uns dies. Und die parapsychologische Forschung bestätigt es uns. Dr. Carl Freiherr *du Prel*, ein bedeutender deutscher Parapsychologe, schreibt: „Der Wesenskern, ... unser transzendentales Subjekt (= „hinübersteigendes", übernatürliches Ich), bleibt auch nach dem Zerfall des Lebens, ja entfaltet sich von da erst in völliger Freiheit."[92])

Kundgaben in verschiedener Weise

Schon in bezug auf den lebenden Menschen mußten wir feststellen, daß sich die paranormalen Fähigkeiten der Geistseele des Menschen in *verschiedenen* Formen zeigten. Das gilt auch für die Bekundungen Verstorbener.

Die verewigte Frau des Pfarrers Oberlin aus dem Steintal im Elsaß gibt uns dafür ein glaubhaftes Beispiel. Nach 16jähriger Ehe war sie aus ihrer neunköpfigen Kinderschar und von der Seite ihres Mannes in die Ewigkeit gegangen. Ihr Mann berichtet, daß er neun Jahre nach ihrem Tode noch „fühlbar und sichtbar" mit ihr verbunden war. Ihre Kundgaben aus jener anderen Welt geschahen sowohl in plastischen Erscheinungen als auch später in Visionen und Träumen. Gerade bei den Träumen ist ja die Frage naheliegend, ob hier nicht lediglich ihr zurückgebliebener Mann beteiligt war, wie dies ja bei den meisten Träumen der Fall ist. Selbst bei Visionen ist es meistens so, daß sich nur etwas rein Subjektives in der Seele des Lebenden abspielt. Wörtlich übersetzt ist eine Vision ein „Anblick". Wir müssen unterscheiden zwischen einer *subjektiven* und *objektiven* Vision. Eine *subjektive* Vision geht nur in der Seele des betreffenden Menschen vor. Z. B. kann ein

Künstler oder ein Erfinder ganz spontan in einer visionären Eingebung sein Kunstwerk oder seine Erfindung „sehen". Heute versucht man, durch Rauschgiftmittel (LSD, Meskalin, Haschisch) Visionen künstlich zu erzeugen. Es handelt sich hier um halluzinative optische Täuschungen.

Bei der *objektiven* Vision handelt es sich im Unterschied zur subjektiven um *zwei* Beteiligte: um den Erscheinenden und den Sehenden. Die Phänomene der Frau von Pfarrer Oberlin sind insofern von Wert, als die Erscheinungen von „*vielen* Personen" bezeugt wurden. Außerdem sagte sie Dinge voraus, die später eintrafen. *Dies bestätigt die Echtheit der Erscheinungen.* Die Grenze zwischen Erscheinung und Vision ist fließend. Bei der Erscheinung wird mehr an die Realität und das Objektive der Erscheinung gedacht. Doch lesen wir selbst, was Pfarrer Johann Friedrich *Oberlin* (1740–1826) dem Pfarrer Dr. C. G. *Barth* von Möttlingen zusammenfassend geschrieben hat.

> „Seit dem Tode meiner Frau sah ich sie neun Jahre lang fast alle Tage, träumend oder wachend, teils hier bei mir, teils drüben an ihrem jenseitigen Aufenthaltsorte, wo ich merkwürdige Dinge, auch politische Veränderungen, lang ehe sie sich ereigneten, von ihr erfuhr. Sie erschien aber nicht nur mir, sondern auch meinen Hausgenossen und vielen Personen im Steintal, warnte sie oft vor Unglück, sagte voraus, was kommen werde und gab Aufschlüsse über Dinge jenseits des Grabes. Nach neun Jahren (1792) geschah es, daß ein Bauer von meinem Filialort Belmont (ein gewisser Josef Müller), ein Mann, der samt seiner Familie oft Erscheinungen hatte, in der unsichtbaren Welt war. Dem erklärte mein verstorbener ältester Sohn, seine Mutter sei nun zu einer höheren Wohnung der Seligen aufgestiegen und könne fortan nicht mehr auf Erden erscheinen. Von da ab sah ich meine Frau nicht mehr." [93])

Gewiß, es wird so sein, daß unter der starken Persönlichkeit des Pfarrers Oberlin im Steintal beim Umgang mit der Welt der Verstorbenen manche sich selbst zu Spekulationen und Wildwuchs verleiten ließen. Aber das ändert nichts daran, daß die Aussage jenes Bauern Müller seine Bestätigung dadurch fand, daß die Frau des Pfarrers eben nicht mehr erschien.

Zu den verschiedenen Arten und Weisen, in denen sich Manifestationen Verstorbener aus dem Jenseits ins Diesseits ereignen können, gehört auch folgendes:

Anteilnahme der Verewigten am Sterben Hinterbliebener

Dieser Tatbestand wird uns sehr oft bezeugt – ob nun bei uns in Europa, in Amerika oder sonstwo. Von überall werden die gleichen Symptome berichtet. Greifen wir zwei Berichte aus den USA heraus.

Der Arzt Dr. *Wilson*, New York, behandelte den seiner Zeit bekannten Tenorsänger James Moore,

> „an dessen Sterbebett er zugegen war: der Kranke sei vollkommen bei Vernunft und geistig so klar gewesen, wie ich nur je einen Menschen gesehn, als er mit besonders lauter Stimme sagte: ‚Da ist meine Mutter! Wie, Mutter, bist du zu mir gekommen? Nein, nein, ich komme zu dir. Wart einen Augenblick, Mutter, ich bin fast hinüber. Ich kann hinüberspringen. Warte, Mutter!' Der Arzt drückte seine ‚feste Überzeugung' aus, daß Moore mit seiner Mutter gesprochen habe, er schrieb augenblicklich jedes seiner Worte nieder." [94]

Auch im folgenden Bericht von Dr. E. H. *Pratt* über seine Schwester an Prof. *Hyslob* in Chicago ereignet sich übereinstimmend dasselbe.

> „Die an Diphterie sterbende Miß Hattie Pratt befand sich in vollkommener Ruhe und anscheinend ohne Leiden, ...ihr Geist erschien klarer und vernünftiger als je zuvor. Sie wußte, daß sie sterben müsse, und übergab ihrer Mutter ihre letzten Anordnungen bezüglich der Verteilung gewisser Besitztümer an ihre Freundinnen, – als sie plötzlich ihre Augen gegen die Decke in der entlegensten Ecke des Zimmers erhob, mit gespannter Aufmerksamkeit hinblickte, als höre sie jemand sprechen, und schließlich, mit dem Kopf ein Zeichen der Zustimmung gebend, sagte: ‚Ja, Großmutter, ich komme, ich komme, warte nur, bitte, einen Augenblick.' Nachdem sie ihr Erstaunen darüber geäußert, daß die anderen nichts sähen,

‚beendete sie das Diktat ihrer Anordnungen', horchte wieder nach ihrer Großmutter hin und nahm von allen Abschied. Ihre Stimme war sehr schwach, aber der Blick voll Geist und Leben. ‚Jetzt bin ich bereit, Großmutter', sagte sie, und indem sie immerzu in jene Richtung blickte, erlosch sie ohne Kampf und Leiden." [95])

Übereinstimmend wird in allen diesbezüglichen Berichten bezeugt, daß die bereits Verstorbenen dem Sterbenden „winken" oder ihn „rufen" oder auch bloß „erscheinen".

Wenn die Erscheinungen real sind, dann wäre dadurch erneut erwiesen:

1. das Weiterleben nach dem Tode,
2. die Existenz der jenseitigen Welt.

Einwände gegen die Erscheinungen und ihre Widerlegung

Da die Materialisten, aber auch die Rationalisten als Kinder der ersten und zweiten Aufklärung beides, das Weiterleben und die jenseitige Welt, nicht anerkennen, erheben sie Einwände. Es handele sich bei den Sterbenden um eine Halluzination oder Autosuggestion. Dem steht gegenüber, daß in den vorliegenden Fällen *ärztlicherseits* ausdrücklich völlige Klarheit des Geistes bescheinigt wird.

Gemeinsam mit anderen Kameraden habe ich verwundete Soldaten kurz vor ihrem Tod in Halluzinationen gesehen. Von uns, die wir das erlebt haben, wird keiner den betreffenden Soldaten bescheinigen, sie wären „vollkommen bei Vernunft und geistig so klar gewesen, wie ich nur je einen Menschen gesehen."

Hinzu kommt noch folgendes sehr wichtige Argument gegen eine rationalisierende Deutung:

In der Situation des Sterbens ist noch in keinem einzigen Fall davon berichtet worden, ein *Lebender* sei erschienen. Es wird *immer* nur vom Erscheinen *bereits Verstorbener* berichtet.

Das muß einem doch sehr zu denken geben. Der bedeutende italienische Parapsychologe, Professor Ernesto *Bozzano,* schreibt dazu mit Recht: „Hätten die in Frage kommenden Erscheinungen ihre Wurzel in den Gedanken des Sterbenden, die sich auf die von ihm Geliebten richten, so würden auch seine Erscheinungen, *anstatt ausschließlich Verstorbene viel häufiger lebende Personen darstellen; d a s a b e r f i n d e t n i e s t a t t.*" Gerade diesem Gelehrten Bozzano wird von der Fachwelt eine „unbestritten außerordentliche Belesenheit" (E. Mattiesen) zuerkannt. Gerade er bezeugt, angesichts seines sehr großen Überblicks, daß man „kein einziges Beispiel einer Erscheinung Lebender am Sterbebett kenne." [95a])

Folgendes verdient auch beachtet zu werden, was ebenfalls *gegen* eine Halluzination spricht.

In vielen Fällen bezeugen Sterbende, einen Verstorbenen oder mehrere gesehen zu haben, *die sie persönlich gar nicht von Ansehen kannten.* Der erwähnte Professor *Hyslop* aus Chicago berichtet von einem 9jährigen sterbenden Jungen, der „neben drei anderen Verstorbenen auch seine Großmutter ‚sah', die vier Jahre vor seiner Geburt gestorben war und die er anscheinend in Einzelheiten ihrer Erscheinung der anwesenden Mutter richtig beschrieb: ‚Viel größer und stärker als du . . . die Hand ist auch viel größer und stärker als die deine.' (Ich vermisse allerdings Angaben darüber, wieweit der Knabe sich nach Bildern eine Vorstellung von der nie Gesehenen hatte bilden können.) – Wird man am Ende das Schauen der Großmutter als übertragene Vorstellung der Mutter auffassen wollen? Aber der Knabe sah auch noch seine verstorbene Schwester, einen verstorbenen kleinen Freund Roy, und eine verstorbene Mrs. C., die er zu ihren Lebzeiten ‚sehr geliebt' hatte." [96])

Auch nachstehender Tatbestand zeugt *gegen* die Annahme einer Halluzination. Es gibt Sterbebetterscheinungen solcher Verstorbener, von denen der Sterbende meint, sie lebten noch, die aber in Wirklichkeit bereits verstorben sind. Dieser Tatbestand darf von den Leugnern und Zweiflern eines Weiterlebens nach dem Tode nicht falsch ausgelegt werden. Also so, daß sie sagen: daran kann man ja erkennen, daß der Sterbende wahllos Tote und Lebende halluziniere. Nein, gerade nicht! Sondern: *obwohl er meinte, sie lebten noch, ergab es sich, daß sie bereits verstorben waren, also gegen seine Annahme ein Verstorbener erschien.* Von dieser Regel gibt es keine einzige literarisch berichtete Ausnahme. Dadurch wird erhärtet: es erscheinen nur Verstorbene.

So wird diese Regel zu einem Gesetz. An dieser Tatsache können auch Leugner und Zweifler nichts ändern.

Was nun den Einwand betrifft, es handele sich um keine Erscheinungen, sondern um *Autosuggestionen,* so ist auch der nicht haltbar. Denn das Spontane und Unvermittelte an den Erscheinungen kam ja für den Sterbenden selbst so *plötzlich* und *überraschend,* daß von einer Autosuggestion beim besten Willen keine Rede sein kann. Wir erinnern uns: Hattie *Pratt* war nicht damit beschäftigt, sich eine Verstorbenen-Suggestion selbst zu suggerieren, sondern „Anordnungen" über ihre Besitzverteilung vorzunehmen. Da, mitten hinein, erfolgte die Erscheinung „plötzlich".

Der Einwand der Autosuggestion vermag also nicht zu überzeugen.

Zwei verschiedene Richtungen

Bevor wir uns im Nachfolgenden mit zwei erregenden Berichten bekanntmachen, möchte ich noch auf zweierlei hinweisen.

Abgesehen von den Vertretern einer materialistisch-atheistischen Weltanschauung, aber auch von Verfechtern der ersten und zweiten Aufklärung mit ihrem rationalistischen Weltbild, gibt es innerhalb der Parapsychologie selbst zwei verschiedene Richtungen. In der Fachsprache heißen sie:

1. die „animistische" Richtung,
2. die „spiritistische" Richtung.

1. Das Wort a n i m i s t i s c h leitet sich von dem lateinischen Wort Anima = Seele ab. Aber hier im Sinne von Tiefenschicht der Seele, von Unbewußtem. Das eigentliche Hauptwort für die animistische Richtung heißt „Animismus" = „Seelenlehre". Damit ist innerhalb der Parapsychologie gemeint, daß alle paranormalen Vorgänge n u r v o n d e r S e e l e d e s M e n s c h e n h e r bzw. von ungewöhnlichen Eigenschaften einzelner Menschen her zu erklären seien.

Wir können auch sagen: diese Richtung bleibt bei ihrer Erklärung im Diesseitigen und Innerweltlichen stehen, obwohl sie parapsychische Vorgänge selbstredend anerkennt.

2. Im Unterschied und Gegensatz dazu die spiritistische Richtung. Sie nimmt die Einwirkung von „spirits" = von Geistwesen, von Seelen Verstorbener an. Meist geschehe dies durch Menschen, die – wie wir bereits sahen – Medien, d. h. „Mittel" genannt werden. Diese Richtung rechnet also mit etwas, das über unsere Diesseitswelt hinausgeht, wie man dies Etwas, dies Geheimnisvolle auch immer nennen mag: z. B. Weltseele, Weltprinzip oder dergleichen.

Der Ausdruck „spiritistische" Deutung für diese zweite Richtung ist nicht gut, weil sich mit dem Wort „spiritistisch" sofort die Vorstellung „Spiritismus" verbindet, den die Bibel und die Christen mit Recht ablehnen. Was aber innerhalb der Parapsychologie mit „spiritistische" Richtung gemeint ist, drückt sich mit dem Wort jenseitig klarer aus. Wir können auch ein anderes Wort dafür verwenden, nämlich das Wort „meta-psychisch".

Das ähnliche Wort „meta-*physisch*" kennen wir von der Philosophie her. Die Metaphysik beschäftigt sich mit dem, was „meta" = „hinter" unserer „physischen" Welt steht. Die Metaphysik ist davon überzeugt, daß es das „Hinter"-der-Welt-Liegende gibt. Dies ist sogar das Eigentliche und Wesentliche. Gegenstände der Metaphysik sind z. B Gott, Unsterblichkeit, Sein, Freiheit, Materie, Leben, Kraft, Welt-Geist etc.

So ähnlich ist es auch bei dem Meta-*psychischen* oder der Meta-*psychik,* der Meta-*psychologie.* Sie hinterfragt die Seele. Sie beschäftigt sich mit dem „Jenseits der Seele". Zwar muß dies noch nicht bedeuten, daß alle Parapsychologen das Jenseits als die unsichtbare Wirklichkeit im Sinne der Heiligen Schrift annehmen. *Wir* wollen aber das Wort „*meta*-psychisch" in entsprechender Parallele zum Wort „meta-physisch" verstehen.

Zwei Kundgaben weitreichender Art

Nun wollen wir uns den zwei angekündigten Ereignissen zuwenden, die durch die „animistische" Richtung, also durch das Seelische von *Lebenden,* nicht erklärt werden können. Hier sind wir auf das Meta-psychische, das Jenseitige angewiesen.

Ich beziehe mich dabei auf das Buch „Dein Tod – kein Ende" von K. C. *Gottschalk.* Dieses Buch bezeichnet mein verehrter Lehrer, Professor Karl *Heim,* als „aufsehenerregend". Das stimmt wirklich. Ich habe es mit Erregung gelesen. Beginnen wir mit einem Bericht, auf den Karl Heim selbst hinweist.

Der Bericht des Buches führt uns nach Morden, Surrey (England) ins Jahr 1951. Wir lesen:

„Dort lebte Mabel *Young,* ein einfaches, sechzehnjähriges Mädchen. Sie war kerngesund und unkompliziert und hatte noch nie etwas von okkulten Dingen gehört oder gelesen. Um so erstaunlicher war darum für alle Beteiligten die Tatsache, daß Mabel Young in einer Winternacht des Jahres 1951 plötzlich ihr Bett verließ und wie eine Schlafwandlerin durch das Zimmer schritt. –

Plötzlich blieb sie in der Mitte des Zimmers stehen, hob lauschend den Kopf, verbeugte sich graziös und begann im Schein des Vollmondes, der durch das Fenster schien, in einem unbekannten Rhythmus zu tanzen. Dieser Tanz war so leicht, so graziös und schwebend vorgetragen, daß die einige Jahre ältere Schwester, die mit Mabel das Zimmer teilte, wie gebannt war und die Tänzerin nicht anzusprechen wagte. Als das Mädchen den Tanz beendet hatte, verneigte es sich huldvoll und begab sich ohne ein Wort zu sprechen wieder ins Bett.

Am anderen Morgen wußte Mabel Young nichts von ihrem nächtlichen Tanz. Sie behauptete lediglich, einen wunderbaren Traum gehabt zu haben, konnte aber über den Inhalt ihres Traumes keine näheren Angaben machen.

Da diese nächtlichen Tanzszenen sich in regelmäßigen Abständen wiederholten, entschlossen sich die Eltern des Mädchens, ihren Hausarzt, Dr. Conun, zu Rate zu ziehen.

Eine gründliche Untersuchung des Arztes ergab aber, daß Mabel Young völlig gesund war.

So blieben die nächtlichen Tanzszenen allen Beteiligten ein Rätsel, bis Mabel Young dieses Rätsel selbst entschleierte. Sie setzte sich nämlich eines Nachts nach beendeter Tanzszene hin und begann zu schreiben:

‚12. August 1908. Abbazia an der Adria. Heute hatte ich einen aufregenden Tag. Der Erzherzog Ferdinand von Österreich hat mir eine Liebeserklärung gemacht.' ‚Isadora Duncan', hat er zu mir gesagt, ‚Sie sind der Frühling meines Lebens.'

Und dann schrieb Mabel Young, daß sie, ‚Isadora Duncan', am 27. Mai 1878 in San Franzisko geboren sei und schon als Kind eine besondere Liebe für die klassische Kunst des antiken Griechenland gehabt hatte. Sie berichtete von ihren großen Erfolgen mit ihren antiken Tänzen in New York, Paris, London, Budapest und Petersburg. Von ihren zahllosen Abenteuern mit hervorragenden Männern der Kunst, der Dichtung, Wissenschaft und Politik schrieb sie, und sie vertraute diesen Blättern, die sie des Nachts in Tagebuchform führte, ihre geheimsten Gedanken und ihre ewig unstillbare Liebessehnsucht an.

Natürlich bekam auch die Presse Wind von dem seltsamen Mädchen in Morden, das im Schlaf das Tagebuch der 1927 durch einen Unglücksfall aus dem Leben gerissenen weltberühmten Tänzerin Isadora Duncan führte. Man stellte die Frage, ob es sich hier um die wohlüberlegte Tat einer Scharlatanin oder um die fixe Idee eines Geistesgestörten handele.

Erstaunen erregte dabei die Tatsache, daß Mabel Young niemals etwas von der Tänzerin und von ihren nächtlichen Erlebnissen als Isadora Duncan zu wissen schien. Noch erstaunter war man darüber, daß die Tagebuchblätter, die Mabel Young während ihres ‚Schlafwandelns' verfaßte, in der Handschrift der Tänzerin geschrieben waren, wie man an Hand alter Briefe der Duncan feststellen konnte. Ein Faktor also, der selbst Skeptiker, die Mabel Youngs Erlebnisse als Scharlatanerie abzutun versuchten, nachdenklich stimmte.“ [97])

Dieser Vorgang sollte auch uns nachdenklich stimmen. Hier versagt jede diesseitige, aber auch jede animistische Erklärung. Hier ragt die andere, die jenseitige Welt in unsere Welt hinein. Denn nochmals sei betont: dieses schlichte Mädchen wußte nichts von der Tänzerin, konnte also nichts aus seinem eigenen Unterbewußtsein schöpfen. Was lag hier also vor?

Antwort: Die Tänzerin Isadora Duncan benutzte das Mädchen als Gefäß, um sich in einem somnambulen (schlafwandlerischen) Zustand des Mädchens aus jener anderen Welt zu manifestieren.

Der nun folgende Bericht ist noch erregender und widerlegt das rationale, mechanistische Weltbild eindeutig. Ich kürze den Bericht auf das Wesentliche.

Ein 28jähriger Franzose namens *Charlier* ging im Jahre 1938 durch die Straßen seiner Heimatstadt Bordeaux. Er kam vom Büro. Ein spielendes Kind drohte unter die Räder eines Lastkraftwagens zu kommen. Jean Charlier sprang hinzu, riß das Kind zurück, wurde aber selber vom Wagen erfaßt. Er trug eine schwere Kopfverletzung davon. Das Gehirn wurde in Mitleidenschaft gezogen. Es wird berichtet:

„Tagelang lag Jean in einem Dämmerzustand, und es bestand nur wenig Hoffnung, daß er mit dem Leben davonkommen würde. Trotzdem geschah dieses Wunder. – Eines Tages öffnete er wieder die Augen und er stellte die Frage: ‚Wo bin ich denn hingeraten?'

Aber er stellte diese Frage nicht in seiner französischen Muttersprache, sondern auf Deutsch (wie ein mit ihm im Saal liegender Seemann feststellte, der einige Brocken dieser Sprache auf seinen Seereisen aufgeschnappt hatte).

Die Stationsschwester verständigte von diesem Vorfall sofort den Arzt. Dieser konnte aber aus dem Patienten auch nicht mehr herausholen, da dieser während seiner Bewußtlosigkeit seine Muttersprache verlernt zu haben schien. Man mußte einen Dolmetscher kommen lassen.

Diesem berichtete nun Jean Charlier, 28 Jahre alt, Angestellter und verheiratet – wie aus seinen Papieren zu ersehen war, – daß er Peter Nowakowsky heiße, am 13. März 1832 geboren sei und bislang als Tischler in Goldap (Ostpreußen) gelebt und gearbeitet habe …

Der Arzt – ein tüchtiger Gehirnspezialist – nahm zunächst an, der Mann sei durch die Gehirnverletzung

geistesgestört, da solche Narben immer einen erheb-
lichen Druck auf die betroffenen Gehirnzentren und gewisse Zonen der Hirnrinde ausüben."

Nun folgen im Bericht längere medizinische Ausführungen
zur Gehirnpathologie. Dann heißt es weiter:

„Wie aber ließ sich die Tatsache erklären, daß Jean
Charlier plötzlich in einer fremden Sprache redete, die
er zuvor nie gelernt und beherrscht hatte? Wie kam es
auch, daß er Angaben über eine Existenz machen konnte,
die er nie gelebt haben konnte? Mit rein medizinisch-
psychologischen Erklärungen kam man hier nicht weiter.
Man mußte schon zu anderen Mitteln greifen. Vor allem
mußte man sich zunächst einmal näher mit dem beschäftigen, was der Patient ausgesagt hatte. Am besten
war es wohl, wenn er einen Psychiater zu Rate zog.

Der Psychiater glaubte, daß man in diesem Fall mit der
biologischen Überlegung, *nur Gehirnzellen seien in ihrer
Funktion maßgebend, nicht allein arbeiten dürfe.* Seiner
Ansicht nach war Jean Charliers Behauptung, er sei Peter
Nowakowsky, keine fixe Idee, keine Illusion eines
Geistesgestörten. ... Durch die Verletzung schien der
Mann aus seiner jetzigen Umgebung und seiner bis-
herigen Existenz vollständig herausgerissen und in eine
andere Umgebung und eine andere Existenz verpflanzt
worden zu sein. Wie aber ließ sich das erklären? ...

Also reiste der Psychiater nach Goldap, um an Hand
der dortigen Kirchenbücher festzustellen, ob am 13. März
1832 dort ein Kind mit dem Namen Peter Nowakowsky
geboren sei.

Die Kirchenbücher bestätigten diesen Fall. Am 13. März
hatte der Tischlermeister Jakob Nowakowsky die Geburt
eines Knaben mit dem Namen Peter dort registrieren
lassen. Dieser Peter Nowakowsky hatte wie sein Vater
das Tischlerhandwerk erlernt und am 18. Juni 1856 die
Tochter Maria des Schmiedemeisters Neureiter geehelicht.
Dieser Ehe waren 8 Kinder entsprossen, die auf die
Namen Jakob, Peter, Paul, Maria, Wilhelmine, Christine,
Wilhelm und Louise getauft waren. Peter Nowakowskys
Sterbeurkunde war am 7. Oktober 1903 unterzeichnet
worden." [98])

Auch jetzt kommen wir bei der Erklärung nur dann weiter, wenn wir nicht im Nur-Seelischen und Diesseitigen steckenbleiben. Der Bericht zeigt deutlich, daß *auch eine hirnphysiologische Deutung nicht ausreicht.* Es geht nicht anders: wir müssen den meta-psychischen, den jenseitigen Gesichtspunkt zu Hilfe nehmen. Was lag vor? Wir könnten sagen: Eine Persönlichkeitsspaltung. Aber nicht in dem animistischen Sinne, daß die eine Seele des französischen Büroangestellten sich gespalten hätte, sondern in dem meta-psychischen Sinne, daß *eine Manifestation einer konkreten jenseitigen Seele erfolgte,* und zwar als Einwohnung in dem französischen Büroangestellten, so daß wir besser von einer Doppelperson oder von einer Personverdoppelung sprechen als von einer Personspaltung, denn das Wort führt leicht zu Mißverständnissen.

Die Beschäftigung mit Berichten, die sinnvoll nur meta-psychisch, nur vom Jenseitigen her gedeutet werden können, führt uns einen Schritt weiter: hin zum Spiritismus.

Der Spiritismus als Hinweis auf die jenseitige Welt

Begriffserklärung

Beginnen wir damit, den Begriff Spiritismus zu erklären. Unter Spiritismus ist eine okkulte Richtung zu verstehen, die „an die Existenz einer Welt von entkörperten Persönlichkeiten" glaubt, „die angeblich fähig sind, mit den Lebenden – und zwar hauptsächlich durch Vermittlung medial begabter Personen – in Verbindung zu treten. Man schreibt ihnen auch die Fähigkeit zu, sich zu manifestieren, wie z. B. bei Spuk- und Poltergeistphänomenen".[99] So beschreibt der amerikanische Gelehrte *Rhine* den Spiritismus.

Aus dieser Definition geht hervor, daß wir uns bei unseren Ausführungen schon längst im Bereich des Spiritismus befinden. Und doch habe ich mit Absicht die bisherigen Ausführungen des zweiten Teils nicht unter den Gesamtbegriff Spiritismus gestellt. Warum nicht? Innerhalb des Spiritismus müssen wir nämlich zwischen *Spontan*kundgebungen aus der jenseitigen Welt und den *gewollt* herbeigeführten Kundgebungen in einer spiritistischen Sitzung (französisch Séance) unterscheiden. Nennen wir sie *Sitzungs*kundgebung. Die *Spontan*kundgebung möchte ich aus dem Spiritismus heraushalten. Sie haben nur insofern etwas mit dem Begriff Spiritismus zu tun, als sie andeuten, daß es die „Existenz einer Welt von entkörperten Persönlichkeiten" gibt. Aber dessen sind ja auch schriftgebundene Christen gewiß. Und doch lehnen sie entschieden den Spiritismus ab. Sie können aber keine spontanen Kundgebungen aus jener anderen Welt ablehnen, weil sie ja gar nicht darüber verfügen können. Außerdem hat z. B. die Kundgabe der Frau von Pfarrer Oberlin nichts mit dem Spiritismus zu tun, den Christen ablehnen. Wir wollen das, was Christen ablehnen, den Spiritismus im eigentlichen Sinne nennen, also jenen Spiritismus, bei dem in Sitzungen die Geistseelen Verstorbener auf irgendeine Weise herbeigerufen werden. Doch fragen wir uns zunächst:

Warum lehnen Christen den Spiritismus ab?

Die lapidare Antwort lautet: Weil Gott ihn in seinem Wort verboten hat. Bereits im 5. Buch Mose lesen wir: „Daß nicht jemand unter dir gefunden werde ... ein Zauberer oder Beschwörer oder Wahrsager oder Zeichendeuter oder der die Toten frage. Denn wer solches tut, der ist dem Herrn ein Greuel" (5. Mose 18, 10–12). In gleicher Weise läßt Gott später durch den Mund des Propheten Jesaja ausrufen: „Wenn sie zu euch sagen: Befragt doch die Totengeister und die Wahrsagegeister, die da flüstern und murmeln, so sprecht: Soll nicht ein Volk seinen Gott fragen, oder soll man etwa die Toten für die Lebenden fragen"? (Jesaja 8, 19).

Spiritismus ist darum verboten und Sünde, weil der Mensch auf Hintertreppen in das Reich der Toten hineinschauen und hineinwirken will. Das steht ihm nicht zu. Es ist also keineswegs so, daß die Heilige Schrift die Totenbefragung und Geistererscheinung als *Möglichkeit bestritte*. Selbst Jesus sagt nichts gegen die Möglichkeit. Als der Auferstandene den Jüngern plötzlich erschien, heißt es von den Jüngern: „Sie erschraken aber und fürchteten sich, meinten, sie sähen einen Geist." Die Jünger werden diesen Eindruck geäußert haben. Darauf Jesus: „Und er sprach zu ihnen: Was seid ihr so erschrocken und warum kommen *solche Gedanken* in euer Herz?" (also die Gedanken einer Geistererscheinung). Jesus wehrt den Gedanken, es handele sich um eine Geistererscheinung, ab: „Sehet meine Hände und meine Füße: ich bin's selber. Fühlet mich an und sehet: denn *ein Geist* hat nicht Fleisch und Bein, wie ihr sehet, daß ich habe" (Luk. 24, 37–39).

Wir müssen also klar unterscheiden zwischen

der Möglichkeit der spontanen Geistererscheinung und dem Verbot der gewollten Geisterherbeirufung in spiritistischen Sitzungen.

Christen lehnen den Spiritismus als Totenbeschwörung und -befragung auch deshalb ab, weil häufige spiritistische Betätigung sich glaubensschädigend auswirkt. Eine Mutter berichtete, daß ihre Tochter nach Rückkehr von einer spiritistischen Sitzung „die schrecklichsten Gotteslästerungen aussprach und sich dabei der unzüchtigsten Sprache bediente." [100]) Diese negativen Auswirkungen auf den Glauben werden immer wieder bezeugt. Dies läßt – allein schon von der Erfahrung her – darauf schließen, daß auch dämonische und satanische Mächte sich eines Mediums bedienen können. Es ist biblisch, wenn wir ganz real damit rechnen, was Paulus schreibt: „Wir haben nicht mit Fleisch und Blut zu kämpfen, sondern . . . mit den bösen Geistern unter dem Himmel" (Epheser 6, 12). Es gibt nicht nur gute, sondern auch böse Mächte und Geistwesen.

Es muß allerdings zugegeben werden, daß es spiritistische Sitzungen gibt, die – sagen wir einmal – in religiöser Neutralität verlaufen. Ja, es gibt sogar Sitzungen, in denen es religiös zugeht. Bei meinen Diensten in den beiden Schweizer Städten Zürich und Winterthur wurde mir an Ort und Stelle davon berichtet. In Zürich existiert eine geistliche Loge mit christlich-spiritistischer Ausrichtung. In Winterthur wurde vor etlichen Jahren eine christlich-spiritistische Gesellschaft gegründet. Aber für jede christlich-spiritistische Mischform besteht die große Gefahr der Selbsttäuschung. Denn auch diesbezüglich gibt uns wieder die Heilige Schrift eine wichtige

Aufklärung an die Hand, wenn sie schreibt: „Er selbst, der Satan, verstellt sich zum Engel des Lichtes" (2. Kor. 11, 14).

Ein weiterer Grund, warum Christen spiritistische Sitzungen ablehnen, besteht in dem so großen Betrug und Schwindel, der sich mit sehr vielen Sitzungen verbindet. Dabei wollen wir gern zwischen gewolltem und ungewolltem, zwischen beabsichtigtem und unbeabsichtigtem Betrug unterscheiden.

In London gibt es das „College for Psychic Studies". In ihm wird das begehrte Medium Mrs. *Kelly* gegen Bezahlung verpflichtet, Verbindungen mit Verstorbenen herzustellen. In solchen spiritistischen Sitzungen überrascht dann das Medium oft dadurch, daß Frau Kelly sehr persönliche Dinge von den betreffenden Verstorbenen „durchgibt". Das ist aber noch kein Beweis für die Echtheit des Verkehrs mit Abgeschiedenen. Denn durch unsere Beschäftigung mit der Telepathie (Fernfühlen) wissen wir, daß sie diese Einzelheiten denjenigen lebenden Personen „abzapfen" kann, die nach dem Verstorbenen fragen und ihn kennen.

Gewollter Betrug liegt dann vor, wenn in Sitzungen mit irgendwelchen Tricks gearbeitet wird. Dieser gewollte Betrug zählt nach Legion.

Als ein weiterer wichtiger Grund ist auch noch dieser zu nennen: Evangelium und Spiritismus schließen sich gegenseitig aus. Im Spiritismus wird die Einzigartigkeit Christi und seines Evangeliums geleugnet. Weil es brauchbare Medien in allen Religionen gebe, seien alle Religionen gleichzusetzen. *In diesem Punkt atmet der Spiritismus den Geist der Aufklärung, die ja auch Jesus seiner Einzigartigkeit beraubte und ihn zu einem „Religionsstifter" unter Religionsstiftern machte.*

Der Spiritismus will nicht das Evangelium *stützen,* sondern *stürzen* und selbst eine Art pantheistische Weltreligion werden. Einer seiner Vertreter, E. *Falk,* schreibt: „Das Gesamtbewußtsein der Erdgeschöpfe ist zusammengenommen der Erdgeist, das Erdbewußtsein ..."[101]) Den scheinbaren Geist Abraham *Lincolns,* der als amerikanischer Präsident erschossen wurde, zitiert man und läßt ihn die Existenz eines persönlichen Gottes verneinen und berichtet dies dann in der „Zeitschrift für Spiritismus" (1904 Nr. 10

und 13). *Pantheismus ist aber weithin „nur ein höflicher Name für Atheismus".*[102])

Der bekannte Evangelist Fritz *Binde* stellt fest: *„Ich bin auf meinen vielen und weiten Evangelisationsreisen noch keinem einzigen Menschen begegnet, der durch den Spiritismus zu Jesus, dem lebendigen Sünderheiland, geführt und im Sinne des Neuen Testaments gläubig geworden wäre."*

Die wissenschaftliche Überprüfung des Spiritismus

Völlig anders ist die Einstellung der Christen zu der *wissenschaftlichen Erforschung* des Spiritismus und überhaupt der okkulten Phänomene. Gerade für die so äußerst *kritischen* Untersuchungen dürfen wir von Herzen dankbar sein. Darum wissen sich Christen einig mit den Parapsychologen. Ihren strengen Sicherheitsmethoden und ihrem Wächterdienst haben wir es zu verdanken, daß so vielen Gauklern und Scharlatanen das Handwerk gelegt wurde. Wenn es heute nur noch wenige Medien gibt, so haben wir es den Parapsychologen zu verdanken, die wie Spürhunde allen Betrugs- und Täuschungsabsichten auf die Fährte gekommen sind.

Um so ernster ist dann der Rest zu nehmen, der kritischen Methoden standgehalten hat.

Nennen wir einige T a t s a c h e n , die durch wissenschaftliche Parapsychologie anerkannt werden müssen:

1. Es gibt Phänomene, die bei Medien auch *ohne* deren *Kenntnis* und *Willen* eintreten.[103])

2. Es gibt *Kleinkinder,* die in der Lage sind, medial zu schreiben und zu reden wie Erwachsene, d. h. also: sie werden von einem „Sender" benutzt, ohne eigene Kenntnis etwas zu schreiben und zu reden.

3. Es gibt *Fotoaufnahmen* von [Geist]-wesen, die fotografiert wurden, ohne daß ein Medium vorhanden war oder ein Geistwesen von den Beteiligten gesehen worden wäre.[104]) Ebenso gehören hierzu nachgewiesene *Gips- und Paraffinabdrücke.* D. h. also, wo im Zuge einer Materialisierung das entsprechende Phantom Abdrücke in Gips oder Paraffin hinterließ, die fotografiert werden konnten und wurden.

4. Gibt es *Verknotungen* von Seilen, die auf normalem Wege völlig unmöglich sind. Ebenso *Auflösungen* von Verknotungen. Hierher gehören auch Verkettungen von Metallringen, die ebenfalls paranormal sind.

5. Es gibt in vielen Fällen *Mitteilungen* durch ein Medium, die unvollendet abgebrochen wurden, die dann aber zu einer späteren Zeit durch ein anderes Medium in einem anderen Land oder gar einem anderen Erdteil aufgegriffen und beendet wurden. (In Klammern sei bemerkt: Besonders Dr. Hereward *Carrington* hat auf diesem Gebiet gearbeitet und er ist Verfasser anerkannter Werke über psychische Forschung. Professor William *James* von der berühmten Harvard-Universität in den USA sagt über ihn, daß er wohl der erfahrenste und zuverlässigste unter den jüngeren Forschern auf diesem Gebiet sei.) [105])

6. Es ist nachgewiesen, daß es Medien gibt, die in *Sprachen* reden, die sie selber nicht kennen und können, die sie auch nicht irgendwann einmal gehört hätten.

7. Es muß auch von neutralen Beobachtern zugegeben werden, daß der Umgang mit dem Spiritismus sich in den meisten Fällen für das christliche *Glaubensleben* rückläufig auswirkt.

Formen des Spiritismus. Der spiritistische Kult

Was den Spiritismus im *eigentlichen,* wir können auch sagen im *engeren* Sinne betrifft, so müssen wir verschiedene Formen des Spiritismus unterscheiden, die sich bemühen, mit der Geistseele der Verstorbenen in Verbindung zu kommen. Ich möchte zwei Formen jetzt nur mit Namen nennen. Weil besonders diese zwei im Bewußtsein des Volkes leben, wollen wir darauf am Ende dieses Buches gesondert eingehen, wo wir wichtige Begriffe und Fremdwörter erklären.

Es ist

das Tischrücken und
das Glasrücken.

Zum Spiritismus im weiteren Sinne gehört auch
der spiritistische Kult.

Bei meinen Vortragsreisen durch Südamerika bin ich ihm
besonders in Brasilien im sogenannten *Umbanda-Kult* und
Macumba-Kult begegnet. In beiden Kulten kommen die Anhänger zu rituellen Handlungen und Gottesdiensten zusammen.

Dem U m b a n d a - G o t t e s d i e n s t geht das *Schlachten von
Opfertieren* voraus, mit dem sich die erwähnten rituellen
Handlungen verbinden. Z. B. solche: Die Anhänger des Kultes
bringen ihre Opfertiere zur Kultstätte. Das sind Hühner,
Hähne, Tauben, auch Ziegen und ab und zu sogar Stiere. Die
Tiere werden an den Beinen gefesselt und dann abgestochen.
Derjenige, der das Opfer bringt, ist bereits an seinem Opfertier niedergekniet. Nun wird das Opfertier über seinen Kopf
gehalten. Jetzt fließt das ausströmende Blut über seinen Körper. Es gibt auch Opfernde, die mit ihrem Mund das körper-
warme Blut aus der Stechwunde trinken. Der Grund: man
möchte neue leibliche und seelische Kräfte bekommen.

Mit dem Gottesdienst verbinden sich *kultische Tänze.* Auf
Trommeln wird der Takt geschlagen. Die Bewegungen des
Tanzes steigern sich. Anfangs waren es nur Tanzschritte, dann
aber steigert sich der Tanz allmählich bis hin zu wilden Tanz-
bewegungen. Dabei ist die Ausdauer erstaunlich. Bis zu drei
Stunden ist die Regel – und dies ohne Unterbrechung. Die
Folge: immer mehr geraten in Tanzekstase und in Teil- und
Volltrance. Die Ausübung dieses Kultes hat zum Ziel, mediale
Fähigkeiten zu bekommen bzw. zu entwickeln. Praktisch
kommen diese Gottesdienste weithin spiritistischen Sitzungen
gleich.

Dies gilt erst recht für den noch radikaleren M a c u m b a -
K u l t. Beide spiritistischen Kulte haben ihren Ursprung im
Afrikanischen. Beide haben sich mit christlichen Anschauungen
vermischt. Aber es wurde mir wiederholt gesagt, der Macumba-
Kult sei niedriger. Es ist nicht unsachlich, wenn ich sage: der
höhere Umbanda-Kult ist weithin *weiße* Magie und der
niedere Macumba-Kult ist weithin *schwarze* Magie. Aber
beide sind spiritistisch. Der Macumba-Kult hat es mit *massiver
Zauberei* zu tun. Der Fetischismus blüht. D. h. ein Fetisch

(portugiesisch Zauberei) ist ein lebloser Gegenstand mit angeblich übernatürlichen Kräften. Die Kräfte werden in spiritistischen Handlungen in die Gegenstände hineingebannt. Nun hat dieser Fetisch nach Meinung der Zauberer eine geheimnisvolle Wirkung. Ebenso gehören zum Macumba-Kult *Wahrsagerei* und *Trancehandlungen*. Mein Freund Kurt Koch hat ebenfalls Südamerika bereist. Um das magisch-spiritistische zu verdeutlichen, erzählt er: „Eine Gruppe von zwölf Medien füllte sich in einer Macumba-Sitzung die Hände mit Schießpulver. Mit einer Kerze entzündet, explodierte das Pulver, ohne daß in den Händen der Medien hinterher Brandwunden oder auch nur eine Rötung zu beobachten war." [105a]) Kurt Koch hat recht, wenn er feststellt, daß dieser Vorgang über Suggestion hinausginge.

Beide spiritistischen Kulte nehmen in Brasilien zahlenmäßig ständig zu. Es sind Millionen, die diesen Kulten zufallen. Sehr viele Mitglieder des Umbanda-Kultes sind gleichzeitig auch noch Glieder der katholischen Kirche. Als ich in Brasilien war, konnte ich mich davon überzeugen, wie die katholische Kirche sich sehr bemüht, die Menschen durch gute sachkundige Aufklärung aus der okkult-spiritistischen Verstrickung zu befreien, zumal die Menschen sich auch weithin in Ängsten vor Dämonen und Verwandlungen befinden. Kurt Koch schreibt: „In Brasilien wurde mir von einer Reihe von Ritualmorden berichtet. Kinder wurden geopfert, um böse Geister zu vertreiben. Erwachsene wurden im Tanzrausch oder im medialen Stadium auf einen Scheiterhaufen geworfen und verbrannt. Das ist das düstere Kapitel der brasilianischen Macumba." [106]) Mir sagte eine braune Brasilianerin, die in einer deutschstämmigen Familie als Hausangestellte tätig war: „Wenn ich mich vom Macumba-Kult abwende, dann werde ich in einen Wolf verwandelt. Das ist die Strafe dafür." Hier tut Aufklärung not. Aber richtige Aufklärung! D. h. nicht eine Aufklärung des Rationalismus alten oder neuen Stils, der diese magisch-spiritistischen Kräfte einfach als „Humbug", als nicht existent abtut. Gerade dadurch werden die Menschen in ihrer Not allein gelassen. Sondern eine Aufklärung im Geiste des Evangeliums brauchen sie. Denn das Evangelium weiß um die Realität spiritistischer Mächte. Aber es weiß auch um den Stärkeren: Jesus Christus, der von allen magisch-spiritistischen Bindungen und Verstrickungen zu befreien vermag. Der Aufklärungsfeldzug der katholischen Kirche ist gut und richtig. Aber er leidet natürlich stark unter dem großen Priestermangel.

Nicht nur, weil wir uns gerade mit Brasilien beschäftigen, sondern weil folgendes berühmtes brasilianisches Medium auch an seinem Teil einen sehr überzeugenden Hinweis für die Realität des Spiritismus und damit für die jenseitige Welt gibt, sei er jetzt erwähnt.

Der Brasilianer Carlo Mirabelli

Mirabelli lebte von 1889–1951. Professor Karl *Heim* bezeichnet ihn als „Universalmedium". Bedenken gegen die Echtheit der Phänomene, die durch Mirabelli ermöglicht wurden, „haben sich auf Grund der neuesten Forschungen und Untersuchungen des Falles Mirabelli durch den Parapsychologen Dr. Hans *Gerloff* als unbegründet erwiesen", schreibt Karl Heim und verweist dabei auf die entsprechende Literatur. Im Zusammenhang mit Mirabelli schreibt Karl Heim den inhaltsträchtigen Satz:

> „Wir sehen hier in das Jenseits hinüber, in denen unsere verstorbenen Menschen jetzt weilen, das aber nicht in weiter Ferne liegt, sondern uns ganz nahe ist und uns schon jetzt unmittelbar umgibt." [107])

Pfarrer Wilhelm *Horkel,* den wir wiederholt erwähnten, hat sich auch mit Mirabelli befaßt. Als ich in Brasilien war, hörte ich ebenfalls über ihn. W. Horkel hat das Wesentliche über Mirabelli zusammengefaßt. Er schreibt:

> „Das erstaunlichste spiritistische Phänomen der Gegenwart ist unbestritten der Brasilianer Carlo *Mirabelli* (1889–1951). Dieser merkwürdige Mann ,arbeitete' nicht nur bei mitternächtlichen Zirkelsitzungen, sondern am hellen Tage, vor beliebig vielen, höchst kritisch eingestellten Kontrollpersonen hervorragenden wissenschaftlichen Ranges aus den verschiedensten Fakultäten der Universität Sao Paulo. Vor Beginn seiner spiritistischen Auftritte ließ er nicht nur die Kleider am Leibe genau untersuchen und sich völlig entkleiden, sondern auch alle

Organe, sowie alle Körperhöhlen (Ohr, Mund, Rachen usw.) in einer jeden Schwindel ausschließenden Voruntersuchung überprüfen. Es war ausgeschlossen, daß er etwa feinste Spinnstoffteile im Mund oder unter der Achselhöhle hätte verborgen halten können, um sie alsdann scheinbar ektoplasmatisch hervorzuzaubern. Die Phantome, die er im hypnotischen Tiefschlaf produzierte, hatten eine Lebensdauer bis zu 35 Minuten.

Einzigartig ist seine Fähigkeit als Schreibmedium, in unbegreiflicher Schnelligkeit Aufsätze zu Papier zu bringen über Themen, die ihm ebenso sachlich-fachlich fremd waren wie auch die Sprachen, in denen er seine Niederschriften unter medialer Führung zustande brachte. Er schrieb z. B. über Sachfragen aus den engeren Fachgebieten der Medizin, der Naturwissenschaft, Astronomie und Philosophie in Gegenwart von vielen Universitätsprofessoren, die sich durch ihre *Unterschrift* unter den Protokollen jener Sitzungen für die unbezweifelbare Echtheit der beobachteten medialen Schreibleistungen Mirabellis einsetzten.

Insgesamt hat dieser Brasilianer in achtundzwanzig verschiedenen, von ihm nie erlernten noch gehörten Sprachen Niederschriften gemacht. Augenzeugen sagten aus, es habe gewirkt, als ob eine unsichtbare Geisterhand ihm in rasender Schnelligkeit die Feder geführt habe. Selbst so entlegene Sprachen wie das Hebräische und Syro-Ägyptische beherrschte er unter dem Diktat des Geistes. Nicht genug: selbst Blätter mit Hieroglyphen füllte Mirabelli in gleicher manueller Fixigkeit.

Wer war dieser ungewöhnliche Mann? Sein Vater war evangelischer Pfarrer in Rom, seine Mutter stammte aus begütertem italienischen Adel. Nach weiten Reisen ließ sich sein Vater in Brasilien nieder. Carlo war vielseitig begabt und technisch sehr gewandt, widmete sich chemischen und pharmazeutischen Analysen und war außerdem – im kaufmännischen Leben überaus erfolgreich – mit Importen nach Europa betraut. Obendrein war er in der Land- und Holzwirtschaft tätig, Teilhaber mehrerer bedeutender Häuser, schließlich Großhändler. Nebenbei schuf er sich einen Namen als großzügiger Wohltäter bei

Schenkungen und Stiftungen im ganzen Lande. Er wurde mehrfacher Millionär, blieb aber persönlich ganz anspruchslos. Er war hochmusikalisch, spielte mehrere Instrumente, zeichnete und malte mehr als 300 Bilder. *Für seine früh entdeckte Medialität nahm Mirabelli nie Geld.* Nahezu 400 spiritistische Sitzungen wurden mit Mirabelli unter schärfsten Kontrollmaßnahmen veranstaltet. Er war zweifellos auch psychopathisch vorbelastet. Zustände stärkster Erregung wechselten mit solchen völliger Erschlaffung, überdies war er lebenslang zuckerkrank. Seine Medialität begann sich im 13. Lebensjahr zu zeigen, manchmal überfielen ihn die Gesichte und Fremd-Geist-Behaftungen auf offener Straße. Am 29. April 1951 wurde er bei einem Autounglück vor seinem Hause getötet. Er war verheiratet und hatte drei Söhne." [108])

Man tut gut, innezuhalten und sich noch einmal klarzumachen, was in diesen Zeilen für konsequenzgeladene „Ungeheuerlichkeiten" standen:

1. Ein junger Mensch entdeckt an sich die Gabe der Medialität, der Vermittlerschaft.

2. Die medialen Vorgänge werden durch Wissenschaftler unter schärfste Sicherungsbedingungen gestellt.

3. Dieses Medium schreibt in 28 Sprachen, die es selbst nicht kennt.

4. Darüber hinaus schreibt es inhaltlich über Fachgebiete, die es ebenfalls nicht kennt.

5. Universitätsprofessoren beglaubigen durch ihre Unterschrift die Echtheit der „medialen Schreibleistungen".

Die Folgerung: Hier versagt von vornherein das rationalistische, mechanistische Weltbild, das der modernen Theologie zugrundeliegt, völlig. Aber auch die animistische Erklärung vermag nicht zu überzeugen, daß also die Phänomene auf die Fähigkeit des Mediums selbst zurückzuführen seien. Nein, wir kommen nicht daran vorbei: wir müssen das Wort „Medium" = Mittler, Vermittler schon ernst nehmen. Außerkörperliche Intelligenzen haben sich des Mediums bedient. Der Vorhang zwischen diesseitiger und jenseitiger Welt wurde wieder einmal etwas gelüftet.

Lesen wir, was der erwähnte Dr. Hans *Gerloff*, der sich ja gründlichst mit Mirabelli befaßt hat, über das Phänomen einer Verkörperung (Materialisation) berichtet:

„Das Medium ist kaum aus seinen schweren Krämpfen zu sich gekommen, als es in neue Erregung gerät. Es behauptet, im Zimmer schon die Gestalt des Bischofs Dr. José de Carmargos Barros zu sehen, der bei einem Schiffbruch ums Leben gekommen war. Das Zimmer füllte sich mit starkem Rosenduft. Ein leichter Nebel (Teleplasma), im Versuchsfeld auf einem Stuhl, verdichtete sich zusehends zu einer glänzenden Wolke, aus der in wenigen Minuten die lächelnde Gestalt des Bischofs mit Barett und Insignien sich vom Stuhl erhebt, sich laut mit Namen vorstellt. Dr. de Sonpa untersucht mit Genehmigung seinen Körper, klopft ihn ab, auch Zähne, Gaumen mit dem Finger, stellt seinen Speichel fest, horcht Herz und Atmung ab, untersucht Bauch, Nägel, Augäpfel, Blutäderchen usw. Weitere Mediziner wiederholen die Untersuchung. Der Bischof unterhielt sich mit den Teilnehmern in gewähltem Portugiesisch und äußerte zum Schluß:

,Nun geben Sie wohl acht, wie ich verschwinde!' Er beugte sich über das Medium, legte ihm beide Hände auf in Betrachtung. Dann zuckte sein Körper mehrmals heftig zusammen und löste sich langsam auf." [109])

Ja, hier stehen wir wieder vor Geheimnissen.

Warum handeln wir den Spiritismus ab?

Die Überschrift unseres Kapitels lautete: „Der Spiritismus als *Hinweis* auf die jenseitige Welt." Bewußt haben wir *nicht* das Wort *Beweis* gebraucht. Denn das Wort Beweis wäre zu üppig und stark gewesen. Bei einem Beweis gibt es nichts mehr zu fragen und zu diskutieren. Da steht alles fest. Aber so ist es im Blick auf das Jenseits nicht. Die Existenz des Jenseits im Sinne der unsichtbaren Wirklichkeit, im Sinne der Ewigkeit können wir nicht beweisen, wie wir beweisen können, daß es die Stadt Zürich oder Berlin gibt. Denn *das Kennzeichen des Jenseits besteht ja gerade darin, daß es die Dreidimensionalität unserer diesseitigen Welt überschreitet.* Diese Raum-Zeit-Welt ist nun aber einmal unser Gefängnis, in dem wir uns mit unserer Leiblichkeit und irdischen Existenz befinden. *Wohl aber deutet vieles, vieles darauf hin, daß das Diesseits nicht das Letzte ist.* Gerade deshalb haben wir die Fragen nach dem Spiritismus aufgegriffen, weil in ihm das Diesseits als Erklärungsmöglichkeit überschritten wird. D. h. ich kann einfach nicht mit *diesseitigen* Mitteln beweisen, daß ein Mensch in 28 Sprachen schreiben kann, die er nicht gelernt hat, es aber trotzdem tut. Dies erklären zu wollen, nötigt mich zwar, etwas Jenseitiges anzunehmen. Aber bewiesen ist das Jenseitige dadurch nicht in dem Sinne, als ob wir nun genau sagen könnten: so und so ist das Jenseits.

In der Einleitung schrieben wir, daß wir um des modernen Menschen willen nicht den Weg vom Glauben zum Wissen, sondern umgekehrt, den Weg vom Wissen zum Glauben gehen wollten. Auf diesem zweiten Weg sind wir nun jedenfalls schon so weit vorangekommen, daß wir wiederholt auf die Grenze des Wissens gestoßen sind. Denn wir mußten zugeben, daß wir mit unserem Wissen nicht alles erklären können, daß es aber gleichwohl diese unerklärbaren Bereiche gibt.

Um diese sehr wichtige Erkenntnis zu festigen, schrieben wir die Ausführungen über den Spiritismus. Um diese Erkenntnis zu untermauern, schreiben wir nun auch das Folgende. In ihm liegt sogar noch eine Steigerung dessen, was sich in dem Kapitel über den Spiritismus schon als Erkenntnis und Einsicht auf unser Herz und Gewissen legte.

Der Spuk als Hinweis auf die jenseitige Welt

Das Wort Spuk

Leider ist das Wort Spuk etwas überschattet. In der Umgangssprache mit Freunden, die es nicht verübeln, wird schon mal die Wendung gebraucht: „Ich glaube, bei dir spukt es wohl." Dadurch hat das Wort Spuk etwas an sich, was dem Ernst der Sache ganz und gar nicht gerecht wird, der sich in Wirklichkeit damit verbindet. Deshalb müssen wir uns von dem „Geschmäckle" ganz frei machen, das diesem Wort anhaftet.

Nochmals: Die bereits erwähnte große Schweizer Psychologin Fanny *Moser* stellt ihre 342seitige vorzügliche Materialsammlung „Spuk, Irrglaube oder Wahrglaube?" unter das Motto:

„Der Narr lacht,
der Weise sinnt und forscht."

Dem Vorwort ihres Bandes stellt sie das Wort voran:

„Der Spuk ist der größte Verstoß gegen den gesunden Menschenverstand und guten Geschmack. Nicht Wunsch führt zu ihm, sondern Schicksal und Pflicht."[110])

Wollen wir uns darum von dem so höchst törichten Gedanken freimachen, den Spuk nicht ernst zu nehmen.

Zwei Formen des Spuks

Wer heute noch Spukvorgänge bestreitet, ist diesbezüglich unwissend. Früher konnte man Spukvorgänge noch mit Betrug und Halluzination abtun. Heute im Zeitalter der Foto- und Tonbandaufnahmen kann man das nicht mehr. Der Spuk ist Tatsache.

Wir müssen im wesentlichen zwei Formen des Spuks unterscheiden:

1. den *person*gebundenen Spuk,
2. den *orts*gebundenen Spuk.

Zunächst ein Beispiel für persongebundenen Spuk.

Professor Hans *Bender* hatte bis Februar 1967 fünfzehn sogenannte Spukhäuser untersucht. Darunter befand sich auch das Haus des Bürgermeisters Notheis in Neudorf bei Karlsruhe. Der Bürgermeister hat sich die Mühe gemacht, die Vorgänge zu protokollieren. In einer einzigen Nacht ereigneten sich in seiner Wohnung folgende paranormalen Dinge:

21.40 Uhr: fünf Glühbirnen sind lockergeschraubt und fünf Würste wurden in einen Krug mit Wein gesteckt;
21.50 Uhr: die Bettflasche ist aus dem Bett geflogen;
21.55 Uhr: eine Seifenschale ist ins Bett gekommen;
22.05 Uhr: die Bettflasche ist zum zweiten Mal aus dem Bett geflogen.

„Dann ,regnete es Nägel', und zwar 16mal in 45 Minuten, und eine Schraube wurde durchs Zimmer geworfen. Um 1.58 Uhr endete das Protokoll: ,Eine Bürste durch den Raum geflogen, welche die Fensterscheibe zertrümmerte.' " [111])

Professor Benders Untersuchungen kommen zu dem Schluß, „daß keinerlei Verdachtsmomente für einen bewußten oder unbewußten Betrug zu finden waren". Die Untersuchung hatte aber auch ergeben, daß bei allen Spukphänomenen immer der dreizehnjährige Sohn im Hause war – „wenn auch mitunter schlafend". War der Sohn nicht im Hause, so spukte es auch nicht. Professor Bender kam zu dem Schluß, daß der Sohn den Spuk verursachte. Allerdings nicht so, als ob er nun auf die Leiter geklettert wäre, um die Glühbirnen in der Fassung loszuschrauben. Wohl aber so, daß er die K r a f t - q u e l l e für die Spukbewegungen wurde. Allerdings muß er sich dessen keineswegs bewußt gewesen sein. Wir sahen: Ab und an schlief er ja sogar, während es spukte. Wir haben uns bereits im ersten Teil dieses Buches mit der sogenannten Telekinese, der Fernbewegung beschäftigt, die durch Kräfte der Psyche verursacht wird. Darum wird – wie wir sahen – die Telekinese auch *Psychokinese* genannt. Im vorliegenden Fall handelte es sich um einen von dieser seelischen Kraft verursachten Spuk. Weil er an den Jungen gebunden war, ist er ein sogenannter „*person*gebundener" Spuk.

Persongebundener Spuk wird besonders dadurch erkennbar, daß der Spuk an *verschiedenen* Orten auftritt, wo sich derjenige Mensch befindet, der die betreffende übernormale, sprich psychokinetische Kraft besitzt. Das wird besonders deutlich an dem Kaufmannslehrling Heiner *Scholz* aus Bremen. Aus seiner Umgebung wurde gemeldet, daß Tassen und Teller sich bewegen, klirren und zerbrechen. Auch diesen Spukfall hat Professor *Bender* untersucht. H. Bender holte den Kaufmannslehrling zu sich nach Freiburg. Und siehe: auch dort ereignete sich der Spuk. In Gegenwart des Psycho- oder Telekinetikers Heiner Scholz brachen in den Kellergängen eines Freiburger Schulneubaus neue Haken aus der Wand heraus einschließlich der sogenannten Dübel, also der Holzklötze, die in die Wand eingelassen waren und in die man die Haken eingeschraubt hatte. Professor Bender schreibt dazu:

„Zusammen mit meinem Assistenten konnte ich das Phänomen des Lockerwerdens beobachten."[112])

Oder wir denken an jenen Spuk, den man öfters als das berühmte „Wunder" von Rosenheim bezeichnete. In der Kanzlei des Rechtsanwaltes Sigmund *Adam* zerplatzten Glühbirnen, rotierten Bilder, Leuchtstoffröhren sprangen aus ihren Fassungen und zerbarsten. Ein Zeuge der Untersuchung dieser Fälle, Paul *Brunner* vom Elektrizitätswerk Rosenheim, sagte aus: „Ich war bei der Überprüfung anwesend und kann alles nur bestätigen. Unsere zur Kontrolle aufgestellten Strom- und Spannungsschreiber von Siemens verzeichneten in Anwesenheit des Mädchens 374 Ausschläge. Lampen platzten, automatische Sicherungen sprangen heraus, ein zentnerschwerer Aktenschrank bewegte sich von der Wand." In einem wissenschaftlichen Bericht der Physiker F. *Karger* und G. *Zicha* von der Technischen Universität München über das „Wunder" von Rosenheim heißt es: „Obwohl die Phänomene mit den vorhandenen Mitteln der experimentellen Physik festgestellt wurden, konnten sie nicht erklärt werden. Diese Bewegungen scheinen von intelligent gesteuerten Kräften herzurühren, die die Tendenz haben, sich der Untersuchung zu entziehen."[113]) Soweit möchten wir mit der Erklärung gar nicht gehen. Wir sprechen nicht von einem „Wunder", sondern wir sprechen von dem bereits erwähnten Fräulein. Es war die 19jährige Sekretärin Annemarie Sch. Denn nur in ihrer Gegenwart ereigneten sich diese übersinnlichen, d. h. die über unsere fünf Sinne hinausgehenden Phänomene. Sie besaß jene seelische Fernbewegungskraft, über die kein Mensch von sich aus *verfügen* kann.

Der Tatbestand des persongebundenen Spuks ist also einwandfrei erwiesen. Und doch tun wir gut, wenn wir den *persongebundenen* Spuk nicht zum Spuk im *eigentlichen* Sinne rechnen. Denn der persongebundene Spuk überschreitet nicht die Dreidimensionalität unserer Diesseitswelt. Das zu tun bleibt dem sogenannten *orts*gebundenen Spuk vorbehalten. Er ist darum der Spuk im *eigentlichen* Sinn. Er ist *objektiver* Spuk im Unterschied zu *subjektivem*, d. h. an lebende Menschen gebundener Spuk. Hingegen hat der ortsgebundene Spuk mit lebenden Menschen nichts zu tun.

Wir definieren:

Ortsgebundener Spuk ist ein objektiv fest-
stellbares Ereignis in unserer Raum-Zeit-
Welt, das aus der jenseitigen Welt verursacht wurde.

In diesem Satz liegt ungeheuerer Sprengstoff.
Die Richtigkeit dieses Satzes muß nun nachgewiesen werden.
Gelingt dieser Nachweis, dann ist damit auch der provozie-
rende Titel unseres Buches als richtig ausgewiesen: „... und
es gibt doch ein Jenseits."

Ortsgebundener objektiver Spuk im Pfarrhaus von Gossmannsdorf (Bayern)

Aus der sehr großen Fülle von glaubhaften und nachgewiese-
nen Fällen objektiven Spuks greifen wir jetzt nur einige heraus.

Da es verschiedene Arten von objektivem, ortsgebundenem
Spuk gibt, wollen wir uns auch bei der Auswahl mit verschieden geprägten Spukphänomenen bekanntmachen.

Aus der schier riesengroßen Materialsammlung von F. *Moser*
greifen wir folgendes heraus:

Professor *Ludwig* veröffentlichte 1908 einige Erlebnisse unter
dem Titel: „Okkulte Phänomene, beobachtet im Pfarrhaus zu
G. (Gossmannsdorf) in Franken (Bayern)."

Er berichtet darin, daß jenes Haus 1817 als Forsthaus erbaut
und um 1840 als Pfarrhaus übernommen wurde. Ludwig –
damals noch Pfarrer – wohnte noch siebeneinhalb Jahre in
ihm. Er führte Tagebuch. Mit Unterbrechung spukte es zu
seiner Zeit volle fünf Jahre bis 1898 im Pfarrhaus. „In den
letzten zwei Jahren seines Aufenthaltes hörte der Spuk auf,
ohne erkennbare Ursache, wie er gekommen." [114]) Aber nicht
endgültig; denn „drei seiner Nachfolger" hatten „ähnliche
Erscheinungen". Auch die im Pfarrhaus wohnende, lang-
dienende Haushälterin Mathilde *Zang*, „eine gebildete Dame",
bezeugte die Spukphänomene. Ebenso die Hausangestellte,
Fräulein E. *Barth*, die 1950 noch als Rentnerin im Dorf lebte,
beteuert ausdrücklich „bei ihrer Seele Seligkeit", daß alles
wahr sei. Begonnen hatten die Spukphänomene damit, daß
die Haushälterin am 3. November 1893 Professor Ludwig,

ihrem damaligen Pfarrer, erzählte, „sie sei in der Nacht lange wach gelegen ... Da habe sie deutlich im Eßzimmer, das mit ihrem Zimmer durch eine, nachts offene Türe verbunden war, jemanden dreimal tiefschmerzlich aufseufzen hören und dabei die Worte vernommen: ‚Ach Gott!' " Sogleich habe sie sich aufgerichtet und mit ängstlicher Spannung gelauscht. Ludwig hielt die Sache für eine Halluzination. Aber er sollte bald eines anderen belehrt werden. Bald steigerten sich die Geräusche, und zwar, „daß sie ausgesprochen die Nachahmung von Professor Ludwigs gewohnter Tätigkeit in seinem Arbeitszimmer waren, doch immer nur in seiner Abwesenheit auftraten: Auf- und Abgehen beim Brevierlesen, Stuhlrücken, Türen geräuschvoll öffnen und schließen mit raschem Hineilen zum Abort usw. Die betreffenden Schritte waren jedoch stets dumpf und schlurfend, ‚wie auf Socken' ... Es gab aber auch Schläge, dumpf hallende, an den Wänden. Anfangs glaubten Fräulein Zang und das Mädchen an Einbrecher und durchsuchten alles. Vergebens. Auch Ratten kamen nicht in Betracht. Einmal hörte Fräulein Zang, kaum ins Bett gegangen, ein Trippeln durchs Zimmer ‚wie von einer Geiss', dann wieder Peitschenknallen." Der Bericht fährt fort:

„Auf Professor Ludwigs Rat ließ sie von nun an ein Nachtlicht brennen, und es war Ruhe. So haben die Angestellten noch vielerlei Geräusche vernommen: wie Tanzen eines Blechtellers, einen furchtbaren Schlag, als sei ein Kleiderschrank umgefallen, einen schweren Fall im Zimmer des Mädchens, als dieses mit der Haushälterin in der Küche war, einen harmonisch klingenden Schlag auf eine der Flaschen, die auf dem Küchenboden standen, ohne daß etwas zu sehen gewesen oder eine bewegt worden wäre. Sachen verschwanden des öfteren, z. B. ein großer Schöpflöffel, den das Mädchen eben auf den Anrichtetisch gelegt hatte, Messer und Gabeln, die neben dem Mädchen lagen usw. Einmal sei das viermal hintereinander vorgekommen. Den Schöpflöffel fand man dann nach langem Suchen hoch oben an der Wand, wo ihn niemand hingehängt hatte ...

Ludwig hat selbst einiges erlebt. Er berichtet darüber:

‚Winter 1895. Ich saß abends gegen 7 Uhr etwas ermüdet auf dem Sofa meines Studierzimmers. Da wurde ich plötzlich aufgeschreckt durch einen furchtbaren Schlag, anscheinend gegen das Küchenfenster im Erdgeschoß, denn er kam aus dieser Richtung, und ich vernahm deutlich das Klirren des zerbrechenden Glases. Augenblicklich eilte ich hinaus und sah durch das geöffnete Fenster des oberen Korridors auf die vom Mondschein beleuchtete Straße nach dem (wie er meinte G. B.) Fliehenden. Aber alles war leer und still. Gleichzeitig waren aus dem Eßzimmer meine Haushälterin, das Mädchen und eine zu Besuch weilende Dame in die Küche geeilt, in der sicheren Erwartung, ein Fenster eingeschlagen zu finden, denn sie hatten dieselben Töne gehört. Aber alles war in Ordnung, auch kein Sprung im Glas, und doch hatten wir alle das Klirren so deutlich vernommen. Ein bloßer Schlag mit der Faust oder einem Gegenstand gegen das Fenster hätte einen so gewaltigen Knall nicht hervorbringen können, ohne daß die Scheiben in Stücke gegangen wären.' "

Wichtig ist uns, „daß drei seiner Nachfolger, wie Ludwig feststellen konnte, ähnliche Erscheinungen hatten." Wir weisen deswegen noch einmal auf diesen Tatbestand hin, weil dadurch deutlich wird, wie dieser Spuk *unabhängig von den jeweiligen Personen* vorhanden ist und sich *deshalb* als *objektiv* und ortsgebunden ausweist.

Wenn wir diesen Tatbestand der *Unabhängigkeit* des Spuks von *lebenden* Menschen erkennen, dann geht uns im gleichen Maß die Erkenntnis auf, daß die „animistische" Richtung sich nicht halten läßt, die ja nicht nur den persongebundenen, sondern auch den ortsgebundenen Spuk auf Lebende zurückführen möchte, die ihn verursacht hätten. Aber w o e s o h n e - h i n n u r s e l t e n M e n s c h e n m i t d e r G a b e g r o ß e r F e r n w i r k u n g s k r a f t g i b t, wieviel weniger gibt es d i e M e n s c h e n ausgerechnet in ein und demselben H a u s und d i e s u n t e r U m s t ä n d e n d u r c h J a h r - z e h n t e h i n d u r c h.

D e r T h r o n d e s A n i m i s m u s (Spuk wird n u r durch Lebende verursacht) f ä n g t a n z u w a c k e l n. Dafür ein erneuter Beleg.

Ortsgebundener objektiver Spuk im Pfarrhaus Dünzling (Bayern)

Auch ihn hat Professor *Ludwig* mit großer Gewissenhaftigkeit untersucht, wie die Unterlagen beweisen. Bei diesem Pfarrhaus handelt es sich um ein ursprüngliches Bauernhaus, das zirka 1809 erbaut und um 1843 notdürftig als Pfarrhaus hergerichtet wurde. Wer einwendet, warum wir auch jetzt wieder auf ein *altes* Haus zurückgreifen, dem sei geantwortet: weil gerade das *Alter* uns die Möglichkeit gibt, auf eine lange Zeit zurückzuschauen. Von diesem Haus bezeugen nämlich die Pfarrer, die in ihm durch viele Jahre gewohnt haben, daß es „als Spukhaus ... seit Jahrzehnten verschrieen und gefürchtet" sei. Dieser Tatbestand macht es den Innerwelt- oder Diesseitsparapsychologen unmöglich, noch ihre Thesen aufrechthalten zu können, Spuk sei nur durch Lebende verursacht. Denn dann hätten ununterbrochen „seit Jahrzehnten" Pfarrer mit dieser seelischen Kraft in dem Pfarrhaus wohnen müssen. Das aber ist nicht anzunehmen. Außerdem hätte sich ihre geheimnisvolle Kraft auch *anderorts* zeigen müssen. Das ist nicht der Fall. Ergo: Es gibt Spuk, der nicht von Lebenden herrührt. Wenn er nicht von Lebenden verursacht wurde, muß er auf überirdische Intelligenz zurückgeführt werden. Denn von nichts kommt nichts. Es muß eine verursachende Kraft am Werke sein. Nachdem wir bereits um die nachgewiesene Tatsache der Verkörperung *diesseitig* Lebender wissen, ist es so schwer nun nicht mehr, auch eine Verkörperung *jenseitig* Lebender für möglich zu halten. Darum verstehe ich gut, wenn im vorliegenden Fall der damals amtierende Pfarrer an Ludwig schrieb: „Verschiedene glaubwürdige Personen versichern hoch und teuer, den Geist gesehen zu haben, so daß man unmöglich alles ins Reich der Fabel verweisen könne. Doch die Dünzlinger reden nicht gern darüber." [115])

Lesen wir zwei Berichte von urteilsfähigen Priestern. Der erste ist ein indirekter und geht zurück auf Pater *Benno* aus Regensburg, der als Festprediger in den Ort eingeladen war. Professor *Ludwig* schreibt:

> „Als Festprediger war er 1890 nach Dünzling zu einem Kirchenfest eingeladen worden. Um 10 Uhr hatte er sich

zu Bett gelegt, erwachte jedoch um 12 Uhr und sah in der mondhellen Nacht von dem ganz in der Nähe gelegenen Friedhof einen Bauern auf das Pfarrhaus zukommen. Er dachte, da muß nun der Herr Pfarrer noch um Mitternacht zur Provisur (Besuch), um einem Sterbenden die heiligen Sakramente zu reichen. Aber wie erschrak er, als er schwere Tritte die Treppe heraufkommen hörte, ohne daß vorher geläutet oder die Haustüre geöffnet worden wäre! Im nächsten Augenblick öffnet sich die Schlafzimmertüre von selbst, und der Bauer betritt das Zimmer. Die Gestalt, die Kleidung (rote Weste, weiße Strümpfe, s. u.) waren vollkommen ausgebildet, das Gesicht dagegen undeutlich. Zwei volle Stunden, von 12 bis 2 Uhr, ging nun das Phantom im Zimmer auf und ab. Zweierlei sei merkwürdig gewesen: eine sehr kalte Luft ging von ihm aus und ein unnachahmliches Tönen. Pater Benno nahm das Kruzifix auf dem Nachttischchen und wollte, nachdem er den ersten Schrecken überwunden hatte, die Gestalt anreden, aber die Kehle war wie gelähmt. Er brachte kein lautes Wort heraus. Als die Gestalt endlich das Zimmer verlassen hatte, durchwachte Pater Benno den letzten Teil der Nacht und beklagte sich am Morgen beim Pfarrer über das schreckliche Vorkommnis. Dieser sagte, e r h a b e ‚i h n‘ a u c h g e h ö r t. Er komme öfter an Festtagen. Auch im Zimmer der Haushälterin habe er sich schon gezeigt. Nach seiner Rückkehr nach Regensburg besuchte Pater Benno den dortigen Bischof Senestrey und erzählte ihm sein Erlebnis. Der aber lächelte und sagte, er glaube nicht an Geistererscheinungen und meinte scherzend, vielleicht hätten die Herren am Vorabend dem Bierkrug zu eifrig zugesprochen! Aber Pater Benno sollte gerechtfertigt werden. Nach ein oder zwei Jahren wurde in Dünzling eine Mission durch vier Kapuzinerpatres abgehalten, die ebenfalls durch den Geist beunruhigt wurden, daraufhin das Haus benedizierten (segneten) und dem Bischof Meldung machten. Dieser bedauerte nun, Pater Benno nicht geglaubt und ihn durch seinen Scherz verletzt zu haben. – Dies die Aussage des Paters Benno."

„In Beantwortung einer Anfrage Ludwigs teilte dieser in einer Karte am 20. November 1920, also bald nach der Besprechung, noch mit: ‚Der Arzt, dem ich alles berichtete, (denn) ich bin krank gewesen, sagte mir: ‚D a n k e n Sie Gott, es hätte Sie der Schlag treffen können! Ich glaube es, daß es solche Erscheinungen gibt!' Mehr kann ich nicht mitteilen; was ich gesehen und erlebt, kann ich vor Gott b e s c h w ö r e n.

Euer Hochwürden ergebener   Pater Benno, C. D.' "

Der zweite ist der Direktbericht des damaligen Ortspfarrers, Pater *Schleinkofer,* den er an Professor Ludwig auf dessen Bitte gesandt hat:

„Täglich abends von 7 Uhr an hörte ich, wenn ich im Herbst und Winter im Zimmer saß, über mir Geräusche, als ob man Leinwand zerreiße und Säcke hebe, mit Getreide gefüllt. Ich wollte einmal nachts zum Boden hinauf, um nachzusehen, aber meine Haushälterin (M. Deicher) hielt mich davon ab. Diese hat einmal, obwohl sie gar nicht furchtsam war, ihr Zimmer verlassen und um Mitternacht an meine Türe geklopft und voll Schreckens Einlaß begehrt, indem sie berichtete, es gehe in ihrem Schlafzimmer ein Bauer mit r o t e r W e s t e und blauem Rock auf sie zu und lege seine kalte Hand auf sie. Sie könne es vor Schrecken nicht mehr aushalten und getraue sich nicht zurück. So blieben wir wach bis zum Morgen. Das kam zweimal: in der Nacht des Armenseelensonntags und in der Nacht nach dem Kirchweihfest."

Nach einer Bestätigung durch F. Moser fährt der Brief fort: „Ich ging zu meinem benachbarten Pfarrer Schiedrich von Tengn, der früher in Dünzling auch Pfarrer gewesen war, und fragte ihn, ob er nichts gehört habe? Er bejahte es meines Wissens und sagte, daß einer meiner Vorgänger, wenn ich nicht irre, hieß er Engel, einen Bauern gesehen habe, so wie meine Schwester geschildert . . . Auch der verstorbene Pater Benno, der bei uns übernachtete, erzählte, Lichter gesehen zu haben. Nun kamen vier Kapuziner zur Mission. Zwei davon hörten nachts einen furchtbaren Schlag. Dann benedizierten (segneten) sie das ganze Haus, und ich hörte nichts mehr. Einmal kam es mir vor, als wolle man die Wand eindrücken, an der mein Bett stand, und ich weiß, daß ich einmal unmutig sagte: ‚Nicht einmal in der Nacht hat man Ruh'! Dann besprach ich an einem Winterabend, als es schon dunkel war, mit der Tochter des Kaufmanns des Orts und ihrer Magd eine Angelegenheit, die Mission betreffend (auch meine Haushälterin war anwesend); da hörten wir alle vier auf der Stiegen draußen Stimmen, wie in Unwillen (ein Ort). Ich fragte die Haushälterin, ob sie die Haustüre nicht versperrt habe. Sie eilte hinaus. Aber die Türe war gesperrt, niemand draußen, und doch hatten wir alle vier das unwillige Brummen und Schimpfen gehört. Mehr weiß ich nicht. Was ich schrieb, ist wahr.“

Um dem eventuellen Einwand zu begegnen, es handele sich um eine Einbildung des Pfarrers, wollen wir auch noch einem der Patres, Pater *Otto,* das Wort geben, die einige Zeit nach Pater Benno zur Volksmission in Dünzling waren. Obwohl schon 30½ Jahre seitdem vergangen waren, erinnert sich Pater Otto noch gut und schreibt an Professor Ludwig am 16. November 1920 u. a.:

„Mein Erlebnis kann ich kurz mitteilen: Abends – es war Sommerzeit – ging ich ruhig zu Bett. Um 12 Uhr hörte ich eine Person mit festen Holzschuhen über die Stiege auf den Dachboden gehen. Von dort hörte ich einen gewaltigen Schlag, als wäre ein Dachbalken niedergefallen. Furcht überkam mich keine. Am Morgen waren meine Mitbrüder und der Herr Expositus Schleinkofer bei der Frage, wie ich geschlafen hätte, etwas befangen. Wir nahmen dann gemeinsam die benedictio domus (die Segnung des Hauses) vor, worauf die ganze Missionswoche ruhig verlief. Vor und nach der Mission war es aber gar nicht geheuer im Haus.

In all. Hochachtung   Pater Otto.“

Wer in Ruhe die Spukphänomene beider Orte überdenkt, steht vor einer dreifachen Möglichkeit:

1. Entweder wird er die Phänomene *bestreiten.* Aber eine Bestreitung kann man nicht ernst nehmen.

2. Oder er wird die Phänomene *diesseitig* erklären. Das vermag nicht zu überzeugen. Die Gründe gaben wir bereits an.

3. Bleibt ernsthaft nur noch die Einwirkung aus einer *anderen* Welt und Dimension. Das aber würde heißen: „... und es gibt doch ein Jenseits."

Professor C. G. Jung berichtet

Jeder, der in die Welt der Psychologie auch nur ein ganz klein wenig hineingeschnuppert hat, weiß, was es bedeutet, wenn man den Namen des Schweizer Professors C. G. *Jung* nennt: einer wissenschaftlichen Autorität ersten Ranges. Er hat einmal in England über etliche Wochenende ein Spukerlebnis gehabt, das viel zu wenig bekannt ist. Er selbst hat es berichtet.

Wir wollen es bringen:

> wegen der Autorität dieses Wissenschaftlers,
> wegen des Spukphänomens in einem anderen Land,
> wegen der verschiedenen Weisen, wie sich dieses Phänomen äußerte.

Wir kürzen den Bericht aus Raumgründen an einigen Stellen, die auf die Handlung keinen Einfluß haben. F. *Moser* bringt den Bericht ungekürzt in ihrem erwähnten Buch „Spuk. Irrglaube oder Wahrglaube? Eine Frage der Menschheit". C. G. Jung schreibt:

„Im Sommer 1920 befand ich mich in London, wo ich auf Einladung von Dr. X. arbeitete und Vorlesungen gab. Mein Kollege erzählte mir, daß er, in der Erwartung meiner Ankunft, für diesen Sommer einen passenden Weekendort (Wochenendort) gefunden habe... Es war in der Tat ein höchst anziehendes altes Farmhaus in Buckinghamshire. Das Haus war geräumig, zweistöckig und in einem rechten Winkel gebaut. Es hatte also zwei Flügel, von denen uns der eine vollauf genügte... Das eine Fenster (meines Schlafzimmers) ging gegen Westen, das andere gegen Osten...

In der *ersten* Nacht, ermüdet von der anstrengenden Arbeit der Woche, schlief ich ausgezeichnet. Den nächsten Tag verbrachten wir mit Spaziergängen und Gesprächen. Am Abend der *zweiten* Nacht ging ich, ziemlich müde, um 11 Uhr zu

Bett, aber ich kam über den Punkt des Einschlafens nicht hinweg. Ich verfiel nur in *eine Art von Erstarrung,* die darum peinlich war, weil es mir schien, daß ich mich nicht bewegen könne. Auch schien es mir, die Luft im Zimmer sei dumpf und es herrsche ein *undefinierbarer, unangenehmer Geruch* im Zimmer. Ich dachte, ich hätte vergessen die Fenster zu öffnen. Das veranlaßte mich dann schließlich, trotz meiner Erstarrung, Licht zu machen (d. h. eine Kerze anzuzünden); beide Fenster standen offen und ein leiser Nachtwind zog durch das Zimmer und erfüllte es mit dem hochsommerlichen Wohlgeruch blühender Wiesen. Von üblem Geruch keine Spur zu entdecken. Ich blieb halbwach in meinem merkwürdigen Zustand, bis ich durch das östliche Fenster den ersten blassen Schimmer des kommenden Tages erblickte. In diesem Moment wich wie ein Zauber die Erstarrung von mir, und ich fiel sofort in tiefen Schlaf, aus dem ich erst gegen 9 Uhr erwachte.

Am Sonntagabend bemerkte ich beiläufig zu Dr. X., daß ich die Nacht vorher merkwürdig schlecht geschlafen hätte. Er riet mir, eine Flasche Ale zu trinken, was ich dann auch tat. Aber es ging mir in dieser *dritten Nacht* wie vorher: ich kam nicht weiter als bis zu dem Punkte des Einschlafens. Die beiden Fenster standen offen. Anfangs war die Luft frisch, aber nach etwa einer halben Stunde schien sie sich zu verschlechtern; sie wurde dumpf und muffig, und schließlich irgendwie widerwärtig . . . Plötzlich hörte ich etwas regelmäßig *tropfen.* ,Habe ich den Wasserhahn nicht zugedreht?' dachte ich. ,Aber es gibt ja gar kein fließendes Wasser im Zimmer – dann muß es offenbar regnen – es war doch heute so schön.' Unterdessen ging das Tropfen regelmäßig weiter im Tempo von einem Tropfen in zwei Sekunden. Ich stellte mir links von meinem Bett in der Nähe der Kommode eine kleine Wasserlache vor. ,Dann muß aber das Dach irgendwo lecken', dachte ich mir. Schließlich, mit heroischer Anstrengung, wie es mir schien, machte ich Licht und ging zur Kommode. Es war kein Wasser auf dem Boden, und an der gegipsten Decke war kein Wasserfleck. Erst dann blickte ich zum Fenster hinaus: es war eine sternklare Nacht. Unterdessen ging das Tropfen weiter. Ich konnte eine Stelle auf dem Fußboden, etwa einen halben Meter vor der Kommode, ermitteln, woher das Tropfgeräusch kam. Ich hätte sie mit der Hand berühren können. Plötzlich hörte das Geräusch auf und kam nicht wieder. Erst um 3 Uhr beim ersten Tagesschimmer fiel ich in tiefen Schlaf. Ich habe Holzwürmer gehört. Aber ihr Ticken ist schärfer. Dies war ein dumpfes Geräusch, genau wie es ein von der Decke fallender Wassertropfen erzeugen würde.

Ich war ärgerlich und nicht gerade erfrischt von diesem Weekend. Ich sagte aber nichts zu Dr. X. Am *nächsten Wochenende* nach einer inhalts- und ereignisreichen Woche dachte ich an mein voriges Erlebnis gar nicht mehr. Als ich aber etwa eine halbe Stunde im Bett war, da war alles, wie zuvor, wieder da, die Erstarrung und der widerwärtige Geruch, und dazu kam *etwas Neues:* etwas streifte an den Wänden entlang, wie knisterndes Papier, die Möbel krachten hie und da, es rauschte sonderbar, bald in der einen, bald in der anderen Ecke. Es war eine seltsame Unruhe in der Luft. Ich dachte, es sei der Wind, machte Licht und wollte die Fenster schließen. Die Nacht war aber ruhig und es war keine Spur von Wind. Solange das Licht brannte, war die Luft frisch und kein Geräusch hörbar. Kaum hatte ich es gelöscht, so trat langsam die Erstarrung wieder ein, die Luft wurde stickig und das Rauschen und Knistern begann wieder. Ich dachte, ich hätte Ohrgeräusche. Sie hörten aber so um 3 Uhr morgens wieder prompt auf.

Am Abend der *zweiten Nacht* versuchte ich es wieder mit einer Flasche Ale. *Ich hatte nämlich in London stets gut geschlafen* und vermochte mir gar nicht vorzustellen, was ausgerechnet an diesem stillen und friedlichen Ort mir Schlaflosigkeit verursachen könnte. In dieser Nacht wiederholten sich. *dieselben Phänomene, aber in gesteigerter Form.* Erst jetzt kam mir der Gedanke, daß es sich um etwas Parapsychisches handeln könnte . . .

Anderntags erkundigte ich mich vorsichtshalber bei allen, wie sie geschlafen hätten. Alle rühmten ihren guten Schlaf.

In der *dritten Nacht* wurde es *noch schlimmer.* Es traten sogar Klopflaute auf, und ich hatte den Eindruck, *es husche ein Tier in der Größe eines mittleren Hundes im Zimmer herum,* wie in einer Panik. Wie gewöhnlich hörte der Spuk schlagartig mit dem ersten Lichtstreifen im Osten auf.

Im Laufe des *nächsten dritten Weekends steigerten sich die Phänomene.* Das Rauschen wurde zu einem Brausen und Sausen wie das eines Sturmes. Die Klopflaute kamen auch von außen in Form dumpfer Schläge, wie wenn jemand mit einem umwickelten Schmiedehammer von außen auf die Backsteinmauer schlüge (im ersten Stock!). Mehrfach mußte ich mich vergewissern, daß kein Sturm herrschte und niemand von draußen an die Mauer schlagen konnte.

Beim *vierten Weekend* machte ich meinem Gastgeber einige vorsichtige Andeutungen: das Haus sei vielleicht ‚haunted‘ (es spuke), und das könnte der Grund für den überraschend niederen Mietpreis sein? Er lachte mich natürlich aus, obwohl er sich meine Schlaflosigkeit so wenig wie ich erklären konnte. Es war mir aber aufgefallen, wie schnell die beiden Mädchen jeden Abend nach dem Dinner aufräumten und lange vor Sonnenuntergang jeweils das Haus verließen. Um 8 Uhr war kein Mädchen mehr zu sehen. Ich bemerkte scherzhaft zu unserer Köchin, sie habe wohl Angst vor uns, daß sie sich jeden Abend von ihrer Freundin abholen lasse und es dann immer so eilig habe, heimzugehen. Sie lachte und sagte: ‚Ich habe keine Angst vor den Herrschaften, aber ich würde keinen Augenblick allein oder gar nach Sonnenuntergang in diesem Haus bleiben.‘ ‚Ja, was ist denn los hier?‘ fragte ich sie. ‚Why, this here house is haunted, didn't you know it?‘ (Nun, in diesem Haus hier spukt es, wußten Sie es nicht?) Das ist der Grund, warum sie es so billig bekamen. Niemand hat es hier ausgehalten.‘ Das sei so, solange sie sich erinnern könne. Über den Ursprung des Gerüchtes war nichts aus ihr herauszubekommen. Ihre Freundin bestätigte sie mit Emphase ...

Das *fünfte Weekend* war dermaßen unerträglich, daß ich meinen Gastgeber bitten mußte, mir ein anderes Zimmer zu geben. Es hatte sich nämlich folgendes ereignet: es war eine schöne windstille Mondnacht. Im Zimmer rauschte, klopfte und knisterte es; von außen tönten Schläge an die Mauern. Ich hatte das Gefühl, es sei etwas in der Nähe. Ich öffnete mit Mühe die Augen. Da sah ich *neben mir auf dem Kopfkissen den Kopf einer alten Frau, das rechte Auge, weit aufgerissen, mich anstarrend. Die linke Gesichtshälfte fehlte bis zum Auge.* Das kam so plötzlich und unerwartet, daß ich mit einem Satz aus dem Bett flog, Licht machte und bei Kerzenschimmer in einem Lehnstuhl den Rest der Nacht verbrachte. Anderntags siedelte ich ins Nebenzimmer über, wo ich dann glänzend schlief und während diesem und dem nächsten Weekend nicht im geringsten gestört wurde.

Ich drückte meinem Gastgeber meine Überzeugung aus, daß ich das Haus in der Tat für ,haunted' (es spukt) hielte, welche Erklärung er mit lächelnder Skepsis quittierte. Diese Haltung, so begreiflich sie war, ärgerte mich doch einigermaßen. Ich konnte mir nämlich nicht verhehlen, daß meine Gesundheit unter diesen Erlebnissen gelitten hatte. Ich fühlte mich *unnatürlich erschöpft, wie ich mich nie zuvor gefühlt hatte.* Ich forderte darum Dr. X. heraus, es selber einmal mit dem ,haunted room' (Spuk-Raum) zu versuchen. Er ging darauf ein und gab mir sein Ehrenwort, mir ehrlich und genau seine Beobachtungen mitzuteilen. Er werde allein in das Haus gehen und dort das Weekend verbringen, um mir ,fair chance' zu geben (gerecht zu werden).

Ich verreiste darauf. Etwa zehn Tage später erhielt ich *einen Brief von Dr. X.* Er sei allein ins Weekend gegangen. Am Abend sei es sehr still gewesen, und er habe gedacht, es sei ja nicht unbedingt nötig, in den oberen Stock zu gehen. Der Spuk könne sich ja nötigenfalls überall im Haus manifestieren, wenn es überhaupt einen gebe! So habe er sein Feldbett im Gartenraum aufgeschlagen, und da das Haus doch recht einsam stehe, habe er eine geladene Jagdflinte mit sich ins Bett genommen. Es sei alles totenstill gewesen. Er habe sich nicht gerade ,comfortable' gefühlt, sei aber dann nach einiger Zeit doch beinahe eingeschlafen. Da habe es ihm plötzlich geschienen, als ob er *leise Schritte im Korridor* höre. Er habe sofort Licht gemacht und die Tür aufgerissen, aber da sei gar nichts gewesen. Er habe sich darauf ärgerlich ins Bett gelegt und gedacht, ich sei ein ,fool' (Narr)! Aber es sei nicht lange gegangen, da habe er die Schritte wieder gehört und zu seinem Mißvergnügen entdeckt, daß dem Türschloß der Schlüssel fehlte. Er habe dann einen Stuhl mit der Lehne unter das Schloß geklemmt und sei darauf wieder zu Bett gegangen. *Bald darauf hätte er die Schritte wieder gehört, die gerade vor der Tür anhielten; der Stuhl habe geächzt,* wie wenn jemand vom Korridor her gegen die Tür drücke. Er habe darauf sein Bett in den [freien] Garten hinausgestellt und dort sehr gut geschlafen. In der nächsten Nacht habe er das Bett wieder in den Garten gestellt. Um 1 Uhr nachts aber habe es zu regnen angefangen, da habe er das Kopfende des Bettes unter das Vordach des Conservatory geschoben und das Fußende mit einer wasserdichten Blache bedeckt. So habe er dann friedlich geschlafen. Aber nichts in der Welt hätte ihn veranlassen können, wieder im Gartenzimmer zu schlafen. Er habe nun das Haus aufgegeben.

Etwas später vernahm ich dann von Dr. X., daß *der Eigentümer das Haus abgerissen habe, da es unverkäuflich war und in kürzester Zeit alle Mieter verscheuchte.* Leider habe ich das Original des Briefes nicht mehr. Aber sein Inhalt ist mir unauslöschlich eingeprägt, weil er mir eine ganz besondere Genugtuung bedeutete, nachdem mich mein Kollege so ausgiebig wegen meiner Gespensterfurcht ausgelacht hatte."

Soweit der Bericht. Professor Jung versucht ihn zu erklären, indem er das meiste auf Halluzination zurückführt. Zwar schränkt er ein: „Mit dieser Hypothese (der Halluzination) sollen nun selbstverständlich nicht alle Spukphänomene erklärt sein, sondern höchstens eine gewisse Kategorie (Gattung) derselben." Gut, daß Jung diese Einschränkung macht; denn *mit einer Halluzinationstheorie kommen wir nicht weiter. Sie scheitert im vorliegenden Fall an dreierlei:*

1. In London hatte C. G. Jung „stets gut geschlafen". Warum denn – bis auf die erste Nacht – nie in dem Wochenendhaus, obwohl es doch sehr ruhig lag?

2. Warum muß es den Bewohnern ausgerechnet dieses „Spuk-Raumes", die vor ihm dort lagen, genau so ergangen sein?
   Das kann doch nicht bloßer Zufall gewesen sein.

3. Es ist nicht anzunehmen, daß sich die Menschen jener Gegend in der Beurteilung des Hauses alle geirrt haben sollten, wo doch C. G. Jung selbst ausgerechnet d o r t die „Halluzinationen" hatte.

Also: die Halluzinationstheorie vermag beim besten Willen nicht zu überzeugen.

Frau F. Moser hat zum Spukerlebnis ihres Landsmannes noch folgendes angefügt:

„Auf Grund eines Fragebogens hat Prof. Jung diesen Bericht über sein merkwürdiges Erlebnis in jenem englischen Spukhaus noch ergänzt:

Es handelte sich dabei um ‚ein altes Farmhaus, schätzungsweise aus dem 17. oder 18. Jahrhundert, ein einsames Gehöft, eine Viertelstunde vom nächsten Dorf entfernt. Das Haus war ein Backsteinbau, die Gegend sanftes Hügelland mit Wiesen, Hecken und einzelnen großen Bäumen. Kein größeres Gewässer in der Nähe'.

Auf die Frage, ob das ‚Tropfen wie von Wasser' bei Licht sofort aufhörte, schrieb er: ‚Nein, es dauerte mindestens drei Minuten lang, nachdem ich Licht gemacht hatte.'

Am wichtigsten war das Folgende: ‚Die Vision des Kopfes fand statt in einer Nacht, die von heftigsten Klopfgeräuschen gestört war. Wie ich Licht machte, hörte aber alles auf. Dabei war der Kopf durchaus lebendig, kompakt und körperhaft. Er befand sich rechts von mir in einer Entfernung von 40 cm. Am Schluß löste er sich nicht auf, sondern verschwand in dem Moment, wo ich Licht machte. Es ging alles natürlich sehr plötzlich. Die Vision dauerte also kaum mehr als ein bis zwei Sekunden' – und doch war die Wirkung auf einen Mann, wie Prof. Jung, von solcher Stärke, daß sie ihn aus dem Bett jagte und er vorzog, den Rest der Nacht auf einem Lehnstuhl zu verbringen, um nachher ein anderes Zimmer zu verlangen! Das muß man sich vor Augen halten. Bezeichnend auch, wie sein englischer Kollege ihn ‚ausgiebig wegen seiner Gespensterfurcht auslachte', und doch in dem ‚haunted room' (Spuk-Raum) nicht zu schlafen wagte, sondern unter einem nichtigen Vorwand lieber bei Regen im Garten schlief! – ungeachtet seines Versprechens, ihm ‚auf Ehrenwort' eine ‚fair chance' zu geben und dann ‚ehrlich und genau' zu berichten! Oberbewußt war Professor Jung für ihn ein ‚Fool' (Narr), unterbewußt glaubte er offenbar an Gespenster, und diese Furcht siegte!

Dieser Fall ist vielleicht der schauerlichste, vergegenwärtigt man sich die plötzliche Erscheinung eines Frauenkopfes auf dem Kissen. ‚Kompakt und durchaus lebendig, das rechte Auge weit aufgerissen ihn anstarrend –!' "

Wir schrieben schon einmal: Uns kommt es nicht nur auf interessante Berichte als solche an, sondern auf die geistigen

Folgerungen, die daraus gezogen werden müssen. Die geistige Folgerung aber lautet ganz schlicht: Mit einer bloßen Diesseitigkeitsbetrachtung kommen wir auch jetzt einfach nicht zurecht. Es muß doch wohl so sein, daß die diesseitige und jenseitige Welt nicht verbindungslos zueinander stehen, sondern in Einzelfällen ein Wetterleuchten aus jener anderen Dimension in unsere hereinbricht. *Wir brauchen nicht eine rationalistische Aufklärung, die uns den Blick verkürzt, sondern eine echte Aufklärung, die uns den Blick weitet.*

Auch die folgenden Spukphänomene nötigen uns zu dieser Schlußfolgerung.

Eine dunkle, angriffige Macht

Wir hatten uns vorgenommen, den ortsgebundenen, objektiv feststellbaren Spuk in seinen verschiedenen Änderungsweisen kennenzulernen. Von einer in unserem Buch noch nicht abgehandelten Erscheinungsform berichtet Pfarrer Dr. Kurt *Koch*. Sein Bericht ist uns auch deshalb wertvoll, weil Kurt Koch ihn aus erster Hand hat, und dieser Berichterstatter die Veröffentlichung freigab. Kurt Koch berichtet ausführlich, was wir gekürzt bringen, indem wir ein zweites Spukerlebnis des Berichterstatters ausklammern.

> „Als junger Pfarrer wurde der Berichterstatter in eine unkirchliche Gemeinde versetzt. Der junge Pfarrer fühlte sich anfangs in seinem neuen Wirkungskreis nicht wohl. Im Pfarrhaus wurden verschiedene merkwürdige Beobachtungen gemacht, die rational nicht zu erklären waren. Wiederholt äußerte die junge Pfarrfrau zu ihrem Mann, daß in dem Hause etwas nicht geheuer sei. Der Mann wehrte lachend ab mit dem Hinweis: ‚So etwas gibt es nicht. Das ist doch alles Humbug und Schwindel. Entweder handelt es sich um Sinnestäuschung, oder ein besonderer ‚Freund' des Pfarrhauses spielt uns einen Schabernack. Der durchaus nüchterne, aufgeklärte, urteilsklare Mann schenkte den Vorgängen im Pfarrhaus keine weitere Beachtung. Eines Nachts jedoch wurde er durch ein merkwürdiges Erlebnis gezwungen, sich mit den selt-

samen Vorgängen des Hauses zu befassen. Der Säugling, der neben dem Elternschlafzimmer schlief, fing plötzlich mörderisch zu schreien an. Die junge Frau eilte durch die offenstehende Tür in das anstoßende Gemach, um das Kind zu beruhigen. Entsetzt fuhr die junge Mutter zurück und rief ihren Mann. Beide Eltern sahen, daß *das Kind aus der Windelpackung herausgezogen war, umgekehrt im Bettchen lag und blutunterlaufene Fingerspuren am Körperchen aufwies.* Der Mann dachte zunächst nur an einen frechen Streich. Er prüfte sorgfältig den Verschluß der Fenster, der Zimmertüre zum Korridor hin und leuchtete dann mit einer Taschenlampe das ganze Zimmer ab. Auch die Windeln wurden nach einer möglichen Ursache der Druck- und Kratzwunden untersucht. Die Eltern fanden jedoch nicht den geringsten Anhaltspunkt zur Erklärung des Vorganges.

Die Mutter packte den Säugling wieder ein und beruhigten ihn. Sie legten sich wieder zur Ruhe. Da setzte schon wieder das entsetzliche Wimmern und Schreien ein. Wieder war das Kind *nicht aufgewickelt,* sondern nur aus der Packung *herausgezogen* und *umgekehrt* in das Bettchen gelegt. Das Körperchen zeigte erneut *Spuren eines gewaltsamen Griffes* mit typischen Merkmalen einer menschlichen Hand. Dem Ehepaar wurde es unheimlich. Sie nahmen das Kind in ihre Betten. Der Mann erklärte seiner Frau: ‚Hier scheinen doch rätselhafte Dinge vorzuliegen. Wir wollen beten.' Die beiden jungen Menschen flehten dann um den Schutz Gottes und stellten sich im Glauben bewußt unter die Obhut ihres Herrn. Darauf legten sie sich ruhig nieder und wurden im Schlaf nicht mehr gestört...

Einige Monate waren über diesen Vorgängen verstrichen. Es war im Bauernhof und im Pfarrhaus alles wieder ruhig geworden. Der Pfarrer hat bewußt alles Sprechen über diese seltsamen Vorgänge im Dorf vermieden. Doch er suchte insgeheim nach einer Spur, um diese rätselhaften Dinge zu ergründen. Da kam ihm eines Tages ein alter Kirchenältester zu Hilfe. Dieser greise Mann berichtete ihm in einer vertraulichen Aussprache, daß der frühere Pfarrer, der fast ein Menschenalter der geistliche Hirte des Dorfes war, im Pfarrhaus 28 Jahre lang einen spiritistischen Zirkel unterhielt und auf dem okkulten Gebiet experimentierte. Zunächst wollte dem jungen Pfarrer der Zusammenhang zwischen diesen Versuchen auf dem Gebiet des Okkultismus und den seltsamen Vorgängen, die er in dem Pfarrhaus erlebt hatte, nicht einleuchten. Er war skeptisch, wie viele andere Akademiker, der die abergläubischen Dinge nicht für bare Münze nahm, sondern höchstens für einen interessanten Hokuspokus ansah. Im Laufe seiner Amtszeit aber, als er zu vielen Evangelisationen gebeten wurde, gewann er einen Einblick in diesen unheimlichen Bereich."

Kurt Koch fügt noch als Anmerkung hinzu: „Während einer Bibelwoche in dem Gebiet dieses Pfarrers boten sich mir erschütternde Einblicke in das okkulte Unwesen jener Gegend. Ganze Generationen sind heimgesucht von Geisteskrankheiten, gehäuften Selbstmordfällen, Gemütskrankheiten und psychischen Störungen mancherlei Art, die im Zusammenhang mit okkulter Betätigung stehen. Nach einem Aufklärungsvortrag kamen tagelang von morgens bis spät in die Nacht Menschen, die ihre spiritistischen und magischen Praktiken bekannten." [116])

Gewiß, jener Bericht stellt hinsichtlich des rationalen Verstehens eine starke Zumutung dar. Aber das sollten wir nun wirklich im Laufe der Lektüre eingesehen haben, daß noch lange nicht alle Dinge auf einen rationalen Nenner zu bringen sind, die aber trotzdem existieren.

Die Annahme, daß es sich hier um ortsgebundenen Spuk handelt und nicht um magische Wirkung eines Lebenden – was ja auch möglich sein könnte – wird durch den Hinweis auf die spiritistischen Sitzungen erhärtet, die 28 Jahre im Pfarrhaus stattfanden. Daß der Säugling wirklich gegriffen und aus den Windeln gezogen wurde, ist durchaus glaubhaft. Denn Einwirkungen auf Körper und Gegenstände ohne physikalische Ursache werden uns ja immer wieder bezeugt. Wir begegneten dieser Tatsache ja bereits bei der Telekinese. Auch jetzt dürfen wir wieder folgern: Warum sollte das, was durch lebende Menschen auf paranormalem Wege möglich ist, nicht auch durch Verstorbene möglich sein? Rational unerklärbar ist und bleibt beides.

Spuk in zeitlicher Nähe des Sterbens

Wir beschäftigten uns bereits mit der Kundgabe Verstorbener – sei es kurz nach ihrem Tode, wie bei Moltke und den englischen Fliegeroffizieren, sei es nach vielen Jahren, wie bei der Tänzerin Duncan.

Die Einwirkung der jenseitigen in die diesseitige Welt in zeitlicher Nähe des Sterbens ereignet sich aber nicht nur in der Form einer Materialisation, wie bei Moltke, sondern oft auch in der Weise eines Spuks.

Z. B. so: Oberstudiendirektor Dr. L. aus München schrieb an Dr. Josef *Kral*, den Schriftleiter der Zeitschrift „Verborgene Welt":

> „Anmeldungen von Sterbenden kenne ich. Als meine Großmutter starb, fing mitten in der Nacht mein Klavier an das Ave Verum zu spielen und spielte es bis zum Ende durch, obwohl meine Großmutter keine Klavierspielerin war und das Ave Verum wahrscheinlich gar nicht kannte. Die Großmutter starb ferne von mir; ich hatte nicht gehört, daß sie krank war; daß sie zu der nächtlichen Stunde gestorben war, erfuhr ist erst am übernächsten Tage. Vielleicht darf ich noch bemerken, daß *auch meine Eltern und Geschwister* das Klavierspiel angehört und gesehen hatten, wie der Klavierdeckel auf- und zugemacht wurde." [117])

Im vorliegenden Fall muß nicht unbedingt das geheimnisvolle Klavierspiel auf eine jenseitig verursachende Einwirkung zurückgeführt werden, obwohl das mit 99 Prozent Sicherheit anzunehmen ist, es kann auch durch die sterbende, aber noch lebende Großmutter bewirkt sein, oder durch eine dritte telepathisch begabte Person. Hier kommt es auf die genaue Minute des Todes und Klavierspiels an. Wichtig ist, daß auch die Eltern und Geschwister des Oberstudiendirektors das Klavierspiel gehört haben, außerdem noch sahen, wie der Deckel des Klaviers geschlossen wurde. Auch durch das gemeinsame Sehen und Hören wird die O b j e k t i v i t ä t d e s H e r g a n g s unterstrichen. Denn eine Gruppenhalluzination anzunehmen, überzeugt nicht.

In aller Bescheidenheit darf ich in diesem Zusammenhang von dem Tod meiner eigenen Großmutter väterlicherseits berichten. Sie starb nachts gegen 1 Uhr am 9. April 1916. Ihr damals siebenjähriger Enkel Karl Bergmann, mein Vetter, war ihr besonders ans Herz gewachsen. Zu dieser nächtlichen Stunde, als die Großmutter starb, lag ihr Enkel mit seiner älteren Tante im gemeinsamen Schlafzimmer. Zwischen ihren beiden Betten war ein Gang. Die Entfernung von der Großmutter betrug rund 600 Meter. Beide wurden plötzlich hellwach. Denn sie hörten ganz deutlich Schritte im Schlafzimmer auf und ab gehen – obwohl doch keiner im Schlafzimmer, ja noch nicht einmal im Hause war. Die Eltern waren bei der sterbenden Großmutter. Beide, mein Vetter und seine Tante, sahen, wie die Tür offen stand, obwohl sie vorher geschlossen war. Sie wurden von einem tiefen Schauder gepackt. Der Enkel zog sich aus Angst die Decke über den Kopf. Dieses Erleben hatte beide derart beeindruckt, ja erschüttert, daß sie es nie mehr vergessen haben. Hinterher wurde den beiden berichtet, daß die Großmutter gestorben war. Es ergab sich, daß dies Schreckerlebnis sich kurz nach dem Tode unserer Großmutter ereignet hatte.

Nach allem, was wir parapsychologisch wissen, habe ich keinen Grund, daran zu zweifeln: h i e r h a n d e l t e s s i c h u m e i n e n o b j e k t i v e n G e r ä u s c h - S p u k , v e r u r s a c h t a u s j e n e r a n d e r e n W e l t ; meine Großmutter wollte sich sicherlich von ihrem Enkel verabschieden.

Die Objektivität ist dadurch gegeben, daß *beide,* mein Vetter und seine Tante, mit hellwachen Sinnen die festen Schritte deutlich hin und her gehen hörten, ja dadurch aufgeweckt wurden. Wiederholt haben sie mir davon erzählt. Halluzination schaltet auch hier aus. Beide sind äußerst nüchterne Menschen.

Der Spuk in Regensburg

N i c h t s v e r m a g a u s d e m B e r e i c h d e r E r f a h r u n g w o h l m e h r v o n d e r E x i s t e n z d e r j e n s e i t i g e n W e l t z u ü b e r z e u g e n a l s d e r o b j e k t i v e , o r t s g e b u n d e n e S p u k , d e r S p u k i m e i g e n t l i c h e n S i n n (vom Glaubensbereich jetzt abgesehen).

Um zu erkennen, daß es ein Jenseits gibt, ist es darum sehr hilfreich, sich mit dem geradezu erregenden Spuk in Regensburg zu beschäftigen. Dieser Spuk vereinigt *fast alle Erscheinungsformen in sich* und außerdem ist gerade dieses Ereignis in Regensburg *bestens beglaubigt*. Denn es wurde eigens eine Untersuchungskommission aus Kriminalbeamten und Wissenschaftlern eingesetzt. Im Oktober 1952 hat sie das Spukhaus besucht. Zeugen dieser paranormalen, übersinnlichen Vorgänge wurden vernommen. In der Presse wurde ausführlich berichtet. „In den Presseberichten von Teilnehmern der Untersuchungskommission heißt es: Fest steht jedenfalls eines: Betrug und bewußter Ulk scheidet mit absoluter Sicherheit aus." [118])

Das Spukhaus steht in der Brandbergerstraße 182. Das Haus wurde bewohnt von der Familie des Diplom-Ingenieurs G. Eine Verwandte dieses Ingenieurs ist Besitzerin des Hauses. Sie war eine Zeitlang Präsidentin des deutschen Katholikentages. Ihr Name: Frau Klara *Tausendpfund*. Sie wohnt in einem nächstgelegenen Gebäude und war des öfteren persönlich Augen- und Ohrenzeuge der Spukphänomene. Persönlich darf ich noch bemerken: ich habe mich sehr überwinden müssen, diesen Bericht zu bringen. Zwar nicht, weil ich ihn selbst bezweifelt hätte. O nein! Aber weil ich eben doch befürchte, daß er manchem Leser zuviel zumutet und er ihn als unglaubwürdig abtut. Und das wäre schade! A b e r e r i s t n i c h t u n g l a u b w ü r d i g.

Trotzdem möchte ich zuvor noch einmal an das Leitwort F. Mosers erinnern: „Der Spuk ist der größte Vorstoß gegen den gesunden Menschenverstand und guten Geschmack. Nicht Wunsch führt zu ihm, sondern Schicksal und Pflicht." Auch ihr anderes Motto wollen wir beherzigen: „Der Narr lacht, der Weise sinnt und forscht."

Der Zugang zu nachfolgendem Spukphänomen wird uns durch den heutigen Stand der Naturwissenschaft sehr erleichtert. Denn es handelt sich im Bericht wesentlich um *Überwindung der Materie*. Damit haben wir uns bereits beschäftigen müssen. Gerade das neue Verständnis von Materie ist ja die *Revolution* auf naturwissenschaftlichem Gebiet. Wenn wir dies bedenken, sollte uns der Zugang zum nachstehenden Bericht ermöglicht werden.

Ferner geht er ins Dämonologische. Darin ist er aber keineswegs einmalig, sondern wird durch viele ähnliche Fälle, wie auch den beglaubigten Fall der Gottliebin *Dittus* (wir gehen noch kurz auf ihn ein) nur bestätigt.

Außerdem spricht der Bericht von „blutenden Kratzwunden". Die Tatsache körperlicher Einwirkungen ohne erkennbare physikalische Ursache ist ebenfalls in der Parapsychologie bekannt.

Schließlich könnte jemand einwenden, die betreffende Familie wäre bestimmt aus ihrer Wohnung ausgezogen, wenn die Schilderungen des Berichts zuträfen. Vergessen wir aber nicht, daß es sich um das Jahr 1952 handelt. Damals herrschte noch eine riesengroße Wohnungsnot, und jeder war froh, wenn er ein Dach über dem Kopf hatte. Außerdem ereigneten sich die Spukphänomene ja nicht unentwegt, sondern verstreut und einzeln über das halbe Jahr mit kürzeren oder längeren Unterbrechungen. Vielleicht waren sie auch jeweils von kurzer Dauer. Nicht zuletzt sollten wir eben doch auch daran denken, daß der Spuk und seine Begleitumstände von einer *Untersuchungskommission* geprüft worden sind. In dieser Weise zugerüstet, wollen wir uns nun an den Originalbericht heranmachen, den ich von Josef *Kral* übernehme und den ich an einigen Stellen gekürzt habe. Frau Klara *Tausendpfund* als „öfterer Augen- und Ohrenzeuge" schreibt:

„Es mag bis ins Frühjahr 1952 zurückgehen, daß in der Wohnung unseres Betriebsingenieurs, besonders bei Nacht, Geräusche vernehmbar waren, die nicht geklärt werden konnten. War es nun ein Klopfen oder Wischen an der Wand, Schritte auf dem Gang, Sperren von Schlössern, Rufen von Namen der Kinder, immer war etwas los. Erst glaubte man an einen Widerhall aus dem auch bei Nacht in Betrieb stehenden Fabrikgelände. Aber diese Annahme erwies sich als irrtümlich.

Es war nun August 1952, als ein katholischer Pfarrer, der ein Verwandter der Frau ist, zu Besuch kam. Er schlief zwei Nächte in der Wohnung und hörte auch das rätselhafte Klopfen.

Aber nun geschahen die merkwürdigsten Dinge. Die Geräusche verstärkten sich in unvorstellbarer Weise. Ein Schlagen an der Korridortür setzte ein, als ob drei handfeste Männer die Tür einschlagen wollten und das zu jeder Tag- und Nachtzeit. Nachdem sich die Korridortür immer wieder geräuschlos öffnete, kamen die Kinder auf den Einfall, dieselbe zuzubinden. Nun war die Tür wieder offen und der Strick verschwunden. Nachdem die ganze Wohnung nach ihm abgesucht worden war, fand man ihn auf dem Speicher in Wellenlinien am Boden. Nachdem die Tür immer wieder aufging, wurde sie abgesperrt. Nun wurde um 11.30 Uhr so fürchterlich an derselben gerüttelt, daß die Frau, die gerade am Kochen war, recht verärgert rief: ,Wenn du ein böser Geist bist, dann geh doch durch die verschlossene Tür herein!' Und sie hatte kaum ausgesprochen, als es schon gegenüber an der Speisezimmertür, wo sich noch nie etwas gerührt hatte, fürchterlich rumorte. Von dem Augenblick an war die ganze Wohnung in Mitleidenschaft gezogen ... Es wirkte diese Unruhe allmählich so zermürbend auf die Nerven der Kinder, daß die 13jährige beim ersten Ton erbrechen mußte und die 15jährige furchtbares Nasenbluten bekam.

Nachdem dieser Umstand mit kürzeren oder längeren Unterbrechungen wieder wochenlang dauerte, trat wieder eine neue Erscheinung ein: das *Schlüsselwerfen*. Anfangs fielen nur die einzelnen Schlüssel aus den Schlössern, dann blieben sie am Bart hängen und *schließlich flogen sie von außen nach innen oder umgekehrt durch verschlossene Türen*. Der Schlüssel eines Schlafzimmers kam zum Beispiel durch zwei verschlossene Türen den Gang entlang und im rechten Winkel ins Kinderzimmer geflogen. Das Schlüsselbrett war im Augenblick leer und wenn die Schlüssel wieder hingehängt wurden, lagen sie sofort wieder alle am Boden. Die Schlüssel wurden nun alle – es waren 24, mit Hundezwinger-, Keller-, Hühnerstall- und Schrankschlüsseln – in eine Kassette gelegt und am Küchenbüfett mit der Brotbüchse beschwert – plötzlich ein Geklirre und sämtliche Schlüssel lagen auf dem Gang am Boden, obwohl der Brotkasten noch auf der Kassette stand. Ein anderes Mal flog die Kassette mit Inhalt zur Türe hinaus. Eines Tages flogen alle Schlüssel so lange zur Korridortüre hinaus, bis sämtliche Fensterchen und die Oberlichte desselben durchschlagen waren und auf den Scherben saß ein Püppchen, das aus einem verschlossenen Schrank verschwunden war. Das Fahrtenmesser des 19jährigen Sohnes verschwand zweimal. Plötzlich lag es am Boden und war blutbeschmiert, als es aus der Scheide gezogen wurde. Ein Arzt nahm die Untersuchung vor und stellte Menschenblut fest. Einem Arbeiter, der im Bad zu arbeiten hatte, flog das Werkzeug davon und die zwei Rohre, die er anmontieren wollte, lagen plötzlich im Vorraum vor der Korridortüre ... Obst und Eier kamen durch die verschlossene Tür aus der Speisekammer, der Handbesen kam geflogen und war in den Vorhang gewickelt, der aus dem Bücherschränkchen verschwunden war. Kleider kamen aus den Schränken dahergeschwebt, Bücher lagen auf Betten und Tischen verstreut, der Geburtstagstisch war mit Wasser übergossen, der Blumenstrauß lag im Gang und ein Stuhl schien an der Lampe zu hängen und plötzlich bei der Türe zu stehen mit dem Geburtstagskuchen auf dem Teller. Schulmappen, für die gar keine Schlüssel da waren, waren versperrt, die Schulbücher der Kinder verwechselt, Schabernack ohne Ende. Die Familie setzte nun, nachdem die Wohnung zweimal benediziert (gesegnet und Gott geweiht) war, auf den Michaelstag ihre ganze Hoffnung. Am 1. Oktober 1952 lagen in der ganzen Wohnung Zettel herum, auf denen in Blockschrift stand: ‚Endgültig Schluß − St. Michael hat mich besiegt − ich muß zurück.' Auf einem Zettel war eine Teufelsfratze gemalt und Frau G. hat mit eigenen Augen gesehen, wie sich ein Zinnteller zusammenrollte und wieder auseinanderging und darauf lag ein Zettel mit der Aufschrift ‚Endgültig Schluß' und quer darauf lag ein Rotstift. Der Zinnteller hatte einen Bug und ein kleines Loch. Dann war Ruhe bis zum 24. Oktober 1952.

Nachdem die 15jährige Tochter krank war, kam ein Arzt ins Haus, der den Zinnteller sehen wollte. Als ihn Frau G. holen wollte, lag er wie ein zusammengeknülltes Papier in der Schublade. Es war an einem Freitag. Am Sonntag zeigten sich am Arm der 13jährigen Tochter plötzlich blutende Kratzwunden, die bis abends den ganzen Arm bedeckten. Nachdem dieser verbunden war, fing der andere auch zu bluten an und vor unseren Augen entstanden lauter Kratzer. Am anderen Tag trug sie am linken Arm eine Teufelsfratze eingeschnitten und am Oberarm in Blockschrift ‚Schluß'."

(Abt Wiesinger und Schriftsteller Josef Kral besuchten 1953 Frau Tausendpfund in Regensburg und erhielten von ihr ein Foto des Mädchens mit den Gravuren am Arm.) „Das Mädchen wurde dem Regensburger Erzbischof Dr. Buchberger von einem Augen- und Ohrenzeugen vieler der hier geschilderten Phänomene vorgeführt.

Nach einigen Tagen trug es auch am Unterarm weitere wie mit Rasierklingen eingeschnittene Schriften wie: ‚Teufel‘, ‚zeigen‘, ‚glauben.‘ Auf der Stirn trug es in Spiegelschrift, am Arm in Blockschrift mit Rotstift geschrieben: ‚Pfarrer.‘ Als das Mädchen die Schrift wegwaschen wollte, lief ihm vom Ärmel Wasser hervor und wusch es ab, ohne daß der Ärmel naß wurde. Nach Angaben der Kleinen sah sie dreimal ein schwarzes Pelztier. Einmal sagte es zu ihr: ‚Zeig nur den Menschen deinen Arm, daß sie sehen, was ich für eine Macht habe.‘ Ein andermal sagte es: ‚Wenn du tust, was ich will, schreibst du lauter Einser.‘ Das dritte Mal sagte ihm die Kleine, daß er doch der Teufel sei und sie doch dem lieben Gott gehöre und daß ihr der Schutzengel helfe. Da schimpfte er es mit den scheußlichsten Namen und spuckte es an, schlug sie und auch die andern zwei Mädchen; bespritzte sie mit Wasser, zog sie vom Tisch weg, ließ die Wurst, die das Mädchen eben essen wollte, vom Tisch verschwinden.

Am 25. November 1952, es war ein Sonntag, ging das Gepolter wieder los. Frau G. fragte: ‚Was willst du denn eigentlich bei uns? Du bist doch der Teufel und hast bei uns nichts zu suchen, weil wir alle dem Herrgott gehören.‘ Darauf hörte das Poltern auf und es wurde in die Hände geklatscht. Am Abend stand im Gang ein Waschkrug, aus dem ein fingerdicker Strahl Wasser floß, und zwar so viel, daß der ganze Gang überschwemmt war. Der Krug konnte weder so viel Wasser fassen, noch war er zerbrochen, und als er aufgehoben wurde, war er vollkommen trocken. Das war der Schlußakt.

Die Familie und alle, die es miterlebt haben, sind fest davon überzeugt, daß hier nur das Gebet geholfen hat.

Sehr bemerkenswert war auch das Verhalten des Dackels, der mit gesträubten Haaren die Vorgänge beobachtete und dabei immer den Kopf wendete, als ob er jemand verfolgen würde. Er hat also auch etwas gesehen.“ [119])

Ich möchte noch darauf hinweisen, daß jener Pfarrer und jener Arbeiter (Klempner) ebenfalls Zeuge des Spuks geworden sind. Sicherlich wird die Untersuchungskommission sie als

Zeugen offiziell befragt haben. Der Arzt wurde nur indirekter Zeuge, als er Menschenblut am Fahrtenmesser feststellte. Hier kann man zwar einwenden, dies hätte auch schon vorher daran sein können, was zwar nicht anzunehmen ist. Aber beweiskräftig ist es eben nicht, wenn nicht der vorausgegangene Zustand des Fahrtenmessers einwandfrei feststand.

Kritisch müßte ich zum gesamten Regensburger Spukphänomen anmerken: Es steht nicht 100prozentig fest, ob *person*gebundener Spuk völlig ausscheidet. Gerade an dieser Stelle fällt aber die Entscheidung. Der Bericht hätte diesen Gesichtspunkt ausdrücklich bestätigen müssen. Gewiß werden damals die Kinder um 11.30 Uhr, als die Mutter kochte, in der Schule oder dergl. gewesen sein, als die Phänomene auftraten, so daß die Kinder als Ursache für den Spuk ausschalten. Es ist auch anzunehmen, daß die Mutter doch sicherlich wenigstens einmal nicht in der Wohnung war, als sich etwas in ihr tat, so daß auch sie als Ursache nicht in Frage kommt. Aber das hätte der Bericht bzw. die Untersuchungskommission ausdrücklich feststellen müssen. Hier befindet sich eine schwache Stelle. Gleichwohl werden wir *orts*gebundenen, *objektiven* Spuk annehmen können. Dann ergibt sich als

Ergebnis:

Wir kommen mit der Dreidimensionalität und bloßen Diesseitigkeit eben doch nicht aus. Wenn wir uns diese Erkenntnis aneignen, haben wir einen entscheidenden Schritt nach vorn getan.

Spukhäuser sind ernst zu nehmen

Es fällt auf, daß etliche Bücher der parapsychologischen Fachliteratur sich am Phänomen des *objektiven, orts*gebundenen Spuks vorbeiwinden. Wohl beschäftigen sich die meisten noch mit *person*gebundenem Spuk. Dabei ist gerade die wissenschaftliche Untersuchung des ortsgebundenen Spuks von entscheidender Wichtigkeit. Denn solange beim Spuk noch irgendwelche lebenden Menschen als Ursache dahinterstehen können, solange wird der Durchbruch zur jenseitigen Dimension nicht notwendig. Aber sobald ein Spuk unabhängig von

Menschen ist und diese Unabhängigkeit nachgewiesen werden kann, geraten die diesseitigen Erklärungsversuche ins Stottern und in peinliche Verlegenheit.

Darum sind a l t e Spukhäuser entscheidend wichtig. Und zwar besonders solche Spukhäuser, *bei denen Menschen es ablehnen, in ihnen zu wohnen,* weil alle Menschen jener Gegend es aus langjähriger Erfahrung wissen: in dem und dem Haus spukt oder geistert es. Wenn der Spuk aber nicht durch Menschen, nicht durch Material des Hauses oder sonst einer Materie verursacht sein kann, dann werden wir einfach g e - n ö t i g t, die Grenze zwischen Diesseits und Jenseits zu überschreiten.

Darum möchte ich in diesem und dem nächsten Abschnitt auf zwei Spukhäuser unter vielen, vielen Bezug nehmen.

England ist das klassische Land nicht nur des Okkultismus im allgemeinen, sondern auch der Spukhäuser.

Ein Spukhaus ist vor allen anderen direkt berühmt: das Pfarrhaus von Borley (Suffolk). (Wenn ich u. a. Pfarrhäuser herangezogen habe, so ist das völlig absichtslos.) Professor Harry *Price* hat die Spukvorgänge gründlichst untersucht. Professor Price war nicht irgend jemand. Über ihn heißt es: „Schließlich kann sich England rühmen, den berühmtesten Geisterjäger der Welt, Harry Price, hervorgebracht zu haben." [120]) Oder: „Price wurde als der größte, furchtloseste Geisterjäger der Welt gefeiert." [121]) Price ist mit solch einem Ernst an die Erforschung dieses Spukhauses herangegangen, daß er es sogar mietete und von 1937 bis 1938 bewohnte.

Von 1935 bis 1937 war es wegen der störenden Spukerscheinungen unbewohnt. A b e r d i e S p u k p h ä n o m e n e h i e l - t e n t r o t z d e m a n. Dieser Umstand ist sehr wichtig. Denn dadurch schalten Bewohner des Hauses als Verursacher des Spuks aus. Was ereignete sich in jenem Haus, das H. Price „das unheimlichste Spukhaus Englands" nannte? [122])

Zunächst: dem Erzählen nach soll dies Pfarrhaus auf den Ruinen eines ehemaligen Klosters erbaut worden sein. Dies konnte aber nicht nachgewiesen werden. Jedenfalls wurde es 1860 von Pfarrer H. *Bull* erbaut. Bevor Prof. Price überhaupt etwas von der Existenz dieses Hauses erfahren hatte, spukte es bereits in ihm. 1929 berichtete eine Zeitung von „merkwürdigen Vorfällen" in jenem Pfarrhaus. U. a. geisterte eine Nonne umher. H. Price wurde gebeten, das Haus zu untersuchen.

Er nahm sich des Falles an. Price kam nach Borley. Es wurde festgestellt: Glocken läuteten, Steine flogen umher. Man sprach von „Poltergeistern". Die Phänomene steigerten sich so sehr, daß der Gemeindepfarrer Eric *Smith* das Haus und sein dortiges Amt aufgab und wegzog. Erst 14 Monate später zog sein Nachfolger mit Frau ein. Sein Name: Reverend *Foyster*. Die Spukphänomene nahmen nicht ab, sondern zu. Die Engländer Douglas *Hill* und Pat *Williams* schreiben u. a. darüber:

> „Kein Tag, keine Nacht verging, ohne daß etwas passiert wäre. Man fand Geisterschriften an den Wänden. Überall zeigten sich Phantome. Es erschienen aber auch eine schwarze Geisterhand und ein Mädchen in Weiß. 1935 zogen die Foysters aus. Price lebte dort bis 1938, studierte die Phänomene und schrieb darüber. 1939 brannte das Haus bis auf die Grundmauern nieder. Der Spuk hielt an, so daß später die Grundmauern beseitigt und damit die letzten Spuren des alten Gebäudes getilgt wurden." [123])

Wir fügen dem gerne hinzu, daß sich die offizielle S. P. R. (Gesellschaft für Psychische Forschung) von Price distanziert hat, weil sie befürchtete, „sein oft populär journalistisches Anpacken der Dinge und sein gelegentliches Abgleiten ins rein Sensationelle könnten die wissenschaftliche Seelenforschung in Verruf bringen".

Wir stehen ganz hinter dem Anliegen der Gesellschaft, nur ja alles „Sensationelle" fernzuhalten. Denn dafür ist dieser Gesamtstoff, den wir abhandeln, viel zu ernst und mit weitreichenden Folgerungen geladen. Obwohl wir die Kritik an Price, wie überhaupt jede berechtigte, entschieden bejahen, selbst sogar üben möchten, bleibt es doch bei folgenden Konsequenzen: Und wenn im Pfarrhaus von Borley nur ein e i n z i g e r Poltergang erfolgt wäre, und nur ein e i n z i g e r Stein sich bewegt hätte, ohne durch Menschen oder irgendeine Materie verursacht zu sein, dann wäre allein schon an diesem einen e i n z i g e n Gang und Stein der Einbruch aus

jener anderen Welt und Dimension ablesbar erfolgt. *Solch eine revolutionäre Konsequenz steht dahinter.*
Spukhäuser sind „Niederlassungen" der jenseitigen Welt in unserer diesseitigen.

Die Erscheinung von Geistwesen bei ortsgebundenem Spuk

Wohl sind wir bei unserer bisherigen Untersuchung des Spuks Geräusch-, Bewegungs- und Materie-Durchdringungsphänomenen begegnet. Aber – abgesehen von jenem Bauern mit der roten Weste im Pfarrhaus von Dünzling – sind wir noch keiner Kundgabe von Geistwesen in Verbindung mit ortsgebundenem Spuk nachgegangen. Solche Bezeugungen liegen aber vor. Professor Ernesto *Bozzano* hat sich über 50 Jahre lang mit der Untersuchung von Spukvorgängen beschäftigt. In seinem Werk „Die Spukphänomene", erschienen 1930 in Bamberg, zerlegt er 374 von ihm bearbeitete Spukfälle. Von denen standen 304 in einem nachweisbaren Zusammenhang mit einem Todesfall. Nur 12 Fälle schlossen einen Todesfall als Ursache aus.

Und wieder dürfen wir *folgern:* Wenn es unbestreitbar feststeht, daß von *Lebenden* Spukerscheinungen bewirkt werden (wir denken an den Bremer Kaufmannslehrling Heiner Scholz), warum sollte es völlig ausgeschlossen sein, daß von Verstorbenen nicht auch Spukphänomene bewirkt werden können? Das ist nicht einzusehen. Dr. Max *Kemmerich* schreibt darum in seinem Hauptwerk „Die Brücke zum Jenseits" (München 1927): „Der Spuk, der mutmaßlich von ‚Toten‘ verübt wird, unterscheidet sich in nichts von dem nachweisbar von Lebenden hervorgerufenen. Das zwingt zur Annahme, daß die gleiche Ursache auch diesen hervorruft."

Der nächste Schritt: wenn der ortsgebundene, objektive Spuk von 374 Fällen 304mal im Zusammenhang mit einem Todesfall steht, warum sollten nicht auch *Kundgaben der Verstorbenen* selbst erfolgen?

Auch dafür liegen Zeugnisse vor, die darauf *schließen* lassen.

An der Donau befindet sich das *Schloß Bronnen.* Seit vielen Jahren gehen hier Geistwesen um. Jedenfalls wird über dies

Phänomen berichtet: „Unzählige Menschen haben sie gesehen. Und alle Augenzeugen beschwören, daß jeder Irrtum
ausgeschlossen ist. Daß sie unmöglich alle einem Trugbild,
einer Halluzination zum Opfer gefallen sein können".[124]) Um
diese Bezeugung zu widerlegen oder zu untermauern, hatte
der Schloßherr seriöse Herren eingeladen: Mediziner, Theologen und Psychologen. „Sie kamen voller Zweifel. Sie glaubten nicht an mysteriöse Erscheinungen." Aber sie wurden
selbst zu Zeugen. Insgesamt fünfmal. Sie verfertigten ein Protokoll. Die Feder führte ein katholischer Geistlicher. Das Protokoll wurde dem in der Fachwelt bekannten Parapsychologen
Bruno *Grabinski* übergeben. Darin heißt es u. a.:

> „Da erblickten wir eine übergroße, schimmernde Ge-
> stalt, die über den Hof dahinschritt, leuchtend, wie ein
> phosphoreszierender Körper. Auf einmal waren es zwei
> Gestalten. Jetzt sehen wir alle deutlich (wir waren ins-
> gesamt sechs Personen), wie sich die beiden Gestalten
> zu unterhalten scheinen... Erstaunlich: Hinter ihnen
> zwei andere, zwei neue. Die vier kamen inzwischen
> näher... Jetzt steht eine fünfte große leuchtende Nebel-
> gestalt vor unseren Augen... Uns überläuft es eiskalt..."

Diesen Erscheinungen ging voraus, daß im Treppenhaus „ein
Stampfen wie von schweren Tritten" zu hören war. Die
Männer wurden Zeuge, wie in dem Rittersaal, in dem sie sich
befanden, sich die Tür öffnete und ein Geistwesen im Raume
stand. „Reglos verharrt die Gestalt in der Mitte des alten
Rittersaales. Ein helles Pfeifen ertönt. Das Gespenst hat sich
aufgelöst." Einer der Herren, Professor *Schürmann*, legt die
Hand ans Herz und sagt: „Mein Gott, so etwas hätte ich niemals für möglich gehalten."

Im Volk lebt seit eh und je das Bewußtsein, daß ortsgebundener Spuk meist mit Todesfällen im Zusammenhang steht.
Wir sahen: Professor *Bozzanis* Untersuchungen mußten dieses
Wissen des Volkes bestätigen. Wir dürfen noch präzisieren:
oft stehen diese geheimnisvollen Vorgänge im Zusammenhang mit gewaltsamen Todesfällen.

Es muß uns zu denken geben, wenn häufig Erscheinungen
von Geistwesen ausgerechnet an solchen Spukorten bezeugt
werden, wo ein Verbrechen verübt wurde.

So scheint es auch auf Schloß Bronnen zu sein. Die Chronik des Schlosses berichtet, daß einst von einem Ritter zwei Frauen und zwei Diener ermordet wurden.

Wir sind sehr leicht geneigt – ich brauche nur an mich selbst zu denken –, so etwas als Gruselgeschichten abzutun. Aber ich an meinem Teile sehe ein, daß ich es mir damit zu einfach machen würde. Ob Verbrechen oder nicht: Die Wand zwischen diesseitiger und jenseitiger Welt ist hauchdünn. Professor Dr. Alois *Gatterer* zieht den Schluß: *„Nicht wenige Spontanerscheinungen Verstorbener sind die Grundlage eines gediegenen wissenschaftlichen Beweises für das Fortleben nach dem Tode."* Wenn wir bedenken,

1. daß aus allen Teilen der Welt viele nachgeprüfte Berichte über Spukerscheinungen vorliegen,

2. daß der britische Gelehrte und Parapsychologe Tyrell festgestellt hat, daß rund 250 Millionen der Erdbewohner Erfahrungen im Umgang mit okkulten Dingen bis hin zu Geistwesen haben sollen,

dann läßt sich doch die Tatsache nicht von der Hand weisen, daß wir hier vor einer Realität stehen, die wahrhaftig verdient, ernstgenommen zu werden.

Schon der große Königsberger Philosoph Immanuel *Kant* sagte im Blick auf das weite Gebiet der Kundgabe aus jener anderen Welt: „Die Vielzahl solcher Geschichten überzeugt mich davon, daß die sogenannten übernatürlichen Erscheinungen wirklich existieren."

Der Spuk und das Dämonische

Es ist gut, wenn wir uns noch einmal an unseren methodischen Weg erinnern. Wir möchten um des modernen Menschen willen den Weg vom Erkennen und Wissen zum Glauben gehen und nicht umgekehrt. Weil der moderne Mensch ein Tatsachen- und Erfahrungsmensch ist, haben wir uns immer und immer auf Tatsachen und Erfahrungen bezogen. Dabei mußten wir erkennen, daß sich der Horizont weitete und sich die erste und zweite Aufklärung mit ihrem rational-mechanistischen Weltbild als zu eng erwies. Diese Weltanschauung der ersten und zweiten Aufklärung faßte sich ja in den beiden Sätzen zusammen: „Für uns gibt es nur noch eine Wirklichkeit, die uns umgibt und in der wir leben . . . Kein Wort also über die jenseitige Welt . . ., auch nicht einmal die Behauptung ihrer Existenz . . ."

Diese beiden programmatischen Sätze erwiesen sich auf Grund von Tatsachen und Erfahrungen als unhaltbar.
Nun gehen wir einen Schritt weiter:

Wir beschäftigen uns kurz mit dem Gebiet des Dämonischen.

Zunächst: D ä m o n e n s i n d b ö s e, g o t t w i d r i g e G e i s t - w e s e n. Diese kurze Begriffserklärung soll uns jetzt genügen.

Daß die erste und zweite Aufklärung erst recht dieses Gebiet als nicht existent zurückweist, liegt auf der Hand. Wir erinnern uns an den Ausspruch Rudolf *Bultmanns* im Blick auf die Erlebnisse Pfarrer Blumhardts mit der dämonisch behafteten Gottliebin Dittus: „Die Blumhardtschen Geschichten sind mir ein Greuel." Er schrieb dies als Antwort an den seinerzeit an der Universität in Halle amtierenden Theologieprofessor Julius *Schniewind.* Schniewind stand wie *Schlatter, Heim, Barth* und viele andere Theologieprofessoren auf dem Boden von Schrift und Bekenntnis. Er hatte sich deshalb mit Thesen gegen das sogenannte Entmythologisierungs-Programm R. Bultmanns gewandt. Im Zusammenhang mit dem oben von R. Bultmann zitierten Satz nimmt Bultmann überhaupt zur „Dämonologie" (Lehre von den Dämonen) Stellung. Bultmann schreibt u. a.: „D e n D ä m o n e n g l a u b e n h a l t e i c h a l l e r d i n g s f ü r a n t i q u i e r t (veraltet) . . . D e r S a t a n i s t e i n e m y t h o - l o g i s c h e F i g u r." D. h. also: nach R. Bultmann gibt es keine satanische Gegenmacht. Folglich gibt es auch nach Bultmann keine sieghafte Entmachtung des Satans und der Dämonenwelt. Vorwegnehmend dürfen wir jetzt schon feststellen: genau das aber verkündigt das Neue Testament: „Dazu ist erschienen der Sohn Gottes, daß er die Werke des Teufels zerstöre" (1. Joh. 3, 8). Hingegen schreibt R. Bultmann völlig im Geist der zweiten Aufklärung in seiner Antwort an J. Schniewind: „Gleichwohl behaupte ich, daß die Dämonenvorstellungen des N. T. (Neuen Testaments), wenn sie in der modernen Welt fortleben oder repristiniert (wiederholt) werden, barer Aberglaube sind." Dann folgt einige Reihen später der bereits zitierte Satz: „Die Blumhardtschen Geschichten sind mir ein Greuel."[124a])

Aber danach können wir uns ja nicht richten, ob uns etwas unangenehm und greuelhaft ist. Hier müssen wieder die *Tatsachen* und *Erfahrungen* entscheiden, und wir müssen den Mut haben, uns diesen Tatsachen zu stellen.

Noch eine Bemerkung: Die meisten von uns – abgesehen von den Atheisten und Materialisten – eignen sich gern den Vers von Dietrich *Bonhoeffer* an:

> „Von *guten* Mächten wunderbar geborgen, erwarten wir getrost, was kommen mag . . ."

Wenn es *gute* Mächte gibt, gibt es sicherlich doch auch *böse* Mächte. Genau das bezeugt uns Gottes Wort. Aber noch sind wir nicht beim Wort Gottes, sondern erst bei Erfahrungen und Tatsachen.

Was sagen sie?

Der erwähnte Fall Pfarrer *Blumhardts* mit Gottliebin *Dittus* in Möttlingen (Württemberg) ist weithin bekannt. Darum sei nur auf einiges verwiesen. Weniger bekannt ist, daß sich dieser Fall mit *massiven Spukphänomenen* verbunden hat. Dieser Zusammenhang ist aber sehr wichtig. Denn wer die gotteslästerlichen Äußerungen Gottliebin Dittus' nicht als etwas Dämonisches gelten läßt, sondern als etwas bloß Seelisches abtut, kann aber nicht den ortsgebundenen Spuk als etwas von der Seele der Gottliebin verursacht abtun. Das aber ist in der Beurteilung ganz entscheidend und kann auch von Rudolf Bultmann nicht widerlegt werden.

Die Sache war nämlich so:

B e v o r Gottliebin Dittus in jenes Spukhaus einzog, war sie ein gottesfürchtiger Mensch und „um ihrer gediegenen, christlichen Erkenntnis willen geachtet und beliebt"[125]), schreibt ihr Ortspfarrer Blumhardt in seinem offiziellen Bericht an seine vorgesetzte Kirchenbehörde in Stuttgart. (Auf diesen amtlichen Bericht beziehen wir uns nachstehend.)

Aber, – und nun kommt das wichtige Aber, das entscheidend ist – aber „Schon mit dem e r s t e n Eintritt in obiges Logis (gemeint ist der Einzug in jenes Spukhaus in Möttlingen), das sie im Februar 1840 bezog, glaubte G. (Gottliebin), wie sie später erzählte, eine eigentümliche Einwirkung auf sich zu spüren, die ihr um so auffallender war, da es ihr vorkam, als sähe und hörte sie manches Unheimliche im Haus. Letzteres entging auch ihren Geschwistern nicht. Gleich am ersten Tage, als sie zu Tisch betete: ‚Komm, Herr Jesus', usw. bekam sie einen Anfall, bei dem sie bewußtlos zu Boden fiel. Was man hörte, war ein häufig wiederkehrendes, bisweilen die ganze Nacht durch dauerndes Gepolter und Geschlürfe in der Kammer, Stube und Küche, das die armen Geschwister oft sehr ängstigte, auch die oberen Hausleute beunruhigte, wiewohl alle sich scheuten, irgend etwas davon kundwerden zu lassen. G. erfuhr noch besondere Dinge an sich, daß ihr z. B. bei Nacht gewaltsam die Hände übereinandergelegt wurden, daß sie Gestalten, Lichtlein usw. erblickte; ja aus ihren Erzählungen geht hervor, daß die späteren Besitzungen (Blumhardt meint Besessenheit G. B.) schon in jener Zeit ihren Anfang bei ihr genommen hatten. Sie hatte von jener Zeit an etwas Widerliches und Unerklärliches in ihrem Benehmen und eine zurückstoßende Art, die vielfältig mißfiel, indem sie, wenn sie mich sah, beiseite blickte, meinen Gruß nicht erwiderte, wenn ich betete, die vorher gefalteten Hände auseinanderlegte, überhaupt meinen Worten gar keine Aufmerksamkeit schenkte, ja fast besinnungslos schien, was sie doch *vor* und *nach* meinem Besuche nicht war. (Ich glaubte sie damals eigensinnig, selbstgerecht, geistlich stolz, wofür man sie auch anderwärts zu halten anfing, und blieb lieber weg, als mich lauter Verlegenheiten auszusetzen. Indessen genoß sie treue ärztliche Behandlung und am Ende erholte sie sich wieder.)

Endlich, im April 1842, erfuhr ich zum ersten Male durch zwei ihrer Verwandten, die mich um Rat fragen wollten, etwas Näheres von dem *Spuk* im Hause, der bereits nicht mehr verschwiegen werden konnte, weil *das Gepolter der ganzen Nachbarschaft bemerklich wurde. G. sah damals ganz besonders häufig die Gestalt eines zwei Jahre vorher verstorbenen Weibes von hier mit einem toten Kinde auf den Armen.* Dieses Weib, erzählte sie, stehe immer auf einer gewissen Stelle vor ihrem Bett und bewege sich zuweilen zu ihr her und wiederhole oft die Worte: ‚Ich will eben Ruhe haben', oder ‚Gib mir ein Papier, so komme ich nicht wieder' usw."

Es verdient beachtet zu werden, daß der Polterspuk auch am hellen Tage „von der ganzen Nachbarschaft" gehört wurde.

Pfarrer Blumhardt setzte eine unangemeldete „Untersuchung im Hause" von 6 bis 8 Personen an. Sie verteilten sich „je zwei in und um das Haus". Der *Zusammenhang von Spuk und Dämonie* wird m. E. z. B. in folgendem erkennbar:

> „Der Tumult schien größer zu werden, besonders, als ich einen geistlichen Liedvers zu singen angab und einige Worte betete. In drei Stunden wurden gegen 25 Schläge auf eine gewisse Stelle in der Kammer vernommen, die so gewaltig waren, daß der *Stuhl daselbst aufsprang*, die *Fenster klirrten* und Sand von der Oberdecke niederfiel . . ."

Pfarrer Blumhardt hat dann Gottliebin Dittus in eine andere Wohnung eingewiesen. *Trotzdem blieb das Gepolter* in der alten Wohnung. Damit ist der o r t s gebundene Spuk bewiesen. Das Gepolter hörte erst zwei Jahre später auf, und es *„war namentlich an den monatlichen Buß- und Bettagen unserer Kirche besonders heftig"* (S. 18). Warum eigentlich gerade dann?, muß man sich fragen.

Der Gedanke an eine dämonische Behaftung drängt sich einem auf, wenn Blumhardt schreibt: „. . . wenn ich mit ihr b e t e t e, wurde sie bewußtlos . . ." (S. 18). Obwohl Blumhardt äußerst kritisch war, kommt er schließlich doch zu dem Schluß: „M i r w a r k l a r g e w o r d e n , d a ß e t w a s D ä m o n i s c h e s h i e r i m S p i e l e s e i . . ." (S. 19). „Plötzlich war's, als führe es in sie" (S. 1), beschreibt Blumhardt den Vorgang. „Ich sprach sodann einige Worte als Gebet und erwähnte dabei den *Namen Jesu* . . . eine Stimme ließ sich hören, die man augenblicklich für eine *fremde* erkennen mußte . . . ,D e n *Namen kann ich nicht hören!'* Alle schauderten zusammen . . . Endlich wagte ich etliche Fragen . . . ,Hast du denn keine Ruhe im Grab?' – ,Nein!' – ,Warum nicht?' ,. . . ich habe zwei Kinder gemordet und im Acker begraben' " (S. 21).

Wir täten uns einen schlechten Dienst, wollten wir dies als Schauer- und Greuelgeschichten abtun; denn dann müßten wir auch folgenden objektiven Tatbestand abtun: *„Auch geschah es, daß sie sich in einer Nacht im Schlafe plötzlich von einer brennenden Hand am Hals gefaßt fühlte, welche alsbald große Brandwunden zurückließ. Bis die Wärterin (ihre Tante),* die im gleichen Zimmer schlief, das Licht anzündete, waren bereits gefüllte Blasen um den ganzen Hals her aufgefahren; und der Arzt, der am folgenden Morgen kam, konnte sich nicht genug darüber verwundern. Der Hals wurde erst nach mehreren Wochen wieder heil. Auch sonst bekam sie bei Tag und Nacht *Stöße* an die Seite oder auf den Kopf, oder faßte es sie an den Füßen, daß sie plötzlich, entweder auf der Straße, oder auf der Treppe, oder wo es war, niederstürzte, wovon sie Beulen und Schäden davontrug" (S. 24).

Gewiß, es gibt nicht wenige, die eine dämonische Besessenheit der Gottliebin Dittus ablehnen und den Fall als seelische Erkrankung abtun und von der Tiefenpsychologie her erklären wollen. Aber ich an meinem Teil vermag einfach nicht, hier *nur Innerseelisches* anzunehmen, wenn es aus der Gottliebin gegen Pfarrer Blumhardt gewandt spricht: *„Du bist unser ärgster Feind, wir sind aber auch deine Feinde ..."* Ich muß es einfach ernst nehmen, wenn Blumhardt in seinem amtlichen Bericht schreibt:

„Die meisten Dämonen indessen, die sich vom August 1842 bis Februar 1843 und später kundgaben, gehörten zu solchen, die mit heißester Begierde nach Befreiung aus den Banden Satans schmachteten. Es kamen dabei auch die *verschiedensten Sprachen* mit dem sonderbarsten Ausdruck vor, meist daß ich sie mit keinen europäischen Sprachen vergleichen konnte. Aber sicher kam auch Italienisches (dem Klange nach) und Französisches" (S. 33). Es muß meines Erachtens als sehr gekünstelt empfunden werden, wollten wir das Sprechen der „verschiedensten Sprachen" aus dem Unterbewußtsein der G. Dittus ableiten.

Was den Zusammenhang und die Realität von Spuk und Dämonie betrifft, so kann ich an meinem Teil mich nur Blumhardts Bericht anschließen:

„Ich muß es natürlich jedermann freigestellt sein lassen, von diesen Dingen zu glauben, was er will; aber ach! der s c h a u e r l i c h e n G e w i ß h e i t, die mir von dem Vorhandensein derselben geworden ist" (S. 54).

Dabei ist es ja nicht nur in Möttlingen (ich habe das Haus der Gottliebin Dittus besucht) zu dem Offenbarwerden von Spuk und finsteren Mächten gekommen, sondern andernorts und zu anderer Zeit ja auch. Z. B. vom 30. September bis 6. November 1940 in einer religiösen Ordensgemeinschaft in Frankreich. Dort wurden religiöse Gegenstände herabgeworfen, religiöse Bilder zerrissen am Boden gefunden, Heiligenstatuen umgeworfen, ein solch lautes Lärmen und Klopfen veranstaltet, „daß auf der Straße die Leute zusammenliefen ..." Auch dort wurden Menschen von unsichtbarer Hand geschlagen. –

Über dem allen liegt ein Polizeibericht vor und eine gerichtsmedizinische Bearbeitung.[126])
So könnten wir fortfahren.

Aber wenden wir uns jetzt den Schlußüberlegungen zu, auf die es uns ganz besonders ankommt.

Schluß: Folgerungen für Glaube und Theologie

Bultmanns „Erledigt" ist nicht erledigt

Bultmann ist ein geistiges Kind der ersten Aufklärung und der Vater der zweiten Aufklärung im theologischen Bereich. Die weltanschauliche Haltung Rudolf Bultmanns und der ersten und zweiten Aufklärung ist besonders charakterisiert durch Bultmanns berühmtes „Erledigt".

> „Welterfahrung und Weltbevollmächtigung sind in Wissenschaft und Technik so weit entwickelt, daß kein Mensch im Ernst am neutestamentlichen Weltbild festhalten kann und festhält ... Erledigt sind damit die Geschichten von der Himmel- und Höllenfahrt Christi; erledigt ist die Erwartung des mit den Wolken des Himmels kommenden ‚Menschensohnes' ... Erledigt ist durch die Kräfte und Gesetze der Natur der Geister- und Dämonenglaube ... Die Wunder des Neuen Testaments sind damit als Wunder erledigt ... Man kann nicht elektrisches Licht und Radioapparat benutzen ... und gleichzeitig an die Geister- und Wunderwelt des Neuen Testamentes glauben." [127]

Und ob man das kann! Über solch ein engbrüstiges Entweder–Oder–Denken ist die Entwicklung gründlich hinausgegangen. Der Horizont hat sich geweitet.

Aber warum kann man nach Meinung Rudolf Bultmanns und der theologischen Richtung der zweiten Aufklärung nicht beides umgreifen: „Radioapparat" und „Wunderwelt des Neuen Testaments"? Rudolf Bultmann antwortet: „Die Weltanschauung der Schrift ist mythologisch und daher für den modernen Menschen nicht annehmbar, dessen Denken von der Naturwissenschaft geformt wird und deshalb nicht mehr mythologisch ist." [128]

An diesem Satz ist vielerlei nicht haltbar:

1. In der Heiligen Schrift begegnet uns keine „Weltanschauung", sondern Offenbarung

Gottes. Denn Weltanschauung ist immer das Produkt von Menschen. Offenbarung Gottes aber ist Kundgabe und Enthüllung Gottes an Menschen. Jesus, der ewige Gottessohn, betete im sogenannten hohenpriesterlichen Gebet: „Ich habe deinen Namen offenbart den Menschen" (Joh. 17, 6). Weil Offenbarung an Menschen geschieht, darum bezeugt die Heilige Schrift: „Diese heiligen Menschen haben geredet, getrieben von dem heiligen Geist." Darum ist die Bibel auch nicht nur „Schrift", sondern nach ihrem eigenen Zeugnis *heilige Schrift*: „Weil du von Kind auf die *heilige* Schrift weißt, kann dich dieselbe unterweisen zur Seligkeit durch den Glauben an Christum Jesum. Denn alle Schrift, eingegeben von Gott, ist nützlich zur Lehre, zur Widerlegung..." (2. Tim. 3, 15–16).

2. Ferner ist es nicht richtig zu sagen: „Die Weltanschauung der Schrift ist *mythologisch.*" Auch Mythologien kommen von *Menschen.* Sie sind ernste und gutgemeinte *Vorstellungen* des Menschen über Hintergründigkeit und Ziel von Welt und Mensch, ebenfalls über die Einwirkung der jenseitigen Welt auf die diesseitige, von der ja sozusagen *die gesamte Menschheit zu allen Zeiten überzeugt ist.* In den verschiedenen heidnischen Religionen schlagen sich diese Mythologien nieder. Aber die Heilige Schrift betont ausdrücklich: „W i r   s i n d   k e i n e n   k l u g e n   M y t h e n   g e f o l g t" (2. Petr. 1, 16). In der Heiligen S c h r i f t   h a n d e l t   e s   s i c h   n i c h t   u m   M y t h o l o g i e , s o n d e r n   u m   E r e i g n i s . Das   e i g e n t l i c h e   S t i l - e l e m e n t   d e r   H e i l i g e n   S c h r i f t   i s t   d a s   T ä t i g - k e i t s w o r t : „Es *begab* sich..." Nicht: „Es war einmal..." Sondern: „Was wir *gesehen* und *gehört* haben, was unsere Hände *betastet* haben... das *bezeugen* wir euch und *verkündigen* euch das Leben, das ewig ist, welches war bei dem Vater und ist uns *erschienen*" (nämlich Jesus Christus) (1. Joh. 1. 1–3).

3. Auch die Sicht Bultmanns und der zweiten Aufklärung über den „*modernen Menschen*" ist nicht haltbar. Zwar ist es richtig, daß das Denken des modernen Menschen weithin von der Naturwissenschaft geformt ist. Aber d e r B e g r i f f   „m o d e r n e r   M e n s c h"   i s t   ä u ß e r s t

buntscheckig und vielschichtig. Trotz Düsenflugzeuge und Computer *wächst die Zahl der Anhänger des Spiritismus ständig. Wir müssen mit 70 bis 90 Millionen rechnen.* Sind das vielleicht keine modernen Menschen? Gerade sie sind ein Zeichen dafür, wie sie sich mit der Welt der kalten Maschinen und einer kalten Ratio nicht abfinden können und wollen. –

Außerdem sehen Bultmann und seine Anhänger das Verhältnis des modernen Menschen zur Naturwissenschaft e i n s e i t i g, wenn sie meinen, naturwissenschaftlich geprägte Menschen sähen die religiösen Fragen so, wie Bultmann und die zweite Aufklärung sie meinen sehen zu sollen, bei der sie dann ihre eigene Sicht auf andere übertragen. Ich bin auf Vortragsreisen kreuz und quer durch ganz Nordamerika und Kanada gefahren und überall dem modernen Menschen begegnet: in Hallen, Kirchen, Sälen, Kollegs und im gesellschaftlichen Verkehr. Darum weiß ich aus eigener Erfahrung, daß drüben das Verhältnis zur Naturwissenschaft aufs Ganze gesehen ein völlig anderes ist als bei uns. D e n K r i e g z w i s c h e n N a t u r w i s s e n s c h a f t u n d b i b l i s c h g e p r ä g t e m G l a u b e n g i b t e s i m L a n d d e r N a t u r w i s s e n - s c h a f t u n d T e c h n i k s o g u t w i e ü b e r h a u p t n i c h t. Das wird jeder bestätigen, der die USA bereist hat. Als amerikanische Astronauten ihre naturwissenschaftliche Glanzleistung vollbracht hatten und von ihrer Mondreise zurückgekehrt waren und sich an Bord des Schiffes befanden, konnten wir an den Fernseh-Apparaten sehen, wie alle an Deck Versammelten beteten. Darum stimmt der Satz R. Bultmanns schon rein beobachtungsmäßig nicht: „Welterfahrung und Weltbemächtigung sind in Wissenschaft und Technik so weit entwickelt, daß kein Mensch im Ernst am neutestamentlichen Weltbild festhalten kann und festhält."

Das führt uns weiter zum vierten:

4. Nicht weniger haltbar ist die Sicht Bultmanns und seiner ganzen Schule von der *Naturwissenschaft* selbst.

Wenn die Zeilen dieses Buches etwas deutlich gemacht haben sollten, dann die revolutionäre Umwälzung gerade auf dem Gebiet der Naturwissenschaft. *D i e Z e i t e n* sind endgültig vorbei, in denen die Naturwissenschaft glaubte, sich mit ihrem mechanistischen Weltbild auf den Thron setzen zu können. Es wäre dringend zu wünschen, daß die Preisgabe des naturwissenschaftlichen Absolutheitsanspruchs auch von den Vertretern der sogenannten modernen Theologie zur Kenntnis genommen würde – und zwar mit den sich daraus ergebenden Folgerungen. Dann würde das Bultmannsche Wort „erledigt" uns nicht mehr über die Lippen kommen. Und dies erst recht, wenn wir nicht nur an die Naturwissenschaft denken, sondern auch an die noch junge Wissenschaft der Parapsychologie, mit der wir uns ja in diesem Buch beschäftigt haben.

Was heißt angesichts der Naturwissenschaft und Parapsychologie noch die Ausgangsbasis von H. Zahrnt: „Die *Endgültigkeit* der Aufklärung"?

Wir stehen vor der Aufgabe und im Begriff, die erste und zweite Aufklärung als falsche, einengende Aufklärung durch eine richtige, horizonterweiternde Aufklärung zu überwinden – und damit R. Bultmanns tragisches „Erledigt".

Wissen und Glaube bestätigen sich weithin

Vor meinem Universitätsstudium war ich von 1934 bis 1938 Schüler auf dem Predigerseminar St. Chrischona bei Basel in der Schweiz. Ich denke an mein Mutterhaus mit größter Ehrerbietung und Dankbarkeit zurück. Ich erinnere mich noch sehr gut, daß unser geschätzter Direktor Friedrich *Veiel* uns Seminaristen wiederholt die Erkenntnis ans Herz legte: Wenn die Wissenschaft in ihren Forschungsergebnissen übereinstimmt, die sie hier und dort, dort und hier gewonnen hat, dann stimmt sie auch mit der Bibel überein. – Damit wollte unser Direktor sagen: Es gibt keinen wesensmäßigen Gegensatz zwischen dem Zeugnis der Bibel und einem echten Forschungsergebnis der Wissenschaft. –

Diesen Gegensatz kann es deshalb nicht geben, weil einerseits die Schöpfung und andererseits die Forschung *in* der Schöpfung sich ja aus ein und derselben Schöpferhand herleiten. Darum bilden auch Glaube und Wissen, Glaube und Erkennen, Glaube und Vernunft keine wesensmäßigen Gegensätze. Denn all dies hat ja seinen letzten Grund und Bezugspunkt in Gott und seiner Offenbarung.

Im Vorwort wiesen wir auf die beiden Theologen *Anselm* von Canterbury und Peter *Abaelard* hin. Anselm sagte: „Ich glaube, um zu erkennen." Abaelard umgekehrt: „Ich erkenne, um zu glauben."

Wenn man will, so können wir auch heute noch zwei Typen verschiedener Methoden erkennen. Der eine ist repräsentiert durch Professor Karl *Barth*, früher Basel, der andere durch Professor Karl *Rahner* an der katholischen theologischen Fakultät in Münster. Karl Barth ist ein Offenbarungstheologe, Karl Rahner ein Transzendental-Theologe, d. h. „transcendere" = „hinübersteigend". Etwas vereinfacht dürfen wir sagen: Karl Barth geht den Weg Anselms. Karl Rahner den Weg Abaelards von den Begriffen, also vom Denken zum Glauben. *Das sind Unterschiede, aber keine Gegens*ätze. Denn beide wissen um die *Mitte* und beiden geht es um die Mitte: Gott.

Darum sind auch wir in unserem Buch getrost den zweiten Weg gegangen: den Weg vom Wissen zum Glauben. „Ich erkenne, um zu glauben." Am Ende dieses weiten Weges stehen wir vor dem Ergebnis: Wissen und Glaube, Erkenntnis und Glaube bestätigen sich gegenseitig. Wie sieht dies in unserem konkreten Fall aus? Am *Beispiel der Geistseele* wollen wir uns das verdeutlichen.

a) Durch die intensive Forschungsarbeit der Parapsychologie wurde die *große Bedeutung der Geistseele neu entdeckt.* Sie wurde aus der gefährlichen Umklammerung durch den Materialismus befreit. Ausgerechnet im klassischen Land des Materialismus und Atheismus mußten Wissenschaftler feststellen, daß Tätigkeit und Vermögen der Seele sich wesensmäßig nicht vom Gehirn her erklären und ableiten lassen. Wir verdeutlichten uns dies durch die Strahlentheorie, die man fälschlicherweise aufgestellt hatte, indem man das Gehirn zu einer Sendestation machte. Aber die Untersuchungen in Bleikammern und hinter starken Bleiwänden bewiesen ihre Unhaltbarkeit. Das bedeutete eine Revolution.

Denn wenn die Geistseele von Substanz und Funktion des Gehirns unabhängig ist, dann muß die Geistseele auch nicht mit dem Hirn sterben und verfallen. *Damit war der Behauptung des Materialismus, mit dem Tode sei alles aus, der Boden entzogen.* Nochmals: Die Geistseele war von der materialistischen Umklammerung befreit.

Diese Erkenntnis stimmt nun ihrerseits mit dem Zeugnis Jesu überein: „Fürchtet euch nicht vor denen, die den Leib töten können, aber die Seele nicht töten können."

Mithin: Wissen und Glaube, Erkenntnis und Glaube bestätigen sich gegenseitig.

b) Gefahr droht der Geistseele in ihrer Selbständigkeit und ihrem Vermögen auch durch den Rationalismus und Säkularismus, eben durch die zweite Aufklärung mit ihrem Diesseitigkeitsdogma. Die zwei programmatischen Sätze lauteten bekanntlich: „Für uns gibt es nur noch *eine* Wirklichkeit, die uns umgibt und in der wir leben ... Kein Wort also über eine jenseitige Welt, nicht nur kein ausgemaltes Bild von ihr, auch nicht einmal die Behauptung ihrer Existenz ..." Das führte und führt zu der bekannten Streichung der Metaphysik und Transzendenz. Darunter wollen wir in diesem Zusammenhang die Wirklichkeit von Kräften und Mächten verstehen, die sich naturgesetzlichen Abläufen entziehen, und die darum auf eine andere unsichtbare und geheimnisvolle Welt hinweisen.

Nun gelang es der Parapsychologie ebenfalls, diesen Ring des Diesseitigkeitsdogmas zu sprengen, daß alles der Naturgesetzlichkeit unterworfen wäre, warum es deshalb ja auch keine Wunder und keine Kundgabe aus einer anderen Welt gäbe.

Nun aber wies die Parapsychologie nach: Es gibt einen Austritt der Geistseele aus ihrer leiblichen Behausung. Dies Faktum kann einfach nicht bestritten werden. In Verbindung damit aber mußte anerkannt werden:

1. Es gibt die Tatsache der Verdoppelung und der Materialisation.

2. Es gibt die Tatsache der Bilokation, also daß jemand zugleich an zwei Orten sein kann.

Damit aber begegnen sich wieder Wissen und Glaube. Denn die Heilige Schrift deutet diesen Vorgang in ähnlicher Weise an. Wir wiesen bereits auf den Bericht von Philippus und den Kämmerer vom Mohrenland hin. Nachdem Philippus den Kämmerer getauft hatte, heißt es: „Da sie aber aus dem Wasser heraufgestiegen waren, *rückte der Geist des Herrn Philippus hinweg,* und der Kämmerer sah ihn nicht mehr" (Apg. 8, 39). Welche Folgerungen liegen allein in diesem *einen* Vers!

Es ist fast überflüssig, darauf hinzuweisen, daß die moderne Theologie mit diesem Text nichts anfangen kann. Gleichzeitig ist diese Verlegenheit aber ein Zeichen dafür, daß wir ihr nichts unterstellen.

Für uns ist die Erkenntnis wichtig: d e r M e n s c h i s t e i n e e i n g e k ö r p e r t e P e r s ö n l i c h k e i t. *Der Mensch ist mit einer elektrischen Glühbirne zu vergleichen. So wichtig die Birne ist, leuchten tut sie erst durch den Strom. So wichtig der Körper ist, leben tut er erst durch den Geist.* Nochmals betonen wir: e s g i b t e i n e U n a b h ä n g i g k e i t d e s G e i s t e s v o n R a u m u n d Z e i t.

Die Offenbarung läutert Erkenntnis und Wissen

Nachdem wir den Weg vom *Wissen* zum Glauben gegangen sind und wir uns das am Beispiel der Geistseele verdeutlicht haben, müssen wir nun auch den *umgekehrten* Weg gehen: den Weg vom *Glauben* zu Wissen und Erkenntnis. Denn würden wir diesen Weg nicht gehen, dann könnte man in den Irrtum verfallen, als ob das Wissen den Glauben verdrängen könnte. Das aber ist keineswegs so. Die Rangordnung lautet nicht: Wissen und Glaube, sondern Glaube und Wissen. Denn erst durch den Glauben werden Erkenntnis und Wissen vertieft, geläutert, erweitert und befreit. Denn auch hier hilft uns wieder die Heilige Schrift, wenn sie sagt: „Unser Wissen ist Stückwerk." Wer diese Wahrheit wirklich beherzigt, wird vor dem törichten Verstandeshochmut bewahrt.

Die Heilige Schrift hilft uns aber auch insofern, daß sie uns nicht nur auf die *Grenzen* unseres Wissens aufmerksam macht, sondern daß sie uns auch *inhaltlich* Entscheidendes vermittelt. Diese Vermittlung echter Erkenntnis ist durch das bereits erwähnte E r e i g n i s d e r O f f e n b a r u n g G o t t e s ermöglicht. Darum wollen wir das Wort Glaube jetzt durch das Wort Offenbarung auswechseln. Denn das Wort Glaube wird leicht mißverstanden, als handele es sich dabei um eine bloße Vermutung. Das Wort Offenbarung Gottes ist vor diesem Mißverständnis mehr abgesichert. Die Offenbarung Gottes geht allem Glauben voraus. Der Glaube als Vertrauen darf und kann sich die Offenbarung Gottes aneignen, d. h. er kann sich damit beschenken lassen.

Fragen wir uns:

Worin besteht denn die Läuterung unserer Erkenntnis in bezug auf die uns in diesem Buch beschäftigenden Fragen? Ich möchte auf dreierlei hinweisen:

1. Die Offenbarung hilft uns zur Erkenntnis von der Mehr-Dimensionalität

Durch alle Seiten dieses Buches zog es sich wie ein roter Faden: diese unsere sichtbare Welt ist mit den drei Dimensionen von Länge, Breite und Tiefe nicht ausgelotet. Gerade die Parapsychologie ließ uns immer wieder erkennen, daß *hinter* dieser Welt eine Transzendenz, eine Jenseitigkeit stehen muß. Denn die Kette Ursache-Wirkung-Ursache-Wirkung (Kausalitätskette) reichte schließlich in eine unbekannte und unsichtbare Dimension. Schon bei Telepathie und Telekinese, bei den Apporten und Levitationen (Sicherheben und Schweben) eines Körpers entgegen der Schwerkraft mußten wir das feststellen. Erst recht bei den Materialisationen und den Wiedergänger-Phänomenen. *Aber um was für eine Dimension handelt es sich da? Naturwissenschaftler und Parapsychologen können es von ihrem Fachgebiet aus nicht wissen.* Hier befreit uns die Offenbarung Gottes in seinem Wort: denn sein Wort ist geradezu randvoll mit Vorgängen, in denen das Jenseitige, das Transzendente in das Diesseitige, das Immanente und Sichtbare hineinragt. Die Offenbarung Gottes in seinem Wort leitet uns also zu der Erkenntnis an: Hinter dieser sichtbar-diesseitigen Welt mit ihren drei Dimensionen liegt tatsächlich eine unsichtbar-jenseitige Welt, eine Welt der Mehr-Dimensionalität. Sie überlagert und durchdringt unsere Dreidimensionalität. Ab und an schimmert die Mehr-Dimensionalität hindurch. Allerdings liegt mir sehr daran, zu betonen: Die Heilige Schrift verwendet das *Wort* „Mehr-Dimensionalität" nicht. Wir können jedoch auf die Sache schließen. Wir müssen aber klar herausstellen, daß uns die Heilige Schrift keine systematische Lehre über die jenseitige Welt, keine „Geographie" gibt. Deshalb dürften wir streng genommen noch nicht einmal den Ausdruck „Mehr-Dimensionalität" verwenden, weil das bereits als Versuch gewertet werden könnte, die unsichtbare Wirklichkeit zu kennzeichnen. Die Heilige Schrift begnügt sich mit der Bezeugung der *Existenz* der unsichtbaren Wirklichkeit. Allerdings verwendet sie reichliche Bilder, um diese jenseitige Welt unserer menschlichen Verstehensweise nahezubringen. Dasselbe Anliegen verfolgen wir bei dem Wort „Mehr-Dimensionalität". Was die Bilder betrifft, so wiesen wir bereits darauf hin, daß Jesus sagt: „In meines Vaters Haus sind viele Wohnungen." Das letzte Buch der Bibel ist randvoll mit bildhaften Beschreibungen des Jenseits. Es spricht vom „Thron", vom „Stuhl" und von der „Hütte Gottes". Es spricht vom „gläsernen Meer", vom „Drachen" als dem Bösen. Und doch dürfen wir nicht vergessen, daß es sich hier *nicht um Mythologie handelt, sondern um Bilder.* Entscheidend sind nicht die Bilder. Entscheidend ist die Existenz der jenseitigen Welt, die mit *Hilfe* der Bilder *veranschaulicht* wird.

2. Die Offenbarung hilft uns zur Erkenntnis über den Spiritismus

Wir erinnern uns, daß es innerhalb der Parapsychologie um den Streit zwischen Spiritismus und Animismus ging. Wir sagten, Animismus sei die Lehre, die alle paranormalen Erscheinungen von der S e e l e des M e n s c h e n her erklärt und die Kundgabe von Geistwesen bestreitet.

Was sagt die Heilige Schrift? D i e H e i l i g e S c h r i f t bestätigt den S p i r i t i s m u s. S o g a r bis hin z u r Totenerscheinung. Beweis: Sie berichtet selbst einmal davon. In 1. Samuel 28 geht der König Saul zur Spiritistin von Endor und sagt zu ihr: „Wahrsage mir durch Totenbeschwörung und laß mir aus der Unterwelt den erscheinen, den ich dir nennen werde..." Da fragte das Weib: „Wen soll ich dir erscheinen lassen?" Er antwortete: „Laß mir Samuel erscheinen." ...Samuel aber sagte zu Saul: „Warum störst du mich in meiner Ruhe, daß du mich heraufkommen läßt?..." Samuel kündet Saul das Strafgericht Gottes an.

Es gibt Ausleger dieses Textes, die daran zweifeln, ob eine Kundgabe wirklich erfolgt sei. Andere Ausleger zweifeln nicht. Der Text selbst spricht eindeutig im klaren Tatsachenstil.

Wir wiesen bereits darauf hin, daß die Heilige Schrift die Totenbefragung verbietet – und damit den Spiritismus. Es muß uns aber auffallen, daß sie mit keinem Wort die S a c h e s e l b s t *bestreitet.* Im Gegenteil.

In geistiger Nähe zur Totenbefragung k e n n t d i e H e i l i g e S c h r i f t a u c h d a s B e w o h n t s e i n m i t e i n e m j e n s e i t i g e n G e i s t. Diese Tatsache berichtet das Neue Testament häufig. Zum Beispiel in Apostelgeschichte 16, 16–18: „Als wir (Paulus und Silas) eines Tages (in Philippi) auf dem Wege zu der Gebetsstätte waren, begegnete uns eine Magd, die einen Wahrsagegeist hatte... Sie ging hinter Paulus und Silas her und rief laut: ‚Diese Menschen sind Diener des höchsten Gottes...' Das setzte sie viele Tage fort. Da wurde Paulus unwillig; er wandte sich um und sagte zu dem G e i s t: ‚Ich gebiete dir im Namen Jesu Christi, von ihr a u s z u f a h r e n.' Und er fuhr zur selben Stunde aus."

Auch J e s u s s e l b s t b e z e u g t w i e d e r h o l t d i e E x i s t e n z u n d K u n d g a b e j e n s e i t i g e r G e i s t w e s e n u n d gebietet ihnen: „Und Jesus trieb die Geister aus..." (Matth. 8, 16).

Dadurch wird der Streit zwischen Spiritismus und Animismus entschieden. Dieser Tatbestand verführt uns aber nicht im geringsten dazu, nun in allen spiritistischen Sitzungen, in denen Abgeschiedene gerufen werden, ihr wirkliches Erscheinen durch das Medium auch anzunehmen. Darum sind wir äußerst skeptisch, ob der Geist z. B. Martin Luthers oder Anton Bruckners wirklich „erscheint", wenn Spiritisten meinen, ihn in einer Sitzung herbeizwingen zu können. Die Betonung liegt auf „zwingen". Anders ist es mit *spontanen* Kundgaben. So wird z. B. von einer musikalisch völlig unbedarften Frau aus England berichtet, der Beethoven Musikwerke diktieren soll, die nach dem Urteil von Musikexperten ganz dem Stil Beethovens entsprechen. Dies führt uns hin zum nächsten Punkt.

3. Die Offenbarung hilft uns bei der Frage nach der Identität (Übereinstimmung) Verstorbener bei Kundgaben

Nun stellen wir uns einer sehr wichtigen, aber auch sehr schwierigen Frage. Mit einem Fremdwort ausgedrückt lautet sie:

Besteht eine Identität (Übereinstimmung) zwischen dem, der sich in einer Kundgabe vorstellt und dem Betreffenden wirklich? Anders ausgedrückt:

Besteht eine Übereinstimmung eines sich Kundgebenden mit sich selbst?

Diese Frage kann von der Parapsychologie her nicht eindeutig beantwortet werden.

Zunächst muß unterschieden werden zwischen *Spontan*kundgaben und *Zirkel*kundgaben. Die Letzteren finden in spiritistischen Sitzungen statt. Wir betonen ausdrücklich und nochmals:

Spiritistische Sitzungen, in denen Verstorbene gerufen werden, lehnen wir entschieden ab. Aber die Frage nach der Identität bleibt natürlich gestellt, weil es ja den Spiritismus gibt und die Bibel ihn uns bezeugt. Wir erinnern uns: bei der parapsychologischen Sitzung, die Thomas *Mann* mitmachte, sprachen „Erwin" und „Mina" aus dem Medium

Willi Schneider. Damals meinten die untersuchenden Herren, es handele sich um einen innerseelischen Vorgang. Erwin und Mina seien „symbolische Personen", die sich durch eine „Persönlichkeitsspaltung" des Mediums erklären. Ob sich das Ich „gespalten" oder durch ein anderes jenseitiges Ich *verdoppelt* hat – das ist die Frage.

Es sollte uns jedenfalls sehr zu denken geben, daß sich ausnahmslos die ernst zu nehmenden Medien selbst als Spiritisten ansehen. Das heißt aber doch als solche, die die betreffenden Phänomene nicht aus ihrem eigenen Seelenvermögen her erklären, sondern durch Einwirkungen übernatürlicher jenseitiger Kräfte.

Bei dem einzigen biblischen Beispiel einer Totenkundgabe, bei der Erscheinung Samuels, wird die Identität mit den Worten Samuels bestätigt: „Warum reißt du *mich* aus *meiner* Ruhe?"

Diese Bestätigung darf uns aber keineswegs dazu verleiten, nun anzunehmen, in den spiritistischen Zirkelsitzungen wäre auch allgemein eine Übereinstimmung des Sich-Mitteilenden mit sich selbst gegeben. Wir möchten annehmen, daß dies vielleicht zu 90 Prozent nicht der Fall ist, zumal wenn man bedenkt, daß z. B. *Luther, Goethe, Schiller* etc. in spiritistischen Sitzungen solch triviales Zeug „offenbaren", was keineswegs einem Vergleich mit ihrer geistigen Höhenlage während ihrer Erdentage standhält. Trotzdem dürfen wir auch hier nicht das Kind mit dem Bade ausschütten. Wir werden auch Fälle von Übereinstimmung annehmen können. Dr. Emil *Mattiesen* berichtet z. B. von dem Medium Adele *Maginot* folgendes:

Sie „besaß die Fähigkeit, die verstorbenen Angehörigen ihrer Besucher im Trans ‚aufzurufen' und zu ‚sehen'. Eines Tages, als sie im Schlafe lag, kam der Abbé d'Almignana zu ihr mit der Aufforderung, die vor einigen Jahren verstorbene Schwester seiner Pflegerin namens Antoinette Carré aufzurufen. Adele beschrieb nunmehr deren Gestalt, die sie sah: Größe, Haar, anscheinendes Alter, die kleinen grauen Augen, die an der Spitze etwas verdickte Nase, die gelbliche Gesichtsfarbe, den flachen Mund, den starken Busen, das Fehlen einiger Vorderzähne, die Schwärze der wenigen noch vorhandenen, einen kleinen Fleck auf der Backe, die Kleidung. *Der Abbé, der die Verstorbene* n i c h t *gekannt hatte,* zeichnete alle diese Angaben auf und las sie der lebenden Schwester Marie Françoise Carré vor, die ihre Genauigkeit bezeugte und sich nur des Flecks an der Backe nicht entsinnen konnte. Aber ein ankommender Heimatgenosse, dem sie die Beschreibung vorlas, erkannte danach die Beschriebene und bezeichnete die Stelle des Fleckes, was diesen nunmehr auch der Schwester ins Gedächtnis zurückrief." [129])

Hier darf man also eine Identität annehmen, wenngleich auch ein letzter Beweis nicht möglich ist. Dennoch ist für die meisten Fälle große Skepsis angebracht.

Josef *Kral* berichtet zwar von der Prinzessin von der Leyen auf Schloß Waal in Bayern, daß sie Erscheinungen gehabt habe, von denen „manche" schon vor Jahrhunderten „gelebt" hätten. „Nicht wenige derselben konnten später identifiziert werden, und zwar auf Grund der von ihr gemachten Angaben über ihre Namen, Geburts- und Sterbeorte und dergleichen". [130])

Viel positiver als bei den *spiritistischen Zirkel*kundgaben steht es bei den *Spontan*kundgaben und beim *Spuk,* obwohl auch hier ein letzter Beweis für die Identität nicht möglich ist. Aber sehr vieles spricht für die Identität. So bewies die Frau von Pfarrer *Oberlin* bei ihren Kundgaben solch ein Vertrautsein mit den gegebenen Verhältnissen, daß die Echtheit mit ihrer eigenen Person nicht bezweifelt werden muß.

Was die *spontanen* Geistererscheinungen betrifft, so hat Professor Ernesto *Bozzano* erklärt, daß von 311 Fällen „76 mit ganz bestimmten Verstorbenen identifizierbar waren, wozu noch 41 Fälle hinzukamen, die nachträglich durch Porträts usw. identifiziert werden konnten". [131])

Wir müssen festhalten:

Wir sind zwar äußerst kritisch. Aber wir müssen zugeben:

Wenn auch nur in einem e i n z i g e n Fall eine Identität besteht, dann ist auch auf diesem Wege die Existenz der jenseitigen Welt erwiesen.

In dem einen Beispiel der Heiligen Schrift wird die Identität bestätigt.

Licht und Finsternis, Engel und Dämonen

Die Theologie der zweiten Aufklärung leugnet die Existenz von jenseitigen finsteren Mächten und dämonischen Gewalten, wie auch umgekehrt engelhafte Lichtgestalten. Diese Bestreitung vermag aber nicht zu überzeugen; denn zuviel steht ihr entgegen.

Frage: was denn?

1. Die Heilige Schrift bezeugt sie

Nach dem biblischen Textbefund wird uns in der Heiligen Schrift immer wieder *das Einwirken von Engel*mächten bezeugt. Z. B.: ein Engel kündigt Maria an, daß sie „gebenedeit sei unter den Weibern", Mutter des ewigen Gottessohnes zu werden; ein Engel stärkte Jesus im Garten von Gethsemane in der Nacht des Gründonnerstag zum Karfreitag; ein Engel gab am Grabe Jesu Kunde von seiner Auferstehung; ein Engel befreite den Apostel Petrus aus Ketten und Gefängnis (nachdem, was wir über die Verwandlungsfähigkeit der Materie wissen, braucht es uns nicht mehr schwerzufallen, dies glauben zu können). Engeln als Boten Gottes begegnen wir in der hochheiligen Nacht, im Leben der Apostel, in der Urgemeinde.

Ebenso bezeugt uns die Heilige Schrift satanische und dämonische Mächte. Der Teufel versucht Jesus beim Antritt seines öffentlichen Wirkens. In der Urgemeinde versucht das Ehepaar Ananias und Saphira die Apostel zu betrügen. Deshalb fragt Petrus: „Ananias, warum hat der Satan dein Herz erfüllt?" (Apg. 5, 3). Paulus wollte bereits zweimal zur Gemeinde nach Thessalonich kommen. Aber er bezeugt: „Satan hat uns verhindert" (1. Thess. 2, 18). Paulus ruft uns auf, gegen die „listigen Anläufe des Teufels" zu bestehen (Eph. 6, 11); denn „euer Widersacher, der Teufel, geht umher", schreibt der Apostel Petrus (1. Petr. 5, 8). Im griechischen Urtext steht für die Mehrzahl der Teufel das Wort „Dämonen". Ausdrücklich betont das Neue Testament: „Wir haben nicht mit Fleisch und Blut zu kämpfen, sondern gegen die Herrschaften, gegen die Gewalten, gegen die Weltherrscher dieser Finsternis, gegen die Geister der Bosheit..." (Eph. 6, 12).

Das Neue Testament weiß also klar um die polare Spannung zwischen Licht und Finsternis, zwischen guten und bösen Geistern. Theologen der zweiten Aufklärung lehnen diese polare Spannung, die Personhaftigkeit guter und böser Geistwesen als Mythologie ab und bezeichnen dies als eine überholte dualistische und manichäistische Sicht, d. h. als eine Sicht, die wir der Schrift gemäß mit den Worten Licht und Finsternis bezeichnet haben. Wer aber in die Hintergründigkeit parapsychologischer Forschung vorgedrungen ist, kann es sich so einfach jedenfalls nicht machen, wie dies innerhalb des Rationalismus mit seiner Oberflächensicht geschieht. Im Gegenteil. Denn auch folgendes gilt:

2. Die Erfahrung bestätigt die reale Aussage der Heiligen Schrift

Das ist denn auch der zweite Grund, der dem Rationalismus entgegensteht. Wenn wir uns den Blick durch die Hektik unserer Zeit nicht trüben lassen, dann begegnen wir immer wieder der Tatsache, daß Menschen bezeugen:

„Von guten Mächten wunderbar geborgen . . ."

Greifen wir aus der großen Fülle nur noch einige Zeugnisse heraus. Wählen wir solche, an denen m e h r e r e Personen beteiligt sind, dann wird die Objektivität um so mehr bestätigt. Sadhu Sundar *Singh* ist ein weltbekannter Christ Indiens. Dieser gelehrte Mann bereiste Tibet, um den Menschen das Evangelium zu verkündigen. Nun befand er sich in einem Dorf, dessen Bewohner die Botschaft ablehnten und sein Leben bedrohten. In dem Bericht heißt es:

„Vor ihrer bedrohlichen Haltung mußte er sich schließlich in eine Höhle zurückziehen. Am Abend machten sich die Dorfbewohner mit Knütteln und Steinen gegen ihn auf. Sie näherten sich seinem Versteck, um das Todesurteil an ihm zu vollstrecken. Da plötzlich wichen sie erschreckt zurück und schickten sich an, durch Rufen mit ihm zu verhandeln: ‚Sage, wer ist der Mann mit dem glänzenden Gewand, der bei dir steht, und die anderen alle, die dich umgeben?' Sundar Singh antwortete, er sei allein; aber die Leute blieben bei ihrer Behauptung. — Engel Gottes hatten sein Leben gerettet." [132])

259

Dieser gleiche Sadhu Singh hat ähnlich wie der Apostel Petrus eine Befreiung aus einem Gefängnis erlebt, das aus einem finsteren, tiefen und verschlossenen Brunnen bestand, in dem er zum Tode verurteilt lag. Ein Entweichen war völlig ausgeschlossen. „Da öffnete sich in der dritten Nacht der *zugeschlossene* eiserne Deckel des Gewölbes, und eine Stimme rief ihm zu, er solle den Strick nehmen, der zu ihm herabgelassen würde. Er ergriff mit dem gesunden Arm das Seil. Auf diese Weise wurde er herausgezogen und gerettet, auch heilte die Hand des wundersamen Helfers ... seinen zerschlagenen Arm". Von diesem unbekannten Helfer heißt es: *„der alsbald verschwand."* Für Singh gab es auf Grund der erforschten Umstände nur eine Erklärung: *Befreiung durch einen Engel. – Jenseitige und diesseitige Welt durchdringen einander – und ab und zu wird es erkennbar.*

Doch kehren wir zu der Beobachtung durch *mehrere* Menschen zurück. Folgender Zeugenbericht aus unseren Jahrzehnten liegt von dem Prediger des Evangeliums Johann *Blum* aus St. Georgen im Schwarzwald vor:

„... Es war Winter und es dämmerte schon. Das letzte Wegstück zum Dorf führte durch einen großen Wald. Weit und breit war kein Mensch zu sehen. Und doch – je näher ich dem Wald kam, desto mehr nahm meine Niedergeschlagenheit zu, und ich mußte immer wieder seufzen: ‚O Herr, sei mir gnädig!‘

In dem Augenblick, als ich den Wald betrat, wurde ich überraschend still und getrost. Es war mir, als ob jemand neben mir herginge und oft mit seinem Arm meinen Ärmel streifte. Aber ich sah und hörte niemand ...

Endlich war der Wald durchschritten. Ich kam glücklich zu den ersten erleuchteten Häusern. Das Gefühl, du hast einen Begleiter bei dir, war verschwunden.

In der folgenden Nacht hatte ich einen schreckhaften Traum: Ich sah mich selbst am Boden liegen, totgeschlagen und meinen Leib übel zugerichtet. Eine Stimme sagte: So würdest du jetzt aussehen, wenn dich der Herr nicht bewahrt hätte! ...

Ein Vierteljahr später stellte sich dieser Tatbestand heraus: An jenem Winterabend hatte mir dort am Waldrand eine Anzahl Burschen aufgelauert, mit der festen Absicht, mich totzuschlagen ... Ihren Genossen erzählten sie nach ihrer Rückkunft vom Wald, sie hätten mich zuerst ganz allein daherkommen sehen, plötzlich wäre aber ein großer Mann auf meiner rechten Seite gegangen, und zwar bis zum Ende des Waldes. Sie hätten den Mann weder kommen noch gehen sehen; auf einmal wäre er dann auch verschwunden gewesen!

Das war also die Aufklärung jenes damals völlig unerklärlichen Erlebnisses: eine gefährliche Bedrohung meines Lebens und dessen wunderbare Bewahrung durch einen der ‚dienstbaren Geister'. Gott sei Dank für diese seine ‚dienstbaren Geister'!" [133])

Wir sollten nicht überlegen die Nase rümpfen, sondern an beides denken: an die großen Möglichkeiten übernormaler Phänomene. Wir erinnern uns, daß der Freiburger Professor Hans *Bender* zu sagen genötigt war: „Denkmöglich ist alles." [134]) Vor allen Dingen aber wollen wir an die Verheißung in Gottes Wort denken: „Sind sie (die Engel) nicht alle dienstbare Geister, zum Dienste ausgesandt um derer willen, die das Heil erben sollen?" (Hebr. 1, 14).

Nochmals: Das Wort Dietrich Bonhoeffers ist wahrhaftig keine Phrase:
„Von guten Mächten wunderbar geborgen ..."

Wie völlig Rationalismus und Materialismus die geistige Hintergründigkeit unserer Welt *verharmlosen,* wird nun auch durch die Kehrseite der Medaille erkennbar. Es kommt nicht von ungefähr, daß viele, viele Menschen gerade in unseren Jahren ein Gespür für die dämonische Nachtseite unserer Welt bekommen haben. „Groß Macht und viel List sein grausam Rüstung ist".

Wenn wir jetzt kurz dasjenige abhandeln, was die Heilige Schrift u. a. mit dem Wort Finsternis bezeichnet, dann meinen wir diese satanische Gegenmacht. Hinsichtlich der Dämonen muß ein *Zweifaches unterschieden* werden.

1. Dämonen als ruhelose, gottwidrige Geistwesen verstorbener Menschen. (Es ist allerdings zu fragen, ob wir hier überhaupt von Dämonen sprechen sollen.)

2. Dämonen im *eigentlichen* Sinn als in der Rebellion
gegen Gott stehende und von Gott abgefallene Engel-
wesen.

Im konkreten Fall einer Besessenheit ist es schwer auszu-
machen, um welche Art dämonischer Behaftung es sich handelt. Beide Arten der Innewohnung sind möglich.

Im Fall der Gottliebin *Dittus* werden wir vorwiegend von
einer Besessenheit durch ruhelose Geistwesen verstorbener
Menschen sprechen müssen. Die Unterscheidungen sind allerdings schwer.

Ob es sich nun um eine dämonische Kundgabe von verstorbenen Menschen oder von Dämonen im eigentlichen Sinne
handelt – immer sind die religiösen Kennzeichen
übereinstimmend: Ablehnung (Resistenz) Gottes und des Erlösers Jesu Christi.

Besonders Professor *Oesterreich,* früher Universität Tübingen,
hat in wissenschaftlicher Gründlichkeit über diese Konstanz in
den charakteristischen Kennzeichen der Besessenheit gearbeitet – ob sie sich nun auf Missionsfeldern oder in unseren
Regionen und Zonen ereignet. So berichtet Professor Oesterreich z. B. von einer besessenen Frau folgende typische
Merkmale: „Ohne besondere Ursache bekam die Frau plötzlich konvulsivische (krampfartige) Zuckungen. Eine fremde
Stimme sprach aus ihr und stieß Verwünschungen gegen Gott
aus. Wenn die Besessene beten wollte, wurde sie mit Gewalt
daran gehindert ... Das Gebet wurde durch teuflisches Ge-
lächter unterbrochen." [135] In seinem reichhaltigen Material
berichtet er von der Besessenheit einer 24jährigen. War das
Mädchen im Normalzustand eine fromme Beterin, so ergoß
sich aus ihr in einem Besessenheitsanfall bitterer Hohn über
alles Religiöse. Außerdem sprach dann eine *tiefe Männer-
stimme* aus ihr.[136]

Es muß uns schon zu denken geben, wenn Menschen in
ihrem Besessenheitszustand hohnlachen, wenn man ihnen ein
Schriftwort sagt, aber die Bibelstelle falsch zitiert und sie dann
von dem Behafteten *richtig* angegeben wird. Ich möchte
meinerseits Professor *Frei* völlig zustimmen, wenn er aus eigener Erfahrung schreibt:

„Man muß gewisse Reaktionen solcher Patienten, auch auf leise gesprochene Gebete, auf Gebete in fremden Sprachen, auf die gläubige Nennung des Namens Jesu selbst gesehen und erlebt haben, um zu sagen: Wir dürfen es uns phänomenologisch (das Erscheinungsbild betreffend) nicht zu leicht machen . . .

Es geht hier zunächst gar nicht um eine Frage des Glaubens, sondern zunächst nur um wissenschaftliche Sauberkeit."[137])

Zu dieser wissenschaftlichen Sauberkeit gehört folgende Feststellung:

In der Psychiatrie (Lehre von den seelischen Störungen) kennt man die sogenannten Depersonalisationszustände, also Zustände, in denen sich die Person seelisch krankhaft verändert. Nun muß es uns wieder zu denken geben, daß sich die Besessenheit nicht in diese Krankheitsbilder einordnet. Dies führt uns dahin, *nicht nur seelische Ursachen* anzunehmen, sondern ernsthaft mit einer *dämonischen Behaftung* rechnen zu müssen. Im Zustand der Besessenheit wechseln die Personen in dem Betreffenden: Person 1, Person 2, Person 3 . . .

Die Erfahrung bestätigt auch jetzt wieder die diesbezüglichen Aussagen der Bibel, die ja dämonische Behaftungen bezeugt.

Aber in unserem Zusammenhang geht es uns primär nicht um dämonische Behaftung im Einzelfall, sondern um den Hinweis auf den tiefen Zwiespalt, der durch unsere Welt geht. *Goethe* hat etwas von diesem diabolischen Zwiespalt der Welt verstanden, wenn in seinem „Faust" der Teufel sagt:

„Die Elemente sind mit uns verschworen,
und auf Vernichtung läuft's hinaus."

Wir wollen nicht in den Fehler verfallen, uns durch Unglaube und Irrglaube satansblind machen zu lassen. Dazu ist die Dämonie in dieser Welt mit ihren blutigen Kriegen und himmelschreienden Ungerechtigkeiten nun doch zu real. Wir müssen uns um einen *Tiefenblick* bemühen. Die großen Männer der Kirche Jesu Christi hatten ihn: ein Paulus, Augustinus und Thomas, ein Luther und Pascal etc. So sagte z. B. Luther in einer Realistik, die viele heute nicht mehr nachvollziehen:

„Ein Christ soll wissen, daß er mitten unter den Teufeln sitze, und daß ihm der Teufel näher sei denn sein Rock oder Hemde, ja näher denn seine eigene Haut, daß er rings um uns her sei und wir also stets mit ihm zu Haare liegen und uns mit ihm schlagen müssen."

Verharmlosungen des „alt bösen Feindes" können wir uns nicht mehr leisten. Es geht um einen Kampf zwischen Licht und Finsternis.

Die große Bedeutung Jesu Christi

Gewiß, dies Buch mag seinen Wert und seine Berechtigung schon darin haben, daß es uns den Horizont für eine Welt weiten möchte, die durch den Geist der ersten und zweiten Aufklärung ignoriert wurde und wird. Aber uns nur den Blick für übersinnliche Realitäten zu schärfen, hätte nicht genügt, die Abfassung dieses Buches zu rechtfertigen. Es geht nicht um ein bißchen mehr oder weniger Okkultismus. Auf dem Hintergrund eines letzten Geisteskampfes geht es um die große Bedeutung Jesu Christi. Die Bedeutung Jesu Christi ist untrennlich mit der Frage verknüpft: Wer wird bei diesem gigantischen Kampf zwischen Licht und Finsternis Sieger bleiben?

Wir haben bei allen bisherigen Ausführungen erkennen müssen – ohne dies allerdings öfters betont zu haben –, daß die Heilige Schrift in ihren Aussagen glaubhaft ist und bestätigt wurde.

Jawohl: „Es gibt mehr Dinge im Himmel und auf Erden, als euere Schulweisheit sich träumen läßt";
jawohl, es gibt ein Leben nach dem Tode;
jawohl, es gibt eine jenseitige Welt;
jawohl, es gibt gute und böse Mächte;
jawohl, es gibt ein Hineinwirken der Jenseitigkeit in die Diesseitigkeit.

Wenn wir in all dem immer wieder genötigt wurden, der Heiligen Schrift recht zu geben, dann fragt sich: Warum sollten wir der Heiligen Schrift nicht auch darin vertrauen, wenn

Dr. Gerha

Bergman

Reformat

heute

Ideolog
oder
Evange

Deutschl

Bus-Pendelverkehr vom U-Bahnhof Kaiserdamm
Veranstalter: Deutsche Zeltmission eV. 5900 Sieg

31.10.
15.00

Eintritt frei

sie sagt: „Dazu ist erschienen der Sohn Gottes, daß er die Werke des Teufels zerstöre" (1. Joh. 3, 8)? Wir wiesen schon einmal auf dieses Schriftwort und damit auf den Sendungsauftrag Jesu Christi hin.

Wenn Jesus Christus schon während seiner Erdentage in Einzelfällen Menschen aus okkulten Behaftungen befreite,

wenn Jesus Christus durch seine Auferstehung in verklärter Leiblichkeit die Fesseln des Todes grundsätzlich sprengte,

wenn er durch sein Heilswerk und seine dynamische Botschaft eine Revolution auslöste, die zu einer weltweiten Kettenreaktion führte,

Frage:

Warum sollte er dieses angefangene Werk nicht zum vollen Sieg führen?

Ja, er wird es. Genau das ist die Botschaft des in die jenseitige Welt aufgefahrenen Christus: „Siehe, Ich mache alles neu" (Offbg. 21, 5). Um dieses Wort des erhöhten Christus in seiner Tragweite richtig zu verstehen, sei noch auf folgendes kurz verwiesen:

Wir brauchten schon mal das Wort „dualistisch". Das Hauptwort heißt „Dualismus". Dies leitet sich ab von dem lateinischen Wort „duo" = „zwei". Dualismus meint – schlicht und mit einem Wort ausgedrückt – eine Z w e i h e i t s l e h r e, eine Z w i e s p ä l t i g k e i t. Dualismus meint eine Weltanschauung, die auf Doppelheit von Begriffspaaren fußt: Gott und Teufel, Geist und Materie, Seele und Leib, Diesseits und Jenseits, Glaube und Wissen, Natur und Gnade, Freiheit und Notwendigkeit.

F r a g e : I s t d i e S i c h t d e r H e i l i g e n S c h r i f t d u a l i s t i s c h ? A n t w o r t : j a u n d n e i n ! Ja, insofern, als Jesus selbst von „oben" und „unten", von „dieser" und „jener Welt", von „Licht" und „Finsternis" spricht. Aber nein insofern, als die Heilige Schrift keine zwei Weltprinzipien lehrt, also Gott als das gute Weltprinzip und den Teufel als das von Gott unabhängige böse Weltprinzip, wobei dieses böse Gegenprinzip und -wesen mit Gott sich auf ein und derselben Stufe befände. Dies lehrte der sogenannte persische

Parsismus und der Manichäismus. Dies lehrt aber nicht die Heilige Schrift.

Die große Bedeutung Jesu besteht gerade darin, daß er die Zweiheit überwindet. Jesus Christus ist größer als all die unheimlichen, satanischen Gegenmächte. Durch Karfreitag und Ostern hat er sie *grundsätzlich* entmachtet und gebrochen. Mit seiner Wiederkunft wird er die Welt aus ihrer Zwiespältigkeit herausführen und seinen am Kreuze auf Golgatha errungenen Sieg universal und demonstrativ vollenden.

„Siehe, Ich mache alles neu." Damit wird die *Machtfrage endgültig* gelöst sein. Gerechtigkeit und Friede werden sich küssen und was Gottes Wort uns verheißt, wird sich erfüllen:

„Damit Gott sei alles in allen" (1. Kor. 15, 28).

Die dreifache Glaubwürdigkeit der Heiligen Schrift

Die Theologie der zweiten Aufklärung

In der heutigen theologischen Auseinandersetzung geht es zentral um die Frage nach der Glaubwürdigkeit der Heiligen Schrift, besonders der vier Evangelien. Die Theologie der zweiten Aufklärung hat die in den ganzen Jahrhunderten in der Kirche Christi gelehrte und praktizierte Glaubwürdigkeit der Heiligen Schrift abgelehnt. Das führte und führt zu größten Erschütterungen innerhalb und außerhalb der Kirche, zumal die Theologie der zweiten Aufklärung durch die Massenmedien uneingeladen in die Wohnungen von Millionen Menschen einkehrt. Die über 13 000 erfolgten evangelischen Kirchenaustritte allein in Hamburg im Jahre 1970 sind für dieses geistige Erdbeben ein unübersehbares Zeichen. Zwar wollen wir die Theologie der zweiten Aufklärung nicht allein für den Glaubensschwund unserer Zeit verantwortlich machen, aber doch entscheidend; denn es liegt ja mittlerweile für jedermann offen am Tage, daß sie ein völlig anderes Glaubensverständnis hat und dies in die Gemeinden hineintragen will.

Die Theologie der zweiten Aufklärung meinte allerdings für ihre Ablehnung des bisherigen Glaubens- und Schriftverständnisses gute Gründe zu haben. Diese Gründe holte sie sich bei der Naturwissenschaft des 19. Jahrhunderts und dem ersten Drittel des 20. Jahrhunderts. Die Naturwissenschaft jener Zeit setzte sich mit ihrem mechanistischen Weltbild absolut. Dieser Verabsolutierung fiel die Heilige Schrift zum Opfer, denn sie hatte ja kein mechanistisches und bloß diesseitiges Weltverständnis; denn in ihr gab es nicht nur die sichtbare Wirklichkeit, sondern auch die unsichtbare. In ihr gab es auch Einwirkungen der jenseitigen in die diesseitige Welt.

Der zweite Lieferant für die moderne Theologie war eine bestimmte Auffassung der Geschichtswissenschaft. Nach dieser Auffassung galt nur das als historisch, was sich in das von der Naturwissenschaft inthronisierte mechanische Weltbild einfügte. Von dorther ging die moderne Theologie kritisch an die biblischen Texte heran, die nun völlig anders, nämlich immanent, innerweltlich ausgelegt (interpretiert) wurden. Das Stichwort „Entmythologisierung des Neuen Testamentes" sagt uns, um was es dabei ging. Diesen Umgang mit der Heiligen Schrift hat die Theologie der zweiten Aufklärung so gründlich und unentwegt betrieben, daß Vertreter der modernen Theologie ihn inzwischen für selbstverständlich und abgeschlossen ansehen. So schrieb H. Zahrnt: „... sachlich kann diese Problematik im wesentlichen als erledigt gelten. Was zu sagen war, das ist gesagt; umstürzend Neues ist hier nicht mehr zu erwarten ... Unbelehrbare wird es freilich immer geben." [138]

Die naturwissenschaftliche und historische Glaubwürdigkeit der Heiligen Schrift

Die moderne Theologie ist geradezu vom Hauch des Tragischen umwittert. Das Tragische besteht darin:

1. Sie möchte den modernen Menschen erreichen und ihm helfen. Aber sie erreicht ihn weitesthin nicht.

2. Sie möchte der Kirche helfen. Aber sie hilft ihr nicht; denn der Gottesdienstbesuch als ein Ausdruck kirch-

lichen Lebens nimmt langsam aber stetig ab, in der Regel besonders dort, wo moderne Theologen auf der Kanzel stehen.

3. Die moderne Theologie wollte wissenschaftlich sein, aber es spricht sich immer mehr herum, daß sie es nicht ist.

Und damit stehen wir bei den sogenannten *„Unbelehrbaren"*, wie H. Zahrnt sie bezeichnet.

Just in diesem Augenblick, in dem H. Zahrnt den Entmythologisierungsprozeß als „selbstverständlich und abgeschlossen" bezeichnet, melden sich immer mehr Naturwissenschaftler zu Wort, die erklären: d i e b i b l i s c h e A u s s a g e k a n n v o n d e r N a t u r w i s s e n s c h a f t n i c h t b e s t r i t t e n w e r d e n. M e h r n o c h, s i e s p r e c h e n s i c h s o g a r e i n d e u t i g p o s i t i v a u s. Dies tun z. B. im deutschsprachigen Raum – vom anglo-amerikanischen ganz zu schweigen –

Pascual *Jordan*, Professor für Physik an der Universität Hamburg. Er schrieb unter anderem die beiden Werke: „Der Naturwissenschaftler vor der religiösen Frage. Abbruch einer Mauer." Allein schon der Untertitel enthält ein ganzes Programm und zeigt die radikale Wandlung innerhalb der Naturwissenschaft an. Ferner: „Schöpfung und Geheimnis. Antworten aus der naturwissenschaftlichen Sicht."

Hans *Rohrbach*, Professor für Mathematik an der Universität Mainz: „Naturwissenschaft, Weltbild, Glaube." „Aufgefahren gen Himmel." „Geboren von der Jungfrau Maria." In der Festschrift zum 70. Geburtstag von Walter *Künneth* stand ein Beitrag von Hans Rohrbach unter dem Titel: „Zur naturwissenschaftlichen Glaubwürdigkeit der Evangelien."

Ferner ist zu nennen Bernhard *Philberth*: „Christliche Prophetie und Nuklearenergie." B. Philberth ist als Naturwissenschaftler besonders profilierter Elektro- und Kernphysiker.

Zu nennen wäre noch Prof. Dr. Werner *Schaaffs* mit seinen beiden Werken „Christus und die physikalische Forschung", „Jesus, Meister der Natur".

In deutscher Übersetzung erschien von dem dreifach promovierten Dr. med., Dr. phil. und Dr. rer. nat. A. E. Wilder *Smith*, Professor in Chicago, u. a.: „Herkunft und Zukunft des Menschen". Mit Freuden denke ich an ein Gespräch, das ich anläßlich einer Vortragsreihe (Evangelisation) in Genf mit ihm führte. Welch ein ungebrochenes und begründetes Ja zur Heiligen Schrift begegnete mir in diesem Gedankenaustausch!

Da wäre noch zu nennen der Naturwissenschaftler und Dr.-Ing. Erich *Hitzbleck*. In seinem Buch „Wunder im Naturgeschehen" zeigt er in dem Kapitel „Das Wunder der Wunder", daß das größte in dem Gottessohn Jesus Christus und seinem Erlösungswerk besteht. Die Naturwissenschaft hindert den Verfasser nicht, diese Heilstat Gottes voll zu bejahen.

Sie alle und noch viele mehr bestätigen in ihrer Eigenschaft als Naturwissenschaftler die Glaubwürdigkeit der Heiligen Schrift, insbesondere der Evangelien mit ihren vielen Zeugnissen vom Einbruch der unsichtbaren Wirklichkeit in unsere sichtbare. Sie alle lehnen die von der modernen Theologie betriebene „Entmythologisierung" ab, weil es sich in der Heiligen Schrift nicht um Mythos, sondern um Offenbarung und Geschichte handelt. Angesichts dieser eindeutigen Zeugnisse profilierter Naturwissenschaftler berührt einen der Satz H. Zahrnts schon recht eigenartig: *„Unbelehrbare* wird es freilich immer geben."

„Unbelehrbare" gibt es auch auf dem Gebiet der G e - s c h i c h t s w i s s e n s c h a f t. Nennen wir nur einen für viele: Hugo *Staudinger,* Professor für Geschichte an der Pädagogischen Hochschule in Paderborn. Zu den Grenzfragen zwischen Geschichtswissenschaft und Theologie schrieb er zunächst das Buch „Gott: Fehlanzeige?" Es wirkt geradezu alarmierend, daß er seinem 1969 erschienenen anderen Buch den herausfordernden Titel gab: „Die historische Glaubwürdigkeit der Evangelien." Im Stil etwas schwer, aber in der Sachaussage hochqualifiziert, befaßt er sich besonders mit R. *Bultmann* und W. *Marxsen.* Er geht den Fragen nach, ob die Texte der Evangelien in ihren Aussagen vom Standpunkt *historischer* Forschung einer Kritik standhalten oder nicht. Das positive Ergebnis der Untersuchung bekundet sich bereits im Titel seines Buches. *Auch das Auferstehungsereignis ist davon nicht ausgenommen.* Nur ein einziger Satz sei dazu zitiert:

> „Wie bereits bemerkt wurde, kann als historisch gesichert gelten, daß das Grab Jesu leer vorgefunden wurde und daß Jesus einer Mehrzahl von Personen erschienen ist." [139])

Entgegen aller Ablehnung, allem Zweifel, aller Umdeutung biblischer Aussage – besonders der Evangelien –, wird uns die zweifache Glaubwürdigkeit bestätigt:

die naturwissenschaftliche und
die historische.

Und nun die dritte Bestätigung.

Es ist

Die übergeschichtliche Glaubwürdigkeit der Heiligen Schrift

Was damit gemeint ist, sollte gegen Ende dieses Buches deutlich geworden sein. Wir haben wiederholt darauf hingewiesen, daß die Heilige Schrift von ihrer ersten bis zur letzten Seite angefüllt ist von Berichten, in denen sich unsichtbare und sichtbare Wirklichkeit berühren und aufeinander einwirken. Nennen wir einiges:

Da ist Abraham, dem im Hain Mamre „der *Herr erschien* . . . Und als er seine Augen aufhob und sah, siehe, da standen *drei Männer* vor ihm" (1. Mose 18, 1 und 2).

Beim Festmahl des Königs Belsazar erscheint plötzlich die *Flammenschrift* an der Wand – geschrieben durch „Finger wie einer Menschenhand" (Daniel 5, 5). Heinrich *Heine* hat diesen Vorgang in Verse gegossen:

> „Und sieh, und sieh:
> an weißer Wand
> da kam's hervor
> wie Menschenhand
> und schrieb und schrieb
> an weißer Wand –
> Buchstaben von Feuer
> und schrieb und schwand."

Oder wir denken jetzt ans Neue Testament.

Saulus in seinem Übergang zum Paulus befindet sich in Damaskus und hat ein Gesicht. Es heißt: „Saulus von Tarsus hat im *Gesicht* einen Mann mit Namen Ananias zu ihm hineinkommen sehen..." (Apg. 9, 12). Später kam denn auch Ananias. Wir werden jetzt nicht mehr sagen: Unmöglich! Legende!

Wir denken an das erste Pfingstfest mit seinem *Sprachwunder.* Die vielen in Jerusalem versammelten Menschen aus schier aller Herren Länder hören die Jünger in ihrer Sprache reden. Es heißt: „Wir hören sie mit unseren Zungen die großen Taten Gottes reden" (Apg. 2, 11).

Zwar bleibt es nach wie vor ein Geheimnis, wie dies vor sich geht. Aber wir werden nicht mehr sagen können: Unmöglich! Denn der Tatbestand, in fremden Sprachen zu reden, kann nicht mehr bezweifelt werden.

Denken wir an die vielen *Heilungen* im Neuen Testament, z. B. an die Heilung vom Aussatz. Hier wird die Gewebesubstanz der Kranken übernormal schnell wiederhergestellt und aktiviert.

Wer sagt: Unmöglich! Legende! macht es sich zu einfach.

Matthäus 14, 22–33 berichtet vom *Seewandel Jesu.* Es heißt: „In der vierten Nachtwache kam Jesus zu ihnen und ging auf dem Meer" (14, 25). Hier wird das Gesetz der Schwerkraft durch gegensätzlich wirkende Kräfte überboten. Auch in diesem Fall kann keiner mehr sagen: Unmöglich!

Dasselbe gilt für die *zweimalige Brotvermehrung* durch Jesus: Matthäus 15, 32–39 und Markus 8, 1–10. Bei Matthäus lesen wir: „Jesus nahm die sieben Brote und Fische, dankte, brach sie... Und sie aßen alle und wurden satt... Und die da gegessen hatten, derer waren viertausend Mann, ausgenommen Weiber und Kinder." Der Vorgang als solcher bleibt auch jetzt ein Geheimnis. Aber wer sich wirklich umgeschaut hat, braucht nicht mehr zu zweifeln.

Dies gilt auch im Blick auf die *Durchdringung der Materie bei der Erscheinung des auferstandenen Jesus vor seinen Jüngern.* Wir lesen Johannes 20, 19 und 26: „Am Abend aber desselben ersten Tages der Woche, da die Jünger versammelt und *die Türen verschlossen* waren aus Furcht vor den Juden, kam Jesus und *trat mitten ein* und spricht zu ihnen: „Friede sei mit euch!"

Ein an Jesus Christus Glaubender zweifelt ohnehin nicht am Ereignischarakter. Aber auch derjenige, der sich schwer tut, braucht nicht mehr zu zweifeln.

Auch die *Entrückung* (das bessere Wort für Himmelfahrt) Jesu von der sichtbaren, diesseitigen Welt in die unsichtbare, jenseitige braucht uns keine Mühe mehr zu machen, wenn wir uns den Horizont weiten lassen.

Bei all dem Erwähnten handelte es sich zwar um geschichtliche Ereignisse. Aber gleichzeitig waren es E r e i g n i s s e , d i e i n B e r ü h r u n g m i t Ü b e r g e s c h i c h t l i c h e m s t a n d e n , sagen wir, die einen Bezug zur Dimension der jenseitigen Welt hatten.

Obwohl wir die Frage nicht direkt aussprachen, stand sie doch von Anfang an still im Hintergrund: Sind diese Berichte glaubhaft? Mit dieser nicht direkt ausgesprochenen Frage im Hintergrund machten wir uns daran, auf den Seiten dieses Buches uns mit der neuen Wissenschaft der Parapsychologie zu beschäftigen. Dieser rein profane Umgang öffnete uns den Blick für eine Welt, die hinter dieser sichtbaren, alltäglichen Erfahrungswelt liegt. Diese Beschäftigung hatte mit Fragen des Glaubens an sich nichts zu tun, sondern mit Forschung. Nun aber dürfen wir diese Forschungsarbeit mit den biblischen Berichten in Verbindung bringen. Damit verfahren wir in der gleichen Weise, wie im Bereich der Natur- und Geschichtswissenschaft. Auch sie gingen in der Art eines S c h l u ß v e r - f a h r e n s v o r . So wie die F o r s c h u n g d o r t z u d e m E r g e b n i s k a m , d a ß d i e H e i l i g e S c h r i f t

    1. v o m N a t u r w i s s e n s c h a f t l i c h e n u n d
    2. v o m H i s t o r i s c h e n h e r

a l s g l a u b w ü r d i g a n z u s e h e n i s t , s o d ü r f e n w i r n u n h i e r v o n d e r W i s s e n s c h a f t d e r P a r a p s y c h o - l o g i e h e r f o l g e r n : j a w o h l , a u c h v o n d o r t h e r e r - w e i s t s i c h d i e H e i l i g e S c h r i f t a l s g l a u b w ü r d i g .

Abwehr von zwei Mißverständnissen

Allerdings müssen wir jetzt sofort zwei mögliche Mißverständnisse abwehren:

    1. D i e G l a u b w ü r d i g k e i t d e r H e i l i g e n S c h r i f t
        l e b t n i c h t v o n e i n e r B e s t ä t i g u n g d u r c h d i e

Naturwissenschaft, Geschichtswissenschaft und Parapsychologie.

Die Heilige Schrift hat ihre Glaubwürdigkeit in dem allmächtigen *Gott selbst,* in seiner Offenbarung und seinem Wort.

Aber wir wollten ja nicht den Weg von Gottes Wort zum Menschen gehen. Dieser Weg wäre der sogenannte *deduktive* (ableitende) Weg gewesen. Ihn ist in unserem Jahrhundert allen voran Karl *Barth* gegangen. Vielmehr wollten wir aus Gründen der Pädagogik den Zeitgenossen abholen und mit ihm den Weg vom Menschen zu Gott gehen. Diese Methode ist der *induktive* (hinführende) Weg. Der andere große Sohn des Schweizer Volkes, Professor Adolf *Schlatter,* ist weithin diesen Weg gegangen. So wie uns Naturwissenschaft und Geschichtswissenschaft zu „Hilfswissenschaften" wurden, so auch die Parapsychologie. Weil der heutige Mensch besonders nach Wissenschaft und Erfahrung fragt, gingen wir mit ihm diesen Weg über Wissenschaft und Erfahrung, um ihm von dorther die dreifache Glaubwürdigkeit der Bibel aufzuweisen.

2. Es muß das eventuelle Mißverständnis abgewehrt werden, als ob die anstehenden Berichte der Heiligen Schrift in eine Zwangsjacke der Parapsychologie zu stecken seien.

Was wollen wir damit sagen? Wir wollen die oben erwähnten Vorgänge nicht parapsychologisch erklären: Seewandel Jesu, Brotvermehrung, Erscheinungen Jesu in geschlossenen Räumen usw. Wir wollen nicht das Tun des ewigen Gottessohnes auf das Niveau parapsychologischer, übernormaler Vorgänge herabziehen. Dadurch würden die biblischen Berichte leicht profaniert. Nein, so nicht!

Sondern wir wollen *folgern:*

Wenn es schon zum Erfahrungsbereich der Parapsychologie gehört, daß es *Levitationen* gibt, also Vorgänge, bei denen die Schwerkraft durch andere geistige Kräfte überboten wird – *wieviel mehr muß Jesus dies Überbieten möglich sein.* Denn nicht ohne Grund sagten seine Jünger nach der Stillung des Sturmes über Jesus: „Wer ist dieser? Denn er gebietet dem Wind und dem Wasser, und sie sind ihm gehorsam" (Luk. 8, 25).

Wenn es schon zum Erfahrungsbereich der Parapsychologie gehört, daß es die Tatsache der *Apporte,* also das übernormale Herbeibringen von Gegenständen gibt, – *wieviel mehr muß dies Jesus Christus möglich sein,* der von sich selbst sagt: „Mir ist gegeben alle Gewalt im Himmel und auf Erden." *Darum ist die Brotvermehrung, obwohl sie rational nicht erklärbar ist, dennoch glaubhaft.*

Wenn schon die *Durchdringung der Materie* bis hinein in geschlossene Räume zum Erfahrungsbereich der Parapsychologie gehört, *wieviel mehr muß es dem auferstandenen Gottessohn möglich sein,* sich seinen Jüngern auch hinter verschlossenen Türen kundzutun und vor ihnen zu erscheinen.

Wenn schon Naturwissenschaft und erst recht Parapsychologie um die *Verwandlungsmöglichkeit der Materie* wissen, *wieviel mehr muß es Jesus möglich sein,* durch die Auferstehung die Materie seines stofflichen Leibes in einen verklärten Leib zu verwandeln, so daß er seinen Jüngern in der Gestalt dieser verklärten Leiblichkeit erscheinen kann. Diesen Tatbestand beschreibt die Heilige Schrift mit den Worten: „Darnach, da zwei aus ihnen wandelten, offenbarte er sich unter einer *anderen Gestalt* . . ." (Mark. 16, 12).

So könnten wir fortfahren:

N i c h t s , a b e r a u c h g a r n i c h t s i s t a n a l l d i e s e n B e r i c h t e n u n g l a u b h a f t .

Diesen Schritt der Folgerung mit dem zweifelnden Menschen unserer Tage zu tun, – daran liegt uns.

Und noch an einer *weiteren Folgerung* ist uns gelegen.

Weder im parapsychologischen noch im biblischen Bereich haben wir die *Grenze* des Erklären-Könnens überschritten. Aber nun müssen wir folgern: W e n n w i r a u c h a u f d i e G r e n z e d e s E r k l ä r e n - K ö n n e n s s t o ß e n , s o f o l g e r t d a r a u s k e i n e s w e g s a u c h d i e G r e n z e d e r W i r k - l i c h k e i t ü b e r h a u p t . T a t s a c h e n h a b e n d i e s b e - w i e s e n .

Außerdem: Parapsychologie in tausend Ehren. Aber wenn anders Gott Gott ist, haben wir es auch von dorther nicht nötig, die biblischen Berichte nur von der Parapsychologie her anzugehen. Es liegt in der Souveränität und Allmacht Gottes begründet, daß er in völlig überlegener Weise die jenseitige Welt mit der diesseitigen Welt korrespondieren lassen kann oder nicht.

Wir möchten es immer wieder betonen: Die Beschäftigung mit der Parapsychologie hatte den Zweck, uns den Blick für dasjenige zu öffnen, was unseren alltäglichen Erfahrungsbereich *überschreitet*. Diese Beschäftigung hatte also einen *vorbereitenden* Zweck.

Erklärtes Ziel ist: Das Vertrauen zu dem dreieinigen Gott ermöglichen und begründen zu helfen. Wer bereits im festen Glauben an Gott steht, hat den *induktiven* Weg über Naturwissenschaft und Parapsychologie nicht nötig. Wenn er aber Einfühlungsvermögen in all die Zweifel und Glaubensnöte des heutigen Menschen besitzt, dann wird er sicherlich Verständnis für unser Bemühen aufbringen können, dem modernen Menschen unserer Tage eine Hilfe zum Glauben anzubieten.

Darum der *induktive* Weg. Am Ende dieses Weges würden wir dankbar sein, wenn es uns in bescheidenem Maße geschenkt worden wäre, den einen und anderen Stein hinweggeräumt zu haben und ein Stück dem Ziel nähergekommen zu sein, es mit Jesus Christus zu wagen.

Zum Schluß: Ein Angebot

Jesus Christus ist Sinn und Ziel der Geschichte. Die Heilige Schrift bezeugt: „Durch ihn ist alles geschaffen, was im Himmel und auf Erden ist, das Sichtbare und Unsichtbare ..., es ist alles durch ihn und zu ihm geschaffen. Und er ist vor allem, und es besteht alles in ihm" (Kol. 1, 16–17).

Auch im Blick auf den einzelnen Menschen erfüllt sich der Sinn in Jesus Christus. Das große Angebot lautet nun: „Allen denen aber, die ihn *aufnahmen*, gab er Macht, Gottes Kinder zu werden, die an seinen Namen glauben" (Joh. 1, 12). Gottes *Geschöpfe* sind wir von Natur aus alle. Gottes *Kinder* dürfen wir werden. Um dieses Angebot sich verwirklichen zu lassen, bedarf es seitens des Menschen nur eines: Jesus Christus in die Mitte des Lebens nehmen.

Wie geschieht das? Indem wir Jesus Christus unser ganzes Vertrauen schenken und ihn zum Herzstück und Maßstab unseres Lebens machen. Dies beschreibt die Heilige Schrift schlicht mit dem Wort Glaube: „... die an seinen Namen glauben."

An Jesus Christus glauben heißt: sich Ihm anvertrauen. Damit ist die Frage nach der Erstinstanz entschieden. Erstinstanz ist nicht die Ratio des Menschen, sondern die Offenbarung des dreieinigen Gottes.

Das Angebot annehmen, Jesus Christus ans Steuer des Lebensschiffes zu stellen,

> führt zur großen Befreiung von dem Verkrampftsein in sich selbst,
>
> gibt Antwort auf die Frage nach Sünde und Schuld,
>
> führt in einen weiten Horizont,
>
> schenkt Zuversicht in den Sieg Jesu über alle gottwidrigen Mächte, Gewalten und Dämonen,
>
> gibt Gewißheit über die Frage nach Jenseits und Ewigkeit.
>
> Gott begegnet dem Menschen im Angebot, nicht im Zwang.

Wer Sein Angebot ergreift, wählt das Leben, wählt ewiges Leben in Seinem Reich. Wer es abweist, macht sich selbst arm und zum Verlierer. Auf jeden kommt die Ewigkeit in jener anderen Welt zu. Der Mensch darf sich – trotz aller widergöttlichen Mächte – in die Hand dessen begeben, der der Stärkere ist. Denn Jesus Christus ist der Herr über Leben und Tod, über diese und jene Welt. Wer sich Ihm anvertraut, steht unter der gewissen Zusage:

> „Allen denen aber, die ihn aufnahmen,
> gab er Macht, Gottes Kinder zu werden,
> die an seinen Namen glauben."

Kleines Wörterbuch

Im Textteil dieses Buches haben wir Fremdwörter möglichst vermieden – bis auf die notwendigen Fachausdrücke. Mit nachfolgendem Verzeichnis möchten wir aber einem Bedürfnis entsprechen, sich über Begriffe und Fremdwörter schnell und kurz informieren zu können. Wir haben solche gebracht, die entweder zum Stoffgebiet dieses Buches in Verbindung stehen oder öfters im Leben gebraucht werden. Durch insgesamt 502 Fremdwörter und Begriffe ist ein „Kleines Wörterbuch" entstanden.

Folgende Abkürzungen werden verwandt:

Ggsatz	= Gegensatz	engl.	= englisch
griech.	= griechisch	franz.	= französisch
lat.	= lateinisch	z. B.	= zum Beispiel
→	= dies Zeichen (Pfeil) vor einem Wort weist darauf hin, daß das betreffende Wort im Verzeichnis aufgeführt ist.		

Wird ein Stichwort im erklärenden Text noch einmal gebraucht, so erscheint es nur mit dem Anfangsbuchstaben. Ein Beispiel: Aberglaube = A.

A

Aberglaube = „falscher Glaube". A. bezeichnet innerhalb der christlichen Kulturwelt religiöse, → mythologische Vorstellungen, die im Widerspruch zur Offenbarung Gottes in seinem Evangelium stehen. A. ist der falsche Glaube an die Wirksamkeit gewisser Dinge (z. B. → Talismane), Formeln oder Bräuche, die → magische Kräfte in den Dienst des Menschen zwingen oder sie von ihm abhalten sollen. Der A. wuchert um so mehr, 1. je weniger der Mensch im Glauben an Gott wurzelt, 2. je weniger er die Lebens- und → Kausalzusammenhänge überblickt und er das Gefühl hat, von ihnen bedroht zu sein. Unsicherheit und Angst sind der Nährboden für A. Beispiele für abergläubisches Verhalten: das Tragen eines Talismans, die Angst vor der Zahl 13, vor der schwarzen Katze, dem bösen Blick usw.

abnorm = von der Regel (Norm) abweichend, auch anomal

abstrakt = unanschaulich, nur gedacht. Ggsatz: → konkret

adäquat = angemessen, entsprechend

Affekt = starkes Gefühl, heftige Gemütsbewegung, Erregungszustand. Ständiges Unterdrücken der A.e kann zu Herz-, Magen-, Gallenleiden u. ä. führen.

affektiv = gefühlsmäßig, das Gemüt erregend

Agens = die wirkende Kraft, Wirkendes, Mehrzahl: Agenzien

Agent = in der Seelenkunde: Sender. Z. B. bei Gedankenübertragung. Ggsatz: → Perzipient (Empfänger)

Aggression = lat. „Angriffslust". Drei Theorien: 1. Die Quelle der A. sei der „Todestrieb" Freud. 2. Der Mensch werde „rein" geboren. A. sei nur „Reaktion auf die Umwelt" und Folge von Versagungen und → Frustration (verharmlost). 3. Die A. sei ein angeborener Instinkt, der mit dem Lebenstrieb, der → Libido vermischt sei. Erst die „Entmischung" mache die A. gefährlich. Entscheidend für die A. ist ihre Orientierung

aggressiv = angriffig

agieren = tun, handeln

agil = beweglich, lebendig

Agonie = Todeskampf

Amnesie = Gedächtnisschwäche, Unfähigkeit, sich eines bestimmten Zeitabschnittes zu erinnern, z. B. nach Gehirnerschütterung

Analogie = Ähnlichkeit, Entsprechung

Analyse = Auflösung, Zerlegung eines Ganzen in Teile. Ggsatz: Synthese

Anima = → Seele, das belebende Prinzip des Menschen

Animalismus = Tierverehrung bei primitiven Völkern

Animismus = lat. „Seelenlehre", zweifache Bedeutung:
1. in der → Parapsychologie: Lehre von der → Seele als Lebenskraft; erklärt alle außersinnlichen Vorgänge nur von der Seele Lebender her; Ggsatz: → Spiritismus
2. Glaube (der Primitiven) an Beseelung auch von Pflanzen und Gegenständen; Verehrung auch von Tieren als Fortbildungen der Seele und von Gegenständen (→ tabu, totem)

animistisch = Eigenschaftswort zu → Animismus. Ggsatz: → spiritistisch

animistische → **Hypothese** = führt alle → Psi-Phänomene auf das Unbewußte lebender Personen zurück. → Animismus

Anthropologie = Menschenkunde, besonders die Lehre vom „Wesen" des Menschen. Eigenschaftswort: anthropologisch

anthropomor = vermenschlicht

anthropomorphisieren = Göttliches oder Naturdinge ins Menschliche umdeuten, z. B. die „Hand" Gottes ist über dir. Hauptwort: Anthropomorphismus = griech. „Vermenschlichung"

Anthroposophie = wörtlich: Menschenweisheit; von Rudolf Steiner begründete Richtung. Eine Erkenntnismethode der A. ist auch das → Hellsehen, das erlernbar sei. Durch Hellsehorgane könne z. B. die → Aura, bzw. der → Astralleib wahrgenommen werden. Der Mensch bestehe aus neun Grundteilen (z. B. physischer Leib, Ätherleib, → Astralleib usw.)

Antipathie = gefühlsmäßige Abneigung gegen → Personen, Dinge und Vorstellungen. Ggsatz: Sympathie

Apathie = Gleichgültigkeit, Interesselosigkeit; Eigenschaftswort: apathisch

Apport = Herbeibringen, plötzliches unerklärbares Dasein (und Verschwinden) von Gegenständen an einen bestimmten Ort, d. h. durch verschlossene Räume, auch durch feste Wände hindurch, ohne daß diese Gegenstände von ihrem Ursprungsort her gelangt sein konnten (De- und Re-→ materialisation)

a priori = von vornherein; eine Erkenntnis, die von der Erfahrung unabhängig ist, nicht erst durch die Erfahrungen bewiesen werden braucht (z. B. „das Wasser ist naß"). Dieser Satz gilt a priori, also: von vornherein. a p. ist in der Philosophie ein wichtiger Begriff

apriorisch = Eigenschaftswort zu a priori

archaisch = urtümlich, vorwissenschaftlich

Archetyp = Urbild, Urform

Argument = Grund, Beweismittel

Askese = Übung, Beherrschung, freiwilliger Verzicht von an sich Erlaubtem

asthenisch = schwach, kraftlos

Asthenie = griech. „Kraftlosigkeit"; Schwäche, z. B. ein Astheniker = ein Mensch mit schmalwüchsigem, langgliedrigem Körperbau

Astralleib = Annahme eines feinstofflichen, nebelähnlichen Körpers, der den realen grobstofflichen Körper als dessen bewegende Kraft umgeben soll. Der A. sei der Doppelgänger des grobstofflichen realen Körpers. Der A. wird verschiedentlich auch Ätherleib genannt. Der A. sei der groben Sinneserkenntnis in manchen Fällen zugänglich

Astrologie = Lehre von der angeblichen Abhängigkeit des menschlichen Schicksals von der Stellung der Gestirne bei der Geburt

astropsychisch = angebliche Beeinflussung des Seelenlebens durch Gestirne, besonders durch den Mond z. B. beim Schlafwandel. Nicht nachgewiesen

ASW; Außersinnliche Wahrnehmung = ein Zentralbegriff der → Parapsychologie. Unter ASW wird eine → Wahrnehmung von Tatsachen, Ereignissen und Gegenständen verstanden, die zustandekommt ohne Hilfe der fünf Sinne, also eine Wahrnehmung, die außerhalb unserer Sinne liegt. Dabei handelt es sich aber nicht so sehr um eigentliche Wahrnehmungen, sondern mehr um Bilder. Zur ASW gehören z. B. → Telepathie, → Hellsehen, → Wahrträume usw.

Aura = lat. „Hauch", „Schimmer", „Dunst"; Luft(gas)hülle, die den Körper umgibt. Ausstrahlung des Körpers. Sie wird von → sensitiven (→ medialen) Personen wahrgenommen

authentisch = glaubwürdig, echt

auto = griech. autos = „selbst"

Autohypnose = Selbsteinschläferung

Autonomie = Selbstgesetzgebung; die ethische und religiöse Selbstbestimmung des Menschen aus eigener Vernunft. Ggsatz: → Heteronomie

Autosuggestion = Selbstbeeinflussung, Selbsteinredung. → Suggestion

Aversion = Abneigung

Axiom = Grundsatz, der weder eines Beweises bedarf, noch fähig ist.

B

Befehlsautonomie = Zwangsnachahmung von Bewegungen, die einer (hypnotisierten) Person von einer anderen befohlen werden

Behaviorismus = Verhaltenslehre, besonders in Amerika vertretene psychologische Richtung. Beobachtet lediglich das äußere Verhalten von Menschen und Tieren. → Verhaltensforschung

Besessenheit = ein Zustand, in dem jemand von → Dämonen (oder gottwidrigen verstorbenen → Seelen) beeinflußt wird. Die Abgrenzung zwischen B. und Geisteskrankheit ist äußerst schwierig

Bilokation = Doppelgängertum; jemand ist zugleich an zwei Orten anwesend. Bei einer B. vollzieht sich der Austritt des → Ich. → Exkursion

biogenetisches Grundgesetz = die Annahme, daß das Einzellebewesen während seiner Embryonalentwicklung in kurzer Zeit die Gesamtentwicklung seiner Gattung durchläuft

Bisexualität = Doppelgeschlechtlichkeit

bisexuell = zweigeschlechtig; jemand, der als Mann zur Frau und zum Mann geht. Dasselbe gilt umgekehrt für die Frau

Biochemie = Chemie, die für die Heilkunde, für das Leben (Bios) angewandt wird

C

Charakter = griech. „Eingeritztes", „Gepräge"; die seelische Eigenart eines Menschen, die Grundbeschaffenheit seines Wesens, seine seelischen Richtkräfte

Charakterdiagnose = Feststellung des → Charakters

charakterogen = durch den → Charakter verursacht

Charakterologie = Charakterkunde, die Lehre vom menschlichen → Charakter. Die Ch. ordnet sich immer mehr der Persönlichkeitsforschung ein

Chiromantie, Chiromantik = Handlesekunst, Wahrsagen auf Grund des Handlinienlesens

Clairvoyance = franz. → Hellsehen

Couéismus = Selbsteinredung; eine Art der → Autosuggestion; geht auf E. Coué zurück

D

Daimonion = die innere Stimme, die vor unrichtigen Handlungen warnt. Geht auf Sokrates zurück

Dämonen = böse, satanische Engelmächte, Mehrzahl von → Teufel

Dämonologie = die Lehre von den → Dämonen

Deduktion = lat. „Herabführung", „Ableitung". Eine logische Methode, das Besondere vom Allgemeinen abzuleiten. Sie wird → deduktive Methode genannt

deduktiv = etwas ableiten. Ggsatz: → induktiv
deduzieren = herleiten
Definition = lat. „Bestimmung", „Begrenzung"; Begriffserklärung
definitiv = endgültig, bestimmt
deformiert = mißgebildet, verunstaltet
Degeneration = Entartung, Rückbildungsvorgang
Dekadenz = Niedergang, Verfall
Delirium = irreredendes Phantasieren (z. B. bei hohem Fie-
ber); Rauschzustand
Delirium tremens = Säuferirresein, Säuferwahnsinn
Dematerialisation = Auflösung des → Plasmas, des → Phan-
toms bei einer → Materialisation
Depersonalisation = Auflösung des → Astralleibes, Persön-
lichkeitsspaltung, Zustand der Entrücktheit
Depression = Niedergeschlagenheit
Desuggestion = Befreiung von der → Suggestion
Deszendenz = Abstammung
Deuteroskopie = → Doppelgängerei, → Zweites Gesicht
Diagnose = das Erkennen, Bestimmen und Unterscheiden von
Krankheiten
diffus = zerstreut, verschwommen
Dimension = Ausdehnung, Ausmaß; die Linie hat eine D.
(Länge), die Fläche zwei D.en (Länge und Breite), der Kör-
per drei D.en (Länge, Breite, Höhe)
dimensional = die Ausdehnung betreffend, bestimmend
dionysisch = Zustand rauschartiger Lebensfreude, des Leiden-
schaftlichen und Heroischen. Geht auf den griechischen
Gott Dyonisos zurück: der Gott des Weines und der
Fruchtbarkeit. Ggsatz: apollinisch
Doppel-Bewußtsein = Doppel-Ich, Spaltung des Bewußtseins
und der → Persönlichkeit bei → hypnotischen und → patho-
logischen Zuständen (→ Schizophrenie)
Doppelgänger = Begegnung mit dem eigenen → Ich, mit der
eigenen Erscheinung
Droge = tierischer oder pflanzlicher Stoff
Dreidimensionalität = Länge, Breite, Höhe; → Dimension
Dualismus = lat. duo = „zwei"; Zweiheitslehre, Annahme
zweier verschiedener gegensätzlicher Prinzipien und Zu-
stände (z. B. Körper und Seele). Ggsatz: → Monismus

E

effloreszierende Substanz = die aufleuchtenden, ausdünstenden Bestandteile, z. B. bei einer → Materialisation

egozentrisch = selbstsüchtig, ein Mensch, der sein → Ich (Ego) in den Mittelpunkt stellt, alles auf sich bezieht

Eidetik = griech. eidos = „Bild", „Gestalt"; bezeichnet die Fähigkeit, eine → Vorstellung bildhaft und anschaulich zu sehen

eidetisch = bildhaft, jemand ist e., d. h. er hat die Fähigkeit, ein gesehenes Bild oder dgl. nicht als → Vorstellung, sondern als → Wahrnehmung wieder hervorzurufen

Eidos = Bild, Gestalt, Idee

Ekstase = griech. Zustand des „Aus-sich-selbst-Heraustretens"; Verzückung, Rauschzustand

Ektoplasma = die feinstoffliche Substanz, die aus dem Körper des → Mediums heraustritt, auch → Teleplasma genannt

Emotion = Gemütsbewegung, Affekt, Aufwallung

Empirie = griech. „Erfahrung"; Ggsatz: Theorie

Empirismus = Erfahrungsphilosophie; der Erfahrung komme in der Erkenntnis die entscheidende Rolle zu

endogen = innen, von inneren Ursachen herrührend, „von innen entstanden"

Engramm = griech. „Eingezeichnetes"; Eindruck, Einkerbung in die organische Substanz. Gemeint ist die Auffassung, ein Erlebnis hinterlasse eine physiologische Spur im Gehirn. Das → Gedächtnis sei an das Gehirn gebunden. Diese „Engramm"-Theorie (nach R. Semon) konnte nicht → verifiziert werden. Heute wendet man sich von der Gehirnauffassung zunehmend zur Seelenauffassung

Entelechie = griech. „das Ziel in sich haben"; die gestaltende Lebenskraft des Organismus (nach Aristoteles); das Formprinzip

Entmythologisierung, entmythologisieren = griech. Mythos; ein → Mythos ist im Griechischen eine erdichtete oder sagenhafte Erzählung, eine Fabel. In der heutigen sogenannten modernen → Theologie ist E. das Unternehmen, alles Übergeschichtliche und Übernatürliche in der Bibel vernunftgemäß zu erklären (interpretieren). Der Ereignischarakter z. B. der Naturwunder Christi (Stillung des Sturms, Seewandel, Brotvermehrung etc.) wird geleugnet. → Mythos

Eschatologie = griech. „das Letzte"; die Lehre von den letzten Dingen: Tod, Auferstehung, Weltgericht

eschatologisch = endzeitlich, die letzten Dinge betreffend, z. B. Wiederkunft Christi, Weltvollendung

ESP = engl. Abkürzung von Extra sensory perception; entspricht im Deutschen der → ASW = außersinnliche Wahrnehmung

Eudämonie = Glückseligkeit; sie wird von der philosophischen Richtung des Eudämonismus als höchster Lebenswert und als Ziel des Strebens angesehen

eudämonistisch = bezeichnet eine Lebenshaltung, die auf glückhaftes Wohlleben bedacht ist

Euthanasie = griech. eu = „gut", thanatos = „Tod"; sanftes Sterben, Todeslinderung durch narkotische Mittel. In Hitlers nationalsozialistischem Staat schmerzfreie Tötung von sogenanntem „unwerten Leben"; ethisch verwerflich

ewiges Leben = bedeutet nach dem Zeugnis des Neuen Testaments das immerwährende Leben des Glaubenden unter der Königsherrschaft Jesu Christi in seinem Reich jener anderen Welt. Das e. L. vollzieht sich in Gottesnähe und Gottausgefülltheit. Jesus Christus verheißt: „... auf daß alle, die an ihn glauben, nicht verloren werden, sondern das ewige Leben haben" (Joh. 3, 15 und 16). Das e. L. ist Teilhabe an der Seinsfülle Gottes. Vertreter der → Theologie der zweiten Aufklärung leugnen das e. L., das als „postmortale (nachtodliche) Existenz" bezeichnet wird. Der Glaube an das e. L., an eine „postmortale Existenz", sei eine veraltete Anschauung aus der Spätantike und dem Mittelalter

Exkursion = Ausflug; in der → Parapsychologie der Austritt des → Ich aus dem Körper

Exploration = lat. „Untersuchung"; Erforschung, Befragung des Patienten

Exteriorisation = lat. exterior „nach außen"; → Exkursion

extravertiert = lat. „nach außen gerichtet"; e. ist (nach C. G. Jung) jemand, der in seiner geistig-seelischen Grundstruktur stärker auf die Anschauungswelt gerichtet ist. Ggsatz: → introvertiert

F

Fakir = ursprünglich war der F. ein Angehöriger eines religiösen Ordens. Der F. hatte das Ziel, durch → Askese und Übungen das Fleisch abzutöten. Heute ist ein F. in vielen Fällen ein umherziehender Gaukler, ein Zauberkünstler, aber auch noch in nicht wenigen Fällen ein Asket und Büßer. Der Begriff ist mehrdeutig

faustisch = über gegebene Grenzen des Wissens der Endlichkeit hinausstrebend; geht zurück auf die mittelalterliche Gestalt des Dr. Joh. Faust, der dem → Teufel seine → Seele verschrieb. Faust wurde zum Sinnbild des Unendlichkeitsdranges

Fetisch = Götze, → magischer Gegenstand

Fetischismus = Verehrung von Gegenständen, denen → magische Kräfte zugeschrieben werden

fetischistisch = Eigenschaftswort zu Fetisch

Fiktion = Erdichtung, Einbildung von etwas; Eigenschaftswort: fiktiv

final = zweckbestimmt, Ggsatz: → kausal

Finalität = Zielstrebigkeit

Fixation = Festlegung; z. B. des Auges beim aufmerksamen Betrachten eines Gegenstandes

fixe Idee = Zwangsvorstellung, auch Monomanie. → Zwangsneurose

Fluidalleib = eine sichtbare, greifbare und fotografierbare Neubildung eines Körpers oder Körperteile, die dem eigentlichen Körper entströmen. fluo = lat. strömen, fließen, sich verbreiten

Fluidum = die unwägbare, geistseelische Wirkung, die von einer → Person ausströmt

flukturierend = fließend, schweifend

Folklore = Kunde von Volksliedern, Volksglauben, Sagen und Sitten

Fremdhypnose = → Hypnose

Fremdsuggestion = → Suggestion

Frigidität = Geschlechtskälte der Frau

Frustration = engl.-lat. „Vereitlung", „Versagung", „Nichterfüllung"; heute ein oft gebrauchter Begriff. F. umfaßt dreierlei: 1. erzwungenen Verzicht auf Bedürfniserfüllung, 2. daraus resultierend das Erlebnis der Enttäuschung und

Zurücksetzung, 3. daraus folgert das Auftreten von →
Aggressionen. Heute besteht die Gefahr, die F. stark über-
zubewerten und die Selbstzucht, → Askese, → Sublimierung
und → Kompensation unterzubewerten. Ohne Verzicht-
leistung ist der Mensch kein Mensch, sondern erniedrigt
sich zum Tier

G

Gedächtnis = unter G. ist die Fähigkeit der → Seele zu verstehen, Erfahrenes für lange Zeit (unbewußt) aufzubewah-
ren und wieder hervorzurufen (zu produzieren). Die Auf-
nahmefähigkeit des G. ist im Schulalter am größten, hingegen erreicht die Treue des Behaltens zwischen 20 bis 25
Jahren ihren Höhepunkt. Mit fortschreitendem Alter nimmt
das G. ab. → Engramm

Gehörshalluzinationen = Akoasmen, → Halluzination

Gen, Mehrzahl Gene = Erbträger im Keimplasma der Keim-
und Samenzelle; die Gene bestimmen die Anlagen eines
Menschen

generelle Psychologie = allgemeine → Psychologie; Ggsatz:
differentielle Psychologie

Genese, Genetik = griech. „Entstehung"; Werden, Entstehen,
Wissenschaft vom Entstehen einer Erscheinung

genetisch = Eigenschaftswort zu Genetik

genuin = angeboren, unverfälscht

genuine Epilepsie = angeborene Fallsucht

Geschlechtspsychologie = Lehre von der seelischen Verschie-
denheit des männlichen und weiblichen Geschlechts. Z. B.
Phantasie, Freude am Lernen und künstlerische Betätigung
findet sich häufiger bei Frauen als bei Männern, ebenso
religiöse Gesinnung und Festigkeit. Hingegen sind in der
Mathematik die Männer den Frauen überlegen

Glasrücken = in einem spiritistischen Zirkel liegt auf einem
Tisch eine Platte mit einem Alphabet: A B C... Auf das
Alphabet wird eine zweite Platte gelegt. Sie ist aus Glas.
Jetzt wird der abwesende Geist zitiert und befragt. Ein
kleines Gläschen (Likörglas) bewegt sich nun, schneller oder
langsamer, zu den einzelnen Buchstaben. Die so entstehende Buchstabenreihe ergibt die Antwort des herbei-
gerufenen Geistes. – Für das G. gibt es eine → animistische

und eine → spiritistische Erklärung. H. Bender benutzt die animistische und spricht von einem „psychischem Automatismus", d. h. von einer → telepathischen Leistung der Sitzungsteilnehmer. Bei der Beurteilung, ob G. animistisch oder spiritistisch zu bewerten sei, ist die Antwort auf die gestellte Frage entscheidend. Erweist sich die Antwort als richtig und konnte diese Antwort keiner der Sitzungsteilnehmer während der Sitzung wissen, dann ist eine animistische Erklärung unzureichend. Der Vorgang muß dann spiritistisch gedeutet werden. → Tischrücken

Graphologie = Lehre von der Handschrift als Ausdruck des Charakters

Gravidität = Schwangerschaft

Guru = Führer, Lehrer und Vorbild, besonders im buddhistischen Lamaismus Tibets

H

habituell = gewohnheitsmäßig; habituell bedingt = von der körperlichen Veranlagung her bedingt

Habitus = lat. Erscheinungsbild, Körperbau; Anlage (zu Krankheiten); (körperliche) Beschaffenheit, Gewohnheit, dauernde Eigenschaft, Summe der Bereitschaften und Gewohnheiten; auch Konstitution

Halluzination = lat. „Träumerei", „Faseln"; Sinnestäuschung, Wahnvorstellung. Verursacht durch Störungen des Gehirns, des Gemüts oder allgemein durch eine schwere Krankheit; auch willkürlich erzeugt durch Rauschgifte. Zu unterscheiden sind Gesichts- und Gehörhalluzinationen. Das Stimmenhören wird „Akoasmen" genannt.

halluzinatorisch = Eigenschaftswort zu Halluzination

Haschisch = orientalisches Genußmittel aus dem Kraut des indischen Hanfs, erzeugt → Halluzinationen und Träume

Heilmagnetismus = → Magnetismus

Hellsehen = franz. clairvoyance; H. ist eine Form der → außersinnlichen Wahrnehmung. Es bezeichnet die → paranormale Fähigkeit, über Raum und Zeit hinweg → Personen, Ereignisse und Dinge wahrzunehmen. Auch → Zweites Gesicht genannt

hemi = halb

Hermeneutik = griech. „Kunst der Auslegung"; Erklärungs-
kunst, Lehre vom Verstehen besonders der biblischen Texte
heterogen = fremdartig, artverschieden, aus anderem Ursprung; Ggsatz: → homogen
Heteronomie = griech. „der Andere", nomos = „Gesetz";
Fremdgesetzgebung, Bestimmung durch fremde Autorität;
Ggsatz: → Autonomie
Hierarchie = griech. hieros = „heilig" und arche = „Herrschaft"; Rang- und Stufenordnung, besonders von Werten
und Wesen
homogen = gleichartig, gleichstoffig; Ggsatz: → heterogen
homosexuell = gleichgeschlechtliche Liebe; Ggsatz: → hetero-
sexuell
Horoskop = Stand der Gestirne (besonders bei der Geburt
eines Menschen), um angeblich das Schicksal vorauszu-
berechnen
Hyänomanie = Verwandlung in eine Tiergestalt
Hybris = griech. „Hochmut", „Anmaßung"; Selbstüber-
hebung, frevelhafter Übermut
Hypermnesie = übernormal leistungsfähiges → Gedächtnis,
überscharfes Erinnerungsvermögen; H. ist ein hellseherisches
→ Phänomen
Hypnose = griech. Hypnos: der Gott des Schlafes; römisch:
Somnus; Zwangsschlaf, künstlich herbeigeführter Schlafzustand, der sich mit → halluzinatorischen Tätigkeiten ver-
bindet
Hypochonder = ein wehleidiger, grüblerischer Mensch, der
die Neigung hat, sich Krankheiten einzubilden
Hypochondrie = Einbildung, krank zu sein
Hypothese = griech. das „Unterstellte"; eine H. ist eine Annahme, daß etwas so ist; eine H. ist eine Voraussetzung
ohne Erfahrung, aber mit hohem Wahrscheinlichkeits-
charakter
Hysterie = durch „Flucht in die Krankheit" hervorgerufene
echte Organkrankheit, verbunden meist mit gesteigertem
Geltungstrieb und dem Bedürfnis, bemitleidet zu werden

I

Ich = lat. ego. Das I. ist die → Person, das Selbst. Es ist die
Ursache, der letzte Träger des Selbstbewußtseins, Träger

der leiblich-seelischen-geistigen Ganzheit des Menschen und Träger aller Handlungen und geistigen Akte des Menschen. Das I. steuert und regelt das Erleben und Handeln. Platon, Freud und der Philosoph E. Rothacker vergleichen das Ich mit einem Reiter, „der auf dem ‚Es' (dem Unterbewußtsein) wie auf einem Pferd reitet. Er läßt, soweit er zum Reittier Vertrauen hat, dieses mit losem oder leicht gespanntem Zügel gehen, bis es gilt, aufzuwachen und aufzupassen. Die Wendung der Alltagssprache sagt hier plastisch: „Ich muß mich, d. h. mich mitsamt dem Pferd, zusammennehmen!" (Rothacker). Dies Bild verdeutlicht das I. als das Prinzip der Steuerung im Menschen.

Das Ich-Bewußtsein entwickelt sich allmählich nach Abschluß des Säuglingsalters. Das Kind sagt gegen Ende des 2. Lebensjahres zum erstenmal „ich". Die Zeit der Geschlechtsreife (Pubertät) wird öfters als die Zeit der Ich-Findung bezeichnet, d. h.: der junge Mensch entdeckt die Einmaligkeit des Ich.

Idee = meint das Wesen einer Sache

ideell = bloß gedacht, nicht wirklich

Identität = lat. von idem „dasselbe", „Dieselbigkeit"; Übereinstimmung

Ideologie = griech. „die Lehre von den Ideen"; heute wird der Begriff I. abwertend verstanden als eine unechte, auch weltfremde Theorie und Weltanschauung

Idol = Götzen- und Trugbild

Imagination = Einbildung, Phantasie

imaginär = nur in der → Vorstellung, in der Einbildungskraft bestehend

Imitation = Nachahmung

imitieren = nachahmen

immanent = lat. „darin bleibend", innerhalb, zum menschlichen Bereich und zur sichtbaren → Wirklichkeit gehörend, nicht über eine → Sphäre hinausgehend; Ggsatz: → transzendent

Immanenz, Immanenztheologie = bezeichnet ein Denken, das innerhalb unserer sichtbaren Welt bleibt. Ggsatz: → Transzendenz. → Theologie der zweiten Aufklärung

immateriell = nicht stofflich, körperlos; Ggsatz: → materiell

Impuls = Antrieb, Anstoß, Anreiz; impulsiv = triebhaft

Impulshandlungen = Handlungen, die auf einen krankhaften Antrieb zurückgehen, z. B. Stehltrieb, Brandstiftung

Individualität = vom lat. individuum, „das Unteilbare"; das Einzelwesen, die Eigenart einer → Person

Individualpsychologie = eine Richtung der → Psychologie, die das Geltungsstreben des Menschen in den Mittelpunkt stellt. Sie geht auf A. Adler zurück

Induktion = lat. „Einführen", „Zuleiten"; eine Methode, von einzelnen → Wahrnehmungen und Beobachtungen zu allgemeinen Gesetzen und Erkenntnissen zu gelangen. Ggsatz: → Deduktion

induktiv = Eigenschaftswort zu Induktion; durch Induktion gewonnene Erkenntnis. Ggsatz: → deduktiv

Instinkt = ein zweckmäßiges Verhalten ohne gemachte Erfahrung, das angeboren ist

Intellekt = lat. „Verstand", „Denkkraft", „Erkenntnisvermögen"

Intellektualismus = Verstandesbetonung, -überschätzung. Eine Theorie, die das Denken als das Zentrale im Seelenleben des Menschen ansieht. Überschätzung der Macht der Vernunft, Unterschätzung der Triebe und Leidenschaften

intellektuell = verstandesmäßig

Intelligenz = die geistige Fähigkeit, Beziehungen und Zusammenhänge zu sehen

Intelligenztests = Versuche, den Grad der → Intelligenz eines Menschen festzustellen. Die verschiedenen Altersstufen werden dabei berücksichtigt

Intensität = Stärke, Kraft

introvertiert = „innenlebig", in der seelischen Haltung und Art „nach innen gerichtet". Ggsatz: → extravertiert

Intuition = lat. „Blick", „Anblick", „Anschauen"; I. ist eine geistige Schau, die unmittelbar und ohne Erfahrung zu einer Einsicht gelangt

intuitiv = innerlich schauend, gefühlsmäßig erkennen

irrational = verstandesmäßig nicht erfaßbar; was sich mit Begriffen nicht erfassen und erschöpfen läßt. Ggsatz: → rational

J

Jugendpsychologie = Lehre von der körperlichen und geistig-seelischen Entwicklung des Kindes (1. bis 12.) und des Jugendlichen (12. bis 20. Lebensjahr)

K

Kardinaltugenden = Grundtugenden; die christlichen K. sind: Glaube, Hoffnung, Liebe. Nach Plato: Weisheit, Tapferkeit, Besonnenheit, Gerechtigkeit. Sie wurden auch vom christlichen Glauben übernommen.

Kardiogramm = Kurvenzeichnung der Herzbewegungen

Katalepsie = Gliedstarre, hervorgerufen durch Muskelspannungen. Kommt bei Bewußtseinsspaltung (→ Schizophrenie) und in der → Hypnose vor.

Kategorie = griech. „aussagen"; die K. ist ein Grundbegriff, nach Kant eine „Gedankenform", an die das Denken gebunden ist, ein „Stammbegriff", von dem die übrigen Begriffe ableitbar sind. In der Umgangssprache bezeichnet das Wort K. eine Art, Sorte, Klasse und einen Rang, z. B. „eine bestimmte K. von Künstlern, Theologen usw.". Philosophische K. sind z. B.: Qualität, Quantität, Ort, Zeit, Bewegung

Kausalität = Ursächlichkeit, Verhältnis von Ursache und Wirkung. Eigenschaftswort: kausal = ursächlich

Kernneurose = seelischer Krampfzustand, verursacht durch ein negatives Grunderlebnis, das zu unsachlichem Reagieren führt und zu der Tendenz, alles auf sich zu beziehen. → Neurose

Kinetik = Bewegungslehre durch Kräfte

kinetisch = bewegend, die Bewegung betreffend

Kleptomanie = krankhafte Sucht zum Stehlen

Klimakterium = Wechseljahre der Frau zwischen 45 und 55 Jahren

Klopfgeister = die Urheber von Klopftönen; → Raps

kollektiv = gemeinschaftlich

Kompensation = Ersatz, Ausgleich, z. B. für ein Minderwertigkeitsgefühl, Entschädigung. Durch eine K. verschafft sich der betreffende Mensch das Bewußtsein seiner Vollwertigkeit

kompensieren = gegeneinander ausgleichen, aufwiegen

Komplementärfarben = Ergänzungsfarben, z. B. rot-grün, blau-gelb

Komplex = Verknüpfung aus mehreren Einzelheiten

Komplikation = → psychische Verwicklung

konform = übereinstimmen

Konglomerat = Gemisch

Kongruenz = Übereinstimmung

konkret = anschaulich, sinnlich wahrnehmbar; Ggsatz: → abstrakt

Konnex = Verknüpfung, Verbindung, Zusammenhang

Konsequenz = Folgerichtigkeit im Denken und Handeln

Konstellation = bestimmte Stellung und Gruppierung, z. B. von Sternen

Konstitution = seelisch-körperliche Beschaffenheit, Körperbau, Verfassung des Körpers

Konstitutionstypen = Körperbautypen

Kontemplation = anschauliche Betrachtung, Versenkung

Kontinuität = Stetigkeit

konträr = entgegengesetzt, gegensätzlich

Konvulsion = krampfhafte Zuckungen

Konzeption = geistiger Entwurf

Korrelation = Wechselbeziehung

Kryptoskopie = beim → Hellsehen: Verborgenes hellsichtig erfassen

Kulmination = Erreichung des Höhepunktes

L

labil = schwankend, unsicher

latent = verborgen

Lebensmagnetismus = → Magnetismus

Lethargie = seelische Stumpfheit, Teilnahmslosigkeit

Levitation = lat. „Leichtwerden"; Anheben; L. ist ein Begriff des → Okkultismus und meint das Sicherheben und freie Schweben eines Gegenstandes, besonders des menschlichen Körpers, das durch geistige Kräfte verursacht wird; Aufhebung der Körperschwerkraft

Libido = lat. „Begierde"; ursprünglich die geschlechtliche Begierde, die Kraft des Sexualtriebs; heute allgemein Trieb(haftigkeit), Lust, Zuneigung. Die L. ist ein Zentralbegriff der → Psychoanalyse besonders bei Freud. Sie gilt dort als

Grundantrieb, der das ganze seelische Leben durchwirkt. Dies brachte Freud den Vorwurf des „Pansexualismus" ein. Der Schweizer C. G. Jung hat mit Recht das Verständnis von L. allgemein ausgeweitet zur „psychischen Energie"

Logos = Wort, Geist, Vernunft, Gedanke, Weltgesetz, Weltvernunft

Lokalisation = lat. „örtliche Zuordnung"; Funktionen werden bestimmten Stellen im Gehirn zugeordnet, z. B. Sprachzentrum, akustisches Zentrum, Sehzentrum

M

Magie = griech. Mageia = „Zauberei"; Geheimkunst. M. bezeichnet die geheimnisvolle Fähigkeit und den Versuch, durch seelische oder dämonische Kräfte auf Menschen, Tiere, Pflanzen oder andere Gegenstände einzuwirken und sie zu beherrschen

magisch = geheimnisvolle Erscheinungen und Geschehnisse, die sich nicht aus mechanistischen-naturwissenschaftlichen und nicht aus bekannten und gewohnten Ursachen erklären lassen. →okkult

magisches Denken = bezeichnet eine Geisteshaltung und Weltanschauung, die sich auf → okkulte Erscheinungen aufbaut. M. D. möchte auf die Außenwelt u. a. mit Beschwörungen, bestimmten Formeln, Amuletten, Maskottchen usw. einwirken. Es möchte höhere Mächte in seine Dienste zwingen. Das m. D. ist ein a-kausales und a-logisches Denken. Auch Wahrsagen und → Astrologie gehören zum m. D. Das m. D. findet sich nicht nur bei den Natur-, sondern auch bei den Kulturvölkern. Man spricht auch von einem „magischen Weltbild". Damit soll – mit Recht – gesagt sein, daß es noch eine andere Sicht von Natur und Mensch gibt als nur die naturwissenschaftlich-technische.

Magnetismus = in der → Psychologie versteht man unter M. eine angebliche elektromagnetische Ausstrahlung der → Seele (→ Od → Fluidum); durch Handauflegen oder Handstreichen des Magnetiseurs soll Heilung nervöser Krankheiten erfolgen

Mana = → magische Seelenkraft

manifest = handgreiflich, offenbar

Manie = Besessenheit, Sucht; im übertragenen Sinn: krankhaft gesteigerter Hang oder Trieb

Manifestation = Kundgabe, Sichtbarwerdung, Äußerung

Manipulation = im heutigen Sprachgebrauch negativ: Machenschaft, Menschen zu etwas beeinflussen, ohne daß sie es merken

manisch-depressiv = eine krankhafte Gemütslage, die zwischen „himmelhoch-jauchzend" und „zu Tode betrübt" schwankt; manisch = Hochstimmung; depressiv = Niedergeschlagenheit

Mantik = Wahrsagerei

mantisch = die Wahrsagerei betreffend

Masochismus = durch Selbstmißhandlung zur geschlechtlichen Befriedigung gelangen; Ggsatz: → Sadismus (Fremdmißhandlung)

Materialisation = Verstofflichung, Verkörperung, nebelhaftes Gebilde (Teleplasma), das sich aus dem Körper des → Mediums absetzt

materialisieren = verkörpern

Materie = Stoff, Urstoff, der „Träger" einer sinnlich-wahrnehmbaren Erscheinung

materiell = stofflich, körperlich; Ggsatz: → immateriell

Meditation = sinnende Betrachtung

Medium = lat. „Mitte", „Mittel"; Vermittler; → spiritistisch: ein Mensch, der die „medialen", d. h. → paranormalen Fähigkeiten besitzt, mit Geistwesen in Verbindung treten zu können. Auch → Metagnom genannt

Mediumismus = Verkehr mit der Geisterwelt

Mediumität = bezeichnet die mediale Fähigkeit

Menschenbehandlung = die richtige M. muß vier „Grundforderungen" erfüllen: 1. die „individuelle Behandlung", d. h. die Eigenart des betreffenden Menschen muß berücksichtigt werden; 2. die „Stufenbehandlung", d. h. man kann nicht mit Kindern reden, wie mit Erwachsenen, nicht mit Anormalen, wie mit Normalen, nicht mit Aufgeregten, wie mit Ruhigen; 3. die „Methode der entgegengesetzten Reaktion", d. h. „Haß kommt nicht durch Haß zur Ruhe, sondern nur durch Liebe"; 4. die „wohlwollende Bestimmtheit", d. h. es muß sich die Güte mit sachlicher Strenge verbinden (A. Zeddies)

Menschenführung = besonders in Nordamerika bemüht man sich um die Fragen, die sich mit der M. verbinden. Dort verwendet man dafür den Begriff human relations (engl. = „menschliche Verbindungen, Beziehungen"). Besonders im Betriebs- und Wirtschaftsleben vertritt die M. den Grundsatz: 1. den richtigen Mann an den richtigen Platz stellen; 2. keine falschen (wesensfremden) und überfordernden Maßstäbe anlegen; 3. den jeweiligen Menschen in all seinen Eigenschaften annehmen; 4. die jeweilige → Person und ihren Leistungswillen fördern; 5. persönliche und soziale Reibungen beseitigen

Menschenkenntnis = → Charakterologie; → Charakter. Im allgemeinen Sprachgebrauch bezeichnet M. die Fähigkeit, mit Menschen richtig umgehen und sie ihren Gaben gemäß einsetzen zu können. → Menschenbehandlung

mental = in Gedanken bestehend, innerlich

Meskalin = ein Rauschgift, bei dem man ein → ekstatisches Lebensgefühl erlangt

Mesmerismus = geht auf den Arzt Mesmer zurück und meint eine besondere Kraft der → Seele, die Menschen zu heilen vermag. → Magnetismus

meta = griech. „nach", „zwischen", „um"

Metagnom = nach H. Driesch ein Mensch, an den → „parapsychische → Phänomene gebunden sind". → Medium

Metamorphose = Verwandlung, Umgestaltung

Metaphysik = nach Aristoteles derjenige Teil der Philosophie, der sich mit dem beschäftigt, was „hinter" = „meta" der Dingwelt liegt; die M. fragt nach dem Wesen, müht sich um Weltdeutung und Weltverständnis

metaphysisch = bezieht sich auf das Wesen, auf das An-sich-sein, hinterfragt die Welt und ihre Erscheinungen

Metapsychik, Metapsychologie = griech. „jenseits der Seele"; besonders in Frankreich gebrauchter Ausdruck für die → Parapsychologie; meint was „hinter", was außer dem normal → Seelischen liegt

metapsychisch = Eigenschaftswort zu Metapsychologie

Metempsychose = Seelenwanderung

Mikrokosmos = die „Welt im Kleinen"; Ggsatz: Makrokosmos = die „Welt im Großen"

Milieu = Umwelt, Umweltverhältnisse

mimosenhaft = äußerst empfindlich

Minderwertigkeitsgefühl = Unterlegenheitsgefühl auf Grund unzureichender Ausstattung von Gaben. Minderwertigkeitsgefühle sind ichhaft, weil dem Betreffenden der Mut fehlt, sich selbst anzunehmen

Misanthrop = Menschenfeind und -hasser

Mneme = → Gedächtnis

Mode = wechselnder Zeitgeschmack

Modifikation = Abänderung, Veränderung

Modus = Art und Weise

Monade = griech. „Einheit", Urkörperchen

Monadismus = philosophisch: die Lehre von den → Monaden, aus denen die Welt aufgebaut sei. Besonderer Vertreter: Leibniz; psychologisch: → Spiritismus

Monismus = die (All)-Einheitslehre; die phil. Anschauung, daß die Welt nur auf *einer* Grundlage aufgebaut ist und nur von einerlei Grundbeschaffenheit sei. Der M. ist materialistisch. Er leugnet jede → Metaphysik. Beim M. werden die Gegensätze oder Unterschiede auf ein einziges Prinzip zurückführt. Ggsatz: → Dualismus

mono = griechische Vorsilbe: ein – allein

Monomanie = eine Geisteskrankheit, die an einer → fixen Idee klammert bei sonstigem geistigen Normalsein

Moralprinzip = sittlicher Grundsatz; das M. kann verschieden sein: Glück, Befriedigung der Triebe, Harmonie, Vollkommenheit

Motiv = Beweggrund, Triebfeder

Motivation, Motivierung = Begründung, Bestimmung des Willens durch Gründe

motivieren = begründen, erklären

Motivverschiebung = eine Handlung wird aus einem anderen Grund als ursprünglich getan

Mysterium = Geheimnis, besonders religiöser Art. Daher Mysterienkulte

Mystik = griech. „Schließen, Verschließen" der Augen, der Lippen. M. bezeichnet eine religiöse Haltung, die durch inneres Schauen, durch Versenkung und → Meditation zur Vereinigung (unio mystica) mit Gott, bzw. dem Göttlichen gelangen möchte

Mythos, Mythus = griech. „Fabel", überlieferte Erzählung; in heidnischen Religionen ist der M. die Ineinssetzung von Bild, Darstellung, Symbol einerseits und Sache andererseits. Die Bilder werden für die Sache genommen. Der Versuch der modernen Theologie (→ Theologie der zweiten Aufklärung), dies auch auf das Neue Testament zu übertragen („Ostern ist eine Bildrede"), verkennt den Ereignischarakter und damit den Wesensunterschied zwischen heidnischen Religionen und der Offenbarung Gottes in dem Gottmenschen Jesus Christus. → Entmythologisierung

N

Nachtwandeln = unbewußtes Handeln und Gehen im Schlaf; Mondsüchtigkeit; → Somnambulismus

Narzismus = Selbstverliebtheit; geschlechtliche Empfindung eines Menschen, wenn er seinen eigenen Körper z. B. im Spiegel sieht; erotische Hinwendung zum eigenen Körper. Die Ursache für den N. liegt in Liebesversagung und Kontaktmangel

Natursichtigkeit = Natur- und Seelenvorgänge werden instinktiv in ihrem Wesen eingesehen und erfaßt

negativ = verneinend; Ggsatz: positiv

Nekromant = Toten- und Geisterbeschwörer

Nekromantie = Toten- und Geisterbeschwörung

Nekrophilie = Sexualvergehen an Leichen

Neurologe = Nervenarzt

Neuron = Nervenzelle

Neurose = griech. „Nervenerkrankung". Heute versteht man unter N. diejenigen körperlichen und seelischen Erkrankungen, die nicht primär auf organische Beschädigung beruhen. N. beruht auf einer Störung des Seelenlebens, ist primär eine seelische Erkrankung, begleitet mit seelischem und körperlichem Leiden. Es gibt verschiedene Neurosen, z. B. Angstneurosen, Zwangsneurosen, Organ- (Herz, Magen, Nerven, Stottern), Kernneurosen. Ursache: nicht verarbeitetes Erlebnis und nach E. Kretschmer das Fehlen überpersönlicher Bindungen

Nihilismus = lat. nihil = „nichts", Leugnung von Werten. Es gibt „nichts", für das es sich zu leben oder zu sterben lohnt

Noktambulismus = → Nachtwandeln

Nosophobie = übertriebene Krankheitsfurcht

Nymphomanie = krankhaft gesteigerter Sexualtrieb der Frau, Mannstollheit

O

Oberbewußtsein = „waches Bewußtsein", wird auch das helle Bewußtsein genannt im Unterschied zum Unterbewußtsein oder Unbewußten. Das O. ist im Vergleich zum Unterbewußtsein wie die Spitze des Eisberges, der aus der Meeresoberfläche ragt

Objektivierung = Vergegenständlichung, etwas zum Objekt, zum Gegenstand, zum äußeren Ding machen

Od = bezeichnet die magnetische, geistseelische Kraft, die nach der Lehre des → Spiritismus von Menschen ausströmen soll. Auf dieser Kraft sollen Sympathie und Antipathie beruhen. → Fluidum

Odium = Haß

Oedipuskomplex = meint die (unbewußt) sexuelle Bindung des Kindes an den andersgeschlechtlichen Elternteil (z. B. Knabe an die Mutter) verbunden mit Eifersucht gegen den gleichgeschlechtlichen. Der O. gilt als häufige Ursache späterer → Neurosen

okkult = verborgen, dunkel, geheim

Okkultismus = lat. „Lehre von dem Verborgenen, Geheimen"; Geheimwissenschaft, die Beschäftigung mit dem „Dunklen", Geheimnisvollen, z. B. dem Gebiet der → Magie, → Hypnose, → Telepathie, → Spiritismus etc.; → Parapsychologie

Optimismus = die Sicht der Dinge durch eine „rosarote Brille", eine hoffnungsfrohe Betrachtung und Weltsicht. Oswald Spengler: „Optimismus ist Feigheit." Ggsatz: Pessimismus

Orakel = lat. „Spruch"; angebliche Weissagung durch Götter

Oralerotik = bezeichnet nach Freud die → psychoanalytische Auffassung, nach der durch Lutschen, Spielen mit den Lippen usw. eine geschlechtliche Ersatzbefriedigung erfolgen soll

P

Pädagogik = Lehre von der Erziehungswissenschaft, besonders im Blick auf das Kind und den jugendlichen Menschen

pädagogische Psychologie = befaßt sich mit den → psychologischen Grundfragen der Erziehung und des Unterrichts

pan = griechische Vorsilbe: all ... ganz ...

Panegoismus = Allegoismus; P. ist die Auffassung, daß alle Handlungen des Menschen einem Egoismus entspringen

Panpsychismus = Allbeseelungsauffassung; nach ihr gibt es nichts absolut Totes und Empfindungsloses; allen Dingen kommt seelisches Leben zu

para = griechische Vorsilbe: über – hinaus, neben – vorbei, mehr als

paradox = widersinnig

Paraffinabguß, -abdruck = Abbildung, Nachbildung mit einem wachsähnlichen Stoff. Im Gebiet des → Spiritismus z. B. der Abdruck einer verstofflichten Hand im Paraffin

Paralyse = griech. „Gliederlähmung"; vollständige Lähmung, syphilitische Gehirnerweichung, verursacht durch die Geschlechtskrankheit der Syphilis, die das Zentralnervensystem befällt

Paranoia = griech. „Verrücktheit"; Irresein in Verbindung mit Verfolgungswahn

paranormal = übernormal; dasjenige, was über das Normale hinausgeht

→ paranormale → Phänomene = Erscheinungen, die über das normale hinausgehen, übernormale Erscheinungsformen

paraphysiologisch = über die normale Physik hinausgehend; körperliche Erscheinungen im Bereich des → Okkultismus

Parapsychologie = der Teil der Seelenkunde, der über das Normale des Seelischen hinausgeht (z. B. Fernfühlen, Fernbewegung, Verstofflichungen, → Hellsehen, Wiedergängertum, Erscheinungen usw.). Nach H. Driesch ist P. „die Wissenschaft von den → ‚okkulten' Erscheinungen"; parapsychisch

Partizipation = lat. participio = „jemanden teilnehmen lassen"; Teilnahme

pathetisch = leidenschaftlich

Pathologie = Krankheitslehre

pathologisch = krankhaft

Pathopsychologie = Teil der → Psychologie, der sich mit krankhaften Seelenzuständen beschäftigt

peripher = am Rande befindlich, nebensächlich; Ggsatz: zentral, in der Mitte liegend

Person = lat. persona = „Maske, Rolle des Schauspielers"; P. ist die Bezeichnung für die leiblich-seelisch-geistige Einheit des Menschen. Unter P. ist der einzelne in seiner menschlichen Eigenart zu verstehen. Der Mensch als P. ist zu unterscheiden vom Menschen als bloßen Gattungswesen. Beim Begriff P. ist an den Menschen als ein individuelles, vernunftbegabtes, selbständiges und einheitliches Wesen gedacht. Der Ggsatz zur P. ist die Sache

Persongefühle = werden durch die Tatsache verursacht, daß der Mensch ein Sozialwesen ist, d. h. nicht isoliert existiert, sondern in einer Gemeinschaft und Vielheit. Persongefühle sind z. B.: Eitelkeit, Stolz, Demut, Scham, Reue

Persönlichkeit = Kern und Mittelpunkt des Menschen, die höhere Form des Individuums, das Eigensein; der Wertcharakter des einzelnen macht die P. des Menschen aus

Persönlichkeitstypen = aus dem Versuch, die Menschen von der psychologischen Seite her zu gliedern, entstanden verschiedene Persönlichkeitsgrundformen. So z. B. bei Dilthey: der sinnliche Gefühlsmensch, der heroische Willensmensch, der kontemplative Gefühlsmensch. E. Spranger gliedert die Menschen von den Werten her, an denen sie sich orientieren: der theoretische, der ökonomische, der ästhetische, der soziale, der Machtmensch. Der Mensch ist in der Regel eine Mischform

Perversion = Triebverkehrung, Abweichung, besonders vom normalen Sexualverhalten

pervers = widernatürlich, geschlechtlich entartet

Perzipient = der Empfänger übertragener Gedanken, Ggsatz: → Agent

Pflichtenkollision = Widerstreit der Pflichten

Phänomen = griech. phaino: „das Erscheinende", „ans Licht bringen", „erscheinen lassen"; Erscheinung, seltenes Ereignis, Gegebenes

Phänomenologie = Lehre von den Erscheinungen, vom Wesen einer Sache; Bedeutungs- und Sinnerforschung

phänomenologisch = eine Erscheinung betreffend

Phantom = sichtbare Truggestalt, → materialisierte Gestalt eines Menschen; → spiritistisch: Nachbildung, Schattengebilde; medizinisch: ein Körpermodell für Übungszwecke der Studenten

Phase = Entwicklungsstufe, Teilablauf eines seelischen Prozesses

Philanthrop = Menschenfreund, Ggsatz: Misanthrop

Phobie = zwangsweise auftretende Angst, z. B. gegenüber bestimmten Personen, Tieren, Gegenständen und Örtlichkeiten

Phonismen = Gehörshalluzinationen; → Halluzination

Photismen = Gesichtshalluzinationen

Phrenologie = Schädellehre, nach dieser Lehre sollen an der äußeren Form des Schädels → Charaktereigenschaften erkennbar sein

Physiologie = griech. „Naturlehre", „Lehre vom Körpergeschehen", Lehre von den Lebensvorgängen, ein Teilgebiet der Biologie

physiologische Uhr = die ererbten Zeitmaßstäbe von Pflanzen und Tieren, die ihren Tages- und Jahresrhythmus steuern

Physiognomie = das Aussehen des Gesichts, die Gesamterscheinung

Physis = die Natur, das Körperliche

physisch = natürlich, körperlich; Ggsatz: → psychisch (seelisch, geistig)

plastisch = bildend, gestaltend

Platzangst = Agrophobie; Angst, einen Platz zu überschreiten oder in einem bestimmten Raum zu sein

Pneuma = griech. „Geist, Hauch, → Seele"

pneumatische Sensation = die → Wahrnehmung eines Geistes

Polarität = Gegensatz

positiv = bejahend

posthypnotisch = der Zustand nach der → Hypnose. In ihm führt der Hypnotisierte Handlungen aus, die ihm während der Hypnose → suggeriert (befohlen) wurden

potentiell = möglich, noch nicht wirklich

Präkognition = lat. „Vorauserkennen", Wissen von zukünftigen Tatsachen, eine Form des → Hellsehens, beruht auf → paranormaler Fähigkeit

pragmatisch = dem praktischen Handeln dienend

primitives Seelenleben = damit ist das Vorwiegen der Bildhaftigkeit gemeint, eine Fähigkeit zu visionären Erlebnissen; es ist ganzheitlich, konkret, einfühlend. Der Ausdruck „primitiv" ist leicht irreführend; gemeint ist ursprünglich

Priorität = Vorrang, zeitlicher Vorrang

Prognose, Prognostik = griech. „Vorauserkennen", Vorhersage (über Krankheitsverlauf, Wetter, auch Ereignisse)

Prognost = Hellseher

progressiv = fortschreitend, z. B. eine Krankheit

Projektion = lat. „Abbild", „Hinausverlegen", z. B. eine religiöse Vorstellung auf einen entsprechend hergestellten Götzen; einen Triebwunsch auf andere Menschen projektieren. Mit dem Begriff P. ist das Hinausverlegen, das Übertragen von „Innenvorgängen" in die Außenwelt gemeint

Promiskuität = wahllose geschlechtliche Vereinigung

Prototyp = Urbild, Muster

pseudo = griechische Vorsilbe: falsch, unecht

Psi-Phänomene = Sammelbegriff für alle außernormalen Tatsachen, mit denen sich die → Parapsychologie befaßt

Psyche = griech. „Hauch", → „Seele", Inbegriff des Seelischen

Psychiatrie = griech. „Seelenheilkunde". Lehre vom erkrankten Seelenleben und deren Heilung

Psychical Research, Society for P. R. = englisch: die parapsychologische Forschung, Gesellschaft für P. R. (in England)

psychisch = seelisch, geistig

Psychoanalyse = griech. „Seelenzergliederung", ein Heilverfahren zur Behebung seelisch bedingter Störungen, bes. von → Neurosen; entwickelt von S. Freud

psychogen = griech. „auf seelischem Wege entstanden"; seelisch verursachte Erkrankungen, die ihre Entstehung in seelischen Ursachen haben, sogenannte psychogene Erscheinungen

Psychograph = → spiritistisch: Schreibapparat für Geister

Psychokinese = griech. „psychisch bewegt"; durch die → Seele verursachte Beeinflussung von materiellen Gegenständen und Geschehnissen. → Telekinese

Psychologie = griech. „Seelenwissenschaft", „Seelenkunde"; die Lehre vom Seelischen. → Seele

Psychometrie = eine spezifische Art des → Hellsehens. P. bezeichnet die → paranormale Fähigkeit eines Menschen, beim Anblick eines kontaktstiftenden Gegenstandes (z. B. einer Fotografie, eines Kleidungsstückes) Tatsachen über ihn wahrzunehmen: über Vergangenheit, Besitzer etc.

Psychologismus = die`Überbewertung des Psychologischen

Psychopathen = an „der → Seele Leidende"; an der Grenze zwischen geistiger Gesundheit und Krankheit. Psychopathen sind z. B. Gemütlose, Willenlose, Selbstunsichere, Explosive, Fanatische, Geltungssüchtige etc.

psychopathisch = seelisch krank

Psychosen = Gemüts- und Geisteskrankheiten, z. B. → Schizophrenie, → manisch-depressives Irresein, → Epilepsie

Psychoskopie = → Psychometrie

Psychotherapie = griech. „Seelenheilkunde"; Heilung insbesondere der → Neurosen; versucht Hilfe in Erziehungs-, Entwicklungs-, Eheschwierigkeiten etc.

Pubertät = lat. „Geschlechtsreife", „Mannbarkeit"; die Zeit der Geschlechtsreifung, bei Jungen durchschnittlich zwischen 13 und 15 Jahren, bei Mädchen zwischen 11 und 13

R

Radiästhesie, auch Radioästhesie = lat.-griech. „Strahlenempfänglichkeit", die Strahlenfühligkeit bei Rutengängern und Pendlern; Empfindlichkeit auf Strahlen, Radio = Strahl

Rapport = franz. Wechselbeziehung, unmittelbarer Kontakt zwischen zwei Personen, z. B. die Abhängigkeit der hypnotisierten Person von dem Hypnotiseur

Raps = → spiritistisch: Klopftöne, z. B. Tischklopfen

Ratio = Vernunft

rational = vernünftig, Ggsatz: → irrational (mit dem Verstand nicht erfaßbar); Ggsatz auch: empirisch (auf Erfahrung beruhend)

Rationalismus = lat. „Vernunftlehre", ein optimistisches Weltverständnis, das an die → Vernunft glaubt und an die Vernünftigkeit menschlichen Handelns

Rationalist = ein Mensch mit vorwiegend verstandesmäßiger Auffassung

Reaktion = lat. „Rückwirkung"; Antwort auf einen Reiz (z. B. Verengung der Pupille bei Lichteinfall)

reaktiv = rückwirkend

real = wirklich, objektiv, vom Subjektiven (Persönlichen) nicht abhängig

Realität = objektive Wirklichkeit

Reinkarnation = Wiederverkörperung, Eingehen der → Seele nach dem Tode in einen anderen Körper

Reizüberflutung = zuviel Einwirkungen als Folge der zivilisatorischen, industrialisierten Gesellschaft

Relativismus = philosophische Anschauung, daß es keine allgemeingültigen Erkenntnisse und Werte gibt

Retrokognition = ein Teil des → Hellsehens: Rückwärtsschau; das → paranormale Erkennen vergangener Vorgänge. Ggsatz: die → Präkognition = die Vorschau

rezessiv = zurücktretend, überdeckt (z. B. rezessive = überdeckte Erbanlagen)

Ritus = lat. gottesdienstlicher Brauch in Wort und Handlung; durch Herkommen geheiligter religiöser Brauch

rudimentär = verkümmert, nicht ausgebildet, zurückgeblieben (z. B. verkümmerter Arm)

S

Säkularisierung = Verweltlichung. Es wird unterschieden zwischen Säkularisierung und Säkularisation einerseits und Säkularismus andererseits. Die beiden ersten Begriffe meinen den Prozeß der Verweltlichung unserer Welt als solchen. Sie begnügen sich damit, den Tatbestand zu beschreiben. Hingegen meint Säkularismus mehr. Er meint die Gesinnung, die angesichts der Verweltlichung Gott und das Religiöse bewußt verdrängt.

Sadismus = eine sexuelle Abnormität, die Befriedigung durch Quälen und grausame Mißhandlungen des Partners findet. Hierher gehören auch die Sexualmorde. Das Wort geht zurück auf den französischen Schriftsteller de Sade. Ggsatz: → Masochismus

Scharlatan = Schwätzer, Marktschreier; auch Kurpfuscher, Quacksalber; Scharlatanerie

Schizophrenie = griech. „gespaltener Geist", „Spaltirresein", „Bewußtseinsspaltung", eine Geisteskrankheit, ein Auseinanderfallen von Denken und Fühlen. Das Sprechen verliert den Zusammenhang; das Verhalten ist oft sinnlos

Séance = franz. „Sitzung", → spiritistische Sitzung

Seele = griech. → „Psyche", lat. → „Anima". Die Seele ist der Träger, die Ganzheit und das Wesen des Lebendigen. Die Seele des Menschen ist das Lebensprinzip, ist Mittler zwischen Leib und Geist. Die Seele ist immateriell (unstofflich), organlos, leibunabhängig, unausgedehnt (im Gegensatz zum Körper). Sie besitzt auch Raum- und Zeitunabhängigkeit. Die → Psychologie befaßt sich mehr mit seelischen Äußerungen und Erscheinungen (Denken, Fühlen, Wollen etc.) als mit der Seele als solcher

Seelenkrankheiten = → Psychosen

Seelenwanderung = Wiederverkörperung der Seele nach dem Tod in verschiedenen Leibern; wird bei vielen Naturvölkern angenommen

seelische Beeinflussung = → Suggestion

sensibel = empfindsam, empfindlich, feinfühlig

Sensibilität = Feinfühligkeit, Empfindsamkeit

sensitiv = für feinste Reize empfindlich, feinnervig

Sensitiver = ein Überempfindsamer, z. B. der holländische Hellseher Croiset

Sensitivität = Überempfindlichkeit, -empfindsamkeit

Sensus = lat.: „Sinn", → „Verstand", „Sinnesvermögen", Denkkraft

sexuell = geschlechtlich

Sinnestäuschung = → Halluzination

S. P. R. = **Society for Psychical Research** = britische Gesellschaft für → (para)-psychologische Forschung

Sodomie = geschlechtliche Unzucht zwischen Mensch und Tier

somnambul = schlafwandlerisch

Somnambulismus = lat. „Schlafwandeln", ein tiefschlafähnlicher Zustand, in dem der Somnambule (Schlafwandler) mit großer Sicherheit umhergeht und gefährliche Balanceleistungen vollbringt. Daher der Ausdruck „schlafwandlerische" Sicherheit. Nach dem Erwachen keine Erinnerung. Kann spontan auftreten, aber auch durch → Hypnose erzeugt werden. Zusammenhang mit dem Mondschein konnte nicht bewiesen werden. Unter S. ist auch der seelische Dämmerzustand zu verstehen, der sich mit auffälligen Fähigkeiten (z. B. → Hellsehen etc.) verbindet

Spaltung der Persönlichkeit, des Bewußtseins = auch Doppelbewußtsein, Doppel-Ich; Spaltung in zwei → Sphären, die nichts voneinander wissen

Sphäre = Bereich, Gebiet

spinal = zum Rückenmark gehörig; spinale Kinderlähmung

Spiritismus = lat. „Geisterlehre"; auch Monadismus genannt. Sp. ist die Lehre von den Geistern Verstorbener, ihren Kundgaben, die entweder durch → Medien in spiritistischen Sitzungen oder spontan erfolgen. Ihre Kundgabe kann auch durch Zeichen, wie z. B. durch → Tischrücken, Niederschriften, Klopfzeichen, → Materialisationen (Verstofflichungen, Verkörperungen) geschehen.

spiritistische → Hypothese = meint die Überzeugung, daß gewisse → paranormale → Phänomene, wie z. B. ortsgebundener → Spuk, sich nur durch das Hereinwirken jenseitiger Geistwesen erklären lassen. Ggsatz: → animistische → Hypothese

Spiritualismus = nicht zu verwechseln mit Spiritismus. Spiritualismus ist die Lehre von der Wirklichkeit des Geistes oder geistiger Wesen. Er drückt die Überzeugung aus, daß der Urgrund aller Wirklichkeit vom Geiste her zu verstehen ist. Der Spiritualismus stellt das Gegenteil vom Materialismus dar

spontan = aus eigenem Antrieb, selbsttätig

Spontaneität = Selbsttätigkeit, aus eigenem Antrieb handeln

Spuk = → spontanes, ungeplantes Auftreten von → paranormalen, → okkulten → Phänomenen, wie z. B. freies Schweben von Gegenständen, Erscheinung von Geistwesen, Bewegungen von Gegenständen

Stigmatisierung, Stigmatisation = griech. „Stich", „Wundmal"; z. B. eine Hautblutung, Auftreten der Wundmale Christi bei Stigmatisierten (z. B. bei Therese Neumann von Konnersreuth). Durch übernormale Empfindsamkeit und intensives Einfühlen verursacht. (Mit intensivem Einfühlen ist aber das → Phänomen der fast völligen Nahrungslosigkeit von Therese Neumann nicht erklärt)

Struktur = lat. „Ordnung", „Bauart"; Gefüge, Aufbau des Seelenlebens

Subjekt = lat. „Zugrundeliegendes"; das → Ich, das Selbst, die → Person als Träger der mannigfachen Einzelfunktionen; das Selbst ist das erlebende Wesen

sublimieren = erhöhen, verfeinern, läutern. Ein niedriger Trieb kann z. B. durch ein Streben nach geistig und kulturell Wertvollem sublimiert werden

Sublimierung = Steigerung, Vergeistigung, Verfeinerung

Suggestibilität = meint die Beeinflußbarkeit eines Menschen (auch Tieres); zu unterscheiden von dem Akt der → Suggestion selbst

Suggestion = lat. „Eingeben", „Anraten", seelische Beeinflussung einzelner Personen oder Gruppen. Die Suggestion kann erfolgen:
1. durch Worte, 2. durch Gefühlsübertragung (z. B. Militärmusik, Trauerstimmung bei Beerdigungen), 3. durch Autoritäten und Vorbilder, die nachgeahmt werden (Erziehung). Die Suggestion ist sehr vielgestaltig (Mode, Werbung). Es gibt psychische Ansteckung, wie auch Massensuggestion

Symbol = Sinnbild, Wahrzeichen.

T

Tabu = „stark Gezeichnetes"; Unberührbares, weil es besonders heilig oder mit geheimnisvollen Kräften ausgestattet ist. T. können Gegenstände und Personen sein. Heute ist der Begriff verallgemeinert. Ein Abbau der Tabus wird von vielen angestrebt, z. B. der Sexualtabus

Talisman = ein zauberhaftes Schutzmittel, das Unheil abwehren und Glück bringen soll

Teleästhesie, auch Telepathie = griech. „Fernerleben", Gedankenübertragung, geistige Vermittlung von Gedanken, Gefühlen und Bewußtseinsinhalten

Telekinese = griech. „Fernbewegung"; die Beeinflussung bzw. Fortbewegung von Gegenständen auf → parapsychologischem Wege, also ohne Berührung und ohne → physische Kraft. Auch → Psychokinese genannt

Teleologie = Lehre vom Zweck und der Zweckmäßigkeit

teleologisch = zielstrebig, zweckbestimmt

Telepathie = → Teleästhesie

Test = „Probe", „Untersuchung"; eine Prüfung zur Feststellung seelischer Tatbestände, z. B. Eignungstest

Teufel = hebräisch Satan = „Gegenspieler", griech. Diabolos = „Durcheinanderbringer". Mit beiden Ausdrücken ist die Art und Weise des T. treffend gekennzeichnet. Das deutsche Wort T. ist eine Umformung des griechischen Wortes Diabolos. Im Neuen Testament wird die Existenz Satans als personifizierte Macht des Bösen eindeutig bezeugt. Das Wissen um eine satanische Gegenmacht gehört zum Urwissen der Menschheit. Eine rationalistische Entpersonifizierung des Satans verlegt das Böse lediglich ins Innere des Menschen, ohne aber Antwort darauf zu geben, wie es dort hineinkommt. In Wirklichkeit hat unser Dasein eine Tiefe und einen Riß, daß auch angesichts dessen eine Entpersonifizierung der satanischen Gegenmacht als Verharmlosung und Verflüchtigung empfunden werden muß. Es gehört zur List des T., uns einzureden, daß er nicht existiere. Mephisto in Goethes „Faust": „Den Teufel spürt das Völkchen nie, und wenn er sie beim Kragen hätte"

Theologie = Lehre von Gott

Theologie der zweiten Aufklärung = die sogenannte moderne Theologie, die ihre Denkansätze in der Aufklärung hat. Gekennzeichnet durch die Beschränkung auf die → Immanenz (Innerweltlichkeit)

Theosophie = griech. „Gottesweisheit"; die Th. ist der Versuch, durch Ausbildung von Anlagen im Menschen zu einer Gottesschau und zur Kenntnis göttlicher Geheimnisse zu gelangen

Tiefenpsychologie = Lehre von den Tiefenschichten im Menschen, seinem Unbewußten und den Trieben samt ihrer Wirksamkeit

Tischrücken = eine alte Praxis in → spiritistischen Sitzungen, den Tisch zu „befragen", der durch vereinbarte Klopfzeichen Antwort auf die Fragen gibt. Echtes Tischrücken verbindet sich mit Hochschweben eines normalen Tisches auf übernormalem Wege (→ Levitation). Tischrücken gilt als erwiesen. Daß sich in Sitzungen außerkörperliche Intelligenzen durch Klopfzeichen kundtun, kann ernsthaft nicht widerlegt werden. Solange aber beim T. auch nur *eine* Person der Anwesenden die richtige Antwort dessen weiß, was der „Tisch" gefragt wird, muß die Antwort des

„Tisches" nicht → spiritistisch sein, sondern kann → animistisch erklärt werden

Trance = engl. „Entrückung"; ein schlafähnlicher Zustand in hypnoseähnlicher Verzückung. Die Trance begünstigt → paranormale Leistungen des → Mediums

Transfiguration = Verwandlung, Verklärung

Transzendenz = lat. transcendere, „hinübersteigen". Grundbedeutung: Übersteigung oder Überstieg. Der Begriff T. hat verschiedene Anwendungsgebiete. Z. B. 1. in bezug auf unsere Erfahrung meint T. das Über-sinnliche. Dies Über-sinnliche ist aber nicht schlechthin un-erfahrbar. 2. in bezug auf die Seinsordnung – damit ist die Welt und Gesamtwirklichkeit gemeint – bedeutet T. die Über-weltlichkeit, das Jenseits, die Jenseitigkeit. Ggsatz: →Immanenz

transzendieren = meint das Überschreiten der Grenze zwischen zwei Bereichen, besonders zwischen Diesseits und Jenseits. Hauptwort → Transzendenz

Trauma = griech. „Verletzung", „Wunde"; ein Schock, eine starke seelische Erschütterung mit nachhaltiger Wirkung. So gibt es z. B. das sexuelle Trauma. Hier bleibt die sexuelle Erschütterung unbewältigt und kann so zu → Neurosen führen

U

übernatürlich = dasjenige, was über die Natur mit ihrer Raum-Zeit-Begrenzung hinausgeht

übersinnlich = dasjenige, was die fünf normalen Sinne überschreitet, durch sie nicht erklärbar und nicht erfaßbar ist und nicht aus dem Bereich der Sinneserfahrung stammt

ultra = extrem, über jedes Maß hinaus

unbewußt = ohne Wissen um etwas, unterschwellig

Unsterblichkeit = griech. Athanasie, lat. Immortalität; die Fortdauer des → Ich nach dem Tode. Gott besitzt eine originäre, ursprüngliche U., der Mensch hingegen eine von Gott ihm verliehene und darum abgeleitete U. Für Christen hat die U. ihre Bestätigung in der Auferstehung Jesu und der Zusage des → ewigen Lebens nach dem Tode. Christus sagt: „Ich bin die Auferstehung und das Leben. Wer an mich glaubt, wird leben, ob er gleich stürbe. Und wer da lebet und glaubet an mich, der wird nimmermehr sterben"

(Joh. 11, 25–26). U. ist aber nicht als bloßes Weiterdauern und als Fortexistenz in gleicher Weise wie vorher zu verstehen. Die U. ist gekennzeichnet durch Todenthobenheit und überzeitliche Vollendung der geistigen → Person, die übermateriell ist und darum nicht wie die → Materie des irdischen Körpers verfällt

Unterbewußtsein = die Summe des unterschwelligen, latenten Bewußtseins im Unterschied zum Wach- und → „Oberbewußtsein"

V

vegetativ = lat. „lebhaft", belebt, die unbewußten Steuerungen, z. B. vegetatives Nervensystem

Verdrängung = ein seelischer Vorgang, durch den unangenehme seelische Erlebnisse aus dem Bewußtsein ausgeschieden und ins → Unterbewußtsein verdrängt werden, z. B. der Geschlechtstrieb wird verdrängt und an seine Stelle tritt dann oft Prüderie

Verhaltensforschung = erforscht das Verhalten der Tiere, z. B. bei Dressur, → Behaviorismus

Verifikation = lat. „als wahr erweisen", die Nachprüfung von Erkenntnissen, Bewahrheitung. Tätigkeitswort: verifizieren = bewahrheiten

Vernunft = das geistige Vermögen, das auf die Zusammenhänge des Geschehens etc. gerichtet ist. Sie erscheint als das Steuerungs- und Orientierungsprinzip im Aufbau der → Person. Bei Kant ist die Vernunft dem → Verstand übergeordnet

Verstand = lat. intellectus; die Fähigkeit, zu denken, zu urteilen, zu schließen.

Verstehen = das Erfassen der Bedeutung. Steht im Gegensatz zum bloß kausalen Erklären

Vision = lat. „Anblick", „Erscheinung", → „Vorstellung", meist in ekstatischen Zuständen. Sie können aus der → Psyche des Visionärs verursacht sein. Dann sind sie innersubjektiv. Dies gilt für die meisten Fälle von V.en. Sie können aber auch → dämonischen oder göttlichen Ursprungs sein. Dann sind sie außersubjektiv. Die Heilige Schrift mahnt zur „Unterscheidung der Geister". Für Christen müssen sich alle V.en am Wort Gottes messen lassen.

Es ist eine unerlaubte → rationalistische Vereinfachung, alle V.en als Illusionen, → Halluzinationen und → eidetische → Projektionen abtun zu wollen. Ebenso ist unkritische Leichtgläubigkeit verwerflich

Vorstellung = das im Bewußtsein erzeugte Bild von → Personen, Sachen und Vorgängen. → Wahrnehmung

W

Wahrnehmung = ein bewußter Vorgang unserer Sinne, die etwas Gegenständliches auffassen, bzw. aufnehmen. → Vorstellung

Wahrtraum = hat Begebnisse zum Inhalt, die sich später als wahr erweisen. Daß es W.e gibt, ist eine durch viele Beispiele nachgewiesene Tatsache. Bei Menschen mit wiederholten W.en liegt eine → paranormale Fähigkeit vor. Deshalb sind ihre W.e nicht rein zufällig

Weisheit = vertiefte Einsicht in die Lebenszusammenhänge

Weltanschauung = die Anschauung vom Zusammenhang der Welt und des Geschehens. Die W. ist Ausdruck der Gesamtbeurteilung in einer umgreifenden Art. Eine rechte Weltdeutung ist nur durch eine Offenbarung Gottes möglich

Wirklichkeit = der Begriff W. bezeichnet das Existieren von wirklich Seiendem. Die W. besteht im Gegensatz zum bloß Möglichen und zum bloß Scheinbaren. Die Heilige Schrift bezeugt eine sichtbare und unsichtbare W.

Y

Yoga = „Anschauung", „Training"; Y. ist das Bemühen, durch Übungen der Beherrschung von → Seele und Leib endlich zur „Erlösung" zu gelangen. Auch Joga

Z

Zweites Gesicht = bezeichnet die Form → außersinnlicher Wahrnehmung, entfernte oder zukünftige Dinge in einem → visionären Gesicht zu „sehen". → Hellsehen

Zwangsneurose = eine seelische Erkrankung mit Zwangsvorstellungen, Zwangsfurcht und Zwangshandlungen, z. B. Waschzwang

Literaturverzeichnis

1. H. Zahrnt: Es begann mit Jesus von Nazareth. 1964/5, S. 19
2. R. Bultmann: Zu J. Schniewinds Thesen, das Problem der Entmythologisierung betreffend. In: Kerygma und Mythos. Band I, 1960/4, S. 136
2a. M. Mezger in: Ernst Bloch zu Ehren. Theologie als Wissenschaft. S. 199
3. H. Zahrnt: Gott kann nicht sterben. München 1970/2, S. 315
4. R. Bultmann: Neues Testament und Mythologie. In: Kerygma und Mythos. Band I, S. 18, 1960/4
5. Vergleiche hierzu: J. A. T. Robinson: Gott ist anders. München 1963, S. 21 ff
6. H. Rohrbach: Zur Frage des biblischen Weltbildes. S. 3
6a. H. Bender in: Hans Driesch: Parapsychologie. S. 151, München o. J.
7. J. B. Rhine und J. G. Pratt: Parapsychologie, Grenzwissenschaft der Psyche. Bern und München 1962, S. 13 f
8. H. Driesch: Parapsychologie. S. 69, München o. J.
9. In W. Horkel: Botschaft von Drüben. S. 56 f, Stuttgart o. J. 4
10. J. F. Rhine in: Verborgene Welt. Vom 1. 4. 1957. Aufsatz: Okkulte Erlebnisse und Wissenschaft. Autorisierte Übersetzung von Dr. Gerda Walther
11. W. Goethe: Das Schönste aus seinem Werk. München 1966/5, S. 38
12. Jean Paul zitiert in E. Rupprecht: Die Botschaft der Dichter. Stuttgart 1947, S. 173
13. Zitiert bei G. Frei: Probleme der Parapsychologie. München und Paderborn, S. 61
14. K. Oesterreich: Grundbegriffe der Parapsychologie. Pfullingen 1921, S. 12 f
15. H. Driesch: a. a. O. S. 25
16. J. B. Rhine: Die Reichweite des menschlichen Geistes. Stuttgart 1950/1, S. 40
16a. J. B. Rhine: a. a. O. S. 43
17. G. Langelaan: Die unheimlichen Wirklichkeiten. Bern, München und Wien 1969/2, S. 50 ff
18. M. Bircher-Benner: Der Menschenseele Not. Zürich 1939, S. 328
19. M. Bircher-Benner: a. a. O. S. 322
20. A. Bailey: Briefe über okkulte Meditation. Lorch 1954, S. 158
21. M. Bircher-Benner: a. a. O. S. 324 ff
21a. Allgemeiner Anzeiger für das märkische Sauerland vom 15. 2. 1971
22. G. Langelaan: a. a. O. S. 46
23. G. Langelaan: a. a. O. S. 48 f
24. K. Koch: Seelsorge und Okkultismus. Wüstenrot 1953, S. 125 f
25. K. Hochreutener: Suggestion und Hypnose. St. Gallen 1949, S. 34
26. K. Hochreutener: a. a. O. S. 35
27. K. Hochreutener: a. a. O. S. 44
28. I. Klug: Tiefen der Seele. Paderborn 1949/11, S. 171
29. H. Bender in H. Driesch: a. a. O. S. 155
30. J. B. Rhine: a. a. O. S. 144
31. J. B. Rhine: a. a. O. S. 150

32. J. B. Rhine: a. a. O. S. 159
33. H. Bender in H. Driesch: a. a. O. S. 158
34. H. Bender in H. Driesch: a. a. O. S. 160
35. H. Bender in H. Driesch: a. a. O. S. 161
36. J. B. Rhine: a. a. O. S. 196 f
37. J. B. Rhine: a. a. O. S. 198 f
38. J. B. Rhine: a. a. O. S. 202
39. H. Woltereck: Das Tor zur Seele. Seebruck am Chiemsee 1951, S. 208 f
40. H. Woltereck: a. a. O. S. 207 f
41. H. Woltereck: a. a. O. S. 204
42. H. Driesch: a. a. O. S. 58 f
43. H. Driesch: a. a. O. S. 34 f
44. H. Driesch: a. a. O. S. 35
45. F. Moser: Okkultismus. Täuschungen und Tatsachen. München 1935, S. 37–43
45a. F. Moser: a. a. O. S. 47
46. A. von Schrenck-Notzing: Grenzfragen der Parapsychologie. Stuttgart 1962, S. 82
47. H. Bender als Herausgeber: Parapsychologie. Darmstadt 1966, S. 496–501
48. H. Bender als Herausgeber: a. a. O. S. 493–496
49. A. von Schrenck-Notzing: Materialisationsphänomene. München 1914, S. 513
50. A. von Schrenck-Notzing in: Grundfragen der Parapsychologie, S. 114
51. A. von Schrenck-Notzing: a. a. O. S. 112
52. A. von Schrenck-Notzing: a. a. O. S. 115
53. A. von Schrenck-Notzing: a. a. O. S. 117 f
54. A. von Schrenck-Notzing: a. a. O. S. 123
55. A. von Schrenck-Notzing: a. a. O. S. 124
56. A. von Schrenck-Notzing: a. a. O. S. 124
57. A. von Schrenck-Notzing: a. a. O. S. 124
58. A. von Schrenck-Notzing: a. a. O. S. 126
59. K. Koch: a. a. O. S. 149 f
60. F. Moser: Okkultismus. Band II, S. 811 f
61. F. Moser: a. a. O. S. 812
62. G. Bergmann: Probleme einer fragenden Generation. Gladbeck 1971/2, S. 47 f
63. Zitiert in: Der Spiegel, Nr. 9/1967, S. 115
64. Zitiert in: Der Spiegel, a. a. O. S. 112
65. G. Frei: Probleme der Parapsychologie. München 1969, in der Reihe: Imago Mundi II, S. 92
65a. D. H. Martensen-Larsen: An der Pforte des Todes. Berlin o. J. 4, S. 74 f
66. E. Mattiesen: Das persönliche Überleben des Todes II. S. 304
67. E. Mattiesen: a. a. O. S. 308
68. E. Mattiesen: a. a. O. S. 308 f
68a. D. H. Martensen-Larsen: a. a. O. S. 35
69. R. Huschka: Substanzlehre. Frankfurt 1950

70. Es sei auch auf die Schrift verwiesen: Zugang zur Wirklichkeit. Existenzerhellung aus den transmateriellen Zusammenhängen. Fribourg 1963
71. H. Zahrnt: Gott kann nicht sterben. München 1970/2, S. 35 f
72. H. Zahrnt: a. a. O. S. 36 f
73. H. Zahrnt: a. a. O. S. 25
74. H. Zahrnt: a. a. O. S. 39
75. H. Zahrnt: a. a. O. S. 36
76. H. Zahrnt: a. a. O. S. 40
77. H. Zahrnt: a. a. O. S. 206
78. H. Zahrnt: a. a. O. S. 117
79. H. Zahrnt: a. a. O. S. 30
80. H. Zahrnt: a. a. O. S. 215
81. H. Zahrnt: a. a. O. S. 117
82. H. Zahrnt: a. a. O. S. 34
83. H. Zahrnt: a. a. O. S. 36
84. E. Mattiesen: Der jenseitige Mensch. Berlin und Leipzig 1925, S. 607
85. E. Mattiesen: Das persönliche Überleben des Todes. Band II, S. 1 f
86. C. du Prel zitiert bei E. Mattiesen: a. a. O. S. 2
87. E. von Naso zitiert bei W. Horkel: Geist und Geister. Stuttgart 1963/1, S. 29 f
88. In A. Toynbee u. a.: Vor der Linie. Frankfurt a. M. 1970, S. 311 f
89. In A. Toynbee: a. a. O. S. 320
90. Zitiert in W. Horkel: a. a. O. S. 31
91. Ausführlich zitiert in Josef Kral: Die Wirklichkeit des Außersinnlichen in Wissenschaft und Christentum. Schondorf 1964, S. 192 ff
92. Zitiert in J. Kral: a. a. O. S. 289
93. Zitiert in J. Kral: a. a. O. S. 191 f
94. Hyslop in Psychic Research. Journal of the American SPR, S. 97
95. In Journal of the American SPR 1918 (XII), S. 623 f
95a. Zitiert bei E. Mattiesen: a. a. O. Band I S. 81
96. Zitiert bei E. Mattiesen: a. a. O. Band I S. 85
97. K. C. Gottschalk: Dein Tod kein Ende. Braunschweig 1952, S. 89 ff
98. K. C. Gottschalk: a. a. O. S. 361
99. J. B. Rhine und J. G. Pratt: Parapsychologie. Grenzwissenschaft der Psyche. Bern und München 1962, S. 18 f
100. G. Raupert: Die Geister des Spiritismus. S. 101
101. G. Raupert: Der Spiritismus im Lichte der vollen Wahrheit. 1925, S. 22
102. G. Raupert: Die Resultate meiner eigenen photographischen Experimente. In: Die Geister des Spiritismus. S. 44
103. G. Raupert: Der Spiritismus im Lichte der vollen Wahrheit. S. 18
104. E. Falk: Der unsichtbare und der sichtbare Menschen nach meinen Forschungen. S. 58
105. Th. Öhler: Über die Berechtigung der Unterscheidung zwischen wahrer und falscher Religion. Basel 1905, S. 5
105a. K. Koch: Jesus auf allen Kontinenten. Berghausen o. J., S. 539 f
106. K. Koch: a. a. O. S. 541
107. K. Heim: Ich gedenke der vorigen Zeiten. Hamburg 1957/2, S. 304 f
108. W. Horkel: a. a. O. S. 32 ff

109. Zitiert aus der Zeitschrift: Die verborgene Welt. Heft 3 vom Juli 1957 in K. Heim a. a. O. S. 304
110. F. Moser: Spuk. Irrglaube oder Wahrglaube? Eine Frage der Menschheit. Baden bei Zürich 1950, S. 1 u. 13
111. Zitiert in: Der Spiegel, Nr. 9/1967, S. 116 f
112. Zitiert in: Der Spiegel, a. a. O. S. 116
113. Zitiert in: Der Spiegel, a. a. O. S. 116
114. Jetzt und im folgenden F. Moser: a. a. O. S. 236 ff
115. Auch jetzt und im folgenden F. Moser: a. a. O. S. 242 ff
116. K. Koch: Seelsorge und Okkultismus, 1953, S. 156 f u. 316
117. J. Kral: a. a. O. S. 179
118. Zitiert bei J. Kral: a. a. O. S. 169, auf den ich mich stütze.
119. J. Kral: a. a. O. S. 169 ff
120. D. Hill und P. Williams: Das Übernatürliche. Genf 1967, S. 91 Englischer Originaltitel: The Supernatural
121. D. Hill und P. Williams: a. a. O. S. 92
122. D. Hill und P. Williams: a. a. O. S. 92
123. D. Hill und P. Williams: a. a. O. S. 92
124. Zeitschrift: Das Neue Blatt. Hamburg 1970
124a. R. Bultmann: Zu J. Schniewinds Thesen . . . In: Kerygma und Mythos, Band I, 1960/4, S. 136
125. Blumhardts Kampf. Die Krankheits- und Heilungsgeschichte der G. Dittus in Möttlingen. Zuverlässiger Abdruck seines eigenen Berichtes . . . Stuttgart o. J., 9. Auflage, S. 11
126. Erwähnt bei J. Kral: a. a. O. S. 175 ff
127. R. Bultmann: Neues Testament und Mythologie. In: Kerygma und Mythos Band I, 1960/4, S. 17 f
128. R. Bultmann: Jesus Christus und die Mythologie. S. 38
129. E. Mattiesen: Der jenseitige Mensch. Berlin und Leipzig 1925, S. 609 f
130. J. Kral: a. a. O. S. 181
131. Zitiert bei J. Kral: a. a. O. S. 180
132. Zitiert bei H. Leitz: Engel gibt es. Liebenzell 1968/3, S. 46
133. Aus: Reich-Gottes-Bote. 10/1940 zitiert bei H. Leitz: a. a. O. S. 48 ff
134. Zitiert in: Der Spiegel, a. a. O. S. 115
135. K. Oesterreich: Die Besessenheit. Langensalza 1921, S. 9 f
136. K. Oesterreich: a. a. O. S. 19
137. G. Frei: a. a. O. S. 150
138. H. Zahrnt: a. a. O. S. 51
139. H. Staudinger: Die historische Glaubwürdigkeit der Evangelien. Gladbeck 1969, S. 119

Personenverzeichnis

Inhaltsverzeichnis